| 개정판 |

상담과 복지 서비스를 위한

# 상담심리학의 이론과 실제

김종운 저

THEORY AND PRACTICE OF COUNSELING PSYCHOLOGY

동문사

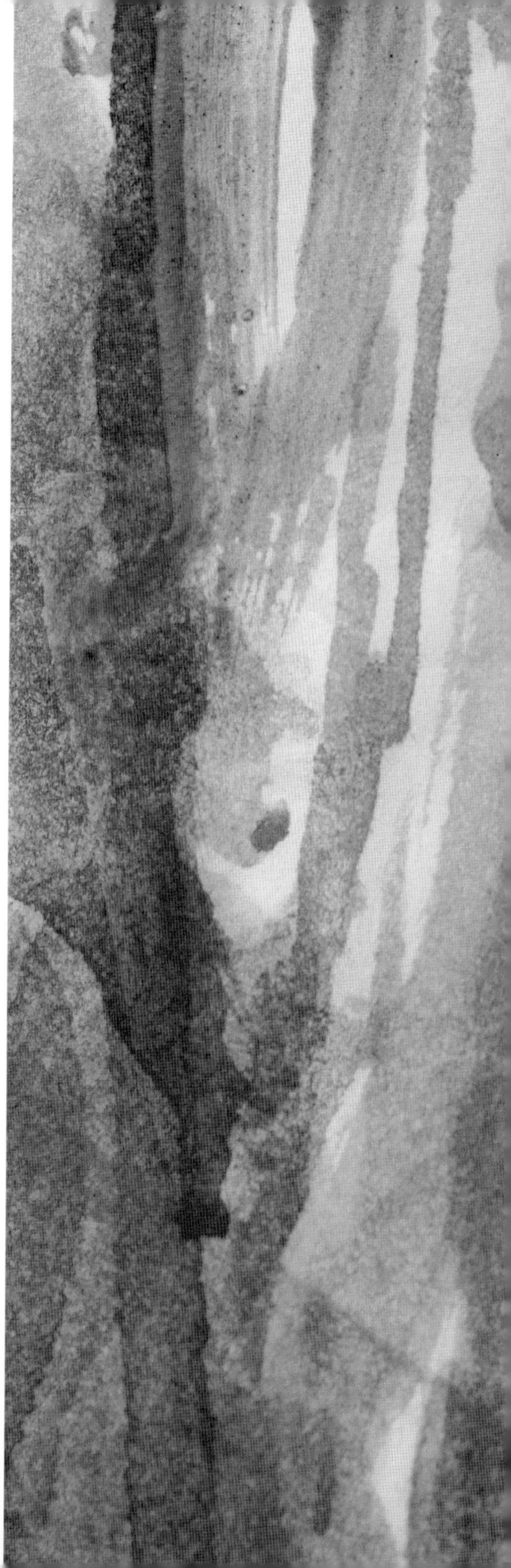

# 머리말

1960년대에는 보릿고개로 인하여 사람들이 가장 많이 한 말이 "배고파 죽겠다."였고, 1970년대에는 산업 개발의 과정에 있어서 사람들이 가장 많이 한 말이 "힘들어 죽겠다."였다고 한다. 1980~1990년대에는 바쁜 업무와 일상으로 인하여 "바빠 죽겠다."였으며, 2000년대에는 1인 가족이 늘고 인간 소외 현상으로 인하여 "외로워 죽겠다."였다고 한다.

최근 상담과 복지 서비스에 대한 수요가 증가하고 있다. 그로 인하여 이 분야에 대한 직업적 수요가 급격히 증가하고 있다. 이러한 상담과 복지 서비스에 종사할 사람들에게 입문서와 같은 과목이 바로 상담심리학이라고 해도 과언이 아니다. 상담 분야에 첫발을 내디디는 이들은 백지상태(tabula rasa)에서 먼저 상담심리학이라는 과목을 통해 상담과 상담자에 대한 이미지를 형성하고 상담자에 대한 태도를 갖게 된다.

흔히 우리는 초심을 잊지 말라고 말한다. 초심은 불교에 입문하는 수행승들이 가장 먼저 공부하는 과목인 초발심자경문(初發心自警文)에서 유래하였다. 불교 입문서로 불교에 입문한 수행자가 알아야 할 범절과 수행에 관한 내용, 수행의 중요성과 수행의 방법 등에 관한 내용, 그리고 수행하는 출가 대중이 알고 지켜야 할 법규에 대해 쓴 것이다. 상담심리학은 상담에 입문하는 이들에게 초심을 잊지 않도록 하는 초발심자경문과 같은 책이라고 생각한다.

필자도 수년 간 상담심리학 과목을 강의하면서 좋은 교재를 선정하기 위해 여러 상담심리학 저서를 살펴보았고, 새로 출간되는 상담심리학 저서도 빼놓지 않고 공부하였다. 어떤 저서는 입문 단계에 있는 초심자들이 이해하기에는 상당히 어려웠고 어떤 저서는 이론에만 치중되어 있었다. 상담심리학 이론과 함께 실제에 대한 공부를 하는 것이 상담을 깊이 있게 이해하게 할 뿐만 아니라 상담 실제에 대한 체험을 통해 상담 분야에 대한 깊이 있는 공부를 하게 하는 동기가 될 수 있을 것이라는 점에서 아쉬움이 남았다.

그러던 중 그간 강의를 하면서 준비해 온 자료를 바탕으로 직접 그런 책을 써 보는 것이 좋겠다는 발심(發心)을 하게 되었다. 강의 준비와 강의, 그리고 논문 지도를 함께 하면서 책을 집필하는 일은 쉬운 일이 아니었다.

지난 가을부터 준비한 이 책은 추운 겨울을 지났고 꽃피는 봄을 지나 유난히도 더웠던 올 여름을 지났다. 특히 여름 방학 동안 이 책의 절반 이상을 집필하였는데 에너지 절약 정책으로 인하여 에어컨 실내 온도를 26도로 맞추어야 하였기에 더욱 힘들었던 기억을 지울 수가 없다. 이제 결실의 계절 가을이다. 거의 1년 만에 이 책을 완성할 시점에 이르렀다. 무엇보다도 가장 큰 집필의 방향은 상담심리학 이론을 총망라하고 초심자들이 쉽게 이해할 수 있도록 쓰면서도 상담심리학 실제에 대한 다양한 체험을 할 수 있도록 하는 것이었다.

또한 최근 상담 분야에 종사하는 상담자들의 분포를 보면, 학부에서 상담학과 및 사회복지학과를 졸업하였거나 대학원에서 상담심리를 전공한 경우가 대부분이다. 그런 이유에서 책의 제목을 『상담과 복지 서비스를 위한 상담심리학의 이론과 실제』라고 하였다.

이 책은 1부 상담심리학의 기초와 2부 상담심리학의 이론과 실제로 구성하였다. 1부에서는 제1장 상담의 이해, 제2장 상담 과정과 기법, 제3장 상담자 자질과 윤리, 제4장 내담자의 이해와 평가로 구성되어 있다. 2부에서는 제5장 정신분석, 제6장 개인심리학적 상담, 제7장 분석심리학적 상담, 제8장 인간중심 상담, 제9장 행동주의 상담, 제10장 실존주의 상담, 제11장 합리정서행동 치료, 제12장 현실치료, 제13장 게슈탈트 상담, 제14장 교류분석으로 구성하였으며, 제15장과 제16장은 각각 해결중심 상담과 이야기 치료로 구성하여 최근 상담 이론의 동향을 반영하였다. 전체를 16장으로 구성한 것은 대학의 한 학기 강의 시수가 15~16주이기 때문에 충분히 한 학기 안에 이 책을 학습할 수 있도록 하기 위함이다.

각 장마다 상담에 대한 보다 깊이 있는 이해를 할 수 있도록 사례를 들었으며 〈상담심리 읽기 자료〉를 제시하였다. 그리고 이론에 대한 학습이 끝나고 난 뒤 각 장의 끝에 〈실전도전문제〉를 제시하여 청소년상담사 자격시험이나 중등임용시험에 대비할 수 있도록 하였다. 나아가 실습을 통해 상담 실제를 체험할 수 있도록 〈상담심리실습〉을 넣었다. 이러한 아이디어도 수년 간 학부와 대학원에서 상담심리학을 강의하면서 축적된 자료와 경험에 기초한 것이다. 이 책을 통해 상담심리학을 처음 배우는 학부의 상담심리학과, 사회복지학과, 교육학과, 의예과 학생들과 대학원 상담심리 전공생들이 상담심리학의 이론과 실제의 바다에서 마음껏 즐겁게 헤엄칠 수 있기를 바라는 마음 간절하다.

이 책이 완성되기까지 많은 분들의 도움이 있었다. 먼저 이 책의 바탕이 된 강의 내용에 대해서 많은 비판과 소중한 제안을 해 준 '상담심리학' 수강생들에게 이 자리를 통해 고마운 마음을 전한다. 그리고 이 책의 필요성을 만날 때마다 언급하며 늘 격려해 준 동문사 유재영 상무님께도 감사를 드린다. 아울러 동문사의 이중수 사장님을 비롯한 직원 여러분께도 감사드린다.

민족의 젖줄 낙동강과 새들의 고향 을숙도를 바라보며

저자

목차

# [제1부] 상담의 기초

## 제1장 상담의 이해


1. 상담의 개념과 원리 ··· 20

1) 상담의 개념 / 20
2) 상담, 생활지도, 심리치료의 비교 / 21
3) 상담 목표 / 23
4) 상담의 기본 원리 / 26

2. 상담의 유형 ··· 31

1) 내담자의 상담 기간 및 구성 인원 / 31
2) 내담자의 조력 욕구 / 33
3) 내담자의 발달단계 / 34
4) 내담자의 문제 영역 / 36
5) 내담자 조력 수단 / 38

3. 주요 상담기관 ··· 40

1) 학교 및 교육청 소속 상담센터 / 40
2) 대학 학생상담센터 / 41
3) 아동상담센터 / 41
4) 청소년상담복지센터 / 42
5) 여성 관련 상담센터 / 42
6) 복지기관 상담센터 / 42
7) 직업상담센터 / 43
8) 기업상담센터 / 43
9) 종교기관 상담센터 / 43
10) 사설 상담센터 / 44

실/전/도/전/문/제 • 44

〈상담심리 실습 1〉 마음에서 마음으로: 이야기 나누기 • 47

〈상담심리 실습 2〉 STROKE에 대한 심리검사 • 48

〈상담심리 실습 3〉 상담기관 견학 계획서 • 51


## 제2장 상담 과정과 기법


1. 상담 과정 ··· 54

1) 상담의 초기 단계 / 55
2) 상담의 중기 단계 / 63
3) 상담의 종결 단계 / 65

2. 상담 기법 ··· 66

1) 관심 기울이기 / 67
2) 적극적 경청 / 69
3) 개방형 질문 / 70
4) 공감 / 70
5) 정보제공 / 71
6) 재진술 / 72
7) 자기개방 / 72
8) 피드백 / 73
9) 직면 / 74
10) 해석 / 74
11) 요약 / 75

3. 상담구조화의 적용 사례 ··· 75

실/전/도/전/문/제 • 76

〈상담심리 실습 4〉 상담자 반응 기술 실습 • 79

**제3장 상담자 자질과 윤리**

1. 상담 자격증 제도의 현황 ········ 82
   1) 한국상담심리학회 / 82
   2) 한국상담학회 / 85
   3) 청소년상담사 / 92
   4) 직업상담사 / 94
   5) 전문상담교사 / 96
2. 상담자의 자질 ········ 98
   1) 인간에 대한 선의의 관심 / 98
   2) 탁월한 언어 이해력과 유머감 / 99
   3) 섬세한 감수성과 직관력 / 99
   4) 용기와 끈기 / 100
   5) 풍부하고 다양한 경험 / 100
3. 상담자 윤리 ········ 101
   1) 윤리적 상담의 의의와 목적 / 101
   2) 윤리적 상담 실천을 위한 방안 / 102
   3) 상담자 윤리의 주요 내용 / 104
   4) 도덕적 · 윤리적 감수성 승신 / 106

실/전/도/전/문/제 • 108

〈상담심리 실습 5〉 나의 대화 스타일 진단 • 110

**제4장 내담자의 이해와 평가**

1. 내담자의 현재 문제 ········ 116
   1) 내담자의 행동 관찰 / 116
   2) 내담자의 현재 호소 문제 / 117
   3) 현재 호소 문제의 발생 배경 / 117
   4) 사회적 지원 체제 / 118
   5) 호소 문제와 관련된 개인사 및 가족 관계 / 118
   6) 상담 동기의 평가 / 119
2. 심리검사를 통한 평가 ········ 120
   1) 상담에서 심리검사의 활용 / 120
   2) 상담에서 심리검사의 속성 / 122
   3) 상담에서 심리검사의 유형 / 124

실/전/도/전/문/제 • 127

〈상담심리 실습 6〉 문장 완성 검사 • 130

## [제2부] 상담의 이론과 실제

**제5장 정신분석**

1. 이론의 개관 ········ 136
2. 인간관 ········ 137
3. 주요 개념 ········ 138
   1) 마음의 지형학적 구조 / 138
   2) 성격의 구조 / 141
   3) 불안 / 143
   4) 성격 발달 / 144

5) 자아 방어기제 / 147

4. 상담 목표와 과정 ........ 149

1) 상담 목표 / 149
2) 상담 과정 / 151

5. 상담 기법 ........ 152

1) 자유연상 / 152
2) 꿈의 분석 / 152
3) 전이의 분석 / 154
4) 저항의 분석 / 155
5) 정화 / 155
6) 해석 / 157

6. 정신분석의 사례 ........ 157

7. 정신분석의 강점과 한계 ........ 158

1) 강점 / 158
2) 한계 / 159

실/전/도/전/문/제 • 159

〈상담심리 실습 7〉 꿈의 분석과 초기 회상을 통한 무의식의 탐색 • 162

**제6장 개인심리학적 상담**

1. 이론의 개관 ........ 164

2. 인간관 ........ 165

3. 주요 개념 ........ 166

1) 사회적 관심 / 166
2) 열등감 / 167
3) 우월성의 추구 / 168
4) 생활양식 / 169
5) 인생 과제 / 170
6) 허구적 최종 목적론 / 171
7) 가족 구도 및 출생 순위 / 171

4. 상담 목표와 과정 ........ 173

1) 상담 목표 / 173
2) 상담 과정 / 173

5. 상담 기법 ........ 174

1) 질문 기법 / 175
2) '마치 ~인 것처럼' 행동하기 / 175
3) 단추 누르기 기법 / 176
4) 수프에 침 뱉기 / 177
5) 악동 피하기 / 177
6) 과제 설정하기 / 177
7) 역설적 의도 / 178
8) 격려하기 / 178

6. 개인심리학적 상담의 사례 ........ 178

7. 개인심리학적 상담의 강점과 한계 ........ 179

1) 강점 / 179
2) 한계 / 179

실/전/도/전/문/제 • 180

〈상담심리 실습 8〉 열등감을 우월성으로 변화시키기 • 183
〈상담심리 실습 9〉 자기 지향 검사 • 184

**제7장 분석심리학적 상담**

1. 이론의 개관 ······ 188
2. 인간관 ······ 189
3. 주요 개념 ······ 191
   1) 정신 구조 / 191
   2) 원형 / 194
   3) 동시성 / 197
   4) 개성화 / 198
4. 상담의 목표와 과정 ······ 199
   1) 상담 목표 / 199
   2) 상담 과정 / 200
5. 상담 기법 ······ 201
   1) 꿈 분석 / 202
   2) 증상 분석 / 203
   3) 단어연상검사 / 204
   4) 상징의 해독 / 205
   5) 사례사 / 206
   6) 그림 치료 / 206
   7) 만다라 그리기 / 206
   8) MBTI / 208
6. 분석심리학적 상담의 사례 ······ 209
7. 분석심리학적 상담의 강점과 한계 ······ 209
   1) 강점 / 209
   2) 한계 / 210

실/전/도/전/문/제 • 210
〈상담심리 실습 10〉 성격유형 진단 검사 • 213
〈상담심리 실습 11〉 만다라 그리기 • 221

**제8장 인간중심 상담**

1. 이론의 개관 ······ 224
2. 인간관 ······ 225
3. 주요 개념 ······ 226
   1) 성격의 요소 / 226
   2) 실현화 경향성 / 227
   3) 자기실현 경향성 / 227
   4) 가치의 조건 / 228
   5) 충분히 기능하는 사람 / 228
4. 상담의 목표와 과정 ······ 230
   1) 상담 목표 / 230
   2) 상담 과정 / 230
5. 상담 기법 ······ 232
   1) 무조건적 긍정적 존중 / 233
   2) 공감적 이해 / 234

3) 일치성 / 235

6. 인간중심 상담의 사례 ........ 236
7. 인간중심 상담의 강점과 한계 ........ 237

1) 강점 / 237
2) 한계 / 237
실/전/도/전/문/제 • 238
〈상담심리 실습 12〉 공감 실습 • 240

제9장 행동주의 상담

1. 이론의 개관 ........ 244
2. 인간관 ........ 245
3. 주요 개념 ........ 246

1) 행동주의의 역사 / 246
2) 고전적 조건형성 / 247
3) 조작적 조건형성 / 248
4) 사회적 인지이론 / 250
5) 인지행동수정 / 251

4. 상담 목표와 과정 ........ 252

1) 상담 목표 / 252
2) 상담 과정 / 253

5. 상담 기법 ........ 255

1) 바람직한 행동을 증가시키는 기법 / 255
2) 바람직하지 못한 행동을 감소시키는 기법 / 260
3) 인지행동수정 / 262

6. 행동주의 상담의 사례 ........ 265
7. 행동주의 상담의 강점과 한계 ........ 266

1) 강점 / 266
2) 한계 / 266
실/전/도/전/문/제 • 267
〈상담심리 실습 13〉 나쁜 습관을 눈 녹듯 사라지게 하기 • 270

제10장 실존주의 상담

1. 이론의 개관 ........ 274
2. 인간관 ........ 275

1) 키에르케고르 / 276
2) 하이데거 / 277
3) 메이 / 278
4) 얄롬 / 279
5) 프랭클 / 280

3. 주요 개념 ........ 282

1) 인간에 대한 이해 / 282
2) 실존의 방식 / 283

3) 자유와 책임 / 284
4) 죽음과 비존재 / 285
5) 의미와 무의미 / 285
6) 자기초월 / 286

4. 상담 목표와 과정 ........ 288

1) 상담 목표 / 288
2) 상담 과정 / 289

5. 상담 기법 ........ 289

1) 역설적 의도 / 290
2) 탈숙고 / 291

6. 실존주의 상담의 사례 ........ 291

7. 실존주의 상담의 강점과 한계 ........ 292

1) 강점 / 292
2) 한계 / 293

실/전/도/전/문/제 • 293

〈상담심리 실습 14〉 죽음 자각 워크숍 • 296

제11장 합리정서 행동 치료

1. 이론의 개관 ........ 300

2. 인간관 ........ 301

3. 주요 개념 ........ 302

1) 성격의 세 가지 측면 / 302
2) 비합리적 신념 / 304
3) ABCDEF 모델 / 305
4) 당위적 사고 / 306

4. 상담 목표와 과정 ........ 308

1) 상담 목표 / 308
2) 상담 과정 / 309

5. 상담 기법 ........ 311

1) 인지적 기법 / 312
2) 정서적 기법 / 313
3) 행동적 기법 / 315

6. 합리정서행동 치료의 사례 ........ 316

7. 합리정서행동 치료의 강점과 한계 ........ 317

1) 강점 / 317
2) 한계 / 317

실/전/도/전/문/제 • 318

〈상담심리 실습 15〉 친구의 뒷모습 • 320

제12장 현실 치료

1. 이론의 개관 ........ 322

2. 인간관 ........ 323

3. 주요 개념 ........ 324

1) 기본적 욕구 / 324
2) 선택이론 / 326
3) 행동 체계 / 327
4) 전체 행동 / 328
5) 3R / 328

4. 상담 목표와 과정 ········ 329
1) 상담 목표 / 329
2) 상담 과정 / 330

5. 상담 기법 ········ 334
1) 래포 형성 / 334
2) 질문하기 / 335
3) 직면하기 / 335
4) 토의 및 논쟁 / 335
5) 역설적 기법 / 335

6. 현실 치료의 사례 ········ 336

7. 현실 치료의 강점과 한계 ········ 336
1) 강점 / 336
2) 한계 / 337

실/전/도/전/문/제 • 338
〈상담심리 실습 16〉 나의 사진첩을 만들기 위한 인생 설계 • 340

**제13장 게슈탈트 상담**

1. 이론의 개관 ········ 342

2. 인간관 ········ 343

3. 주요 개념 ········ 344
1) 접촉 / 344
2) 신경증의 5개 층(성격 변화 단계) / 345
3) 여기-지금 / 347
4) 전경과 배경 / 347
5) 접촉 경계 장애 / 348
6) 미해결 과제 / 350
7) 게슈탈트 경험 순환 / 350

4. 상담 목표와 과정 ········ 351
1) 상담 목표 / 351
2) 상담 과정 / 352

5. 상담 기법 ········ 353
1) 각성 기법 / 353
2) 빈 의자 기법 / 355
3) 내적 대화 연습 / 357
4) 과장하기 연습 / 357
5) 시연 연습 / 357
6) 역전 기법 / 358
7) 창조적 투사하기 / 358
8) 책임지기 / 358
9) 현실 검증을 위한 과제하기 / 359
10) 꿈 작업 / 359

6. 게슈탈트 상담의 사례 ········ 360

7. 게슈탈트 상담의 강점과 한계 ········ 360

1) 강점 / 361 2) 한계 / 361
실/전/도/전/문/제 • 362
〈상담심리 실습 17〉 브래뉴(brand new) 빈 의자 기법 • 364

제14장 교류분석

1. 이론의 개관 ···· 368
2. 인간관 ···· 369
3. 주요 개념 ···· 370
1) 심리적 욕구 / 370 2) 자아상태 / 373
3) 자아상태의 오염과 배타 / 375 4) 교류 유형 / 377
5) 생활 자세 / 378 6) 게임 / 379
7) 라켓 감정 / 383
4. 상담 목표와 과정 ···· 384
1) 상담 목표 / 384 2) 상담 과정 / 384
5. 상담 기법 ···· 388
1) 상담 분위기 조성 및 상담자 자질과 관련한 기법 / 388
2) 조작 / 389
3) 게슈탈트 상담의 두 의자 기술 / 391
6. 교류분석의 사례 ···· 391
7. 교류분석의 강점과 한계 ···· 392
1) 강점 / 392 2) 한계 / 392
실/전/도/전/문/제 • 393
〈상담심리 실습 18〉 OK 그램 검사 • 396
〈상담심리 실습 19〉 EGO 그램 검사 • 398

제15장 해결중심 상담

1. 이론의 개관 ···· 406
2. 인간관 ···· 407
3. 주요 개념 ···· 409
1) 해결중심 상담의 기본 규칙과 가정 / 409
2) 해결중심 상담의 원리 / 410
3) 상담자와 내담자의 관계 유형 / 411
4) 문제중심 접근과 해결중심 접근 / 413
4. 상담 목표와 과정 ···· 415
1) 상담 목표 / 415 2) 상담 과정 / 416

5. 상담 기법 ........ 418
1) 초기 질문 / 418
2) 예외 질문 / 418
3) 기적 질문 / 419
4) 척도 질문 / 419
5) 대처 질문 / 420
6) 관계성 질문 / 420
7) 칭찬 질문 / 421
8) 추가 질문 / 421

6. 해결중심 상담의 사례 ........ 422
7. 해결중심 상담의 강점과 한계 ........ 423
1) 강점 / 423
2) 한계 / 423
실/전/도/전/문/제 • 424
〈상담심리 실습 20〉 기적 질문을 활용한 도사 친견 기법 • 427

제16장 이야기 치료

1. 이론의 개관 ........ 430
2. 기본 가정 ........ 431
3. 주요 개념 ........ 433
1) 빈약한 서술과 심층적 서술 / 433
2) 지배적 이야기 / 433
3) 문제 이야기와 대안적 이야기 / 434
4) 해체적 경청 / 434
5) 외현화 대화와 독특한 결과 / 435

4. 상담 목표 및 과정 ........ 436
1) 상담 목표 / 436
2) 상담 과정 / 437

5. 상담 기법 ........ 442
1) 문제의 정상화 / 442
2) 문제의 외현화 / 443
3) 문제의 지도 / 443
4) 예외적 질문 / 444
5) 스토리의 재진술 / 445
6) 새로운 스토리의 강화 / 445
7) 스토리의 풍부화 / 445
8) 입장 지도 / 446
9) 인증을 위한 의식 / 447

6. 이야기 치료의 사례 ........ 448
7. 이야기 치료의 강점과 한계 ........ 449
1) 강점 / 449
2) 한계 / 449
실/전/도/전/문/제 • 450
〈상담심리 실습 21〉 이야기 치료 간편 실습 • 453

▸▸ 참고문헌 ........ 455

# PART 1

# 상담의 기초

- 제1장 상담의 이해
- 제2장 상담 과정과 기법
- 제3장 상담자 자질과 윤리
- 제4장 내담자의 이해와 평가

1 chapter

# 상담의 이해

내 마음에서
희망이 사라질 때면
나는 늘 남을 보았습니다.
남이 나를 낙심시키는 줄
알았기 때문입니다.
그러나 이제 보니
내가 낙심하고 좌절하는 것은
남 때문이 아니라
내 속에
사랑이 없었기 때문입니다.

나에게 일어나는
모든 부정적인 일들이
남 때문이 아니라
내 마음에
사랑이 없었기 때문이라는 것을
알게 된 오늘
나는 내 마음 밭에
사랑이라는 이름의 씨앗 하나를
떨어뜨려 봅니다.

-이해인 님의 〈내 마음이 메마를 때면〉 중에서-

## 01 상담의 개념과 원리

### 1) 상담의 개념

상담이라는 용어는 여기저기서 쉽게 접할 수 있다. 학원에서는 교육상담, 동사무소나 구청 등 공공 기관에서는 민원 상담, 신문 보급소에서는 구독 상담, 가정법원에서는 이혼 상담 등 상담이라는 용어는 우리 일상에서 많이 사용하는 용어가 되었다.

하지만 이렇게 일반적으로 사용하는 상담이라는 용어가 진정한 의미의 상담이라는 개념을 왜곡시키거나 혼돈을 가져와 상담에 대한 오개념을 형성할 수도 있다. 그렇다면 상담의 개념을 바르게 이해하기 위하여 Patterson(1977, 이재창)이 제시한 상담이 아닌 것에 대해 살펴보면 상담에 대한 이해를 증진시킬 수 있을 것이다.

첫째, 상담을 통해 정보 제공을 할 수도 있지만 전적으로 정보만을 제공하는 것은 상담이 아니다.

둘째, 간접적으로 은근하게라도 설득, 유도, 권고를 통해 내담자의 태도, 신념, 행동에 영향을 미치는 것은 상담이 아니다.

셋째, 상담에서 제안, 충고, 권장 등이 이루어질 수는 있으나 제안, 충고, 권장이 곧 상담은 아니다.

넷째, 상담은 체벌이 없다고 하더라도 협박, 강요, 경고, 위협 등에 의해서 행동을 변화시키는 것이 아니다.

다섯째, 상담에서 하나의 수단으로 어떠한 일, 활동, 과제를 개인에게 동의를 얻어 제시할 수는 있으나 이러한 것들을 부과하는 것이 곧 상담이 아니다.

여섯째, 상담에서 면담이 중요한 부분을 차지하지만 면담이 곧 상담은 아니다.

그렇다면 상담이란 무엇인가? 외국 학자들과 국내 학자들이 말하는 상담의 개념을 차례로 살펴보면 다음과 같다.

먼저 Shertzer와 Stone(1980)은 '상담은 자기와 환경에 대한 의미 있는 이해를 촉진시키고 장래 행동의 목표와 가치관을 명료화하도록 하는 상담자와 내담자의 상호작용의 과정이다.'라고 정의한다. Pietrofesa 등(1980)은 '상담은 전문적으로 훈련을 받은 상담자와 도움을 필요로 하는 내담자가 수용적이고 구조화된 관계 속에서 내담자의 문제해결, 자기 성장, 자기 이해, 의사 결정, 그리고 행동 및 태도의 변화를 가져오기 위한 심리적인 조력이다.'라고 정의한다. 그리고 Corey(2005)는 '상담이란 상담자와 내담자가 수용적이고 구조화된 관계를 형성하고 이 관계 속에서 치료적 모험(therapeutic venture)을 통해 내담자가 태도와 행동의 변화를 가져오도록 하는 것이다.'라고 말한다.

다음으로 정원식과 박성수(1978)는 '상담은 도움을 필요로 하는 내담자와 도움을 줄 수 있는 상담자 사이의 개별적인 관계를 통하여 새로운 배움이 이루어지는 과정이다.'라고 정의한다. 또한 이장호(2005)는 '상담은 도움을 필요로 하는 내담자와 전문적 훈련을 받은 상담자와의 대면 관계에서 내담자로 하여금 생활 과제의 해결과 사고, 행동 및 정서 측면에서 한층 높은 인간적 성장을 할 수 있도록 조력하는 것이다.'라고 말한다.

종합해 보면, 상담은 전문적인 훈련을 받은 상담자가 도움을 필요로 하는 내담자와 신뢰롭고 수용적이며 구조화된 관계를 형성하고 이 관계 속에서 내담자로 하여금 자기 자신과 자기를 둘러싼 주위 환경에 대한 의미 있는 이해를 촉진시킴으로써 태도와 행동의 변화, 그리고 한층 높은 수준의 성장을 하도록 하는 심리적 조력의 과정이라 할 수 있다.

### 2) 상담, 생활지도, 심리치료의 비교

우리는 흔히 상담, 생활지도, 심리치료라는 용어를 자주 접하고 있지만 용어를 혼동하여 이해하거나 사용하는 경우가 많다. 생활지도 장면에서 상담을 하기도 하고, 상담을 생활지도의 중핵적 활동이라고도 하며, 상담과 심리치료라는 저서에서는 두 용어를 함께 병행하여 사용하기도 한다.

먼저 상담과 생활지도의 관계를 보면, 생활지도의 주요 활동에는 학생 조사 활동(individual inventory service), 정보활동(information service), 정치활동(placement service), 추수 지도 활동(following-up service), 그리고 중핵적 활동인 상담 활동

(counseling service)이 있는데, 상담은 생활지도의 주요 활동 중 가장 중핵적인 활동이라 할 수 있다. 즉, 생활지도는 학교에서 교육의 목적을 달성하기 위해 학생이 저마다 독특하게 지니고 있는 발달 가능성과 잠재능력을 최대한으로 개발할 수 있도록 도와서 개인적으로 행복한 삶의 개척, 사회적으로 현명한 선택과 적응, 그리고 의사 결정과 자기 지도를 할 수 있도록 돕는 봉사 활동이다. 이를 위해 상담을 중핵적인 활동으로 활용하게 된다.

상담과 심리치료의 관계에 대해서는 상담과 심리치료는 같은 것이라는 입장, 약간의 차이가 있다는 입장, 본질적인 차이가 있다는 입장, 그 경계가 뚜렷이 구별되는 두 가지 다른 전문 분야라는 입장의 네 가지로 나누어 볼 수 있다(박성희, 2006). 상담과 심리치료의 명확한 구별을 위해서는 네 번째 입장에 기초하여 생각해볼 수 있다. 즉, 상담은 상담자와 내담자가 인격적 만남을 통해 삶의 현장 곳곳에서 개인의 바람직한 변화를 돕는 과정으로, 바람직한 변화를 돕는 상담이 때때로 심리적인 문제를 예방하고 치료하는 일에 활용되지만 그렇다고 상담이 곧 심리치료는 아니다.

요약하면 상담은 도움을 주는 과정으로서 생활지도와 심리치료를 포함하여 적응적·심리적 문제를 예방하고 치료하는 데에 머물지 않고 삶의 모든 측면에 도움을 주고 인간을 변화시키고 성장시키는 모든 일에 개입하고 관여하는 활동이다.

**표 1 상담, 생활지도, 심리치료의 비교**

| 구분 | 생활지도 | 상담 | 심리치료 |
|---|---|---|---|
| 대상 | 소속 인원 전부 | 개인 내담자, 소집단 | 개인 환자, 소집단 |
| 목표 | 바람직한 생활 과정과 성장 발달의 지도 | 구체적 생활 과제의 해결 : 감정, 사고, 행동 양식의 변화 | 정서적 문제의 해소: 성격 구조의 '심층적 변화' |
| 다루는 문제 | 현실적 능력의 평가 및 장래 계획 등 | 장애적 긴장, 불안, 비능률적 행동 습관, 비성취적 관념 | 신경증, 성격장애, 우울증, 정신병 |
| 전문가 | 일반 교사, 교도 교사, 연수 담당자 | 상담교사, 상담심리 전문가 | 정신과 의사, 임상 심리 전문가 |
| 장소 | 교육 장면 전체 | 상담실, 출장 장소 | 진료실, 환자 가정 |
| 지속 횟수 | 1~6회 정도 | 1~20회 정도 | 10~100회 정도 |
| 접근 방법 | 정보, 자료 제공 : 교양 강좌, 토의 집단 | 면접 중의 조언, 교육, 훈련, 분석 : 면접 의의 측정, 자문 지도 | 분석적 면접, 약물요법: 문제 환경으로부터의 격리 수용 |
| 기타 | 무료 | 유료(학교 및 봉사 기관 제외) | 유료 |

### 3) 상담 목표

상담 목표는 상담의 방향을 제시할 뿐만 아니라 상담의 효과를 평가하기 위한 기초가 된다. 일반적으로 상담 목표는 그 특징에 따라 소극적 목표와 적극적 목표로 구분할 수 있다(김헌수 · 김태호, 2006; 정원식 · 박성수 · 김창대, 1999). 소극적 목표는 감소시키거나 제거시킴으로써 달성될 수 있는 것이고, 적극적 목표는 증가시키거나 새롭게 형성함으로써 달성될 수 있는 것이라 할 수 있다. 그런데 소극적 목표와 적극적 목표는 상호 모순되는 것이라기보다는 상호 보완적인 관계를 가진다.

#### (1) 소극적 목표

상담은 사람들이 심리적 불편감이나 고통을 경험할 때, 그리고 새로운 환경에 적응을 못하거나 혼자 힘으로 해결할 수 없는 문제에 직면했을 때 받게 된다. 소극적 의미에서 자주 설정하는 상담 목표는 적응, 치료, 예방, 갈등극복, 문제해결로 나누어 볼 수 있다.

##### ① 적응

상담은 내담자의 다양한 욕구를 해소하여 적응할 수 있도록 해주는 것이 목표이다. 개인의 욕구와 환경 사이에 갈등이 생기거나 개인의 다양한 내적 욕구들 사이에 갈등이 커지면 자아 통합이 어려워지고 전체적 삶의 균형이 깨질 수도 있다. 따라서 상담은 내담자의 욕구와 환경 사이, 혹은 내담자의 다양한 욕구 사이에서 생기는 갈등을 해소하여 자아 통합을 이루고 전체적 삶이 균형을 유지하도록 하는 데에 그 목표가 있다.

##### ② 치료

상담은 내담자의 마음의 상처를 치료하는 것이 목표이다. 흔히 일반인들 사이에 회자되는 이야기가 있다. 1950~1960년대에는 전쟁과 그에 따른 농지 및 산업시설의 파괴로 먹을 것이 넉넉하지 않아 '배고파 죽겠다.'라는 말이 유행하였고, 1970년대는 새마을 운동으로 열심히 일하다 보니 '힘들어 죽겠다.'라는 말이 유행하였으며, 1980~1990년대에는 바쁜 일상으로 인해 '바빠 죽겠다.'라는 말이 유행하

였다고 한다. 2000~2010년대에는 일상에서 겪게 되는 지구촌과 주변의 사건들로 인하여 '마음이 아파 죽겠다.'라는 말이 유행하고 있다고 한다.

이렇듯 마음이나 영혼의 상처는 신체적 질병과 가난의 문제가 대부분 해결된 사회에서 인간의 큰 관심사가 되고 있다. 따라서 신체적 질병이나 정신적 질환을 치유하는 것보다 마음의 상처를 치료하는 데에 목표를 둔다.

**③ 예방**

상담은 성격장애, 폭력, 가출, 자살, 범죄, 신경증, 정신병 등 내담자가 경험할 수 있는 다양한 문제를 사전에 예방하는 것이 목표다. 교육, 직업, 성격, 인간관계 등 다양한 영역의 삶의 문제를 사전에 예방하고 발달 과정에 경험하게 되는 장애나 문제를 미연에 방지하고 대비하여 올바르게 성장할 수 있도록 돕는 것이 상담이 추구하는 목표이다.

**④ 갈등 극복**

상담은 내담자로 하여금 자신의 심리적 및 대인 간 갈등을 극복하고 해소하도록 돕는 것이 상담 목표다. 인간은 심리적 갈등을 극복하면서 정신적으로 성숙하기도 하지만 만성적으로 지속되는 갈등은 행복한 삶에 나쁜 영향을 준다. 뿐만 아니라 가족 관계, 친구 관계, 이성 관계, 상사와 부하 관계, 교사와 학생 관계 등 대인 간의 갈등은 자연스럽고 성숙의 기회가 될 수도 있지만 고통스러워 정신적 이상의 원인이 될 수도 있다. 그러므로 가정, 학교, 직장, 사회 등 일상생활에서 대인관계의 갈등을 극복하고 해소하는 것이 상담 목표가 된다.

**⑤ 문제해결**

상담은 내담자의 가정 문제, 학교 문제, 교우관계 문제, 경제적 문제, 행동이나 습관의 문제, 심리적 문제 등을 해결하는 것을 목표로 한다. 상담을 받으러 오는 내담자는 무엇보다도 자신의 문제를 해결함에 있어서 상담자가 무엇인가 도움을 줄 수 있다고 믿고 있다. 따라서 상담은 내담자가 지니고 있는 문제를 우선 해결하는 것을 목표로 한다.

### (2) 적극적 목표

상담의 적극적 목표는 긍정적 인간 특성을 형성하고 강화시키는 것이라 할 수 있다. 상담을 통해서 달성해야 할 긍정적이고 바람직한 인간 특성, 즉 적극적 목표는 매우 다양하나 몇 가지로 정리하여 살펴보면 긍정적 행동 변화, 합리적 의사결정, 전인적 발달, 긍정적 자아개념 형성, 행복(well-being)의 증진 등이 있다.

#### ① 긍정적 행동의 변화

가정, 학교, 사회, 직장 등의 생활에서 내담자로 하여금 생산적이고 만족스러운 삶을 영위할 수 있도록 적극적이고 긍정적인 행동의 변화를 가져오게 하는 것이 상담 목표다. Rogers는 '상담의 결과로 내담자의 경험이 즐거움이 되고 고민이 줄어들며 현실적 자아와 이상적 자아가 조화를 이루게 된다.'고 지적한다. 이와 같이 상담은 인성 구조에 변화를 가져오고 행동의 변화를 일으키며, 이러한 변화는 비교적 영속적이라는 것이다. 따라서 상담은 타인과의 관계, 가족 상황, 학업 성취, 직업상의 적응, 일상생활 습관 등과 같은 영역에서 행동 변화를 촉진하는 것이 목표가 된다.

#### ② 합리적 의사결정

교육, 직업, 결혼, 인간관계, 그리고 수많은 선택과 결정에서 합리적이고 현실적이며 융통성 있는 의사 결정을 하도록 지원하는 것이 상담 목표다. 흔히 '인생은 수많은 선택의 결과이다.'라고 말한다. 이처럼 우리의 삶은 크고 작은 의사 결정이 계속적으로 이루어지는 과정이라고 할 정도로 의사 결정이 큰 비중을 차지하고 있다.

선택과 결정을 비합리적이거나 비현실적으로 하게 되면 개인은 어려움에 처하게 되고 되돌릴 수 없는 결과를 가져오기도 한다. 의사 결정은 온전히 내담자의 몫이다. 따라서 상담에서 내담자가 선택하고 결정하기 위해 필요한 정보를 제공하고 의사 결정에 개입하는 정서적인 문제나 심리적인 특성을 탐색하여 올바른 의사 결정을 하도록 돕는 것이 상담 목표가 된다.

#### ③ 전인적 발달

내담자의 교육적, 사회적, 문화적, 심리적, 신체적 측면이 균형 있고 조화롭게 발달할 수 있도록 하여 하나의 통합된 인격체인 전인으로의 발달을 돕는 것이 상담 목표이다. 특정 분야만 두드러지게 발달하고 다른 분야는 제대로 발달하지 못하면 기형적 인간이 된다. 이렇게 다양한 인간 특성을 조화롭게 발달시키지 못하면 개인의 심리적 안정이 깨지고 사회적 적응이나 인격적 통합이 어려워진다. 그래서 인간의 여러 가지 특성을 균형 있게 발달시키도록 돕는 것이 상담 목표가 된다.

#### ④ 긍정적 자아개념 형성

자아개념은 성격 발달 및 인간의 적응 행동 등과 함께 삶 전체에 영향을 미치기 때문에 긍정적인 자아개념을 형성하는 것이 상담 목표다. 긍정적 자아개념은 자아의 다양한 경험을 의미 있게 통합할 때 이루어진다. 즉, 자아와 환경에 관해 대립과 모순, 갈등과 부조리 같은 것을 넘어 조화와 균형을 이루어 자기 자신의 참된 가치를 발견할 때, 긍정적 자아개념이 형성될 수 있다. 따라서 자아의 부정적 및 긍정적 요소의 대립과 모순을 넘어 참된 자아의 가치와 의미를 발견하도록 돕는 것이 상담 목표가 된다.

#### ⑤ 행복의 증진

내담자로 하여금 행복한 삶을 누릴 수 있도록 돕는 것이 상담 목표다. 행복이란 단순히 감각적인 고락의 차원을 넘어서, 마음속 깊은 곳에서 보람과 만족을 느끼며 지속적인 기쁨이 가득한 삶을 영위하는 것을 말한다. 따라서 상담은 내담자로 하여금 개인이 교육적, 사회적, 도덕적, 경제적, 심리적, 신체적으로 건강하고 안정되어 있을 뿐만 아니라 의연하고 평화로운 가운데 보람을 느끼는 삶을 살아가게 하는 것이 목표가 된다.

### 4) 상담의 기본 원리

상담은 상담자와 내담자 간의 태도와 감정의 역동적 상호작용이다. 궁극적으로 상담이 내담자로 하여금 환경에 대해 효과적이고 현명한 적응을 하게 돕는 것이라면, 상담의 기본 원리는 먼저 내담자의 이해가 전제되어야 할 것이다. 그러나 인간에 대한 이해는 개인차의 폭 때문에 쉬운 일은 아니다. 그러므로 누구에게나 공통적으로 가지고 있는 기본적 감정이나 태도가 존재하고 있다는 점을 주목할 필요가 있다.

여기서는 비에스텍(F. P. Biestek)은 인간에게는 이와 같은 기본적 감정이나 태도의 근원으로 일곱 가지 기본적 욕구를 제시하고 있다(김흥규, 2003).

첫째, 인간에게는 사례(case)나 유형으로서보다는 오히려 한 인격체로 존중받고 싶은 욕구가 있다.

둘째, 인간에게는 부정적 · 긍정적 감정을 표현하고 싶은 욕구가 있다.

셋째, 인간에게는 의존적인 생활을 영위하고 있거나 많은 과오나 실패가 있을지라도 가치 있는 인간으로서 받아들여지기를 바라는 욕구가 있다.

넷째, 인간에게는 표현된 자기감정에 대해 타인의 동정적 이해와 반응을 받고 싶은 욕구가 있다.

다섯째, 인간에게는 자신이 직면하고 있는 문제에 대해 누구의 판단이나 비난을 받고 싶어 하지 않는다.

여섯째, 인간에게는 삶에서 스스로 선택 · 결정하고 싶기 때문에 강요당하거나 지배당하기를 원하지 않는다.

일곱째, 인간에게는 자신에 관한 사적인 정보는 오직 자기만의 비밀로 간직하고 싶은 욕구가 있다.

따라서 비에스텍(F. P. Biestek)은 이러한 욕구들을 충분히 이해하고 수용하여야 바람직한 문제해결을 위한 래포 형성(rapport formation)이 가능하다고 보았다. 또한 이를 바탕으로 상담의 7가지 기본 원리를 제시하였다(김흥규, 2003).

### (1) 개별화의 원리

개별화(individualization)의 원리는 내담자의 독특함을 알고 이해하며 보다 나은 적응을 할 수 있도록 각 내담자를 원조함에 있어서 상이한 원리나 방법을 활용하는 것이다. 내담자는 개인차가 있으므로 개인의 욕구 충족에 따르는 행동의 책임과 권리를 갖고 의무를 다하는 개인으로 내담자를 존중해야 한다. 이를 위해 상담자는 내담자의 개성과 개인차를 인정하는 범위 내에서 상담을 전개하여야 한다. 개별화의 원리를 지키기 위해서 상담자는 편견이나 고정관념으로부터 탈피해야 하고, 인간 행동의 유형과 원리에 대해 전문적으로 이해해야 하고, 내담자의 말을 경청해야 하고, 내담자의 보조(client pace)에 맞추어 상담을 진행해야 하고, 내담자의 감정 변화를 민감하게 포착해야 하며, 내담자와 견해차가 있을 때는 이를 조절하는 능력을 가져야 한다. 상담에서 개별화를 위한 구체적 방법으로는 다음과 같은 것이 있다.

- 상담 시간이나 장소에 세밀한 배려를 한다.
- 상담실을 이용함으로써 비밀 보장과 신뢰감을 주도록 한다.
- 상담을 위한 약속 시간을 반드시 지켜야 하며, 이것이 어려울 때는 사전에 연락을 취하여 양해를 구하고 다음 상담 시간을 정하여야 한다.
- 상담을 위한 충분한 사전 준비를 갖추어야 한다.
- 내담자 자신의 활동을 적극 권장시켜 주어야 한다.
- 상담의 기술이나 원리를 적용할 때 융통성을 가져야 한다.

### (2) 의도적 감정 표현의 원리

의도적 감정 표현(purposeful expression of feelings)은 내담자가 자신의 감정, 특히 부정적 감정을 표현하려는 자신의 욕구에 대한 인식이다. 사람은 누구나 잘한 일에 대하여 떳떳하게 표현할 수 있는 의사 표현의 자유도 있다. 반면, 부정적 감정을 표현할 수 있는 자유도 있다. 특히 상담자는 내담자가 자신의 감정을 자유롭게 의도적으로 표현할 수 있도록 온화한 분위기를 조성해 주어야 한다. 이를 위해 상담자는 압력이나 긴장으로부터 내담자를 완화시켜 주고, 심리적 지지를 보이면서 그의 부정적인 감정 표현을 비난하거나 판단하지 않고 경청하여 내담자가 자기표현을 유감없이 발휘할 수 있도록 해야 한다. 상담에서 의도적 감정 표현을 위한 구체적 방법은 다음과 같다.

- 허용적 태도(permissive attitude) 조성을 위하여 내담자의 감정 표현을 경청하여야 한다.

- 내담자의 감정 표현을 적극적으로 자극하고 격려해야 한다.
- 적절한 속도로 상담을 이끌어야 한다.
- 비현실적인 보장이나 너무 이른 초기의 해석을 삼가야 한다.
- 내담자가 편안함을 느끼도록 제반 조치를 마련하여야 한다.

### (3) 통제된 정서 관여의 원리

통제된 정서 관여(controlled emotional involvement)란 상담이 주로 정서적인 측면에 큰 비중을 두고 있으므로 상담자가 내담자로 하여금 그의 감정을 표현하도록 촉진하는 것을 말한다. 이때 상담자는 이러한 감정에 호응하기 위해 정서적으로 관여하게 되는데 내담자의 감정에 그대로 동화되어 자신이 상담자라는 사실조차 잊어서는 안 될 것이다. 그러므로 상담자는 자신의 감정을 통제하면서 관여해야 한다. 이것은 상담이 내담자 스스로 자신의 문제를 탐색하고 해결할 수 있도록 돕는 것이 목적이기 때문이다. 상담에서 통제된 정서 관여를 위한 구체적 방법은 다음과 같다.

- 내담자의 감정에 대한 상담자의 민감성과 감정이 의미하는 것에 대해 이해해야 한다.
- 내담자의 감정에 대한 의도적이고 적절한 반응을 하여야 한다.

### (4) 수용의 원리

수용(acceptance)은 내담자의 장단점, 바람직한 성격과 그렇지 못한 성격, 긍정적 · 부정적 감정, 건설적 · 파괴적 태도나 행동 등을 있는 그대로 이해하고 그의 존엄성을 존중하는 것을 말한다. 상담에서 수용을 위한 구체적 방법은 다음과 같다.

- 상담은 내담자 중심으로 진행해야 한다.
- 내담자의 자조(self-help) 욕구와 권리를 존중해야 한다.
- 상담자의 적절한 반응은 상담실 내에서 이루어져야 한다.

### (5) 비심판적 태도의 원리

비심판적 태도(non judgemental attitude)는 상담자가 내담자의 문제에 대해서 '유죄다', '책임져야 한다', '나쁘다'는 식의 말이나 행동을 삼가야 한다는 것을 의미한다. 내담자는 죄책감, 열등감, 불신감, 고독감 등을 가지고 있기 때문에 타인의 비판에 예민하여 자기 자신을 방어하고 변명하려고 한다. 이렇게 되면 자신의 문제에 초점을 두고 문제해결을 위해 시간과 노력을 투여하기보다 자신을 방어하는 데 집중하게 되어 상담의 목적에서 벗어나게 된다. 상담에서 비심판적 태도를 견지하기 위한 구체적 방법은 다음과 같다.

- 편견과 선입관의 지배를 받아서는 안 된다.
- 상담자의 보조에 맞추어 상담을 진행하지 않으며, 내담자의 말을 자주 가로막고 성급한 조언이나 충고를 해서는 안 된다.
- 상담자가 지니고 있는 어떤 유형의 틀 속에 내담자를 끼워 맞추려는 인상을 주지 말아야 한다.
- 내담자가 상담자에 대하여 적대 감정과 같은 부정적 감정 표현을 할 수 있다는 것을 받아들여야 한다.

### (6) 내담자 자기결정의 원리

내담자 자기결정(self-determination)은 상담 과정에서 내담자 스스로 자신이 나아갈 방향을 스스로 결정하고 선택하도록 잠재적인 내담자의 힘을 자극하여 활동할 수 있도록 돕는 것을 의미한다. 자기결정과 선택의 자유는 내담자의 능력이나 사회적 윤리 및 법률 내에서 이루어져야 한다. 상담에서 내담자 자기결정 태도를 견지하기 위한 구체적 방법은 다음과 같다.

- 내담자가 자기 수용을 할 수 있도록 도와야 한다.
- 내담자에게 사회, 제도, 법률, 시설 등의 광범위한 사회적 지원을 알게 하여 자기 선택 및 결정의 참고 자료로 활용하도록 도와야 한다.
- 내담자를 직간접적으로 조정하려는 상담자의 자세를 삼가야 한다.
- 강제로 설득해서는 안 된다.

### (7) 비밀보장의 원리

비밀보장(confidentiality)은 상담자가 내담자와의 상담 내용을 아무에게나 이야기하지 않고 반드시 비밀보장(confidentiality)을 해주어야 한다는 것을 의미한다. 상담에서 비밀 보장의 원리가 파기되는 구체적 상황은 다음과 같다.

- 미성년자인 내담자가 신체적 · 정신적 · 성적 학대를 받은 사실을 알게 되었을 때
- 내담자가 자기 자신이나 타인에 대해 해를 입히려는 상황이 임박했을 때
- 미성년인 내담자의 부모나 보호자의 요청이 있을 때
- 법정의 요구가 있을 때
- 내담자의 범죄 사실이 드러났을 때
- 내담자가 법정 전염병에 감염된 사실이 드러났을 때

# 02 상담의 유형

상담의 유형은 내담자의 상담 기간 및 구성 인원, 발달 연령, 문제와 관심 영역, 조력 수단 등의 분류 기준에 따라 여러 가지로 나눌 수 있다.

## 1) 내담자의 상담 기간 및 구성 인원

먼저 상담은 상담자가 내담자를 대상으로 하여 어느 정도의 기간 동안 상담을 지속하는가에 따라 단기상담과 장기상담으로 구분할 수 있다. 또한 상담에 참여하는 내담자의 구성 인원에 따라 개인상담과 집단상담으로 구분할 수 있다. 개인상담은 상담에 참여하는 내담자가 보통 1명이며, 집단상담은 2명 이상으로 구성된다.

### ① 단기상담

단기상담은 장기상담과 대비되는 유형으로 영어로는 'short-term counseling'이나

'brief counseling'으로 불리며, 상담 기간이 짧다는 것이 특징이다. 단기상담은 제한된 시간 내에 최고의 효율을 달성하기 위해 행동변화의 원리를 새로운 관점에서 발견하는 새로운 접근 방법이다(강갑원, 2004).

단기상담의 상담 기간에 대해서는 20회기 1년 이내라는 주장, 25회기 이내라는 주장, 60회기 이내라는 주장 등 일치된 견해는 없다. 다만 상담을 수십 회 또는 수백 회에 걸쳐 진행하는 전통적 정신분석과 같은 장기상담에 비해 상담 기간이 상대적으로 짧은 것이 특징이다. 그런데 단기상담이 기간을 짧게 한다는 것뿐만 아니라 짧은 시간 내에 어떻게 효과적으로 개입할 수 있느냐 하는 입장을 포함하고 있다. 단기상담은 실용성, 간략화, 유용성의 원칙을 적용한다는 점에서 장기상담과는 차별된다(정원식 · 박성수 · 김창대, 1999). 단기상담은 장기상담과는 다른 다음과 같은 기본 전제가 있다.

첫째, 가장 실용적이고 효과적으로 개입하며 내담자의 작은 변화가 삶 전체에 파급효과를 준다.

둘째, 내담자가 지닌 강점과 잠재적 힘을 강조하며 내담자의 호소 문제에 초점을 둔다.

셋째, 상담이 끝난 후에도 상담의 효과는 지속된다.

넷째, 내담자의 현실 문제에 초점을 둔다.

#### ② 장기상담

전통적 정신분석이나 인간중심 상담은 대부분 장기간 이루어진다. 정신분석이나 역동적 심리치료는 수십 회, 혹은 수백 회 걸리는 것이 보통이다. 대체로 정신분석가들은 상담 기간을 단축하려는 시도를 호의적으로 보지 않았다. 이는 내담자의 어려움은 인생 초기 몇 년 동안 형성되어 오랜 시간을 지내 왔기 때문에 변화를 위해서는 거기에 걸맞은 오랜 시간이 걸릴 것이라는 믿음 때문이다.

장기상담은 여러 장점이 있음에도 불구하고 상담 기간이 길다는 특징 때문에 오랫동안 상담을 받거나, 오랜 기간 동안 상담 대기자로 기다리거나, 상담료가 많이 들어가는 등 여러 가지 문제가 발생한다. 예를 들면, 상담을 받아 오던 학생이 긴 방학이 지나면 상담을 다시 받지 않는 경우, 군대에 입대하거나 휴학하는 경우, 개인이 상담료를 장기간 부담해야 하는 경우 등은 장기상담을 어렵게 한다.

#### ③ 개인상담

상담자가 내담자 1인을 상대로 조력 활동이 이루어지는 상담을 말한다. 상담자는 내담자와 상담 계약을 맺고 내담자와 함께 설정한 목표가 달성되면 상담을 종결하게 된다. 일반적으로 내담자가 심각한 심리적 문제를 가진 경우와 여러 사람 앞에서 자신의 문제를 다루는 것을 두려워하는 경우에 개인상담을 실시하게 된다.

#### ④ 집단상담

내담자들이 2명 이상으로 구성되어 조력 활동이 이루어지는 상담을 말한다. 내담자의 구성 인원은 내담자의 연령, 문제 유형 등에 따라 달라질 수 있지만 일반적으로 8~12명이 바람직하다. 특히 집단상담이 교육적이거나 훈련적인 목적이 강할 때, 아동보다는 청소년 또는 성인을 대상으로 할 때 집단의 수가 더 많아질 수 있다.

### 2) 내담자의 조력 욕구

전문적 상담은 내담자가 계획을 실행하는 데 있어 의사 결정을 하고, 문제를 해결하고, 자기자각을 확장하며, 보다 건강한 삶을 영위할 수 있도록 조력하는 과정이다. 따라서 상담자는 내담자와 신뢰롭고 수용적인 상담 관계를 통해 이러한 내담자들의 욕구를 확인하고 이러한 욕구를 충족시킬 수 있는 상담 전략과 서비스를 계획하는 것이 필요하다. 여기서는 내담자의 욕구에 따른 상담 관계 유형을 촉진상담, 예방상담, 발달상담, 위기상담으로 구분하여 살펴보고자 한다(김충기, 1999; Pietrofesa, Hoffman, & Splegte, 1984).

#### ① 촉진상담

내담자들이 진로 탐색과 같이 장차 미래를 탐색하고 학업 문제, 진학 문제, 이성 문제 등의 고민하는 현안 문제들을 자신의 입장과 능력에 맞게 선택하고 결정하며 대응해 나갈 수 있는 적응력을 키울 수 있도록 촉진해 주는 상담의 유형을 말한다.

② **예방상담**

내담자에게 장차 일어나게 될 여러 가지 문제를 사전에 필요한 교육이나 훈련을 통해 예방하는 상담이다. 최근 일진회에 가입한 학생들의 형태와 학교 폭력으로 인하여 자살 사례들이 언론을 통해 알려지면서 사회적 이슈가 되고 있다. 학교폭력을 예방하기 위해 다양한 생활지도 및 상담 프로그램을 개발하는 것이 필요한데, 이것이 예방상담의 좋은 사례가 될 수 있다. 이 밖에도 약물 예방 교육, 인터넷 중독 예방 교육, 성폭력 예방 교육 등은 장차 이런 문제가 발생할 것을 예방하기 위해 교육 현장에서 실시되는 예방상담의 유형들이다.

③ **발달상담**

상담자는 내담자가 자신의 잠재력 개발과 성장을 위한 상담 서비스를 제공해야 한다. 가령 초등학교 시기에는 적극적인 자아개념의 발달, 중 · 고등학교 시기에는 정체감 확립, 그리고 성인의 경우 직업, 가족, 건강, 생애 목표 등에서 자신의 잠재력을 최대로 발달시키도록 돕는다. 발달 상담에서는 이런 영역들이 위기 상황에서 다루어지는 것이 아니라 안전하고 편안한 분위기에서 다루어진다.

④ **위기상담**

위기 상태에 있는 내담자는 자신이 처한 문제 상황에 제대로 대응할 수 없으므로 자기 의심, 불안, 죄책감 등의 파괴적 감정에 따라 파멸 직전에 이르고 자신을 해치는 행동을 하게 된다. 이러한 위기는 상담자의 개입이 즉시 필요하다. 일반적인 위기는 가족의 사망, 배우자의 사망, 절박한 이혼이나 배신, 약물 남용, 자녀의 가출이나 비행, 실직 등에서 파생된다. 이러한 위기를 잘 처리하게 되면 내담자는 놀라울 정도로 정상적인 발달과 성장을 가져오게 된다.

### 3) 내담자의 발달단계

인간은 사회 구성원으로 적응하여 살아가기 위해 발달단계에 따른 발달과업

(development tasks)을 완수해야 한다. 내담자의 문제는 대체로 발달단계에서 요구되는 행동을 하지 못하거나 발달과업을 달성하지 못한 것과 관련된 경우가 많다. 그러므로 상담자는 내담자가 발달단계에 따라 겪는 심리적, 사회적, 신체적 발달 특징에 대한 지식과 경험을 갖는 것이 필요하다. 내담자의 발달단계에 따라 아동상담, 청소년상담, 성인상담, 노인상담으로 구분할 수 있다(김춘경 외, 2010).

### ① 아동상담

유치원에서 초등학교 시기인 3~12세에 해당되는 아동을 대상으로 하는 상담을 말한다. 아동상담의 대상은 사회적, 정서적, 언어적, 지적 측면에서의 발달과업을 이루지 못하거나 부적절한 행동을 보이는 정신지체, 자폐증, ADHD, 학습장애, 의사소통장애 등 발달장애로 진단된 아동들이다.

### ② 청소년상담

중 · 고등학교 시기인 13~18세에 해당되는 청소년들을 대상으로 하는 상담을 말한다. 이 시기의 청소년들은 또래나 이성 관계, 비행, 정체감, 학업, 진로 등의 문제로 고민하는 경우가 많으며 이러한 문제의 해결을 위한 조력 활동에 초점을 맞추게 된다.

### ③ 성인상담

성인기에 해당하는 19~60세의 성인을 대상으로 하는 상담을 말한다. 성인 내담자들이 겪는 문제들은 다양하다. 결혼해서 가족을 이루고 가족과 사회를 위해 일하는 과정에서 성인들은 다양한 이유로 스트레스, 우울 등과 같은 심리적 문제를 가질 수 있다. 즉, 부부 문제, 이성 문제, 가족 문제, 실직 문제, 자녀 문제 등으로 인해 상담을 필요로 한다.

### ④ 노인상담

노인기에 해당하는 60세 이후에 해당하는 노인을 대상으로 하는 상담을 말한다. 상담자는 노인들이 가지는 특별한 요구와 문제, 즉 노인의 일자리 문제, 자녀와의 관계 문제, 배우자의 죽음, 노인의 성 문제, 삶의 의미 찾기 등에 대하여 상담을 하게 된다.

### 4) 내담자의 문제 영역

내담자가 호소하는 문제 영역에 따라 다양한 상담 유형으로 구분할 수 있다. 가령 내담자가 학습 문제로 인하여 상담을 원하는 경우에 학습상담이라고 하며 상담자를 학습상담전문가라고 한다. 또한 내담자가 우울증을 해결하고자 할 때는 정신건강상담이라고 하며 상담자를 정신건강상담전문가라고 한다. 대표적인 몇 가지를 살펴보면 다음과 같다(김춘경 외, 2010; 노안영, 2005).

#### ① 정신건강상담

개인이 갖는 심리적 문제가 사회적 적응이나 직무 수행을 어렵게 하고 정도가 심해지면 정신장애가 될 수 있다. 이러한 내담자가 갖는 다양한 신경증적, 혹은 정신증적 문제에 대한 상담이 정신건강상담이다. 정신건강상담자는 미국정신의학회(American Psychiatric Association: APA, 1994)에서 발간한 정신장애 진단 및 통계 편람(DSM-IV)의 내용을 숙지하고 내담자의 정신건강 상태를 진단·평가할 수 있는 능력을 길러야 한다.

#### ② 진로상담

진로상담학자인 Roe는 '우리 사회에서 직업만큼 기본적 생리적 욕구, 안전 욕구, 애정 및 소속 욕구, 자존 욕구, 자아실현 욕구, 즉 모든 수준의 욕구를 충족시켜 줄 수 있는 단일 상황은 흔치 않다.'고 말한 바와 같이, 개인의 삶에 있어 직업은 그 만큼 중요하다. 진로상담은 내담자가 자신의 적성과 능력에 맞는 진로를 선택하여 직업을 갖고 생산적인 직무를 수행할 수 있도록 상담하는 것을 말한다.

#### ③ 가족상담

내담자의 문제는 부분적으로 가족과 관련되어 있다. 예를 들면, 가정 폭력, 아동 학대, 가출, 부부 갈등 등은 가족 역기능의 결과이다. 가족 구성원이 지닌 문제를 가족 관계에서 생겨난 가족 내의 문제로 보고 가족 체계에 긍정적인 변화를 가져오도록 하여 가족 구성원의 문제를 해결하도록 조력하는 것이 가족 상담이다.

#### ④ 비행상담

법률적 기준, 도덕적 기준, 교육적 기준, 사회적 기준을 일탈한 행위를 하는 청소년을 대상으로 비행 원인의 탐색 및 해결, 바람직한 의사결정능력 배양, 적응력 향상 등을 목적으로 조력 활동이 이루어지는 상담을 말한다. 대부분의 청소년 비행은 또래나 선후배와의 유착 관계를 통해 일어난다. 따라서 상담자가 비행 청소년을 상담할 때는 적극적 개입을 통해 이러한 유착 관계를 차단시키려는 전략을 계획하여 실시하는 것이 필요하다.

#### ⑤ 성상담

성에 관련된 문제는 2차 성징, 성에 대한 호기심, 자위행위, 성욕구 발산, 이성 관계 문제에서 사회적으로 이슈가 되고 있는 성희롱, 성폭력, 성적 지향성 등에 걸쳐 다양하다. 이렇게 내담자가 가지고 있는 다양한 성문제에 대해 깊이 있는 이해와 통찰력을 갖고 잘 해결할 수 있도록 조력하는 상담을 말한다.

#### ⑥ 중독상담

중독 문제를 가진 내담자들은 알코올, 니코틴, 약물과 같은 물질 남용과 도박, 게임, 인터넷과 같은 활동 중독에 빠져 자기 통제력을 상실한 상태에 있다. 이때 중독 상담자는 내담자가 중독이라는 자기파괴 습관에서 벗어날 수 있도록 조력하는 것을 중독상담이라고 한다.

#### ⑦ 학습상담

많은 학생들이 학교 학습을 수행하는 과정에서 낮은 학업 성취, 가정환경의 결손, 교사의 학생에 대한 낮은 기대, 그리고 암기 지향적이고 학습 결과를 수치화하려는 경향이 강한 교육 상황 속에서 학습 성취에 대한 부정적 경험을 하게 된다. 이러한 현실 속에서 학습 부진아의 출현율이 상당히 높게 나타나고 있고 그러한 학습 무기력증에 빠진 아이들이 일탈 행동을 할 위험성 또한 높아지고 있다.

따라서 학습 상담이란 학생들이 학습 과정에서 갖게 되는 곤란, 어려움, 긴장 상태, 불안 등을 해결하기 위해 조력하는 상담을 말한다.

**⑧ 목회상담**

목회상담은 내담자의 신에 대한 믿음에 관련된 문제나 종교적 갈등 및 종교적 영성(spirituality)과 관련된 문제를 해결할 수 있도록 조력하는 것을 말한다. 목회상담은 상담을 전공한 승려나 목사 및 신부 등과 같은 목회 상담자가 성경, 불경, 코란 등과 같은 경전에서 강조하는 사랑, 자비, 용서를 바탕으로 삶을 영위하도록 돕는다.

### 5) 내담자 조력 수단

상담자가 내담자를 조력하기 위해 사용하는 주요한 도구나 수단이 무엇인가에 따라 다음과 같은 상담의 여러 유형으로 구분된다.

**① 미술 치료**

미술 치료(art therapy)는 미술과 치료의 합성어로서 상담 및 심리치료의 한 유형이다. 심리적 문제를 지닌 내담자와 상담할 때 내담자의 마음 상태에 따라서 단순히 대화로만 이해하기에는 어려운 경우가 많다. 따라서 상담 중에 내담자의 상태를 보아 가며 여러 가지 미술 창작 활동을 제시하여 내담자의 마음을 정확하게 읽고 내담자의 마음이 진정되게 하여 내담자 스스로 자신의 마음의 상태를 탐색하고 문제를 인식하게 도와주는 것이다. 즉, 내담자들의 객관적이고 의식적인 서술만으로는 파악하기 어려운 무의식의 세계를 탐구해 가는 효과적인 치료 기법이다.

**② 음악 치료**

음악 치료(music therapy)는 음악과 치료의 합성어로서 상담 및 심리치료의 한 유형이다. 음악 치료는 심신의 건강이 심리적 원인에 의해서 지배되는 것을 이해하고 심리적 영향에 의해서 잃은 심신의 건강을 음악의 기능을 통하여 회복·수정·증진 및 개선시키는 일종의 응용심리학적 방법과 이론을 말한다. 그리고 인간 행동에 긍정적 변화를 가져오기 위한 수단으로서 음악을 사용하는 행동과학이며 심미적 경험이다. 이러한 변화는 사회적·정서적·교육적 및 재활적 변화 등을 포함한다(문장원, 1985).

#### ③ 독서 치료

독서 치료(bibliotherapy)는 독서와 치료의 합성어로서 시와 소설과 같은 문학 작품 및 기타 책을 사용하여 정서적 문제를 치료하려는 상담의 한 분야이다. 독서 치료는 독서 행위에 대한 깊은 이해, 책에 대한 광범위한 지식, 내담자의 심리적 상태를 진단할 수 있는 지식, 독서 치료의 방법과 과정을 숙달해야 하는 고도의 전문 분야라고 할 수 있다. 독서 치료를 깊이 있게 다루려면 한이 없지만 한편으로 누구든지 쉽게 접근할 수 있다는 점이 매우 큰 장점이기도 하다.

#### ④ 놀이 치료

놀이 치료(play therapy)는 놀이와 치료의 합성어로서 내담자는 놀이를 통해서 좀 더 편안할 수 있고 언어적으로 표현하는 것보다 자신이 창조한 자발적인 놀이를 통해서 좀 더 직접적이고 충분히 그들 스스로를 표현하게 된다. 내담자가 자신의 경험과 감정을 놀이로 표현하는 것은 아동이 할 수 있는 가장 자연적인 역동이며 자기 치유 과정이다.

이와 같이 놀이 치료는 심리적 문제를 지닌 내담자를 돕기 위해 체계적으로 놀이가 지닌 치료적 힘을 적용시키는 대인관계 과정이며 상담자와 내담자 간의 상호 과정 속에서 놀이가 가지고 있는 치료적인 힘을 활용하여 내담자의 문제를 완화시키는 것이라고 볼 수 있다.

#### ⑤ 원예 치료

원예 치료(horticultural therapy)는 원예와 치료의 합성어로서 식물 및 원예 활동을 통하여 사회적, 교육적, 심리적, 혹은 신체적 적응력을 길러서 심신의 치료와 재활, 그리고 정서적인 안정을 위한 활동을 말한다. 또한 치료 정원은 원예 치료 효과를 얻기 위하여 조성된 정원을 의미한다.

### ⑥ 사이코드라마

모레노(J. L. Moreno)에 의해 창시된 사이코드라마는 일정한 대본이 없고 등장인물인 내담자에게 어떤 역할과 상황을 주어 그가 생각나는 대로 연기를 하게 하여 그의 억압된 감정과 갈등을 표출하게 하여 적응 장애를 극복하게 하는 상담의 한 유형이다. 이 경우 자신이 상대역을 하고 상대방이 자신의 역할을 하는 식으로 역할을 교환하면 타인이 자기를 보는 것처럼, 객관적으로 자신을 볼 수 있으며 통찰하기도 쉽다. 이것을 역할 연기(role playing)라고 한다.

### ⑦ 최면 치료

최면 치료(hypnosis therapy)란 내담자로 하여금 최면 상태에서 무의식적인 기억을 떠올리게 하고 그 속에 잠재되어 있던 심리적, 신체적인 장애나 병의 원인을 찾아내서 그 원인을 제거하거나 잠재된 기억의 내용을 합리적으로 변화시킴으로써 장애나 병을 극복하게끔 하는 치료의 한 유형이다. 일반적으로 의식 상태에서는 잠재되어 나타나지 않던 무의식이나 잠재의식이 최면 상태에서는 활성화되는데, 무한한 잠재력을 가진 잠재의식의 힘은 일상의 방법으로는 잘 치료가 되지 않는 많은 심리적 질환이나 신체적 질병들을 치료하는 데 효과적이다.

## 03 주요 상담기관

상담이 이루어지는 기관은 다양하다. 이러한 상담기관을 알아두는 것은 상담분야에 진로의 초점을 맞추어 취업을 준비하는 이들에겐 중요한 정보가 된다. 우리나라에서 상담이 이루어지는 주요 상담기관에 대해 알아보기로 한다(김춘경 외, 2011, 천성문 외, 2009).

### 1) 학교 및 교육청 소속 상담센터

학교는 상담 활동이 가장 필요하고 활발히 이루어지는 곳이라 할 수 있다. 학생의 학교생활 적응 문제, 학업 관련 문제, 교우 관계 문제, 가족 문제, 비행 문제, 학교 폭력 문제 등 여러 종류의 문제에 개입하며, 문제를 사전에 예방하는 기능을 한다. 대부분의 중·고등학교에는 상담실이 있어 전문상담교사나 전문상담사가 배치되어 있으며 초등학교에서는 담임교사나 전문상담사에 의해서 상담이 실시되고 있다.

최근 교육과학기술부는 학교 부적응으로 인해 문제를 가진 학생들을 위해 학교 차원의 Wee Class, 지역 교육지원청 차원의 Wee Center, 시·도 교육청 차원의 Wee School을 운영하고 있다.

### 2) 대학 학생상담센터

우리나라 각 대학들은 학생생활연구소 혹은 학생처 산하 기관으로 학생상담센터 등의 명칭으로 학생상담을 실시하고 있다. 대학생들의 정신건강 문제, 학우 및 이성과의 대인관계 문제, 그리고 대학생들의 자기성장을 위한 프로그램, 다양한 진로 교육 프로그램, 학습기술훈련 프로그램, 각종 심리검사, 신입생 및 재학생의 생활 실태와 정신건강에 대한 조사 연구 등 대학 생활을 돕는 다양한 개인상담, 집단상담 및 다양한 프로그램을 실시하고 있다.

대학 학생상담센터가 활성화되어 있는 대학에서는 대학원생을 위한 상담 실제를 실습하고 훈련하는 인턴 상담원이나 객원 상담원 제도가 운영되고 있어 상담 서비스 기관의 역할과 함께 상담 전문가 양성 기관의 역할을 담당하고 있다.

### 3) 아동상담센터

아동 성폭력 사건이 사회적 이슈가 되면서 여성가족부가 2004년에 설립하여 해바라기아동센터를 설립하여 운영하고 있다. 성폭력 피해 아동의 신체적·정신적 피해에 대한 종합 진료 체계를 구축하여 수사 증거자료 확보 등을 위한 응급처치, 소아 정신과, 아동 심리학자, 경찰관 등 전문가 그룹에 의한 후유증 치료를 실시함으로써 성폭력 피해 아동의 건강한 성장과 함께 부모 및 보호자의 정신건강을 증진하는 것을 목적으로 한다. 서울, 경기, 인천, 대구, 전북, 광주, 강원, 충청, 부산, 경남의 10개소가 운영되고 있으며 24시간 아동 성폭력 신고 및 접수, 아동의 후유증 치료 및 상담, 무료 법률 지원 등을 제공하고 있다.

### 4) 청소년상담복지센터

청소년 문제가 급격히 증가하고 심각한 사회문제로 대두되면서 이에 대처하기 위해 몇몇 사회 기관에서는 청소년상담복지센터를 설립·운영하여 왔다. 1990년대 초에 청소년기본법이 제정되면서부터 국가적 지원을 받게 되었고 현재는 거의 대부분의 시군구 지역에 청소년상담복지센터가 설립되어 청소년 상담이 실시되고 있다.

현재 위기 청소년을 종합적으로 지원·관리하고 있으며 청소년 동반자 프로그램으로 위기 청소년을 찾아가는 상담 서비스를 제공하고 있다. 또한 각 청소년상담복지센터는 가출 등 위기 청소년을 대상으로 단기 및 장기 쉼터를 제공하고 개인상담, 가족상담, 집단상담을 실시하고 있다.

### 5) 여성 관련 상담센터

여성의 권익 보호를 위한 다양한 제도가 마련되는 과정에서 여성 관련 상담기관들이 국가의 지원 하에 설립·운영되고 있다. 대표적인 여성 관련 상담기관으로는 성폭력상담소, 가정폭력상담센터, 건강가정지원센터 등이 있다. 특히 건강가정지원센터는 현대사회에서 급증하는 가족 문제 발생을 사전에 예방하고, 일반가족 및 다양한 가족을 대상으로 통합적인 가족 지원서 비스를 제공하기 위한 목적으로 2005년 1월 1일 여성가족부에서 전국 시·군·구에 설치하여 운영하고 있다. 이곳에서 자원봉사 및 상담 실습 활동을 통해 여성 관련 상담센터의 운영과 여성 관련 상담 문제들을 직접 체험할 수 있다.

### 6) 복지기관 상담센터

전국의 사회복지관, 아동복지관, 노인복지관, 장애인복지관 등에서 상담 활동을 활발하게 전개하고 있다. 복지기관은 기본적으로 사회사업, 혹은 사회복지의 개념에 의해서 설립·운영되고 있다. 따라서 복지기관에서 상담 활동을 담당하고 있는 상담자들은 대체로 사회복지사 자격을 가지고 활동하고 있다. 과거에는 상담 활동의 영역이 저소득층과 부녀자, 아동, 노인, 장애인을 대상으로 보호나 복지 지원을 제공하는 사회사업 중심이었으나, 최근에는 상담 서비스의 개념을 추가하여 청소년 선도, 가족복지, 가족치료 등의 복지 서비스를 제공하고 있다.

### 7) 직업상담센터

평생직장의 개념이 사라지고 청년 실업이 증가함에 따라 국가적 차원에서 지역마다 노동부 산하 고용안정센터가 설립되었고, 직업 상담을 담당하는 전문가를 배출하기 위해 직업상담사 자격제도가 시행되고 있다. 고용지원센터에서는 일자리를 소개하고, 직업 관련 검사를 실시·해석하며, 취업 준비 프로그램을 실시하고, 실업자에 대한 실업 급여를 지원하거나 심리적 문제를 도와주는 상담도 진행하고 있다.

### 8) 기업상담센터

최근 기업에 다니는 직장인들은 업무 스트레스는 물론 바쁜 회사 일로 가족을 못 챙기면서 삶에 큰 부담을 느끼고 있다. 특히 결혼한 지 얼마 안 된 직원들은 야근이나 술자리로 귀가 시간이 늦어지면서 부부 관계마저 위기에 빠지기도 한다. 심지어는 이혼 얘기까지 오가는 사례도 많다. 신입 직원들은 어렵게 대기업에 입사했는데 기대와 현실 간의 차이가 너무 커서 회사를 계속 다녀야 하는지 회의를 품는다. 이런 직장인들을 위해 일부 기업에서는 사원 및 가족들의 심리 교육, 직장 적응 문제를 상담할 수 있는 기업상담센터를 운영하고 있다.

### 9) 종교기관 상담센터

오래 전부터 기독교, 가톨릭, 불교 등의 성직자 및 수도자들은 신도들의 신앙적 고민뿐만 아니라 부부갈등이나 자녀문제 등의 생활상의 고민에 대해서도 상담을 실시하여 왔다. 이에 종교인들은 상담심리학에 대해 관심이 많고 목회상담과 같은 과목이 종교인이 되기 위한 필수과목이 되어 있다. 최근에는 종교기관에서 성직자나 수도자가 아닌 전문 상담자를 채용되어 활동하는 곳도 증가하고 있다.

### 10) 사설 상담센터

공공 기관 또는 공익 법인에서 운영하는 상담센터는 대부분 무료로 운영되고 있다. 반면, 사설 상담센터는 일정한 상담료를 내고 상담을 받는다. 사설 상담센터는 상담 전문가들이 개소하여 그 수가 상당히 많아지고 있다. 대부분의 사설 상담센터에서는 상담 인턴 제도를 실시하고 있어 개인의 관심 여하에 따라 상담 실습 및 교육의 기회를 가질 수 있다.

## 실/전/도/전/문/제

**1.** 상담에 관한 설명으로 옳은 것을 모두 고른 것은? (청소년상담사 3급, 2018)

ㄱ. 상담자, 내담자, 상담관계가 주요 요소이다.
ㄴ. 상담자는 상담에 대한 전문적 훈련을 받은 사람이다.
ㄷ. 상담은 내담자의 문제를 예방하고 해결하며 삶의 질을 향상시킨다.
ㄹ. 상담자는 내담자의 변화를 위해 내담자 문제를 해결해 주는 주체이다.

① ㄱ, ㄹ ② ㄴ, ㄷ ③ ㄱ, ㄴ, ㄷ
④ ㄴ, ㄷ, ㄹ ⑤ ㄱ, ㄴ, ㄷ, ㄹ

**2.** 상담의 기본원리와 설명의 연결이 옳은 것을 모두 고른 것은? (청소년상담사 3급, 2017)

ㄱ. 개별화의 원리: 내담자를 하나의 인격체로 존중하는 것
ㄴ. 수용의 원리: 각각의 내담자에게 적합한 상담방법을 활용하는 것
ㄷ. 자기결정의 원리: 내담자 스스로 문제를 해결하고 성장할 수 있다고 믿는 것

ㄹ. 감정표현의 원리: 내담자가 감정을 솔직하게 표현할 수 있도록 돕는 것
ㅁ. 무비판적 태도의 원리: 내담자의 감정에 민감하고 적절하게 반응하는 것

① ㄱ, ㄴ　② ㄷ, ㄹ　③ ㄱ, ㄴ, ㄷ
④ ㄷ, ㄹ, ㅁ　⑤ ㄴ, ㄷ, ㄹ, ㅁ

**3. 상담자와 내담자 간의 치료적 존중에 관한 설명으로 옳지 않은 것은?** (청소년상담사 3급, 2017)

① 내담자의 절망감, 고립감, 실패, 불완전성을 수용한다.
② 서로 가치관과 규범이 다를 때, 상호존중이 어렵다.
③ 내담자가 자신의 방향을 선택할 권리를 인정한다.
④ 내담자의 책임감 있는 행동능력을 강화한다.
⑤ 상담자가 내담자에 대한 비판을 잠시 보류한다.

**4. 상담의 기능으로 옳지 않은 것은?** (청소년상담사 3급, 2015)

① 심리적 고통 해소　② 대인관계 욕구 충족
③ 삶의 문제 해결　④ 정신병리 발생 예방
⑤ 자기 성장 촉진

**5. 상담에 관한 설명으로 옳은 것을 모두 고른 것은?** (청소년상담사 3급, 2014)

ㄱ. 상담자의 조언과 충고를 중심으로 진행된다.
ㄴ. 상담은 내담자, 상담자, 대면관계라는 세 요소로 구성되어 있다.
ㄷ. 상담의 목표는 내담자와 협의해서 정한다.
ㄹ. 상담자는 낙관적이고 현실주의적 자세를 가질 필요가 있다.

① ㄱ, ㄴ　② ㄴ, ㄷ　③ ㄱ, ㄴ, ㄷ
④ ㄱ, ㄴ, ㄹ　⑤ ㄴ, ㄷ, ㄹ

**6. 상담에 대한 사전동의(informed consent) 내용으로 옳지 않은 것은?** (청소년상담사 2급, 2018)

① 비밀보장과 비밀보장의 예외 상황
② 상담자의 학위와 경력, 이론적 지향
③ 상담 약속과 취소 및 필요 시 연락 방법
④ 내담자가 본인 상담 자료를 열람할 수 있는 권리
⑤ 내담자가 상담으로부터 얻을 수 있는 이익과 성과에 대한 보장

**7.** 미술활동을 매개로 한 상담의 장점을 모두 고른 것은? (청소년상담사 2급, 2016)

ㄱ. 미술표현은 내담자의 문제를 또 다른 관점으로 이해할 수 있게 한다.
ㄴ. 미술이 지닌 상징성은 내담자의 감정을 안전하게 표현할 수 있게 한다.
ㄷ. 미술표현은 언어적 표현보다 통제를 적게 받고, 저항을 완벽하게 제거할 수 있게 한다.
ㄹ. 미술활동으로 생산된 구체적인 유형물은 새로운 통찰을 가능하게 한다.

① ㄱ, ㄴ ② ㄷ, ㄹ ③ ㄱ, ㄴ, ㄹ
④ ㄴ, ㄷ, ㄹ ⑤ ㄱ, ㄴ, ㄷ, ㄹ

**정답**

1. ③ 2. ② 3. ② 4. ② 5. ⑤ 6. ⑤ 7. ③

따뜻하고 유능한 상담자가 되기 위한 <상담심리 실습 1>

## 마음에서 마음으로 : 이야기 나누기

* 한 집단을 8~12명으로 구성한 후, 두 명씩 짝을 지어 마주 보고 한 명은 안쪽, 다른 한 명은 바깥 원에 선다.
* 마음에 드는 질문을 골라 서로 대화를 나눈다.
* 질문하는 사람은 보충 질문을 하여도 된다.
* 응답하는 사람은 대답하기 곤란한 것을 대답하지 않을 권리가 있다.
* 4분 이내로 이야기를 나누고 지도자의 신호에 맞춰 바깥에 선 사람이 시계방향으로 한 칸 이동하여 새로운 짝과 이야기를 나눈다.
* 활동 후, 가장 기억에 남는 한 사람을 전체 집단에게 소개한다.

1. 당신이 다른 사람과 특히 다른 점은?
2. 당신의 취미는?
3. 자신이 생각하는 장점과 특기는?
4. 스스로 불만족스럽게 생각하는 점이나 단점은?
5. 친구들은 몇 명이나 되며 가장 소중한 친구 한명을 소개한다면?
6. 당신이 가장 좋아하는 일은?
7. 당신이 가장 하기 싫어하는 것은?
8. 어릴 때 추억에 남는 일이 있다면?
9. 당신이 스스로 참 잘한 일이었다고 생각하는 일이 있다면?
10. 당신이 가장 후회되는 일이 있다면?
11. 근래에 가장 즐거웠던 일은?
12. 근래에 가장 괴로웠던 일은?
13. 당신을 가장 좋아하는 사람은 누구며, 그는 당신을 어떻게 말하겠나요?
14. 당신을 가장 미워하는 사람은 누구며, 그는 당신을 어떻게 말하겠나요?
15. 당신이 가장 편안함을 느끼는 때에는 어디서 무엇을 하는 것입니까?
16. 당신이 가장 좋아하는 음식은 무엇입니까?
17. 당신이 어려움이 있을 때 누구와 의논합니까?
18. 당신은 언제 거짓말을 합니까?
19. 지금 가장 보고 싶은 사람은?
20. 지금 당신의 느낌은?

따뜻하고 유능한 상담자가 되기 위한 <상담심리 실습 2>

## STROKE에 대한 심리검사

| | 문 항 | 아니다 | 조금 그렇다 | 매우 그렇다 |
|---|---|---|---|---|
| 1 | 나는 분위기 파악을 잘한다. | ⓪ | ① | ② |
| 2 | 나는 신경질적인 면이 있다. | ⓪ | ① | ② |
| 3 | "우리 학과에서 당신은 필요한 사람이에요."라는 말을 듣는다. | ⓪ | ① | ② |
| 4 | 싫은 얘기를 듣고 있다. | ⓪ | ① | ② |
| 5 | 내 일이 아니면 상관하지 않는다. | ⓪ | ① | ② |
| 6 | 꼭 먼저 아는 체를 한다. | ⓪ | ① | ② |
| 7 | 기분 나쁜 이야기라도 상대에게 피가 되고 살이 되는 이야기라면 한다. | ⓪ | ① | ② |
| 8 | '고맙다.'라는 말을 많이 듣는다. | ⓪ | ① | ② |
| 9 | 내 잘못이 아닌 일로 오해를 사거나 꾸중을 들어 화가 난 적이 있다. | ⓪ | ① | ② |
| 10 | "안녕하세요?"라고 인사하는 것이 부담스럽다. | ⓪ | ① | ② |
| 11 | 나는 오지랖이 넓다. | ⓪ | ① | ② |
| 12 | 내 말을 안 들어주면 울화통이 터진다. | ⓪ | ① | ② |
| 13 | 내 주변에는 좋은 사람이 많다. | ⓪ | ① | ② |
| 14 | 내 주변에 짜증을 잘 내는 사람이 있다. | ⓪ | ① | ② |
| 15 | 내가 싫어하는 스타일(유형)의 사람이 있다. | ⓪ | ① | ② |
| 16 | '고맙다.'라는 말을 잘한다. | ⓪ | ① | ② |
| 17 | 식당이나 상점 등에서 서비스가 나쁘면 말한다. | ⓪ | ① | ② |
| 18 | 기분 좋은 Surprise 경험(깜짝 이벤트)이 있다. | ⓪ | ① | ② |
| 19 | 나의 주변에 권위적인 사람이 많다. | ⓪ | ① | ② |
| 20 | 나는 혼자 있는 시간이 좋다. | ⓪ | ① | ② |
| 21 | 가족 생일은 꼭 기억해 두었다가 먼저 축하해 준다. | ⓪ | ① | ② |
| 22 | 불의를 보면 못 참는다. | ⓪ | ① | ② |
| 23 | 내게는 힘들고 외롭고 지쳤을 때, 손만 내밀면 와줄 사람이 두 명은 있다(가족 제외). | ⓪ | ① | ② |
| 24 | 우리 학과는 다른 학과보다 분위기가 딱딱하다. | ⓪ | ① | ② |
| 25 | 회식 등 모임 날짜가 겹치면 잘 됐다는 생각이 들 때가 있다. | ⓪ | ① | ② |

모든 문항을 해결하셨나요?
그렇다면 다음 문항의 점수를 더해 주세요.

A : 1, 6, 11, 16, 21
B : 2, 7, 12, 17, 22
C : 3, 8, 13, 18, 23
D : 4, 9, 14, 19, 24
E : 5, 10, 15, 20, 25

## STROKE에 대한 심리검사 결과 해설

이 검사는 제목에서 알 수 있듯이 STROKE에 대한 검사입니다. STROKE의 사전적 의미는 '치기'입니다. 테니스를 할 때, 공을 STROKE 하지요? 우리는 인간관계에서도 말과 행동을 통해 다양한 STROKE를 줍니다. 관계에서 주고받는 영향을 의미하는 것입니다. 과연 나는 상대방에게 어떤 자극과 영향을 주고 있습니까? 또, 나는 상대방으로부터 어떤 자극과 영향을 받는다고 생각할까요? 검사 결과를 보겠습니다.

**A : 내가 상대방에게 주는 긍정적 자극과 영향**

점수가 높을수록 긍정적 자극과 영향을 주는 것이겠지요? 점수가 높을수록 내가 상대에게 주는 사랑의 양이 많다는 뜻이며, 7 이상이 좋은 상태라고 볼 수 있습니다.

**B : 내가 상대방에게 주는 부정적 자극과 영향**

점수가 높을수록 상대방에게 부정적 자극과 영향을 주는 것입니다. 점수가 높을수록 나의 비판하거나, 혹은 비난하는 말과 행동이 남에게 상처를 주지는 않을지 한 번쯤 생각해 봅시다. 점수가 낮다고 무조건 좋은 것은 아닙니다. 낮을수록 남에게 싫은 소리를 못하는 사람일 경우가 많다고 합니다. 교사의 경우, 적절한 지도와 훈육이 필요하므로 5~6 정도가 적당하다고 합니다.

**C : 내가 상대에게 받고 있는 긍정적 자극과 영향**

점수가 높을수록 '나는 사랑받는 사람'이라고 느끼는 사람이랍니다. 받은 사랑만큼 돌려줄 수 있는 당신이 더욱 행복한 사람이겠지요?
C가 A보다 높은 사람은 주는 사랑보다 받는 사랑이 많은 경우라고 하니 주변에 좋은 인연이 많으시군요. 이렇게 문항을 연관해서 생각할 수도 있습니다.

**D : 내가 상대방에게 받고 있는 부정적 자극과 영향**

내가 상대로부터 느끼는 '미움의 양'이랍니다. 관계에서 오는 스트레스의 정도라고 보시면 좋겠어요. 점수가 높으신 분은 쇄골 7㎝ 아래를 쳐보시겠어요? 많이 아프시면 스트레스가 심하신 듯!

**E : 무자극 정도, 편견이나 주변의 영향으로부터 얼마나 자유롭나요?**

남의 시선, 편견, 주변의 영향에 어느 정도 민감한지를 나타내는 점수라고 합니다. 대개 4점 이하의 사람은 편견으로부터 자유로운 사람이랍니다. 5~7점은 보통, (농담 반 진담 반으로) 용서는 하지만 기억은 지우지 않는 사람, 8점 이상은 완벽을 지향하는 사람이라고 합니다.

따뜻하고 유능한 상담자를 위한 <상담심리 실습 3>

## 상담기관 견학 계획서

지역에서 활발하게 상담 활동을 하고 있는 상담기관을 3~4명이 한 팀이 되어 방문할 계획을 세워 봅시다.

팀명 : (　　　　)　　팀원 : (　　　　　　　　　　　　　　　　)

1. 날짜 : 20　　년　　월　　일　　요일　　시간

2. 견학할 상담기관 :

3. 견학할 상담기관 위치 및 연락처 :

4. 준비물 : 카메라, 필기도구, 메모장, 녹음기

5. 이용할 교통수단 :

6. 기관 관계자 인터뷰할 때 주요 질문 :

7. 팀원별 역할 분담 :

8. 견학할 때 주의할 점 : 사전에 연락하여 약속 잡기, 시간 약속 지키기

# 2 chapter 상담 과정과 기법

경청의 수준에 대한 재미있는 비유

사람들은 듣는다고들 하면서 사실은 참 안 듣는다.
가장 최악은 정신병원에서 볼 수 있다.
그들은 둘러앉아서 무슨 말을 하든 상관없이 자기가 하고 싶은 말을 자기가 하고 싶을 때 할 뿐이다. 모여 있어도 혼자이다.

다음은 양로원에서 볼 수 있다.
노인들은 한 사람 이야기가 끝나면 그 내용과 전혀 상관없이 자기 이야기를 한다. 서로 전혀 듣지 않는다.

다음은 술 취한 사람들의 대화이다.
그들은 서로 듣기는 한다. 그리고 뭔가 거슬리는 말이 나오면 말다툼을 한다. 그러나 다음날 내가 무슨 말을 했는지를 전혀 기억하지 못한다.

다음은 아줌마들의 수다이다.
그들은 처음에는 듣는다. 그리고 곧 무슨 말인지 나름대로 결론을 짓고 자기가 할 말을 머릿속에 필기하기 시작한다. 상대의 말이 끝나면 그 틈을 놓치지 않고 바로 자기 필기 내용을 쏟아 놓는다. 상대는 잠시 후 듣기를 멈추고 필기를 시작한다.

그럼 우리는 어떻게 들어야 할까? 먼저 머릿속의 노트와 연필을 내려놓자!!
그리고 말하는 사람의 말과 표정과 몸짓에 온전히 집중하자!
마음속에 정말 '알고 싶어 하는 자세'를 배우자. 말의 의미는 별로 중요하지 않다. 주의 깊게 내 앞에 있는 사람이 지금 하고 있는 말을 들어보면서 지금 어떤 '감정' 상태일까? 지금 저 말을 하는 '의도'는 뭘까를 알아채야 한다. 그리고 그것을 상대에게 되돌려 주는 것이다. 감정과 의도를 아는 것이 듣기이다.
그렇게 알아들었음을 상대에게 알려주는 것이 피드백이다.

–부산학교상담학회 자료집 중에서–

## 01 상담 과정

상담은 흔히 마라톤에 비유되기도 한다. 이러한 비유에 빗대어 본다면, 코치는 상담자, 선수는 내담자라고 할 수 있다. 선수와 코치는 마라톤 코스를 달리기 전에 출발 지점과 종착 지점을 확인하고 컨디션을 점검하며 달리기 규칙을 숙지하게 된다. 상담에서도 본격적으로 치유 작업을 하기 전, 즉 초기 단계에서 상담자는 내담자와 래포를 형성하고 내담자의 문제를 확인하고 그와 관련된 제반 정보를 수집하며, 상담 목표를 설정·확인하고, 상담에 대해 구조화를 해 준다.

상담의 중기 단계는 마라톤에서 선수가 출발선에서 규칙에 따라 달리기를 시작하여 결승 지점에 도달하기까지의 과정에 비유될 수 있다. 중기 단계는 본격적인 치유 작업을 하는 시기이다. 코치가 있지만 코스에서는 선수 혼자 뛰는 것처럼, 상담에서도 자신의 문제를 해결하는 사람은 내담자 자신이다. 마라톤 선수는 혼자서 결승 지점을 향해서 달리며 실전에서 자신이 배운 계획과 전략을 실행하면서 결승점에 도달하는 것은 바로 선수 자신의 몫이다. 선수 이외에 그 누구도 대신 달려 줄 수 없으며 상담도 또한 그러하다.

상담의 종결 단계는 마라톤 경기가 끝나는 것에 비유된다. 경기가 진행되는 중도에 선수가 포기할 수도 있으며 경기가 끝나면 선수의 순위와 기록이 매겨진다. 이 때 나름의 중도 탈락 원인이나 경기 결과에 대해 분석을 할 것이다. 즉, 상담의 종결 단계는 상담의 성과를 평가하고 소정의 목적이 달성되었는지, 남은 문제가 있는지, 상담이 더 필요한지 등을 검토하고 마무리하는 시기이다.

상담 과정에서 이루어지는 작업을 상담자를 중심으로 개념화하면 다음과 같다(강갑원, 2004).

첫째, 상담의 초기 단계에서는 접수 면접 및 상담 신청서 작성, 내담자의 문제 파악, 상담 관계의 형성, 상담의 구조화 및 목표 설정 등이 이루어진다.

둘째, 상담의 중기 단계에서는 해결 방안의 탐색, 실천 계획의 수립, 실행 등이 이루어진다.

셋째, 상담의 종결 단계에서는 상담의 성과를 평가하기, 이별 감정 다루기, 종결 보고서 작성, 추수 상담 등이 이루어진다.

이러한 일련의 상담 과정은 상담에서 이루어지는 작업들을 순서적으로 열거한 것이지만 하나의 단계가 끝나고 다음 단계로 넘어가는 것은 아니다. 각 과정들은 순환적이고 보완적이고 탄력적이다. 정보가 불충분했다면 중기 단계에서도 정보를 추가 수집할 수 있고 문제를 추가할 수도 있으며 목표를 재설정할 수도 있다.

각 상담의 단계마다 상담자가 보다 중점을 두어야 할 과업들이 있으며, 이를 잘 완수해 나갈 때 상담은 순조롭고 효율적으로 진행될 수 있다. 상담의 각 단계마다 중점을 두어야 할 과업들을 제시하면 다음과 같다(강갑원, 2004; 김춘경 외, 2010; 신경진, 2010; 이장호, 2005; 천성문 외, 2009).

### 1) 상담의 초기 단계

상담의 초기 단계는 상담자와 내담자 사이에 첫 만남이 이루어지는 순간부터 시작되며, 이 후 몇 번의 만남을 말한다. 초기 단계의 가장 큰 과업은 상담의 기초를 제대로 다지는 것이다. 즉, 건축물을 지을 때 기초공사를 튼튼히 하는 것에 비유될 수 있다. 초기 단계에서 상담의 기초를 제대로 세우지 않으면 이후의 상담이 아무리 오래 진행된다 하더라도 뚜렷한 성과를 내기는 어렵다. 초기 단계에서 상담자가 다루어야 할 과업들은 다음과 같다.

#### (1) 접수 면접 및 상담 신청서 작성

접수 면접(intake interview)은 처음 상담실에 온 내담자를 맞이하는 것을 말한다. 상담자 혼자서 상담실을 운영하는 상담센터에서는 접수 면접자가 바로 상담자가 되기도 한다. 하지만 상담자가 여러 명일 경우, 접수 면접자와 상담자가 다르다. 접수 면접은 내담자의 신청서 작성을 안내하며, 내담자가 상담 신청서를 충실히 작성하였는지를 확인하고 누락된 부분이 없도록 한다. 내담자가 상담에 적합한지 여부를 판단하고 내담자에게 최선의 상담 효과를 가져다 줄 상담자를 배정하는 것 역시 접수 면접의 목적이다.

접수면접은 길지 않도록 한다. 접수면접은 내담자의 문제와 관련하여 예측되는 상담자를 파악하고 배정하기 위한 최소한의 정보를 얻는 것으로 만족해야 하며, 대략 15~20분 정도가 적절하다. 너무 길고 상세하게 하면 본 상담자에게 연결되었을 때 내담자에게 접수 면접에서 이미 이야기한 내용을 다시 이야기하게 하는 불편을 끼치게 된다. 또한 자신의 상담자인 줄 알고 마음을 열고 이야기를 한 내담자가 새로운 상담자에게 다시 마음을 열어야 하는 심적 부담을 주게 되기 때문이다.

내담자가 상담을 신청하기까지 많은 심리적 고통을 겪었고 해결을 위해 나름대로 많은 노력을 하였을 것이다. 그럼에도 불구하고 해결을 위한 자신의 시도와 노력이 그다지 소용이 없었으며, 현재 처한 여건에서 별다른 방도가 없다고 판단하고서 전문 상담자의 도움을 청하게 된다.

상담 신청서는 바로 이런 과정을 잘 담아서 보여주는 서류라고 할 수 있다. 내담자가 직접 작성한 신청서는 내담자에 관한 많은 정보를 담고 있다. 내담자가 작성한 기본적인 인적 사항, 주 호소 내용, 가족 사항, 상담 경험 등의 내용과 함께 상담에 임하는 내담자의 태도, 내담자의 성격 특성, 내담자의 글씨체, 문장 형성 능력, 맞춤법 등과 같은 언어적 능력과 판단력 등에 관한 정보도 얻을 수 있다. 이렇게 내담자가 작성한 상담 신청서에는 내담자의 자세와 태도, 심적 상태와 성격 특성, 언어적 · 인지적 수준까지도 엿볼 수 있는 만큼 내담자를 진단하고 평가하는 중요한 기초자료가 된다. 일반적인 상담 신청서의 양식은 [그림 1]과 같다.

## 상담 신청서

※이 름 : ______________________ ※성 별 : 남·여
※생년월일 : ____년 ___월 ___일(만___세) ※종 교 : ______
※주 소 : ______________________________________________
※전화 번호 : (     ) ______________________ ※휴대전화 : __________
※거주 사항 : 자가·자취·친척집·하숙·전월세·기타 ______________
※결혼 여부 : 미혼·기혼·이혼·별거·사별·기타 ______________
※직 업 : __________________ ※소 속(학교·학번) : ______________

※가족 사항

| 이 름 | 관 계 | 연 령 | 학 력 | 직 업 | 동거 여부 | 비 고 |
|---|---|---|---|---|---|---|
| | | | | | | |
| | | | | | | |
| | | | | | | |

※상담 받기를 원하는 내용은 무엇입니까?

| |
|---|
| |

※이전에 상담을 받아 본 적이 있습니까? □ 예 □ 아니오
언제 : __________ 어디서 : __________ 왜 : ______________
그만둔 이유 : __________________________________
※아래에는 대개의 사람들이 가질 수 있는 문제 영역들이 제시되어 있습니다.
각 문제 영역을 읽으시고 당신이 현재 어려움을 겪는 정도에 'V'표 해 주십시오.

| 문제 영역 | 전혀 없다 | 약간 있다 | 웬만큼 있다 | 꽤 심하다 | 아주 심하다 |
|---|---|---|---|---|---|
| 1. 가족 | | | | | |
| 2. 비행·약물 | | | | | |
| 3. 학업·학교 부적응 | | | | | |
| 4. 진로 | | | | | |
| 5. 성 | | | | | |
| 6. 대인관계 | | | | | |
| 7. 성격 | | | | | |
| 8. 정신 건강 | | | | | |
| 9. 생활 습관·태도·PC 과다 사용 | | | | | |
| 10. 기타 상담 | | | | | |
| 11. 단순 정보 제공 | | | | | |

※건강상의 문제가 있습니까? ______________________________
※상담 가능한 요일과 시간을 적어 주세요. 요일 : ________ 시간 : ________

작성일자 :       년    월    일
작 성 자 :              (확인)
상 담 자 :              (확인)

○○상담센터

그림 1 상담 신청서 양식

### (2) 내담자 문제 파악

상담은 내담자가 호소하고 있는 문제를 해결하는 것이 중요한 목표가 된다. 따라서 상담자는 내담자의 문제나 어려움이 무엇인지를 명확하게 파악해야 한다. 문제를 정확하게 평가하기 위해서는 무엇보다 내담자로부터 많은 자료를 수집해야 한다. 내담자의 문제를 파악하기 위해 몇 가지 고려해야 할 사항은 다음과 같다.

첫째, 내담자가 안고 있는 문제를 파악한다. 상담을 받으러 올 때는 반드시 이유가 있다. 성격을 고치고 싶어서 올 수도 있고, 마음의 상처를 받아서 올 수도 있고, 인간관계를 개선하기 위해 올 수도 있으며, 진로가 고민되어 올 수도 있다. 따라서 먼저 싱담자는 내담자에게 무엇 때문에 상담을 받으러 오게 되었는지를 확인하여야 한다. "어떤 문제로 찾아 오셨나요?", "고민하고 있는 문제는 무엇입니까?" 등의 질문을 하여 호소 문제를 파악한다. 이때 상담자는 내담자의 진술을 경청하면서 비언어적 행동도 관찰한다. 상담자를 처음 대하는 내담자로서는 상담 상황이 낯설고 어색할 수 있고 무슨 말을 어떻게 해야 할지 모르는 경우가 많다. 따라서 상담자는 내담자가 차분하고 진솔하게 이야기를 할 수 있도록 배려하는 자세를 취해야 한다.

둘째, 내담자가 호소하고 있는 문제의 배경이나 원인을 탐색한다. 내담자가 호소하고 있는 문제가 무엇인지를 파악하고 나면, 그 문제가 발생한 배경이나 원인이 무엇인지를 탐색한다. 이때 가장 중요한 것은 특정 문제가 왜 지금 문제가 되었는지를 확인하는 것이다. 예를 들면, 담임교사와 사이가 나빠진 내담자라면 이러한 불편한 관계를 유발시킨 구체적 사건이 무엇인지가 중요하다. 이러한 것을 파악하고 검토함으로써 내담자의 현재 겪고 있는 심리적 어려움을 이해할 수 있으며, 이것을 통해 내담자로 하여금 문제 상황에 빠지게 한 촉발 요인을 알 수 있게 된다. 대개의 경우 상담자는 문제를 해결하기 위하여 이러한 촉발 요인에 개입하게 된다.

셋째, 상담을 통해 내담자의 문제를 해결하고자 하는 의지와 동기가 어느 정도인지를 확인한다. 내담자의 문제해결 동기가 높으면 높을수록 상담은 성공 확률이 높아진다. 자신의 문제해결을 위한 내담자의 적극적 참여와 협조는 성공적 상담을 위한 필수 요소이다.

여기서 주목할 점은 모든 내담자가 자발적으로 상담을 받으러 오는 것이 아니라 다른 사람에게 이끌려 상담을 받으러 오는 경우도 있다는 점이다. 이러한 내담자는 비자발적이며 자신이 왜 상담을 받아야 하는지 의아해 한다. 이러한 내담자에게는 상담이 어떤 것이며, 상담을 통해 어떤 도움을 얻을 수 있는지를 알려주어 상담에 대한 자발적 참여를 위한 동기를 높이는 것이 필요하다.

### (3) 상담 관계의 형성

상담자와 내담자 사이에 서로 신뢰로운 관계를 형성하는 것은 상담의 효과에 영향을 미친다. 흔히 상담에서는 상담자와 내담자 사이에 수용적이고 신뢰로운 관계를 형성하는 것을 래포 형성(rapport formation)이라고 한다. 래포(rapport)라는 말은 프랑스어로 '다리를 놓다'라는 뜻이다. 그렇다면 상담자와 내담자 사이의 친밀감을 왜 래포(rapport)라고 하는 것일까? 그것은 바로 상담자의 마음과 내담자의 마음 사이에 다리를 놓아 마음을 터놓고 소통하자는 의미가 담겨 있다.

상담자는 상담의 초기 단계에서 친밀한 상담 관계를 형성할 줄 알아야 한다. 끊임없이 내담자를 이해하려는 진지한 태도, 모든 것을 내담자 입장에서 생각하는 공감적 태도, 내담자를 비난하기보다는 수용하고 존중하는 무조건적 긍정적 존중의 자세, 내담자를 도와주겠다는 인간에 대한 선의의 태도 등이 친밀한 상담 관계를 형성하는 데에 필요하다.

### (4) 상담의 구조화

상담이 효율적으로 이루어지기 위해서는 내담자 역시 상담이 무엇이고 어떻게 진행되는지에 대하여 잘 알고 있어야 한다. 흔히 내담자는 상담자가 자신의 문제를 직접 해결해 주는 것으로 알고 있거나 자신의 문제에 대한 해결책을 줄 것으로 기대한다. 그래서 상담에 대하여 올바르게 인식하도록 일종의 오리엔테이션에 해당하는 상담의 구조화가 필요하다.

상담의 구조화란 내담자에게 일종의 상담에 대한 오리엔테이션을 하는 것으로 상담의 의미와 본질, 상담자와 내담자의 역할, 비밀 보장, 상담 시간과 횟수, 상담료, 상담 주기와 상담자와 연락 방법 등에 대해 내담자에게 알려주는 것이다.

상담의 구조화 과정은 상담 여건의 구조화, 상담 관계의 구조화, 그리고 비밀 보장의 구조화로 구분할 수 있다. 이를 살펴보면 다음과 같다.

**① 상담 여건의 구조화**

상담 여건의 구조화는 상담 시간, 상담 횟수, 상담 장소, 상담 시간 준수, 불참하거나 늦게 되는 경우에 취해야 할 조치, 위급 상황 시 연락 방법, 상담실 이용 방법, 그리고 기타 내담자가 알아두어야 할 제반 사항 등이 포함된다. 다음은 상담 여건의 구조화에 대한 축어록이다.

상담자 : 준빈이는 상담을 처음 받아 본다고 그랬지?

준 빈 : 네, 그래요. 상담을 받으러 오기까지 정말 고민을 많이 했거든요. 물론 상담을 받으러 오기를 잘 했다는 생각은 들지만, 아직 좀 더 두고 봐야 할 것 같아요.

상담자 : 음, 그렇구나. 그러면 준빈이가 편안하게 상담을 받는데 도움이 될까 해서 앞으로 상담이 어떻게 진행될 것이고, 상담자인 나의 역할은 무엇이며, 너와 내가 어떤 이야기를 나누고 될 것인지에 대해 이야기할까 하는데, 들어 볼래?

준 빈 : 네, 그렇게 해 주세요.

상담자 : 상담을 통해 준빈이가 친구들에게 다가가기 어려워하는 문제를 어떻게 하면 해결할 수 있는지 함께 생각해 보게 될 거야. 상담을 하는 이 시간은 바로 준빈이를 위한 것이라는 거야. 그러니 준빈이도 나와 이야기를 나눌 때 솔직하게 마음을 열어 놓고 자신의 문제를 해결하기 위해 노력해 주길 바란다. 준빈이와 내가 상담을 하게 되면 특별한 경우를 제외하고는 일주일에 한번 정도 만나게 된단다. 한번 만나면 보통 50분 정도 상담하게 되는데, 만약 상담 약속을 못 지키게 될 일이 생기면 상담실로 바로 연락해 주기를 바란다. 여기 연락처가 적힌 명함을 줄게. 상담실 전화번호는 123-4567이고 내 핸드폰은 012-3456-7890이야. 혹시 궁금한 점이나 질문 있니?

### ② 상담 관계의 구조화

상담자와 내담자 사이에 가능한 사항과 그렇지 않은 사항을 명백히 구분 짓는 것을 상담 관계의 구조화라고 한다. 경험이 적은 상담자는 흔히 내담자의 감정을 상하게 할까 염려하여 집단원의 요구 사항을 모두 들어주려고 애쓰는 경향이 있다. 그러나 내담자의 요청을 무조건 들어주다 보면, 여기에서 파생되는 억압된 감정이 누적되어 상담자에게 심적 부담이 될 수 있다.

그러므로 상담에는 상담자와 내담자 사이의 관계에 대해 구조화가 필요하다. 상담 관계의 구조화에는 내담자의 책임과 행동에 관한 내용으로 구성된다. 다음은 상담 관계의 구조화에 관한 축어록이다.

가　인 : 선생님, 이제 더 이상 남자 친구에게 변화를 기대하는 것은 무리일 것 같은 생각이 들어요. 불가능이란 말이 더 잘 어울릴 것 같네요. 이런 지경까지 왔는데, 이 사람과 깨끗하게 헤어지는 것이 좋지 않을까요?

상담자 : 글쎄요. 이 문제는 아주 사적인 것이어서 제가 가인 씨 대신 어떤 결정을 내려 드리기가 무척 조심스럽네요. 상담은 가인 씨가 일상생활을 통해 갖게 되는 관심사, 생각, 그리고 느낌들을 나누면서 가인 씨 자신을 이해할 수 있게 하기 위해 마련된 것입니다. 제 역할은 가인 씨가 어려워하는 일에 대해 직접 나서서 해결해 준다거나 해결책을 제시해 주는 것이 아니라, 가인 씨가 솔직하게 마음을 터놓고 이야기하고 자신의 문제를 스스로 해결하도록 돕는 것입니다.

### ③ 비밀 보장의 구조화

내담자는 가까운 가족이나 친구, 혹은 연인에게도 말하지 못한 사연을 상담자에게 이야기함으로써 내면의 감정을 정화한다. 이 때 상담자에게 자신의 비밀스런 이야기를 하면서 과연 비밀이 보장될까 하는 의구심이 들기도 한다. 상담자는 내담자에 대한 비밀을 유지하고 지켜 주어야 할 의무가 있다. 다음은 비밀 보장의 구조화에 관한 축어록이다.

철　수 : 상담실에는 매일 와야 해요?

상담자 : 상담은 보통 1주일에 한 번 하는데, 필요하다면 더 자주 할 수도 있단다.

철　수 : 그런데 제가 선생님한테 말씀드리는 거, 우리 엄마한테 말씀하실 건가요?

상담자 : 아니란다. 네가 여기서 말하는 것은 선생님만 알고 있을 거야. 하지만, 네가 너 자신이나 다른 사람에게 해가 되는 일을 한다고 생각이 들면 부모님께 말씀드릴 수도 있어.

### (5) 상담 목표의 설정

상담이 도달해야 할 지점을 상담 목표라 한다. 상담 목표가 분명할수록 상담은 순조롭게 진행될 수 있을 것이다. 상담의 일차적인 목표는 내담자가 호소하는 문제의 해결이다. 즉, 내담자가 상담을 통해 해결하고자 하는 문제를 성공적으로 해결하여 내담자의 생활 적응을 돕는 것이 상담의 최우선적인 목표가 된다. 예를 들면, 우울이나 스트레스 때문에 고통을 겪는 내담자의 경우에는 우울이나 스트레스의 완화가 상담의 일차적 목표가 된다.

어떤 경우에는 상담의 일차적인 목표의 달성을 넘어서서 더 진행되기도 하는데, 이 경우에 상담 목표는 이차적인 동시에 보다 궁극적인 성질을 지니게 된다. 앞의 예를 다시 들면, 우울이나 스트레스라는 문제 증상 그 자체의 해결은 일차적 목표에 해당하지만, 내담자가 내면적인 자유를 회복하고 개인의 태도와 행동의 변화 그리고 한층 높은 수준의 성장과 발달, 즉 인격적 성숙을 이룰 수 있도록 하는 것이 상담의 이차적 목표에 해당한다. 일반적으로 상담은 일차적 목표의 달성으로 끝나는 것이 보통이나 내담자가 원하는 경우, 그리고 여건이 허락하는 경우에 이차적 목표를 다시 설정하고 상담을 지속하기도 한다. 상담 목표를 설정할 때 고려해야 할 사항들은 다음과 같다(강갑원, 2004; 김남순, 2001).

첫째, 상담 목표는 구체적이고 명확해야 한다. 상담 목표가 모호하게 설정되면 그러한 목표가 상담에서 달성되었는지의 여부를 판단할 수 있는 준거가 명확하지 않다. 예를 들면, '친구들과 원만한 관계를 유지하기'라는 상담 목표를 세웠을 경우, 친구들과 관계를 어떻게 맺고 유지해 나가야 원만한 관계인지를 판단하기란 매우 어렵다. 그러므로 이 경우의 상담 목표는 '친구들과 같이 운동하러 가기'라든가 '친구들과 같이 숙제하기' 등과 같은 구체적이고 명확한 목표들로 대치하는 것이 바람직하다.

둘째, 상담 목표는 현실적이어야 한다. 이는 상담 목표는 현실적으로 내담자가 처한 상황에서 달성이 가능한 것이라야 한다는 것을 의미한다. 예를 들어, 학교 공부조차 따라가기 힘들어 하는 중학생을 상담하는 경우, '인기 있는 특목고에 합격하기'라는 상담 목표를 설정할 경우 현실성이 결여되어 있다. 상담에서 비현실적인 목표를 설정하는 것의 문제점은 목표를 달성하지 못하는 것뿐만 아니라 내담자에게 또 다른 심리적 좌절의 경험을 주게 된다는 데 있다.

셋째, 너무 많은 목표를 설정하지 말고 문제를 축약하여야 한다. 내담자는 여러 가지 문제를 안고 있는 경우가 대부분이다. 내담자가 호소하는 모든 문제를 해결하기 위하여 많은 목표를 설정하는 것은 시간과 노력이 많이 들어갈 뿐만 아니라 상담의 효율성도 떨어지기 때문에 바람직하지 않다. 이 경우에는 내담자가 안고 있는 여러 문제를 공통 요인에 따라 묶어서 목표의 수를 줄이는 문제 축약이 필요하다. 가령 어떤 중학생 내담자가 친구와 잘 사귀지도 못하고, 지각도 잘하고, 숙제도 잘 안하고, 성적도 좋지 않다는 자신의 문제를 제시하였다고 하자. 이때 상담자는 각 문제의 근원을 분석하여, 친구와 잘 사귀지 못하는 것은 친구와 약속을 잘 지키지 않거나 친구를 배려하지 못했기 때문이고, 숙제를 안 하거나 성적이 나쁜 것은 놀고 싶은 마음을 조절하지 못하여 공부하는 시간이 부족했기 때문이라는 공통 요인을 찾고 이에 따른 상담 접근을 해야 한다.

### 2) 상담의 중기 단계

상담의 중기 단계는 상담 목표가 설정된 이후부터 상담 목표가 어느 정도 달성되기까지의 기간을 말한다. 초기 단계에서 형성된 신뢰롭고 수용적인 상담 관계를 바탕으로, 설정된 상담 목표를 달성하기 위해 내담자가 가진 문제에 대한 본격적인 해결을 시도하는 단계이다. 이런 의미에서 상담의 중기 단계는 문제해결 단계이며 상담의 핵심적 단계라 할 수 있다. 이 단계에서는 문제해결 방안의 탐색, 계획의 수립 및 실행이 중심을 이루며, 이를 위해 여러 가지 상담 기법들이 사용된다. 중기 단계에서 상담자가 다루어야 할 과업들은 다음과 같다.

### (1) 문제해결 방안 탐색

앞서 설정한 상담 목표를 달성하기 위한 문제해결 방안을 탐색한다. 먼저 내담자가 가진 문제에 대한 감정 표현을 촉진하고 호소하는 문제에 대한 구체적인 확인 작업이 필요하다. 이 과정에서 내담자가 저항할 수도 있고 자기 탐색과 통찰이 일어날 수도 있다. 자기 탐색과 통찰이 이루어지면 내담자가 자신의 문제를 보다 분명하고 통합된 관점에서 재인식할 수 있게 된다.

상담자는 내담자가 상담 목표에 도달하기 위해 필요한 자기 이해와 합리적 생각을 갖출 때까지 상담에 적극적으로 참여하도록 격려할 필요가 있다. 이때 내담자가 자기 탐색이나 사고방식의 변화 요구에 심리적 부담을 느껴 상담을 중도에 그만 두려고 할 수 있으므로 이를 잘 다루어야 한다. 이를 위해 심리적 부담과 저항이 설정된 상담 목표에 대한 상담자와 내담자의 인식 차이 때문인지 아니면 의사소통 과정에서 생겨난 것인지 살펴보아야 한다.

문제해결 방안의 탐색 과정은 내담자의 문제의 성질이나 상담에 대한 요구, 상담자의 이론적 입장에 따라 다르지만 일반적으로 다음과 같은 과정을 따른다.

첫째, 문제에 대하여 인식한다.

둘째, 문제에 대하여 명확히 정의한다.

셋째, 문제해결을 위한 모든 가능한 방안을 발견한다.

넷째, 문제해결을 위한 모든 가능한 방안을 검토한다.

다섯째, 문제해결을 위한 가능한 방안을 선택하여 실행하고 평가한다.

여섯째, 문제해결을 위한 가능한 방안을 실생활에 적용한다.

### (2) 실행 계획의 수립 및 실행

이 단계에서는 앞 단계에서 마련한 해결 방안에 대하여 구체적 행동 절차를 협의하고 세부 행동 계획을 작성한다. 가령 학업 성적이 떨어져서 고민하는 학생 내담자를 상담하는 경우, 내담자의 목표가 학업 성적을 향상시키는 것이고, 그 해결 방안의 하나로 복습을 철저히 하는 것이라고 정했다면 복습을 철저히 하기 위한 구체적인 실행 계획을 세우는 것이다. 이 경우에는 과목별로 복습 시간을 얼마로 할 것인지, 복습은 언제 할 것인지에 대하여 구체적 일정표를 작성할 수 있다. 이러한 실행 계획이 세워지면 이를 실행해 나간다.

수립된 계획을 실행해 나가면서 제대로 되어 가는지를 평가하고, 이를 바탕으로 행동 계획을 수정하거나 보완할 것이 있으면 그렇게 해 나간다.

### 3) 상담의 종결 단계

내담자가 호소하는 문제가 해결되고 상담 목표를 달성하면 상담은 종결된다. 일반적으로 상담에서는 상담 초기에 종결 시기에 대하여 미리 상담자와 내담자 사이에 합의가 이루어진다. 이러한 합의 없이 상담을 진행하였다면 종결이 어려워질 수 있다. 따라서 상담의 종결은 상담 목표와 관련하여 목표 달성의 기준이 무엇이며 이러한 기준에 도달하면 종결한다는 것을 서로 합의하는 것이 필수적이다.

내담자가 당초에 호소했던 문제가 현저히 완화 내지는 해결되었다고 해서 곧바로 상담을 종결해서는 안 된다. 종결은 어느 날 갑자기 이루어지기보다는 일정한 과정을 거쳐 이루어지는 것이 바람직하다. 즉, 종결에 대한 의견이 나온 뒤 2회 내지 4회 정도 추가적 상담을 하는 것이 좋다. 이것은 내담자가 혼자서 문제를 해결하거나 책임 있게 실천할 수 있는지를 검토하는 예비적 기간이 필요하기 때문이다. 예를 들면, 종결이 가까워 오면 매주 1회 하던 상담의 횟수를 2주마다 1회를 하거나 한 달에 1회로 줄여 나가면서 서서히 종결한다.

종결 단계에서는 상담을 통해 변화된 내담자의 바람직한 태도나 행동을 극대화하고 어떻게 하면 상담을 종결한 후에도 지속해 갈 수 있을지를 다루게 된다. 종결 단계에서 상담자가 다루어야 할 과업들은 다음과 같다.

#### (1) 이별 감정 다루기 및 홀로 서기의 준비

상담자와 내담자 사이에 친밀감과 신뢰감을 바탕으로 상담이 이루어져 왔고, 이것은 상담 성과에 중요한 영향을 미치게 된다. 그런데 내담자는 이러한 친밀한 상담 관계의 종결로 인한 이별이 힘들고 어려울 수 있다. 특히 의존적인 내담자의 경우 이러한 이별로 인한 분리 불안은 더욱 클 수 있다. 따라서 상담자는 이러한 감정을 다루어 나가면서 내담자 스스로 설 수 있도록 지지하고 격려한다. 또한 상담 종결 후에도 심리적으로 어려움이 있으면 언제든지 다시 상담할 수 있음을 알려 주어 내담자에게 심리적인 안정감을 주도록 한다.

### (2) 전체 상담의 평가 및 성과 다지기

상담자는 내담자와 함께 전체적인 상담 과정을 통해 변화하고 성장한 것은 무엇인지, 상담을 통해 해결하지 못한 것은 무엇인지 탐색해 보아야 한다. 특히 현재의 상담 성과를 달성하기 위해서 노력한 과정에 대해 탐색하고 상담실 밖의 생활에서 상담 성과가 유지되도록 하기 위해 필요한 내담자의 노력을 구체화하여야 한다. 그리고 생활에서 문제에 당면했을 때 상담을 통해 습득한 문제해결 방법을 효과적으로 적용해 나갈 수 있도록 한다.

### (3) 추수 상담에 대한 안내

상담을 종결한 이후라 하더라도 내담자 혼자서 다루기 어려운 일이 발생할 경우 추가적으로 상담을 받을 수 있다는 정보를 알고 있으면 내담자에게 큰 심리적 안정과 위안이 될 수 있다. 추수 상담은 내담자의 행동 변화를 지속적으로 점검하고, 내담자가 잘하는 것은 강화하고 증상이나 문제가 재발되었을 때 내담자가 상담에서 터득한 기술을 활용하여 대처하도록 도움도 받을 수 있다.

## 02 상담 기법

상담은 상담자와 내담자가 상담 관계를 바탕으로 서로가 주고받는 사회적 영향이라 할 수 있다. 따라서 상담자가 내담자에게 하는 모든 반응은 내담자의 변화에 영향을 주는 기술이다. 여기서는 관심 기울이기, 적극적 경청, 질문, 공감, 반영, 재진술, 자기개방, 피드백, 직면, 해석, 요약 등 열한 가지 언어적 반응 기술에 대해 살펴보기로 한다(노안영, 2005; 천성문 외, 2006).

### 1) 관심 기울이기

관심 기울이기는 내담자를 대하는 상담자의 비언어적인 태도를 가리킨다. 관심 기울이기는 시선, 얼굴 표정, 목소리, 자세와 몸짓을 통해 나타난다. 상담자가 내담자에게 관심을 기울일 때 사용할 수 있는 기술을 이간(Egan, 1994)은 SOLER(Squarely, Open, Leaning, Eye contact, Relaxed)라는 용어로 제안하였다.

(1) Squarely : 상담자는 내담자를 바로 바라본다(face the client squarely). 상담자는 내담자에게 관여하고 있다는 자세를 취한다. 이러한 자세는 '나는 당신과 함께 할 것이며 도움이 되고 싶습니다.'라는 뜻을 전달하게 된다. 내담자에게 말하면서 시선을 다른 곳에 두고 있으면 그 만큼 관심이 적다는 느낌을 준다.

(2) Open : 상담자는 개방적인 자세를 취한다(adapt an open posture). 상담자는 내담자에게 마음의 문을 열고 있다는 자세를 취하는 것이 중요하다. 상담자가 다리를 꼬고 앉거나 팔짱을 끼고 앉아 있는 모습은 관심과 도울 준비가 제대로 되어 있지 않다는 메시지를 내담자에게 전달할 수 있다. 이를 위해 상담자는 '내가 지금 취하고 있는 자세가 개방적이고 돕고 싶은 준비 태세가 갖추어져 있다는 사실을 내담자에게 얼마나 잘 전달하고 있는가?'라고 자문하는 것이 중요하다.

(3) Leaning : 상담자는 내담자를 향해 몸을 기울인 자세를 취한다(lean toward the other). 누군가와 대화할 때 관심이 있으면 관심이 있는 사람 쪽으로 몸이 기울어지게 된다. 마찬가지로 상담자는 내담자를 향하여 몸을 약간 기울여서 그의 말에 관심을 기울이고 있다는 것을 나타내는 자세를 취한다. 이 때 내담자 쪽으로 몸을 기울이는 것은 내담자와의 의사소통을 촉진시키는 일종의 반응이라고 할 수 있다.

(4) Eye contact : 상담자는 내담자와 좋은 시선 접촉을 유지한다(maintain good eye contact). 상담자가 내담자와 좋은 시선 접촉을 유지하는 것은 '당신과 함께 하고 있으며 당신에게 관심을 갖고 도움이 되고 싶다.'라는 메시지를 전달해 줄

수 있다.

(5) Relaxed : 상담자는 편안하고 이완된 자세를 취한다(try to be relaxed). 편안한 자세는 처리해야 할 급한 일을 앞두고 있는 듯 조바심을 내지 않으며, 마음과 몸이 편안하고 자연스럽게 이완된 여유로운 모습을 유지하는 것을 의미한다.

다음은 고등학교 2학년 여학생 내담자에 대한 상담 사례이다. 상담자는 과학 교사에게 무례한 행동을 한 내담자를 판단하는 태도를 취하지 않고 내담자가 편안하게 이야기할 수 있도록 관심 기울이기 기술을 사용하고 있다.

상담자 : (몸을 내담자 쪽으로 기울이고 개방적인 자세를 취하며) 과학 선생님께서 화가 많이 나 가지고 오셔서 수업 시간에 수희가 막 대들었다고 하시더라. 네가 다짜고짜 그럴 애는 아닌데, 무슨 이유가 있었을 거 같아. 집에서 무슨 일이 있었니?

수 희 : 아니요. (얼굴을 붉히고 눈물을 글썽이며) 사실은 오늘 학교에 오면서 버스 안에서 어떤 이상한 아저씨한테 성희롱을 당했어요.

상담자 : (온화한 눈빛을 보내며) 그런 일이 있었다면 기분이 정말 나빠 있었겠구나.

수 희 : 예. 그 기분 상태에서 샘이 지적을 하니까, 저도 모르게 화를 폭발하게 된 것 같아요.

상담자 : (편안하고 이완된 자세를 하며) 음, 그래서 네가 그런 행동을 했었구나.

수 희 : 지금 생각해 보니까 제가 과학 선생님께 잘못한 거 같아요.

상담자 : (부드러운 시선을 보내며) 과학 선생님께 한 행동이 부끄럽고 죄송하다는 마음이구나.

수 희 : 예. 제가 엉뚱한 사람에게 화를 냈었어요.

상담자 : (내담자를 향해 몸을 기울이며) 그랬구나. 수희가 버스 안에 있었던 이야기를 좀 더 해 볼래?

## 2) 적극적 경청

상담자가 내담자의 언어 및 비언어 행동에 대해 민감하게 반응하여 상담자 자신이 이해한 내용을 자신의 말과 행동으로 되돌려 주는 것이다. 이렇게 내담자에게 온전히 주의를 기울이는 것은 상담에서 효과적인 의사소통을 위한 기본 태도이며 기술이다. 이를 통해 내담자의 대화 내용에 집중할 수 있고, 몸짓이나 음성의 변화 등에 주의하며, 숨겨진 의미를 감지해 낼 수 있게 된다.

게슈탈트 상담 이론의 창시자인 펄스(F. S. Perls)는 인간관계에서 "싸우는 사람은 경청하지 않고 경청하는 사람은 싸우지 않는다."라고 하면서 경청 대 싸움(listening vs fight)을 제안한다. 즉, 누군가를 잘 경청하면 그를 이해하고 싸우지 않게 된다는 것이다. 적극적 경청과 관련하여 한 가지 상담 사례를 제시하면 다음과 같다.

상담자 : 컴퓨터 수업은 어때? 오늘 재량 시간에 보니 컴퓨터 실력이 많이 늘었더라.

아 영 : 예. 요즘은 게임 안하고도 컴퓨터가 재미있어요.

상담자 : 그래 우리 아영이가 홈페이지에 올려놓은 동영상 자료를 친구들이 넘 좋아하더라. 친구들이 댓글 달아 놓은 것 보았니?

아 영 : 예! (환한 표정을 지으며) 요즘은 친구들과도 사이좋게 잘 지내요.

상담자 : 또 다르게 하고 싶은 것이 뭐가 있지?

아 영 : 우리 반 카페를 만들고 싶어요.

상담자 : 그래? 멋지구나. 이번엔 우리 반 카페를 만들어 아영이가 공부에 도움이 되는 많은 학습 자료도 올려 줘.

아 영 : 선생님과 친구들이 칭찬을 많이 해 줘서 기분이 좋아요. 아빠도 칭찬을 하시고. 특히 엄마가 칭찬해 줘서 정말 좋아요.

상담자 : 요즘 수업 시간에는 어때?

아 영 : 발표도 처음에 할 때는 떨렸는데, 한 번씩 하니까 기분이 좋아요. 그리고 나도 잘하는 게 있구나 하는 생각이 들어요.

상담자 : 네가 자랑스러워졌다 이 말이구나. 이번 주부터는 집으로 곧장 가도 돼. 숙제도 잘 해 오고, 일기도 잘 쓰고, 친구들 하고 잘 지내고. 그래

도 혹시 선생님하고 이야기하고 싶으면 언제든지 교실에 남아 있어. 네 이야기 다 들어줄게. 선생님이 부탁하나 해도 돼? 아빠가 한 번씩 혼내셔도 아빠 이해해 드리고 자신감 없어도 뭐든지 직접 하려고 노력하기, 그리고 마지막으로 표정은 부드럽게 스마일. 알지?

### 3) 개방형 질문

개방형 질문이란 내담자가 자유롭게 응답할 수 있어 응답의 범위가 넓고 다양하게 나올 수 있는 열린 질문 형태를 말한다. 폐쇄적 질문이란 응답이 비교적 제한된 형태를 말한다. 개방형 질문은 "기말 시험이 끝나니 기분이 어떠니?"의 형태이고, 폐쇄형 질문은 "기말 시험이 끝나니 기분이 홀가분하지?"의 형태이다. 내담자의 생각이나 감정이 어떤 것인지 폭넓게 들어보고 싶을 경우에는 개방형 질문을 하는 것이 효과적이다.

다음은 내담자가 자신의 성격을 변화시키면 좋겠다는 상황을 구체적으로 탐색하기 위해 상담자가 개방형 질문을 한 사례이다.

영 희 : 성적을 올리고 싶은데……. 영어 공부만 조금 더 하면 될 것 같아요.
상담자 : 영어 공부 혼자서 할 수 있니?
영 희 : 아뇨, 공부방에서 할 때 열심히 하면 돼요.
상담자 : 그러면 되겠구나. 그럼 성격은 어떻게 바꾸고 싶니?
영 희 : 지금보다 더 밝았으면 좋겠어요.
상담자 : 어떻게 하면 지금보다 더 밝은 성격이 될까?

### 4) 공감

상담자가 내담자의 사고, 행동, 감정을 마치 상담자 자신의 것처럼 이해하고 주로 내담자의 감정에 초점을 두어 이해한 것을 정확하게 전달하는 것을 의미한다. 즉, 상담자는 자신의 지각 방식을 잠시 뒤로 하고 내담자가 경험하는 방식으로 느끼고, 생각하여 그것을 반응해 줌으로써 내담자에게 자신이 이해 받고 있음을 전달하는 것이다.

공감적 이해 능력에는 두 가지 기초적 요소가 있다. 첫째는 상담자가 상대방의 말 속에 깔려 있는 주요한 감정, 태도, 신념, 가치 기준을 포착하는 것으로 감수성의 차원이다. 둘째는 상담자가 상대방의 외적 측면뿐만 아니라 내적 측면까지 이해하고 알게 된다는 것을 상대방에게 알려주는 것으로 커뮤니케이션의 차원이다.

공감의 효과는 내담자에게 자신의 말이 주의 깊게 경청되고 있음을 전달할 수 있고, 내담자는 방어 심리가 축소되어 개방적인 표현이 보다 촉진되고, 내담자는 부정적인 생각이나 감정도 수용된다는 생각을 하게 되어 문제에 대한 통찰이 가능해지며, 내담자와 상담자 상호간에 신뢰, 존중, 매력이 더해져서 관계가 더욱 촉진된다.

다음의 사례에서는 내담자가 자신의 아버지가 보다 다정하게 자신과 가족을 대해 주었으면 하는 긍정적 동기가 있음을 상담자는 공감해 주고 있다. 내담자는 부정적 감정을 표현하더라도 마음속에는 긍정적 동기가 있다는 것을 통찰하게 된다.

희 진 : 아버지는 항상 집에서 식구들에게 짜증만 내고 잔소리만 해요. 우리에게 다정하게 대하시는 건 한 번도 본 적이 없어요.

상담자 : 아버지가 집에서 화만 내고 잔소리만 하시니까 밉고 원망스럽겠구나. 한편으로는 아버지가 좀 다정하게 대해 줬으면 좋겠다는 마음도 간절하겠구나.

### 5) 정보제공

정보제공은 내담자가 필요로 하는 자료나 사실적인 정보를 상담자가 말로 전달해 주는 것을 의미한다. 정보제공의 목적은 내담자로 하여금 문제해결 및 의사결정을 위한 대안 모색과 평가, 그리고 당면한 상황을 다른 시각에서 조망하여 비합리적 생각이나 신념의 변화를 유도하기 위한 것이다. 정보제공을 하기 전에 상담자는 내담자가 이미 알고 있거나 스스로 획득한 정보 및 시도해 본 방법들에 확인한다. 또한 한꺼번에 너무 많은 정보를 제공하지 않도록 하고 정보를 제공하면서 내담자의 언어적 · 비언어적 반응을 유의해서 살핀다. 정보를 제공한 후에는 내담자에게 제공된 정보를 활용한 결과에 대해 보고해 줄 것을 요청할 필요가 있다.

다음은 상담자가 내담자의 잘못된 성지식으로 고민하고 있는 호소 문제에 대해 정보를 제공하고 있는 사례이다.

상담자 : 정민이는 지난 겨울방학 동안 남자 친구와 입을 맞춘 것 때문에 임신이 되었을까 봐 걱정하고 있다고 했는데, 정민이가 알고 있는 것과는 달리 임신은…….

### 6) 재진술

재진술은 상담자가 내담자의 이야기를 듣고서 상담자 자신의 표현 양식으로 바꾸어 말해 주는 방식을 말한다. 이것은 상담자가 내담자를 이해하고 있음을 전달하고, 좀 더 간결한 방식으로 내담자의 대화 내용을 요약하며 내담자의 말을 상담자가 올바로 이해하고 있는지 확인하기 위한 목적으로 사용한다. 감정의 반영이 대화 뒤에 숨긴 '느낌'에 강조점을 두는 반면, 재언급은 대화의 '내용', 즉 인지적 측면에 강조점을 둔다.

효 주 : 저는 미국에 유학을 가고 싶습니다. 그런데 5년 동안 약혼자와 떨어져 있으면 여러 가지로 힘들 것 같습니다.

상담자 : 당신은 미국에 유학을 가고 싶기도 하고, 동시에 결혼도 하고 싶다는 것이지요.

### 7) 자기개방

자기개방은 내담자의 관심이나 문제와 관련하여 상담자 자신의 인간으로서의 독특성을 내담자에게 나타내 보이는 것이라 할 수 있다. 여기에는 과거, 현재, 혹은 미래와 관련된 정보의 노출, 혹은 감정의 노출이 포함된다.

상담자는 자기개방을 통해 내담자에게 유사성과 친근감을 전달할 수 있으며 상담자와 내담자 사이에 보다 깊은 이해를 발달시킬 수 있다. 그러나 상담자가 스스로의 사적인 생각, 경험 및 느낌을 솔직하게 노출시키는 것이 쉬운 일이 아닐 수 있다. 따라서 솔직한 자기개방을 위해서는 적절한 모험심과 용기가 필요하다.

다음 사례에서는 상담자가 내담자에게 자기개방을 통해 내담자에게 유사성과 친근감을 주어 내담자의 감정을 충분히 드러내며 이를 극복하기 위한 대안을 탐색하게 된다.

지 혜 : 저는 꼭 이런 꽃피는 봄이 되면 헤어진 애인 생각이 나서 힘이 듭니다. 벌써 몇 년이 지났는데도 요즘과 같은 봄이 되면 유난히 생각이 많이 나서 일이 손에 잡히지 않아요.

상담자 : 누구나 특정한 시간이나 장소와 관련된 기억이나 추억을 갖게 마련이죠. 저도 그런 기억이 있어요. 저도 가을만 되면 잊고 있었던 고통스런 기억이 떠오르게 되죠. 저도 약혼을 한 사람이 있었는데, 종교적인 문제로 결국 헤어지게 되었지요.

지 혜 : 그러셨군요. 그런데 어떻게 이별의 아픔을 극복하셨는지 듣고 싶어요.

### 8) 피드백

피드백은 내담자의 사고, 감정, 행동에 대해 상담자가 보고 관찰하고 경청한 것을 전달함으로써 내담자의 현재 모습을 지지하거나 변화시키기 위해 사용되는 기술을 말한다. 피드백을 할 때 상담자는 내담자의 사고, 감정, 행동에 대해 평가, 판단, 비난하기 위해서가 아니라 내담자의 편에서 그를 지지하거나 변화를 위한 내담자의 새로운 시도를 격려하기 위해 사용하여야 한다. 피드백에는 긍정적인 피드백과 부정적인 피드백이 있다.

긍정적인 피드백은 내담자의 강점이나 장점을 드러내어 지지하거나 격려하기 위해 사용하며, 부정적인 피드백은 내담자의 문제 행동이나 비생산적인 사고, 감정, 행동과 관련된 정보를 제공하는 것이다. 내담자의 문제 행동에 대한 부정적 피드백은 긍정적 피드백이 선행될 때 더 쉽게 받아들여지는 경향이 있기 때문에, 상담 초기보다는 후기에 주어진다면 보다 더 신뢰할 수 있고 효과가 있다(Stockton, Morran & Nitza, 2000).

정 민 : 선생님, 저는 친구 사귀는 것이 세상에서 가장 힘든 것 같아요. 친하지 않은 애들한테는 어떤 말부터 해야 할지 모르겠거든요.

상담자 : (온화한 미소를 지으며) 음, 그래. 잘 모르는 아이들에게 다가가 말을 거는 것이 정민이에게 힘들게 느껴지는 것 같구나. 그런데 얼마 전 정민이가 새로 전학 온 친구에게 먼저 말을 거는 것을 보았을 때, 정민이가 꽤 사교성이 좋은 친구라고 생각했거든.

### 9) 직면

직면은 상담자가 내담자의 말과 행동, 혹은 말의 전후가 불일치되는 경우, 이러한 모순점을 상담자가 내담자에게 되물어 주는 기술을 말한다. 상담자가 내담자를 직면시키는 데는 무엇보다도 내담자와의 사이에 신뢰감 형성이 전제되어야 한다.

다음 사례에서는 상담자가 괜찮다고 하면서 손을 꼬집고 비트는 내담자의 행동에서 모순을 발견하고 이를 되물어 주고 있다.

민 희 : (손을 꼬집고 비틀며) 아무렇지도 않아요. 정말 괜찮습니다.
상담자 : 당신은 편안하다고 말하면서 손을 꼬집고 비트는군요.

### 10) 해석

해석은 상담자가 내담자의 행동 원인에 대한 설명, 혹은 연관성 여부를 잠정적인 가설의 형태로 기술하는 것을 말한다. 해석은 겉으로 보기에는 따로따로 분리되어 있는 말이나 사건들의 관계를 연결 짓거나 방어, 감정, 저항 또는 상담자와 내담자 간의 전이를 설명해 주는 형태로 이루어질 수 있다. 또한 내담자의 행동이나 성격에 나타난 인과관계를 지적해 주는 형태로 이루어질 수도 있다.

해석의 목적은 내담자 자신의 행동에 대한 통찰을 돕는 데 있다. 그러나 해석은 내담자에게 자칫 위협적인 상담 기법이 될 수 있다. 따라서 해석은 반드시 내담자가 받아들일 준비가 되어 있는가의 여부를 확인해서 적절한 시기에 이루어져야 한다. 보통 해석은 상담 관계 형성이 이루어진 상담의 중기나 종결 단계에서 주로 사용되는 기법이다.

민 호 : 저는 3년 동안 사귄 여자 친구가 있는데, 부모님이 워낙 까다로워서 그 여자 친구를 부모님께 소개하기가 겁이 납니다.

상담자 : 부모님이 까다로워서 3년 동안 사귄 여자 친구를 부모님께 소개시켜 드리기가 겁이 난다고 했는데, 혹시 '결혼해도 괜찮겠다.'라는 여자 친구에 대한 확신이 없기 때문이 아닐까요?

### 11) 요약

요약은 상담자와 내담자 사이에 상담 시간 동안 이야기 나눈 것을 묶어서 정리하는 것을 말한다. 요약은 매 회기가 끝날 무렵에 하는 것이 좋지만 필요에 따라 회기 중에 하기도 한다. 실제로 내담자가 자신의 이야기를 어느 정도 이상으로 길게 할 경우에는 요약을 하는 것이 좋다. 그리고 요약을 할 때는 상담자의 새로운 견해를 추가하지 않도록 한다.

다음 사례는 상담자가 회기를 마무리하기에 앞서 요약을 통하여 내담자로 하여금 자신의 생각과 느낌을 탐색하도록 도우며, 생각을 정리하고 통합하여 새로운 해결책을 강구하게 하며, 매 회기 상담을 자연스럽게 종결하도록 하고 있다.

상담자 : 길동 씨, 오늘 우리는 약 70분에 걸쳐서 세 번째 회기를 했습니다. 이제 오늘의 회기를 마무리 할 시간이 되었군요. 앞으로 약 10분 동안에 오늘의 과정을 요약해 보도록 하겠습니다. 이 요약을 내가 직접 해도 되겠지만 길동 씨의 요약을 한 번 들어보고 싶어요.

## 03 상담구조화의 적용 사례

상담구조화의 적용 사례는 다음과 같다(중등임용시험, 2015).

박 교사 : 영주야, 상담을 시작하기 전에 몇 가지 알려줄 것이 있단다. … (중략) … 선생님이 상담을 잘 하기 위해서 너와의 상담 내용을 녹음해야 할 경우도 있는데, 그럴 경우가 생기면 너에게 자세하게 안내해 줄게. 무엇보다 상담은 상담자인 내가 너의 고민에 대해 답을 해주기보다는 너와 함께 해결 방법을 찾아가는 것이란다. 그래서 너의 어려움을 솔직하게 이야기하는 것이 중요하단다.
영　주 : 네, 알겠습니다. 그런데 궁금한 것이 있는데요. 상담은 매일 하는 건가요?
박 교사 : 좋은 질문인데, 상담은 매주 규칙적으로 1회 정도씩 진행되고, 약 50분 정도 하게 될 거야.
영　주 : 그렇군요. 잘 알겠습니다.
박 교사 : 자, 지금까지 너에게 이야기했던 것을 정리해 보면 상담자로서의 나의 자격, 비밀보장의 원칙과 예외 상황, 상담을 거부하고 종결할 너의 권리, 상담 참여에 따른 잠재적 이익과 위험, 상담 내용의 녹음과 그에 따른 조치, 내담자로서의 너의 적극적이고 솔직한 참여, 그리고 상담의 진행 방식까지 알려주었지. 이 내용들을 충분히 이해했니?
영　주 : 네, 충분히 이해했습니다.

## 실/전/도/전/문/제

학습한 내용을 바탕으로 실전에 도전해 봅시다.

**1.** 상담 과정 중 초기단계에 해당하는 것을 모두 고른 것은? (청소년상담사 3급, 2018)

ㄱ. 내담자의 호소문제를 탐색한다.
ㄴ. 내담자와 상담관계를 형성한다.
ㄷ. 내담자 호소문제의 해결정도를 평가한다.
ㄹ. 내담자의 상담에 대한 기대를 탐색한다.
ㅁ. 내담자가 상담을 통한 자신의 변화를 인식하도록 촉진한다.

① ㄱ, ㅁ　② ㄱ, ㄴ, ㄹ　③ ㄴ, ㄷ, ㄹ
④ ㄱ, ㄴ, ㄷ, ㅁ　⑤ ㄱ, ㄴ, ㄷ, ㄹ, ㅁ

**2.** 다음의 설명이 나타내는 기법을 순서대로 옳게 나열한 것은? (청소년상담사 3급, 2016 15회)

- 내담자의 감정을 상담자가 동일한 뜻의 말로 부언하는 기법
- 내담자의 모호한 말을 명확하게 확인하기 위한 질문형태의 기법
- 상담자와 내담자의 상호작용을 내담자에게 보여주는 기법
- 상담자가 치료 목적으로 자신의 경험을 드러내는 기법

① 반영, 직면, 즉시성, 자기개방
② 반영, 명료화, 공감, 직면
③ 즉시성, 명료화, 직면, 공감
④ 반영, 명료화, 즉시성, 자기개방
⑤ 즉시성, 명료화, 반영, 직면

**3.** 다음 제시된 상담자 반응 중 바람직하지 못한 것은? (청소년상담사 3급, 2015)

**내담자:** 안녕하세요.
**상담자:** 희원아 어서와. ① 오늘 무슨 얘기하고 싶니?
**내담자:** 친구와 부산에 다녀왔어요.
**상담자:** 어 그래? ② 부산은 어떻게 가게 된 거야?
**내담자:** 국제시장에 가보고 싶어서요.
**상담자:** ③ 국제시장은 누구와 갔니? 재미있었어?
**내담자:** 친구랑 갔는데 재미있었어요. 저는 이번이 처음이었는데 친구는 부모님이랑 몇 번을 다녀왔더라고요.
**상담자:** ④ 친구가 부러웠던 모양이구나.
**내담자:** 네. 우리 집은 그러지 못해서요.
**상담자:** ⑤ 희원이네 집은 어떤데?

**4.** 상담기법과 그 예로 옳은 것을 모두 고른 것은? (청소년상담사 2급, 2018)

ㄱ. 즉시성 - 요즘 부모님께 자주 찾아갔다니 정말 잘했구나.
ㄴ. 직면 - 웃으면서 괜찮다고 말하고 있지만 손을 떨고 있구나.
ㄷ. 외재화 - 영미 때문에 네가 그럴 수밖에 없었다는 말이구나.
ㄹ. 해석 - 네가 사람을 쉽게 믿지 못하게 된 이유가 아버지와의 관계에서 시작된 모양이구나.

① ㄱ, ㄴ
② ㄴ, ㄹ
③ ㄷ, ㄹ
④ ㄱ, ㄴ, ㄷ
⑤ ㄱ, ㄴ, ㄷ, ㄹ

5. 이건(G. Egan)이 제시한 경청의 자세로 옳은 것을 모두 고른 것은? (청소년상담사 2급, 2016)

ㄱ. 내담자 쪽으로 몸을 약간 기울인다.
ㄴ. 내담자를 바로 바라본다.
ㄷ. 내담자의 진술내용과 의미를 다시 말해준다.
ㄹ. 개방적인 자세를 취한다.

① ㄱ, ㄷ
② ㄴ, ㄹ
③ ㄱ, ㄴ, ㄹ
④ ㄴ, ㄷ, ㄹ
⑤ ㄱ, ㄴ, ㄷ, ㄹ

**정답**

1. ② 2. ④ 3. ③ 4. ② 5. ③

따뜻하고 유능한 상담자가 되기 위한 <상담심리 실습 4>

## 상담자 반응 기술 실습

Enjoy

한 팀을 3~4명으로 구성한 후, 두 사람씩 짝을 지어 관심 기울이기를 실습해 봅시다. 실습 순서는 다음과 같습니다.

① 두 사람 중 한 사람은 상담자, 다른 한 사람은 내담자가 되어 자신의 가벼운 고민을 주제로 이야기를 나눕니다.
② 나머지는 관찰자가 되어 아래의 표를 참고하여 평가를 합니다.
③ 상담이 끝나면, 관찰자는 자신의 평가를 바탕으로 상담자 역할을 한 사람에게 피드백을 해 줍니다.
④ 내담자 역할을 한 사람도 상담자 역할을 한 사람에 대한 전체적인 느낌이나 잘한 점이나 개선할 점을 피드백 해줍니다.

| 활동 | 반응 내용<br>(적절한 반응을 기준) | 상담자 반응 | | | | | | | | | |
|---|---|---|---|---|---|---|---|---|---|---|---|
| | | 1 | 2 | 3 | 4 | 5 | 6 | 7 | 8 | 9 | 10 |
| 시선 | 일관성 있는 시선 접촉을 함 | | | | | | | | | | |
| | 내담자를 자연스럽게 쳐다 봄 | | | | | | | | | | |
| 표정 | 이야기에 따라서 표정 변화를 함 | | | | | | | | | | |
| | 안정된 편안한 표정을 함 | | | | | | | | | | |
| 자세 | 내담자 쪽으로 향하는 자세임 | | | | | | | | | | |
| | 몸 전체가 편안함 | | | | | | | | | | |
| | 이야기에 적절한 몸짓을 함 | | | | | | | | | | |
| | 고개를 적절히 끄덕임 | | | | | | | | | | |
| 목소리 | 따뜻하고 자연스러운 목소리를 함 | | | | | | | | | | |
| | 적당한 속도로 말함 | | | | | | | | | | |
| 점수 합계 | 상담자 이름 (  ) | | | | | | | | | | |
| | 상담자 이름 (  ) | | | | | | | | | | |
| | 상담자 이름 (  ) | | | | | | | | | | |

# 3 chapter 상담자의 자질과 윤리

팔이 안으로만 굽는다 하여
어찌 등 뒤에 있는 그대를 껴안을 수 없으랴.
내 한 몸 돌아서면 충분한 것을

-이외수의 〈날마다 하늘이 열리나니〉 중에서-

## 01 상담 자격증 제도의 현황

1990년대 초반까지만 해도 상담에 대한 사회적 인식이 매우 낮았고 대학에서 상담심리 관련 전공자들은 졸업 후에 대학 부설 학생생활연구소 등에 취업하여 학생상담과 심리검사를 담당하거나 대학에서 강의를 맡는 경우가 많았다.

1990년대 후반부터 시작하여 상담심리 관련 전공자들의 취업의 문은 넓어지기 시작하였는데, 사설 상담소, 기업체 내 상담소, 그리고 2000년대에 초반에 중앙정부와 지자체들의 지원 하에 상담기관이 급격히 증가하였다. 정부의 지원을 받는 상담기관인 한국청소년상담복지개발원을 비롯하여 전구의 시·도 및 시군구에 청소년상담복지센터가 생겼으며, 2012년 현재 학교 현장에서는 전문상담교사, 진학상담교사 및 전문상담사가 활발하게 활동하고 있다.

### 1) 한국상담심리학회

#### (1) 상담심리사의 등급

한국상담심리학회(www.krcpa.or.kr)의 상담심리사의 등급은 상담심리사 1급(상담심리 전문가)과 상담심리사 2급(상담심리사)의 두 가지 등급이 있다.

#### (2) 상담심리사 취득 과정

상담심리사의 취득 과정은 먼저 학회에 회원으로 가입한 후 학회에서 정한 수련 요건을 충족한다. 그리고 학회에서 실시하는 자격 필기시험에서 각 과목별 40점 이상, 과목 평균 60점 이상으로 합격한 후, 자격심사를 거쳐 자격을 취득하게 된다.

#### (3) 자격 필기시험 응시 자격

**① 상담심리사 1급**

- 상담 관련 분야의 석사 학위를 취득한 후 또는 상담 비관련 분야 석사 학위 취득자로서 상담 관련 분야 박사과정에 입학한 후 본 학회가 인정하는 수련

감독자의 감독 하에 3년 이상의 상담 경력을 가진 자

- 상담심리사 2급 자격증을 취득한 후 본 학회가 인정하는 수련 감독자의 감독 하에 4년 이상의 상담 경력을 가진 자
- 한국연구재단에서 인정하는 외국 대학의 상담 관련 분야 박사 학위 소지자로서 자격검정위원회의 심의를 거쳐 상담심리사 1급의 자격 수준에 상응하는 것으로 인정할 수 있는 외국의 상담 및 심리치료 분야의 전문가 자격증을 취득한 후 본 학회 정회원으로서 국내에서 1년 이상의 상담 경력을 가진 자

#### ② 상담심리사 2급

- 상담 관련 분야의 석사과정에 재학 중이거나 그 이상의 학력을 소지하고 본 학회가 인정 하는 수련 감독자의 감독 하에 1년 이상의 상담 경력을 가진 자
- 상담 관련 분야의 학사 학위를 취득하고 본 학회가 인정하는 수련 감독자의 감독 하에 2년 이상의 상담 경력을 가진 자
- 학사 학위를 취득하고 본 학회가 인정하는 수련 감독자의 감독 하에 3년 이상의 상담 경력을 가진 자
- 자격검정위원회의 심의를 거쳐 상담심리사 2급의 자격 수준에 상응하는 것으로 인정할 수 있는 외국의 상담 및 심리치료 분야의 자격증을 취득한 후 본 학회 준회원으로서 국내에서 1년 이상의 상담 경력을 가진 자

### (4) 시험과목

① 상담심리사 1급 : 상담 및 심리치료 이론, 집단상담 및 가족치료, 심리 진단 및 평가, 성격심리 및 정신병리, 심리통계 및 연구방법론(5과목)

② 상담심리사 2급 : 상담심리학, 발달심리학, 이상심리학, 학습심리학, 심리검사(5과목)

### (5) 최소 수련 내용

상담심리사 자격 필기시험 합격 후 자격 심사를 위한 최소 수련 내용은 다음 〈표 2〉와 같다.

표 2 최소 수련 내용

| 영역 | | 내용: 상담심리사 1급 | 내용: 상담심리사 2급 |
|---|---|---|---|
| 접수 면접 | | - | 상담 및 심리검사 접수 면접 20회 이상 |
| 개인 상담 | 면접 상담 | 20사례 이상, 합 400회기 이상 | 5사례, 합 50회기 이상(부부, 가족, 아동 상담 포함) |
| | 슈퍼비전 | 50회(공개 사례 발표 4회 포함)이상 | 10회(공개 사례 발표 2회 포함)이상 |
| 집단 상담 | 참여 | 2개 집단 이상(집단별 15시간 이상) 총 30시간 이상 참여 | 2개 집단 이상(집단별 15시간 이상) 총 30시간 이상 참여 |
| | 실시 | 2개 집단 이상(집단별 15시간 이상) 총 30시간 이상 진행 | - |
| | 슈퍼비전 | 2개 집단 이상(집단별 15시간 이상) | - |
| 심리 평가 | 검사 실시 | 20사례 이상(1사례당 2개 이상, 그 중 개인용 검사 1개 포함) | 10사례 이상(1사례당 2개 이상, 그 중 개인용 검사 1개 포함) |
| | 해석 상담 | 20사례 이상 | 10사례 이상 |
| | 슈퍼비전 | 10사례 이상(1사례당 2개 이상, 그 중 개인용 검사 1개 포함) | 5사례 이상(1사례당 2개 이상, 그 중 개인용 검사 1개 포함) |
| | 검사 종류 | •자격 검정 위원회에서 인정하는 개인용 검사- MMPI, HTP, BGT, DAT, SCT, KFD, 성인 및 아동용 개인용 지능검사(예 : K-WAIS, K-WPPSI, K-WISC, KEDI-WISC, K-ABC) 등 | •자격 검정 위원회에서 인정하는 개인용 검사 - MMPI, HTP, BGT, DAT, SCT, KFD, 성인 및 아동용 개인용 지능검사(예 : K-WAIS, K-WPPSI, K-WISC, KEDI-WISC, K-ABC) 등 |
| | | •자격 검정 위원회에서 인정하는 표준화 검사(개인용 이외의 검사)-검사의 실시, 채점, 해석 등 전 과정이 표준화되어 있고, 공인된 출판사에서 제작, 판매하는 검사(예 : 성격 전단 검사, 적성 진단 검사, MBTI 등) | •자격 검정 위원회에서 인정하는 표준화 검사(개인용 이외의 검사)-검사의 실시, 채점, 해석 등 전 과정이 표준화되어 있고, 공인된 출판사에서 제작, 판매하는 검사(예 : 성격 전단 검사, 적성 진단 검사, MBTI 등) |
| | | •단, 한 검사가 전체 사례의 $\frac{1}{2}$을 초과할 수 없음 | •단, 한 검사가 전체 사례의 $\frac{1}{2}$을 초과할 수 없음(검사 실시, 해석, 슈퍼비전 모두 해당함) |
| 공개 사례 발표 | | •분회, 상담 사례 토의 모임에서 개인상담 4사례 이상, 총 40회기 이상(3주 이상 발표 간격을 두고 발표)<br>-상담심리사 2급 자격으로 응시할 경우 개인상담 3사례 이상, 총 30회기 이상(3주 이상 발표 간격을 두고 발표)<br>-외국 자격증 소지자로 자격시험 면제자는 개인상담 1사례, 총 10회기 이상 | •분회, 상담 사례 토의 모임에서 개인상담 2사례 이상, 총 10회기 이상<br>-3주 이상 발표 간격을 두고 발표<br>-외국 자격증 소지자로 자격시험 면제자는 개인상담 1사례, 총 10회기 이상 |
| 상담 사례 연구 활동 | | 학회 월례회 6회 이상을 포함하여 분회, 상담 사례 토의 모임에 총 30회 이상 참여 | 학회 학술 및 사례 심포지엄(월례회) 2회 이상을 포함하여분회, 상담 사례 토의 모임에 총 10회 이상 참여 |
| 학술 및 연구 활동 | | 학회 또는 유관 학술지에 발표한 1편 이상의 연구 논문 제출 | - |

## 2) 한국상담학회

### (1) 자격등급 및 범주별 수련요건 요약

한국상담학회의 자격등급 및 범주별 자격요건은 〈표 3〉과 같다.

표 3 범주별 수련요건 요약

| 자격등급 | | 1급 | | 2급 | |
|---|---|---|---|---|---|
| 범주구분 | | A | B | C | D(C×2) |
| 수련자격 심사결과 판정 | | ► 박사과정 재학 이상의 학력으로 대학원에서 상담관련 과목 36학점 (4개영역) 이상 이수자 (단, 박사과정 18학점 포함) | ► 2급 자격증 취득자<br>► 상담학 관련 전공 석사학위 취득자 | ► 대학에서 상담 관련 과목 36학점(4개영역) 이상 이수자<br>► 대학원에서 상담관련 과목 12학점(4개영역) 이상 이수자 | ► 교육연수기관에서 450시간 이상 교육 이수자<br>► 3급 자격증 취득자 (2019년까지 적용) |
| 시험영역 및 과목 | | • 상담철학-상담철학과 윤리<br>• 상담 이론과 실제<br>• 집단상담<br>• 평가와 진단<br>• 상담연구<br>• 임상지도(상담슈퍼비전의 이론과 실제) | | • 상담윤리<br>• 상담 이론과 실제<br>• 집단상담<br>• 평가와 진단<br>• 상담연구<br>• 진로상담<br>• 가족상담 | |
| 출제형태 및 합격기준 | | ► 출제형태: 과목당 25문항 5지 선다형<br>► 합격기준: 100점 만점 중 전 과목(6개) 40점 이상이고 평균 60점 이상 (단, 부분합격 없으며 유효기간은 합격한 당해 연도 포함 만 5년) | | | |
| 총 수련시간 | | 540시간 | 720시간 | 180시간 | 360시간 |
| 최소 수련기간 | | 3년 | 4년 | 1년 | 2년 |
| 수련요건 상세설명 | | 〈표 4〉 | 〈표 5〉 | 〈표 6〉 | 〈표 7〉 |
| 개인상담 | 접수면접 | - | 20시간 | 20시간 | 40시간 |
| | 내담자 경험 | 20시간 | 30시간 | 10시간 | 20시간 |
| | 상담자 경험 | 180시간 | 240시간 | 60시간 | 120시간 |
| | 슈퍼비전 | 50시간 | 70시간 | 20시간 | 40시간 |
| | 공개사례 발표회 참여 | 40시간 | 50시간 | 10시간 | 20시간 |
| | 자율선택수련 | 70시간 | 70시간 | - | - |
| | 소계 | 360시간 | 480시간 | 120시간 | 240시간 |
| 집단상담 | 집단원 경험 | 90시간 | 120시간 | 30시간 | 60시간 |
| | 지도자 경험 | 80시간 | 105시간 | 25시간 | 50시간 |
| | 슈퍼비전 | 10시간 | 15시간 | 5시간 | 10시간 |

| 자격등급 | | 1급 | | 2급 | |
|---|---|---|---|---|---|
| 범주구분 | | A | B | C | D(C×2) |
| | 소계 | 180시간 | 240시간 | 60시간 | 120시간 |
| 기타요건 | 연차학술대회 참여 | 1회 | 2회 | 1회 | 2회 |
| | 연수/학술 모임 참여 | 60시간 (통합학술대회 및 사례발표회 모학회세션 5회 포함) | 80시간 (통합학술대회 및 사례발표회 모학회세션 7회 포함) | 20시간 (통합학술대회 및 사례발표회 모학회세션 2회 포함) | 40시간 (통합학술대회 및 사례발표회 모학회세션 4회 포함) |
| | 공개사례 발표회 발표 | -개인상담: 2사례<br>-집단상담: 1사례 | -개인상담: 2사례<br>-집단상담: 1사례 | - | - |
| | 사례보고서 제출 | - | -개인상담: 1사례<br>-집단상담: 1사례 | -개인상담: 1사례<br>-집단상담: 1사례 | -개인상담: 2사례<br>-집단상담: 2사례 |
| | 연구실적 | -4항목 중 택1 | -4항목 중 택1 | - | - |

### (2) 수련생 범주별 수련요건

한국상담학회의 수련생 범주별 구체적인 수련요건은 〈표 4〉에서 〈표 7〉과 같다.

**표 4 1급 준비 수련생: 540시간/3년(A범주)**

| | | | |
|---|---|---|---|
| 개인상담 | 내담자 경험 | 20시간 | ▸ 상담자: 본 학회 『수련감독자』<br>▸ 회기 수: 한 상담자에게 5시간 이상 지속 |
| | 상담자 경험 | 180시간 | ▸ 회기 수: 10회기 이상 지속된 10사례 포함<br>▸ 심리검사를 3종 이상 활용한 10사례 포함 |
| | 슈퍼비전 | 50시간 | ▸ 슈퍼바이저: 본 학회 『수련감독자』<br>▸ 심리검사에 관한 슈퍼비전: 20시간<br>▸ 슈퍼바이지 구성: 1-3명<br>▸ 본인사례: 1/3 이상 포함 |
| | 공개사례 발표회 참여 | 40시간 | ▸ 슈퍼바이저: 본 학회 『전문영역 수련감독자』 1인을 포함한 『수련감독자』 2인 이상<br>▸ 주최기관: 본 학회의 분과학회, 지역학회, 교육연수기관 |
| | 자율선택수련 | 70시간 | ▸ 내담자 경험, 상담자경험, 슈퍼비전 경험, 공개사례 발표회 참여 영역 중 자율 수련 |
| | 소계 | 360시간 | |

| | | | |
|---|---|---|---|
| 집단상담 | 집단원 경험 | 90시간 | ► 지도자: 본 학회『수련감독자』<br>► 집단 시간: 한 집단 당 최소 10시간 |
| | 지도자 경험 | 80시간 | ► 집단 시간: 한 집단 당 최소 10시간<br>► 지도자 역할: 최소 40시간은 (보조 아닌) 주 지도자 역할<br>► 집단 유형:<br>- 20시간 이상 지속된 1집단 필수(주/보조지도자 또는 구조화/비구조화 무관)<br>- 보조지도자 역할 시 주 지도자는 본 학회 수련감독자 |
| | 슈퍼비전 | 10시간 | ► 슈퍼바이저: 본 학회『수련감독자』<br>► 슈퍼바이지 구성: 1-3명<br>► 본인사례: 1/3이상 포함 |
| | 소계 | 180시간 | |
| 기타요건 | 연차학술대회 | 1회 | |
| | 연수/학술 모임 | 60시간 | ► 통합학술대회 및 사례발표회(모학회) 5회 이상<br>► 분과학회 또는 지역학회 주최 연수나 학술모임 1회 이상(사례발표회 제외)<br>► 기타: 각종 학술대회 및 연구모임(교육연수기관에서는 수련감독자가 진행) |
| | 공개사례 발표회 발표 | - 개인상담: 2사례<br>- 집단상담: 1사례 | ► 개인상담: 10회기 이상 지속하고, 최소 2시간 슈퍼비전 이수한 사례로 발표<br>► 집단상담: 20시간 이상 지속하고, 최소 2시간 슈퍼비전 이수한 사례로 발표<br>► 집단상담은 본인이 주 지도자로 참여한 집단사례로 발표 |
| | 연구실적 | 우측 4항목 중 택1 | ► 상담관련 논문 1편 (등재후보지 이상)<br>► '상담학연구: 사례 및 실제' 게재 1편<br>► 저 · 역서 1권 (*적합성심의 별도. 연구보고서, 강의교재 묶음 등은 인정하지 않음.)<br>► 본 학회 주최 연차학술대회 발표(논문 또는 포스터) 1회 |

표 5 1급 준비 수련생: 720시간/3년(B범주)

| 구분 | 항목 | 시간 | 내용 |
|---|---|---|---|
| 개인상담 | 접수면접 | 20시간 | |
| | 내담자 경험 | 30시간 | ► 상담자: 본 학회『수련감독자』<br>► 회기 수: 한 상담자에게 5시간 이상 지속 |
| | 상담자 경험 | 240시간 | ► 회기 수:<br>- 5회기 이상 지속된 5사례 포함<br>- 10회기 이상 지속된 10사례 포함<br>► 심리검사:<br>- 심리검사를 2종 이상 활용한 5사례 포함<br>- 심리검사를 3종 이상 활용한 10사례 포함 |
| | 슈퍼비선 | 70시간 | ► 슈퍼바이저 : 본 학회『수련감독자』<br>► 심리검사에 관한 슈퍼비전: 24시간<br>► 슈퍼바이지 구성: 1-3명 제한<br>► 본인사례: 1/3 이상 포함 |
| | 공개사례 발표회 참여 | 50시간 | ► 슈퍼바이저: 본 학회『전문영역 수련감독자』1인을 포함한『수련감독자』2인 이상<br>► 주최기관: 본 학회의 분과학회, 지역학회, 교육연수기관 |
| | 자율선택수련 | 70시간 | ► 내담자 경험, 상담자경험, 슈퍼비전 경험, 공개사례 발표회 참여 중 자율 수련 |
| | 소계 | 480시간 | |
| 집단상담 | 집단원 경험 | 120시간 | ► 지도자: 본 학회『수련감독자』<br>► 집단 시간: 한 집단 당 최소 10시간 |
| | 지도자 경험 (보조지도자) | 105시간 | ► 집단 시간: 한 집단 당 최소 10시간으로 구성<br>► 지도자 역할:<br>- 주 지도자: 최소 40시간<br>- 나머지 65시간의 역할은 자유(단, 65시간 중 보조지도자로 참여한 집단의 주 지도자는 본 학회『수련감독자』일 것)<br>► 집단 유형:<br>- 20시간 이상 지속된 1집단 필수(주/보조지도자 또는 구조화/비구조화 무관) |
| | 슈퍼비전 | 15시간 | ► 슈퍼바이저: 본 학회『수련감독자』<br>► 슈퍼바이지 구성: 1-3명 제한<br>► 본인사례: 1/3이상 포함 |
| | 소계 | 240시간 | |

| 기타요건 | 연차학술대회 | 2회 | |
|---|---|---|---|
| | 연수/학술 모임 | 80시간 | ▶ 통합학술대회 및 사례발표회(모학회) 7회 이상<br>▶ 분과학회 또는 지역학회 주최 연수나 학술모임 1회 이상(사례발표회 제외)<br>▶ 각종 학술대회 및 연구모임(교육연수기관에서는 수련감독자가 진행) |
| | 공개사례 발표회 발표 | -개인상담: 2사례<br>-집단상담: 1사례 | ▶ 개인상담: 10회기 이상 지속하고, 최소 2시간 슈퍼비전 이수한 사례로 발표<br>▶ 집단상담: 20시간 이상 지속하고, 최소 2시간 슈퍼비전 이수한 사례로 발표<br>▶ 집단상담 발표사례는 본인이 주 지도자로 참여한 집단사례로 발표 |
| | 사례보고서 | -개인상담: 1사례<br>-집단상담: 1사례 | ▶ 개인상담: 5회기 이상 지속 사례, 1회기 전체 분량 축어록 포함(생략불가)<br>▶ 집단상담: 10시간 이상 지속 사례, 1회기 이상 전체 축어록 포함(생략불가)<br>▶ 집단상담 사례보고서는 본인이 지도자 경험한 것으로 제출 |
| | 연구실적 | 우측 비고의 4항목 중 택1 | ▶ 상담관련 논문 1편(등재후보지 이상)<br>▶ '상담학연구: 사례 및 실제' 게재 1편<br>▶ 저 · 역서 1권(*적합성 심의 별도. 연구보고서, 강의 교재 묶음 등은 인정하지 않음.)<br>▶ 본 학회 주최 연차학술대회 발표(논문 또는 포스터) 1회 |

표 6 2급 준비 수련생: 180시간/1년(C범주)

| 구분 | 항목 | 시간 | 세부 요건 |
|---|---|---|---|
| 개인상담 | 접수면접 | 20시간 | |
| | 내담자 경험 | 10시간 | ► 상담자: 본 학회 『수련감독자』<br>► 시간 수: 한 상담자에게 5시간 이상 지속 |
| | 상담자 경험 | 60시간 | ► 회기 수: 5회기 이상 지속된 5사례 포함<br>► 심리검사를 2종 이상 활용한 5사례 포함 |
| | 슈퍼비전 | 20시간 | ► 슈퍼바이저: 본 학회 『수련감독자』<br>► 심리검사에 관한 슈퍼비전: 4시간<br>► 슈퍼바이지 구성: 1-3명 제한<br>► 본인사례: 1/3 이상 포함 |
| | 공개사례 발표회 참여 | 10시간 | ► 슈퍼바이저: 본 학회 『전문영역 수련감독자』 1인을 포함한 『수련감녹자』 2인 이상<br>► 주최기관: 본 학회의 분과학회, 지역학회, 교육연수기관 |
| | 소계 | 120시간 | |
| 집단상담 | 집단원 경험 | 30시간 | ► 지도자: 본 학회 『수련감독자』<br>► 집단 시간: 한 집단 당 최소 10시간 |
| | 지도자 경험 | 25시간 | ► 집단 시간: 한 집단 당 최소 10시간<br>► 지도자 역할: 주지도자, 보조지도자 상관없이 25시간의 역할은 자유<br>► 보조지도자로 참여한 집단의 주 지도자는 본 학회 『수련감독자』 |
| | 슈퍼비전 | 5시간 | ► 슈퍼바이저: 본 학회 『수련감독자』<br>► 슈퍼바이지 구성: 1~3명 제한<br>► 본인사례: 1/3이상 포함 |
| | 소계 | 60시간 | |
| 기타요건 | 연차학술대회 | 1회 | |
| | 연수/학술 모임 | 20시간 | ► 통합학술대회 및 사례발표회(모학회세션) 2회 이상<br>► 분과학회 또는 지역학회 주최 연수나 학술모임 1회 이상(사례발표회 제외)<br>► 기타: 각종 학술대회 및 연구모임(교육연수기관에서는 수련감독자가 진행) |
| | 사례보고서 | -개인상담: 1사례<br>-집단상담: 1사례 | ► 개인상담: 5회기 이상 지속하고, 1회기 전체 분량 축어록 포함(생략불가)<br>► 집단상담: 10시간 이상 지속하고, 1회기 이상 전체 축어록 포함(생략불가)<br>► 집단상담 사례보고서는 본인이 지도자 경험한 것으로 제출 |

**표 7 2급 준비 수련생: 360시간/2년(D범주)**

<table>
<tr><td rowspan="6">개인상담</td><td>접수면접(보조)</td><td>40시간</td><td></td></tr>
<tr><td>내담자 경험</td><td>20시간</td><td>► 상담자: 본 학회『수련감독자』<br>► 시간 수: 한 상담자에게 5시간 이상 지속</td></tr>
<tr><td>상담자 경험</td><td>120시간</td><td>► 회기 수: 5회기 이상 지속된 10사례 포함<br>► 심리검사를 2종 이상 활용한 10사례 포함</td></tr>
<tr><td>슈퍼비전</td><td>40시간</td><td>► 슈퍼바이저 : 본 학회『수련감독자』<br>► 심리검사에 관한 슈퍼비전: 8시간<br>► 슈퍼바이지 구성: 1-3명 제한<br>► 본인사례: 1/3 이상 포함</td></tr>
<tr><td>공개사례 발표회 참여</td><td>20시간</td><td>► 슈퍼바이저: 본 학회『전문영역 수련감독자』1인을 포함한『수련감독자』2인 이상<br>► 주최기관: 본 학회의 분과학회, 지역학회, 교육연수기관</td></tr>
<tr><td>소계</td><td>240시간</td><td></td></tr>
<tr><td rowspan="4">집단상담</td><td>집단원 경험</td><td>60시간</td><td>► 지도자: 본 학회『수련감독자』<br>► 집단 시간: 한 집단 당 최소 10시간</td></tr>
<tr><td>지도자 경험</td><td>50시간</td><td>► 집단 시간: 한 집단 당 최소 10시간<br>► 지도자 역할: 주지도자, 보조지도자 상관없이 50시간의 역할은 자유<br>► 보조지도자로 참여한 집단의 주 지도자는 본 학회『수련감독자』</td></tr>
<tr><td>슈퍼비전</td><td>10시간</td><td>► 슈퍼바이저: 본 학회『수련감독자』<br>► 슈퍼바이지 구성: 1-3명 제한<br>► 본인사례: 1/3이상 포함</td></tr>
<tr><td>소계</td><td>120시간</td><td></td></tr>
<tr><td rowspan="3">기타요건</td><td>연차학술대회</td><td>2회</td><td></td></tr>
<tr><td>연수/학술 모임</td><td>40시간</td><td>► 통합학술대회 및 사례발표회(모학회세션) 4회 이상<br>► 분과학회 또는 지역학회 주최 연수나 학술모임 2회 이상(사례발표회 제외)<br>► 기타: 각종 학술대회 및 연구모임(교육연수기관에서는 수련감독자가 진행)</td></tr>
<tr><td>사례보고서</td><td>-개인상담: 2사례<br>-집단상담: 2사례</td><td>► 개인상담: 5회기 이상 지속하고, 1회기 전체 분량 축어록 포함(생략불가)<br>► 집단상담: 10시간 이상 지속하고, 1회기 이상 전체 축어록 포함(생략불가)<br>► 집단상담 사례보고서는 본인이 지도자 경험한 것으로 제출</td></tr>
</table>

## 3) 청소년상담사

### (1) 자격 요건

청소년상담사 자격증은 1급, 2급, 3급으로 구분되어 있으며, 상담 관련 분야를 전공하고 필기시험에 합격한 후, 면접시험에 합격하고 한국청소년상담복지개발원에서 실시하는 자격 연수 100시간을 이수하면 자격증을 여성가족부 장관 명의로 수여 받게 된다. 상담 관련 분야란 청소년 기본법 시행규칙 제7조에 의거, 상담의 이론과 실제(상담 원리 · 상담 기법), 면접 원리, 발달 이론, 집단상담, 심리 측정 및 평가, 이상심리, 성격심리, 사회복지 실천(기술)론, 상담 교육, 진로상담, 가족상담, 학업상담, 비행상담, 성상담, 청소년상담 또는 이와 내용이 동일하거나 유사한 과목 중 4과목 이상을 교과 과목으로 채택하고 있는 학문 분야를 말한다. 청소년상담사 자격증 취득을 위한 각 등급별 필기시험 응시 요건은 다음 〈표 7〉과 같다.

표 7 청소년상담사 자격 필기시험 응시 요건

| 구분 | 자격 요건 |
|---|---|
| 1급 | 1. 대학원에서 청소년(지도)학 · 교육학 · 심리학 · 사회사업(복지)학 · 정신의학 · 아동(복지)학 분야 또는 그 밖의 여성가족부령이 정하는 상담 관련 분야(이하 '상담 관련'이라 한다)를 전공하고 박사 학위를 취득한 자<br>2. 대학원에서 상담 관련을 전공하고 석사 학위를 취득한 후 상담 실무 경력이 4년 이상인 자<br>3. 2급 청소년 상담사로서 상담 실무 경력이 3년 이상인 자<br>4. 제1호 및 제2호에 규정된 자와 동등 이상의 자격이 있다고 여성가족부령이 정하는 자 |
| 2급 | 1. 대학원에서 상담 관련 분야를 전공하고 석사 학위를 취득한 자<br>2. 대학 및 다른 법령의 규정에 의하여 이와 동등한 학력을 인정받는 기관에서 상담 관련 분야를 전공하고 학사 학위를 취득한 후 상담 실무 경력이 3년 이상인 자<br>3. 3급 청소년 상담 실무 경력이 2년 이상인 자<br>4. 제1호 내지 제3호에 규정된 자와 동등 이상의 자격이 있다고 여성가족부령이 정하는 자 |
| 3급 | 1. 대학 및 「평생교육법」에 의한 학력이 인정되는 평생교육 시설의 상담 관련 분야 졸업(예정)자<br>2. 전문대학 및 다른 법령의 규정에 의하여 이와 동등한 학력을 인정받는 기관에서 상담 관련 분야를 전공하고 전문학사를 취득한 자로서 상담 실무 경력이 2년 이상인 자<br>3. 대학 및 다른 법령의 규정에 의하여 이와 동등한 학력을 인정받는 기관에서 상담 관련 분야가 아닌 분야를 전공하고 학사 학위를 취득한 후 상담 실무 경력이 2년 이상인 자<br>4. 전문대학 및 다른 법령의 규정에 의하여 이와 동등한 학력을 인정받는 기관에서 상담 관련 분야가 아닌 분야를 전공하고 전문학사를 취득한 후 상담 실무 경력이 4년 이상인 자<br>5. 고등학교를 졸업하고 상담 실무 경력이 5년 이상인 자<br>6. 제1호 내지 제4호에 규정된 자와 동등 이상의 자격이 있다고 여성가족부령이 정하는 자 |

### (2) 시험과목

청소년상담사 자격 등급별 필기시험 과목은 다음 〈표 8〉과 같으며 각 과목당 25문항이며 5지선다 객관식으로 출제된다.

표 8 청소년상담사 자격 등급별 필기시험 과목

| 등급 | 검정 과목 | | 검정 방법 | |
|---|---|---|---|---|
| | 구분 | 과목 | | |
| 1급 청소년상담사 | 필수 영역 | 상담자 교육 및 사례 지도<br>청소년 관련 법과 행정<br>상담 연구 방법론의 실제 | 필기시험 | 면접 |
| | 선택 영역 | 비행 상담 · 성 상담 · 약물 상담 · 위기 상담 중 2과목 | 필기시험 | 면접 |
| 2급 청소년상담사 | 필수 영역 | 청소년 상담의 이론과 실제<br>상담 연구방법 기초<br>심리 측정 평가의 활용<br>이상심리 | 필기시험 | 면접 |
| | 선택영역 | 진로 상담 · 집단상담 · 가족 상담 · 학업 상담 중 2과목 | 필기시험 | 면접 |
| 3급 청소년상담사 | 필수 영역 | 발달 심리<br>집단상담 기초<br>심리 측정 및 평가<br>상담 이론<br>학습이론 | 필기시험 | 면접 |
| | 선택 영역 | 청소년 이해론 · 청소년 수련 활동론 중 1과목 | 필기시험 | 면접 |

### (3) 자격 등급별 주요 역할

2003년부터 실시된 청소년상담사 자격증 제도는 2011년 현재까지 1급 275명, 2급 1773명, 3급 2757명 등 총 4808명이 여성가족부 장관이 수여하는 자격증을 취득하였다. 이들은 한국청소년상담복지개발원을 비롯하여 시 · 도 및 시 · 군 · 구 청소년상담복지센터, 경찰청, 법무부, 군(軍), 사회복지기관, 청소년수련관, 청소년문화관, 청소년쉼터, 청소년 관련 복지시설에서 상담 관련 업무를 담당하고 있다. 최근에는 초중고 학교 현장에서 전문상담사로 활동하고 있다. 자격 등급별 주요 역할은 〈표 9〉와 같다.

표 9 청소년상담사 자격 등급별 주요 역할

| 급 | 주요 역할 | 세부 내용 |
|---|---|---|
| 1급 | 청소년 상담을 주도하는 전문가<br>(지도 인력) | •청소년 상담 정책 개발 및 행정 업무 총괄<br>•상담기관 설립 및 운영<br>•청소년들의 제 문제에 대한 개입<br>•2급 및 3급 청소년 상담 교육 및 훈련 |
| 2급 | 청소년 정신을 육성하는 청소년 상담사<br>(기간 인력) | •청소년 상담의 전반적 업무 수행<br>•청소년의 각 문제 영역에 대한 전문적 개입<br>•심리검사 해석 및 활용<br>•청소년 상담과 관련된 독자적 연구 설계 및 수행<br>•3급 청소년 상담사 교육 및 훈련 |
| 3급 | 유능한 청소년 상담사<br>(실행 인력) | •기본적인 청소년 상담 업무 수행<br>•집단상담 공동 지도자 업무 수행<br>•매체 상담 및 심리검사 등의 실시와 채점<br>•청소년 상담 관련 의뢰 체계를 활용<br>•청소년 상담실 관련 제반 행정적 실무를 담당 |

## 4) 직업상담사

직업상담사란 노동부 산하의 직업 인정 기관 및 교육 훈련 기관, 인력 관련 기관, 기업의 인력 채용 부서, 각 학교 및 대학의 취업 정보실 등에서 근무하며 구인 또는 구직자 등에게 필요한 작업 정보를 수집, 분석하여 제공하는 직업 컨설팅 전문가를 말한다. 직업상담사의 자격 요건, 활동 분야, 우대 혜택 및 시험과목은 다음과 같다.

### (1) 직업상담사 자격 요건

직업상담사의 자격 요건은, 만 20세 이상이며 학력 제한은 없다. 다만, 관련학과를 졸업하거나 실무 경험이 있다면 우대 받을 수 있다. 뚜렷한 비전만 있다면 누구나 자격의 제한 없이 응시가 가능하다.

### (2) 직업상담사 취득 후 활동 분야

국립 직업 안정 기관의 지방 노동관서, 고용안전센터, 인력은행, 공공 직업안정 기관의 전국 각 시 · 도, 시 · 군 · 구청의 281여 개 관할 기관, 기업체가 운영하는 전국 유 · 무료 직업 센터, 이 외에 헤드헌터, 2,100여 개 인력 알선 업체, 공공직업훈련 기관, 인정직업훈련 기관, 각급 학교 취업 지도실에서 활동할 수 있다. 직업상담사의 초임 연봉은 2,000만 원 내외이다.

### (3) 직업상담사 우대 및 혜택

직업상담사 자격을 취득할 경우 다음과 같은 우대 및 혜택을 받게 된다.

첫째, 지방 노동관서나 고용 지원센터 등 전국 119개 국립 직업안정 기관과 전국 281개 시 · 군 · 구 소재 공공 직업안정 기관, 2,100개의 민간 유 · 무료 직업소개소의 직업 상담원으로 활동 가능하며, 노동부는 지방 노동 관서에서 직업 상담원을 채용할 경우 자격 소지자를 우대한다.

둘째, 학점 인정 기준에 의하여 직업상담사 1급은 45점, 2급은 20점 학점 인정(학점 인정 등에 의한 법률 제 5275호)이 된다.

셋째, 일반 행정직 공무원 직업 상담 시험과목과 중복되어 일반 행정직 공무원이 되기 위해 준비하는 학생들에게는 자격 취득의 좋은 기회가 된다. 즉, 6 · 7급 공채는 노동법, 직업 상담심리학이 중복이고, 특채는 노동법, 직업 상담심리학, 직업 정보론이 중복된다. 또한 8 · 9급 공채는 노동법 개론과 직업 상담심리학 개론이 중복되는 시험 과목이다.

넷째, 공무원임용령에 의거, 직업 상담 자격증 취득자는 공무원 공채 선발 시 가산점이 적용된다.

### (4) 시험과목

직업상담사 자격은 1급과 2급으로 구분되고 1차 필기시험은 각 과목 40점 이상, 전 과목 평균 60점 이상이면 합격이며, 2차 실기 시험은 60점 이상이면 합격이다. 각 자격 등급별 시험과목은 다음 〈표 10〉과 같다.

표 10 직업상담사 시험과목

| 등급 | 시험 방법 | 시험과목 | 시험 출제 형태 | 시험시간 |
|---|---|---|---|---|
| 1급 | 필기시험(1차) | •1과목 : 고급 직업 상담학 (20문항)<br>•2과목 : 고급 직업 심리학 (20문항)<br>•3과목 : 고급 직업 정보론 (20문항)<br>•4과목 : 노동시장론 (20문항)<br>•5과목 : 노동 관계 법규 (20문항) | 객관식 4지 택일형(100문항) | 150분 |
| | 실기 시험(2차) | •직업 상담 실무 | 작업형 | 4시간 |
| 2급 | 필기시험(1차) | •1과목 : 직업 상담학 (20문항)<br>•2과목 : 직업 심리학 (20문항)<br>•3과목 : 직업 정보론 (20문항)<br>•4과목 : 노동시장론 (20문항)<br>•5과목 : 노동 관계 법규 (20문항) | 객관식 4지 택일형(100무항) | 150분 |
| | 실기 시험(2차) | •직업 상담 실무 | 필답형(자질 평가) | 150분 |

### 5) 전문상담교사

전문상담교사 제도는 학생들이 겪는 적응의 어려움을 적극적으로 돕기 위해 교육과학기술부에서 도입하였다. 2005년 9월 수업 시수 없이 학교 상담을 전담하는 전문상담교사를 지역 교육청에 배치한 것을 시작으로 현재까지 각 학교에 전문상담교사를 배치해 오고 있다. 전문상담교사의 직무 역할과 자격 기준에 대해 살펴보기로 한다.

#### (1) 전문상담교사의 직무 역할

전문상담교사가 어떤 활동을 하며 어떻게 학생들을 도울 것인지 명료해진다면 정체성을 가지고 업무를 효율적으로 수행할 수 있을 것이다. 또한 교과 교사, 학교 행정가, 학생, 학부모와 전문상담교사의 역할을 공유하는 것은 학생들의 적응력 향상에 효율적으로 기여하기 위한 첫걸음이 되며, 이들로부터 협력적 관계를 끌어내는 것은 학교가 청소년들의 행복감을 증진시키는 역할을 할 수 있도록 하는 초석이 된다. 전문상담교사의 직무 역할은 다음 〈표 11〉과 같다.

표 11 전문상담교사의 직무 활동 및 내용

| 직무 활동 | | 내용 |
|---|---|---|
| 개인상담 | | 주 당 2~4사례, 사례 당 5~6회기, 회기당 40~50분 |
| 집단 상담 | 소규모 집단상담 | 주당 1~3집단, 회당 40~50분 |
| | 학급 단위 집단 교육 프로그램 | 주당 1회, 5개 학급 이내, 회당 40분 |
| 심리 평가 | | 주당 10건 이상, 사례당 30분 이내 |
| 자문 | | 30분 이내의 교사·부모 대상 자문 활동 |
| 교육 및 연수 | | 년 3회 이내의 연수 교육 참여 |
| 행정 업무 | 상담 환경 | 상담실 구축, 심리검사 구비, 관련 책자 구비 |
| | 홍보 | 학생, 교사, 학부모 대상 연간 상담실 운영 및 프로그램 소개 |
| | 사례 관리 및 평가 | 사례 관리, 년 4회 이내의 사례 평가 |
| | 사업 평가 및 슈퍼비전 | 개인 및 집단 프로그램 효과성 검증,<br>자문 회의 및 개인상담 사례 지도 감독 교육 |
| | 지역사회 네트워크 | 연계 체계 구축, 자원 활용 |

### (2) 전문상담교사의 자격 기준

전문상담교사의 자격 기준은 아래와 같으며 이를 고려해 볼 때, 다양한 배경을 가진 교사들이 배출되고 있음을 알 수 있다.

#### ① 전문상담교사 1급

- 정교사(2급) 또는 보건 교사(2급) 이상의 자격증 소지자로 3년 이상의 교육경력과 교육과학기술부 장관이 지정한 교육대학원·대학원에서 전문상담교사 양성 과정을 이수한 자
- 전문상담교사(2급) 자격증 소지자로 3년 이상의 전문상담교사 경력과 자격 연수를 이수한 자

#### ② 전문상담교사 2급

- 대학·산업 대학의 상담·심리 관련학과 졸업자로 재학 중 소정의 교직 학점을 취득한 자
- 교육대학원 또는 교육과학기술부 장관이 지정한 전문 상담 교육과정을 이수

하고 석사 학위를 취득한 자

- 2급 이상의 교사 자격증 소지자로 교육과학기술부 장관이 지정한 전문 상담 양성 과정을 이수한 자

## 02 상담자의 자질

효율적인 상담자가 되기 위해 상담 자격증을 취득하는 것과 함께 필요한 인간적 자질과 전문적 역량을 갖추어야 한다. 상담에 적합한 사람이 있다면 그 사람은 어떤 사람이며, 어떤 인성적 특징을 지니고 있을까? 학자마다 상담자에게 요구되는 인간적 자질을 다르게 제시하고 있다. 여기서는 신경진(2010)이 제시한 것을 바탕으로 하여 인간에 대한 선의의 관심, 탁월한 언어 이해력과 유머감, 감수성과 직관력, 인내력과 자제력, 풍부하고 다양한 경험의 다섯 가지 자질에 대하여 알아보기로 한다.

### 1) 인간에 대한 선의의 관심

인간에 대한 선의의 관심은 상담심리학을 전공하고 상담자의 길을 걷도록 한 기본 동기가 될 수 있다. 상담자는 다른 사람의 안녕과 행복, 고통과 불행, 희망과 비전, 그리고 변화와 성장에 대해서 깊은 선의의 관심을 가져야 한다. 이를 위해 효과적인 상담자가 되고자 하는 사람은 내담자를 존중하고 신뢰하며 있는 그대로 가치롭게 인정하면서 관심을 보여주는 태도와 능력을 길러야 한다.

내담자는 상담자가 자기중심적인 위치에서 벗어나 내담자에게 선의의 관심을 지니고 내담자의 안녕과 행복 그리고 성장을 위하여 최선을 다하고 있다는 사실을 느낄 때, 상담자를 더욱 신뢰하고 자신의 변화와 성장을 위해 시간과 노력을 투여하게 된다. 그러므로 상담자가 내담자에 대하여 선의의 관심을 지니려면, 내담자가 비록 현재는 부족한 것 같고 문제를 해결하지 못하여 좌절하고 있는 것처

럼 보이지만 그의 본성에는 생산적으로 살 수 있고 당면한 문제를 스스로 해결할 수 있는 능력이 내재된 존재로 보아야 한다.

### 2) 탁월한 언어 이해력과 유머감

상담자가 되기 위해서는 언어 이해력이 뛰어나야 한다. 상담은 다른 어떤 전문 분야보다 뛰어난 언어 이해력을 필요로 하는 분야라 할 수 있다. 상담은 내담자에 대한 이해의 바탕 위에서 치료적인 작업을 하는 것인 만큼 내담자가 말하는 내용을 이해하지 못한다면 상담 관계가 유지될 수 없고 상담이 불가능하게 된다. 이때 언어라 하면 말로 이루어지는 음성 언어뿐만 아니라 신체 언어에 대한 이해력도 포함된다.

한편 효과적인 상담자는 상담 과정에 유머를 효과적으로 활용하는 사람이다. 자신을 향하여 웃을 수 있고 자신의 인간적인 약점을 유머스럽게 받아들일 수 있는 능력은 상담자의 필수적 자질이다. 유머는 상담의 분위기를 여유롭고 부드럽게 하고 의사소통을 원활히 하며, 상호간에 관심을 증대시키고 느낌, 생각, 행동을 바람직한 방향으로 변화시키는 강력한 개입 수단이며 치유 수단이다. 이처럼 상담자가 유머를 적절히 사용하면 내담자의 느낌, 생각, 행동에 영향을 미침으로 치료적 효과를 거둘 수 있다.

### 3) 섬세한 감수성과 직관력

상담자와 내담자의 의사소통이 말로만 이루어지는 것이 아니기 때문에, 상담자는 내담자가 말하는 내용의 핵심 메시지를 이해하는 역량과 함께 비언어적 메시지도 함께 감지할 수 있는 섬세한 감수성을 지녀야 한다. 예를 들면, 상담자는 내담자가 불안해하는지, 당황해 하는지, 기뻐하는지, 슬픈지 등의 감정 상태와 감정 색조의 변화를 민감하게 감지할 수 있어야 한다. 뿐만 아니라 상담자의 공감이나 해석 등의 개입에 대한 내담자의 감정 변화를 감지할 수 있어야 한다. 이런 기본 역량을 갖춘다면 내담자의 문제 본질에 더욱 깊이 다가가서 밀도 있는 상담을 하는 것이 가능하게 된다.

상담자는 또한 자신의 정체성, 세계관, 인간관, 목표, 동기, 욕구, 장단점, 가치관 등에 대하여 명확히 관찰하고 이해하는 능력도 우수해야 한다. 이를 통해 역전이를 줄이고 상담자 스스로 상담자로서 어느 정도의 자질과 능력을 갖추었는지에 대한 자각은 효과적인 상담을 위해 그리고 효과적인 상담자로 끊임없이 성장하기 위해 필수 불가결하다.

### 4) 용기와 끈기

효과적인 상담자의 가장 중요한 인간적 특성 중의 하나가 바로 용기이다. 효과적인 상담자는 실수나 실패의 가능성에 구애받지 않고 새로운 행동을 모험적으로 시도해 보는 용기를 바탕으로 하여 형성된다. 효과적인 상담자는 실수를 했을 때, 그리고 자신의 지각, 혹은 육감이 정확하지 않는 것으로 판명되었을 때, 이를 숨기려 하는 대신 솔직히 인정하고 받아들일 수 있는 용기도 필요하다. 뿐만 아니라 상담자는 자신에 대한 끊임없는 성찰을 통해 있는 그대로의 내적 욕구나 느낌을 집단원들 앞에 진솔하게 노출하는 용기도 지녀야 한다.

내담자를 상담하는 일은 때로 보람되고 즐거울 수 있으나, 때로는 힘들고 고달프기도 하다. 그러므로 효과적인 상담자는 여러 가지 어려움과 압력에도 굳건히 버티어 낼 수 있는 끈기를 지녀야 한다. 뿐만 아니라 Bucannon이 제시한 상담자의 신성한 이기심(holly selfishness)에 대해 깊이 통찰하고 자기 돌봄과 타인 돌봄의 균형을 유지하여 소진(burn-out)을 미연에 방지할 수 있는 지혜도 함께 지녀야 하겠다.

### 5) 풍부하고 다양한 경험

내담자들이 호소하는 문제는 다양하다. 내담자는 여러 양상의 대인관계 문제를 가져올 수도 있고, 강간, 외도, 이혼, 별거, 외상, 중독, 범죄, 자살, 자해 등 평소 주변에서 쉽게 경험하기 어려운 문제들을 가져올 수도 있다. 내담자가 털어 놓는 매우 충격적인 사건이나 경험, 또는 내담자의 정신 병리 현상에 대해 상담자가 당황하여 흔들린다면 그 상담자는 그러한 문제들을 다루기 어렵다. 상담자는 아무리 충격적인 사례를 접하게 되더라도 차분하고 담담히 수용할 수 있어야 한다. 아울러 상담자는 내담자가 감당하지 못하는 경험을 내담자와 함께 들여다보면서 내담자를 도와야 한다. 이러한 역량은 풍부하고 다양한 경험을 쌓고 각각의 경험을 자신의 것으로 만드는 꾸준한 열정을 바탕으로 터득된다.

## 03 상담자 윤리

### 1) 윤리적 상담의 의의와 목적

내담자는 심리적으로 혼돈 상태에 놓여 있거나 좌절과 실망을 거듭하고 낙담한 상태에서 전문가의 도움을 필요로 하므로 상담자의 언행은 자칫 내담자에게 심각한 영향을 미칠 수 있다. 따라서 내담자의 권리 옹호와 정신 건강 증진을 위해서는 무엇보다도 상담자의 윤리적이고 책임 있는 행동이 요구되는 것이 바로 그러한 이유 때문이다.

흔히 '윤리적 상담은 내담자에게 이익이 되는 반면, 비윤리적 상담은 상담자에게 이익이 된다'고 한다(연문희 · 강진령, 2009). 이 말은 언뜻 보기에는 맞는 말처럼 보인다. 그러나 조금 더 깊이 생각해 보면 비윤리적 상담은 결국 상담자 자신에게도 불이익이 되고 윤리적 상담은 상담자 자신에게 이익이 된다.

상담자에게 내담자를 돕기 위한 전문지식의 습득뿐만 아니라 상담 실제에의 적용 능력이 요구된다. 여기서 전문지식을 상담 실제에 적용하여 긍정적 성과를 도출해 내기 위해서는 상담자 윤리에 대한 지식과 실천이 필수적이다. 즉, 윤리적 상담은 내담자는 물론 상담자와 상담 성과를 보호하는 기능을 한다.

그렇다면 윤리적 갈등 상황에서 현명한 판단을 내릴 수 있는 윤리적 상담이란 윤리적 추론을 전개하고 의사결정 기술을 발전시켜 불필요한 윤리적 갈등에 휘말리지 않으며, 내담자에 대한 상담 서비스의 질을 한껏 높일 수 있는 역량을 갖추고 있음을 의미한다.

상담자는 매순간 윤리적 결정을 내려야 하고 그 결정에 따른 책임을 감수해야 하는 상황에 놓여 있다. 이러한 과정은 일정한 시간이 요구되고 경우에 따라서는 다른 동료 상담자나 수련 감독자의 자문이 필요한 경우도 있다. 윤리 강령은 다음의 세 가지 목적을 가지고 있다(Herlihy & Corey, 2006).

첫째, 건전한 윤리적 품행에 관하여 전문가들을 교육하기 위함이다. 상담자들이 윤리 기준을 읽고 생각해 봄으로써 전문가로서 자신의 행위를 지속적으로 모니터링 하게 되고, 자신의 업무상 직면하는 문제들을 다루는 데 도움을 얻을 수 있다.

둘째, 윤리 기준은 전문가의 책무성에 대한 구조(structure) 또는 참조 틀(framework)을 제공한다. 상담자는 자신의 행동을 감시할 뿐만 아니라 다른 상담자들의 윤리적 품행을 독려해야 할 의무가 있다.

셋째, 윤리 강령은 상담 업무를 개선하는 데 촉매 역할을 한다. 상담 과정에서 윤리와 관련하여 의문점이 생길 때, 상담자는 해석하고 적용할 수 있는 윤리 기준을 검토함으로써 윤리적 갈등을 해소하는 데 도움을 줄 수 있다.

## 2) 윤리적 상담 실천을 위한 방안

상담 장면에서의 윤리 문제가 점점 복잡해지고 소송의 가능성이 항상 잠재해 있으므로 상담자는 윤리적 양심과 도덕적 책임을 깊이 인식하고 상담에 임해야 할 것이다. 이는 상담 목표, 이론적 접근, 특별한 개입 등이 가지는 도덕적·철학적 의미를 심도 있게 생각해 보고, 자기를 성찰해 보며 자기 직면을 하는 작업을 의미한다.

상담자가 윤리적 상담을 실천할 수 있는 방안으로 Kitchener(1984)는 윤리적 상담을 위한 다섯 가지 원칙을 제시하였는데, 이 원칙은 윤리 강령으로 대처할 수 없거나 누락된 부분을 처리하는 데 중요한 지침이 될 수 있다(강진령 외, 2009; 최해림 외, 2010).

### (1) 자율성 존중(respect for autonomy)

자율성은 스스로 결정하고 스스로 자기를 주도해 나갈 수 있는 권리다. 자율성에 의해 선택의 자유도 주어진다. 그러나 이 선택의 자유는 다른 사람의 '자율성'을 제한하기 때문에 윤리적 주제가 된다. 상담자에게도 상담자의 자율성과 내담자의 자율성이 부딪힐 때가 있다. 상담자가 너무 지나치게 내담자를 간섭하여 내담자가 스스로 결정할 수 있는 것을 방해한다면 윤리적으로 문제가 된다. 이때는 상담자가 지나친 선도나 조언, 지도를 자제하는 것이 윤리적이다.

### (2) 비유해성(nonmaleficience)

비유해성은 고의적이든 비고의적이든 내담자에게 고통을 가하는 것을 피하거나 예방하는 것이다. 그래서 비유해성은 상담 전문가에게는 가장 근본적인 윤리 가치다. 상담자는 의도하지 않게 내담자를 괴롭힐 수 있다. 사실 내담자는 약자에 해당하고 상담자의 주도성을 순순히 따르는 경우가 많다. 상담자가 개인적 갈등이나 방어 등 자신의 미해결 과제에 의한 역전이 문제를 일으킬 수 있다는 것은 많은 교과서에서 지적하고 있다. 그래서 상담자에게 여행, 운동, 개인심리치료와 같은 자기 치료를 권장하는 이유도 여기에 있다.

### (3) 선의(beneficience)

선의는 기본적으로 다른 사람에게 유익하게 행동할 책임 또는 의무가 있다는 것을 의미한다. 현재의 내담자는 물론이고 잠재 내담자, 더 나아가 일반인을 도와야 하는 의무까지도 포함한다. 상담자는 조력의 정신을 가지고 전문적 활동을 해야 하지만 자신이 할 수 있는 범위 내에서 개인뿐만 아니라 공공의 복지를 위해서도 활동을 해야 한다.

### (4) 공정성(justice)

공정성은 상담 과정이나 평가 또는 치료에 필수적인 자원이라도 공정해야 하고 공평해야 한다는 것을 말한다. 즉, 동일한 상담기관에서 일하는 상담자들도 그 전문적 역량이 다를 수 있지만, 그렇다 해서 상담할 때 내담자에게는 그러한 차별성이 있어서는 안 된다는 것을 말한다. 또한 내담자가 가난하거나 타 문화의 사람 혹은 사회적 약자라고 해서 미숙한 상담자가 담당하는 등의 태도는 공정성 가치에 위배된다.

#### (5) 충실성(fidelity)

충실성은 정직, 충성 등 끝까지 성실하게 상담하겠다는 약속을 말한다. 실제로 상담에서 신뢰 있는 관계는 상담의 성과에 가장 중요한 요소다. 따라서 충실성이 매우 중요한 가치가 된다. 상담자는 내담자에 대해 더 이상 흥미가 없어졌다고 해서 상담을 그만 둘 수는 없다.

몇몇 학자들은 비유해성이 가장 중요한 윤리 원칙이고 이러한 요건은 다른 윤리 원칙들보다 우선되어야 한다고 주장한다. 상담 내용을 타인에게 이야기하는 것이 내담자의 동의 없이 이루어질 때, 핵심 논제는 그것이 내담자에게 주는 해로움의 본질과 강도다. 자율성, 선의, 충실성, 그리고 공정성의 원칙들은 부차적인 역할을 수행한다. 상담자의 궁극적인 목표는 모든 윤리 원칙들을 지킬 수 있는 방법을 찾는 것이나, 상담자의 가장 중요한 과제는 내담자에게 끼칠 수 있는 해로움의 가능성을 줄이는 것이다.

### 3) 상담자 윤리의 주요 내용

상담자가 상담 윤리를 준수하는지 여부를 판단하는 기준이 되는 것이 상담 윤리 강령이다. 미국의 경우에는 미국심리학회(American Psychological Association), 미국상담학회(American Counseling Association) 등에서 상담 윤리 강령을 제정하고 있고, 우리나라의 경우에는 한국상담학회(Korean Counseling Association)와 한국상담심리학회(Korean Counseling Psychological Association) 등에서 상담 윤리 강령을 제정하여 실천하고 있다. 여기에서는 미국과 우리나라의 주요 전문 단체에서 제정한 상담 윤리 강령이 공통적으로 강조하고 있는 내용에 대하여 살펴보기로 한다.

#### (1) 비밀 보장

비밀 보장은 상담 과정에서 가장 근본적인 윤리 기준이 된다. 왜냐하면 내담자가 자신이 상담한 내용에 대해 비밀이 지켜지지 않을 것이라고 믿으면 자신의 문제를 상담자에게 내어놓지 않을 것이기 때문이다. 비밀 보장의 대상은 상담 과정 중의 내담자 문제뿐만 아니라 내담자의 개인적 정보 및 상담 진행 관련 모든 사항이 포함된다.

상담자는 본격적인 상담의 시작 전에 비밀 보장의 원칙과 한계에 대하여 반드시 내담자에게 설명하고 사전 동의(informed consent)를 받아야 한다. 상담자는 상담 내용의 녹음 및 기록에 관해 내담자의 동의를 구하며, 상담과 관련된 기록을 보관하고 처리하는데 있어서 비밀을 보호해야 하며, 이를 타인에게 공개할 때에는 내담자의 직접적인 동의가 있을 때에만 가능하다. 또한 상담자는 비밀 보호의 예외가 존재하는 경우를 제외하고는, 내담자의 서면 동의 없이는 제 삼의 개인, 단체에게 상담 기록을 밝히거나 전달하지 않아야 한다.

### (2) 다중 관계

상담자는 자신의 판단력을 흐리게 하거나 내담자에게 해를 끼칠 위험을 증가시킬 수 있는 다중 관계를 피하기 위해 모든 노력을 다해야 한다. 다중 관계의 주된 위험성은 비전문적인 관계 형성이 상담자의 전문적 판단이나 상담 효과를 훼손시킬 수도 있다는 측면에 있다. 예를 들면, 대학교 1학년 여학생이 상담자인 같은 학과 교수의 상담을 받고 있다. 그런데 상담 과정에서 그 여학생이 가정 형편이 어려워 장학금을 받아야만 학교를 계속 다닐 수 있다는 사실을 알게 되었다. 상담자는 그 여학생이 수강 중인 자신의 과목에서 점수를 올려 주어야 할지 고민하고 있다.

이 사례에서 보듯이, 학과 교수인 상담자가 내담자의 점수를 상향해 주면 내담자는 의존성을 갖게 될 수 있다. 이렇게 되면 다중 관계가 상담자의 전문적 판단이나 상담 효과를 훼손시키게 된다. 그렇기 때문에 전문가들은 다중 관계가 아주 우연하고도 사소한 만남에서 시작되며, 내담자가 상담을 그만두지 않는 한 이를 피하기란 어렵기 때문에 다중 관계를 피하라고 권고한다.

### (3) 성적 관계

국내외 전문 상담학회에서는 상담자가 내담자와 성적 관계를 가지는 것을 엄격하게 금지하고 있다. 이러한 부적절한 관계는 상담 효과를 훼손시킨다. 또한 현재 내담자가 받고 있는 상담과 상담자에 대한 불신을 심어 줄 뿐만 아니라 이후 다른 상담과 상담자에 대해 부정적인 이미지를 갖게 하여 상담 전체에 대한 불신과 부정적인 영향을 초래할 수 있다. 뿐만 아니라 가장 믿고 신뢰할 만하다고 느낀 마지막 보루인 상담과 상담자에 대한 실망감은 죄책감, 우울, 불안, 분노, 공격성 등의 부정적인 감정을 경험하게 하여 내담자의 정신 건강과 행복에도 부정적인 영향을 미치게 된다.

#### (4) 다문화 상담의 윤리

유능한 상담자는 다른 문화에 대하여 개방적인 태도를 유지한다. 상담자가 자신이 속한 다른 문화에 대하여 개방적인 태도를 유지해야 한다. 상담자가 자신이 속한 문화 이외의 다른 문화에 대하여 호기심을 가지고, 그 문화의 가치, 문제의 발생 및 해결 방식 등에 대하여 관심을 가질 때 다른 문화에 대한 이해가 높아질 수 있다.

다문화 상담에서 유능한 상담자는 내담자가 속한 특정 문화에 대한 지식을 가지고 내담자가 속한 문화에서 지지자가 될 수 있는 사람을 상담 과정에 포함시킬 수 있어야 한다. 또한 유능한 상담자는 서구 문화에서 개발된 상담 이론과 기법을 내담자의 문화적 배경에 맞게 수정해서 사용하거나 특정한 내담자 집단을 위해 개발된 상담 기법을 사용할 수 있어야 한다.

### 4) 도덕적·윤리적 감수성 증진

상담 전문가로서 윤리 강령을 지키는 문제에 대하여 Welfel(2006)은 한 가지 사소한 위반을 하면 그 다음 위반을 하기가 점점 쉬워지므로, 처음부터 약간은 엄격하다고 느낄 정도로 윤리 규정을 지키려고 노력하는 것이 좋다고 제안한다. 즉, 사소한 위반이지만 상담자가 위반에 익숙해지면, 윤리적 의사 결정의 가장 기초인 윤리적 쟁점에 대한 민감성이 떨어지고, 이러한 민감성의 감소는 더 큰 위반에 대해 상담자가 둔감해지도록 만든다는 것이다.

상담 회기 중에 윤리와 관련해 상담자에게 가장 요구되는 것은 잠재적인 윤리적 갈등 상황을 알아차리고 정의하는 것이다. 그러나 실제로 상담자들은 상담 과정에서 윤리적 갈등 요소들을 잘 밝혀내지 못한다. 실제로 Rest(1984)는 대학원 교육이 전문가로서의 기술적인 측면에 초점을 맞추는 반면, 윤리적 측면을 돌아보게 하는 데는 거의 무관심하다고 지적하였다. Lindsey(1985)와 Volker(1983)는 연구 대상이었던 상담자와 심리학자의 1/3 이상이 녹음된 모의 상담 상황에서 윤리 문제를 제대로 인식하지 못하고 있음을 발견하였다. 좀 더 최근의 연구(Fleck-Henderson, 1985; Flower, 1992)에서는 사회사업 및 심리학 분야의 학생과 현장 전문가들 사이에도 도덕적·윤리적 감수성이 둔감화되고 있다는 결과를 보여 준다.

도덕적·윤리적 불감증을 극복하고 도덕적·윤리적 감수성을 증진시키기 위한 몇 가지 방안을 제시하면 다음과 같다(강진령 외, 2009).

첫째, 전문직의 윤리 의식 함양을 위해 공식적인 교육과정에 상담윤리 교과목으로 개설해서 전문가의 윤리적 정체성을 발달시키는 것이다(Handelsman, Gottlieb & Knapp, 2005). 전문적인 기준과 도덕적 의사 결정 과정을 다루는 교과목을 수강하도록 하는 것은 상담자가 상담의 윤리적 측면에 대한 의식을 높일 수 있다(Dinger, 1997).

둘째, 사례 분석과 토의를 중심으로 윤리성 훈련을 하는 것이다. 과거에 윤리적 갈등을 다루어 본 경험이 있는 상담자는 새로운 윤리 문제에 직면했을 때 좀 더 경각심을 갖는다.

셋째, 파렴치하거나 미숙한 사람만이 비윤리적 행동을 할 것이라는 생각을 바꾸는 것이다. Hill(2004)이 지적했듯이, 상담자는 종종 윤리를 부차적이고 중요하지 않은 것으로 보고 있으며, 윤리적 갈등 상황은 거의 발생하지 않으며 자신이 관심만 기울이면 인식할 수 있을 것이라 믿는 것은 잘못된 생각이다. 아무리 좋은 의도를 가지고 있고 근본적으로 덕이 많은 상담자라도 조심하지 않으면 종종 내담자에게 심각한 해를 끼칠 수 있다.

넷째, 상담자는 정신 건강 분야에 입문하려는 자신의 가치와 동기를 통찰할 필요가 있다. 윤리적 민감성, 혹은 감수성은 전문가 윤리에 관한 지식과 배경뿐만 아니라 개인적인 원칙과 철학이 전문직과 일치할 경우에 높아진다. 편협한 자기 이익만 추구하는 사람은 윤리적 민감성을 갖기가 힘들다. 따라서 지속적으로 윤리적 행동을 하려면, 윤리적 행동의 저해 요인에 맞서는 이타적 동기와 굳은 의지가 필요하다.

## 실/전/도/전/문/제

학습한 내용을 바탕으로 실전에 도전해 봅시다.

**1. 상담자 윤리 기준에 위배되지 않는 경우는?** (청소년상담사 3급, 2017)

① 동의를 구하지 않고 사례발표를 위해 상담내용을 녹음하였다.
② 상담을 전공한 김 교사는 반 학생에게 소정의 상담료를 받으며 주 1회 상담을 진행하였다.
③ 약물남용 사실을 알고 부모에게 알리려고 하였으나 내담자가 약물을 중단하겠다고 하여 부모에게 알리지 않았다.
④ 상담 중 가정폭력 사실을 알게 되었으나 내담자의 어머니가 자녀의 상처받은 마음만 달래주고 더 이상 개입하지 말아달라고 하여 상담에만 전념하였다.
⑤ 판사가 정보공개를 요청하여 내담자에게 그 사실을 알리고 필요한 최소한의 정보를 공개하였다.

**2. 유능한 상담자가 갖추어야 할 자질로 옳은 것을 모두 고른 것은?** (청소년상담사 3급, 2016)

ㄱ. 자신의 일에 열정적이며 내담자를 위해 개인적인 여가시간을 제한한다.
ㄴ. 자신의 신념과 가정들이 다문화 내담자들에게 적절한지 숙고한다.
ㄷ. 자신을 존중하고 수용하며 변화와 도전에 개방적이다.
ㄹ. 효과적인 대인관계 기술을 갖고 타인의 복지에 관심을 보인다.
ㅁ. 현재보다 과거의 경험에 초점을 두고 실수를 기꺼이 인정한다.

① ㄴ, ㄷ　② ㄱ, ㄴ, ㅁ　③ ㄴ, ㄷ, ㄹ
④ ㄴ, ㄷ, ㄹ, ㅁ　⑤ ㄱ, ㄴ, ㄷ, ㄹ, ㅁ

**3. 상담자가 갖추어야 할 전문적 자질에 관한 설명으로 옳지 않은 것은?** (청소년상담사 3급, 2015)

① 개인의 성격에 영향을 미치는 사회문화적 요인을 이해한다.
② 청소년수련기관의 활동 등 사회환경에 대한 지식을 습득한다.
③ 개인의 발달적 특성을 고려하여 행동을 이해한다.
④ 자신이 극복하지 못한 문제를 가진 내담자를 상담함으로써 전문적 역량을 강화한다.
⑤ 전문가의 감독 하에 상담실습을 경험한다.

**4.** 윤리적 갈등상황에서 상담자가 취할 수 있는 행동으로 옳은 것을 모두 고른 것은? (청소년상담사 2급, 2017)

ㄱ. 관련된 윤리규정을 찾아 적용하기 ㄴ. 상급자 혹은 기관의 책임자와 의논하기
ㄷ. 윤리적 결정을 내리게 된 근거, 과정에 대해 기록하기
ㄹ. 비밀보장 원칙에 따라 상담자가 독자적으로 판단하기

① ㄱ, ㄴ ② ㄱ, ㄷ ③ ㄴ, ㄹ
④ ㄱ, ㄴ, ㄷ ⑤ ㄱ, ㄴ, ㄷ, ㄹ

**5.** 다음은 전문상담교사가 상담을 진행하면서 겪은 어려움을 수퍼바이저에게 이야기한 내용의 일부이다. 괄호 안의 ㉠, ㉡에 해당하는 윤리원칙을 순서대로 쓰시오. [전문상담교사, 2019]

**상담교사 :** 제가 상담하고 있는 병수(고2, 남)는 운동부 코치에게 새 아빠로부터 성적학대를 받았다고 얘기했고, 코치가 이 사실을 학교에 신고하여 상담을 시작하게 되었어요. 그런데 상담 중에 병수는 새 아빠가 성적 학대를 안했다는 거예요. 거짓말한 이유는 새 아빠와 엄마의 사이를 나빠지게 해서 엄마가 친아빠와 재혼을 하도록 하기 위해서라고 했어요. 그러면서 이 사실을 아무에게도 얘기하지 말아달라고 했어요. 그래서 저는 고민이에요. 병수가 거짓말한 사실을 얘기하지 않으려 하니 새 아빠와 가족들이 받을 피해가 엄청날 것 같고, 얘기를 하자니 병수와의 상담관계가 유지되지 않을 것 같고……. 이럴 때에 저는 어떻게 해야 할까요?

**수퍼바이저:** 이러한 판단을 할 때 중요한 준거가 윤리원칙인데요. 키치너(K. Kitchener)가 제시한 5가지 윤리원칙 중에 가장 먼저 고려해야 할 것은 ( ㉠ ) 원칙입니다. 즉 상담자가 윤리적인 의사결정을 할 때에는 내담자는 물론 이해당사자들 모두의 복지를 극대화할 수 있는 대안을 선택하는 것이 중요합니다. 그러기 위해서는 병수가 거짓말을 했다는 얘기를 했을 때와 하지 않았을 때는 물론 그 사이에 취할 수 있는 여러 대안들을 생각해 보셔야 합니다. 그리고 각각의 대안들이 내담자와 이해당사자들에게 미칠 수 있는 피해가 가장 적은 대안을 선택해서 실행해야 합니다.

**상담교사:** 네, 단순하게 생각해서는 안 될 것 같네요. 그런데 그렇게 검토해 본 결과 제가 병수를 위해 해 줄 수 있는 것이 아무 것도 없다고 판단된다면 그냥 돌려 보내도 되나요? 혹시 그냥 돌려보내는 것이 문제가 된다면 어떻게 해야 하나요?

**수퍼바이저:** 상담자가 도움을 받으러 온 내담자를 위해 아무런 도움도 주지 않으면 키치너의 ( ㉡ ) 원칙에 위배될 수 있습니다. 정말 상담자가 내담자를 위해 도움을 줄 수 없다면, 더 전문적으로 도움을 줄 수 있는 다른 상담자에게 상담을 의뢰하는 것도 하나의 방법일 듯 싶네요.

**정답**

**1.** ⑤ **2.** ③ **3.** ④ **4.** ④ **5.** ㉠ 비유해성 ㉡ 선의

따뜻하고 유능한 상담자가 되기 위한 <상담심리 실습 5>

# 나의 대화 스타일 진단

## 1. 나의 대화 스타일은?

인간관계에서 나 자신을 다른 사람에게 내보이는 일, 즉 말하기(신뢰, 노출)는 매우 중요하며, 이것은 인간관계를 심화시키는 주요한 요인으로 알려져 있다. 이렇게 자신을 다른 사람에게 나타내 보이는 점에 있어서 사람마다 차이가 있다. 또 인간관계에서 다른 사람들이 나에 대해 어떻게 느끼고 있는지를 잘 아는 일, 듣기(존중, 수용) 역시 중요하다. 타인은 나를 비춰 주는 사회적 거울(social mirror)이라는 말이 있듯이, 다른 사람의 반응 속에서 나의 모습을 비춰 보는 일이 중요하다. 이렇게 다른 사람을 통해 나에 대한 피드백(feedback)을 얻음으로써 자기 이해가 깊어지고 자신의 행동에 대한 조절 능력이 커진다.

말하기(신뢰, 노출)라는 자기개방과 듣기(존중, 수용)라는 피드백의 측면에서 우리의 인간관계를 진단해 볼 수 있는 방법이 조해리의'마음의 창(Johari's window of mind)'이다. 조해리의 창은 심리학자인 Joseph Luft와 Harry Ingham에 의해서 개발되었으며, 두 사람의 이름을 합성하여 조해리의 창이라고 명명되었다. 조해리의 창을 이용하여 자신의 대화 스타일을 살펴보도록 하자. 먼저 다음 물음에 대해 자신을 평가해 보자.

| 나의 대화 스타일은 무엇일까요? | 그렇지 않다 | 그저 그렇다 | 매우 그렇다 |
|---|---|---|---|
| 1. 나는 상대방 의견에 공감하면 이를 바로 인정한다. | 1 2 3 4 | 5 6 7 8 | 9 10 |
| 2. 나는 상대방의 잘못을 지적할 필요가 있을 때에는 직접 말한다. | 1 2 3 4 | 5 6 7 8 | 9 10 |
| 3. 나는 상대방으로부터 납득하기 어려운 말을 들을 경우, 상황 파악을 위한 질문을 하고 잘 들어본다. | 1 2 3 4 | 5 6 7 8 | 9 10 |
| 4. 나의 의견에 대해 상대방이 어떻게 생각하는지 물어본다. | 1 2 3 4 | 5 6 7 8 | 9 10 |
| 5. 나는 나의 느낌을 상대방에게 솔직하게 표현한다. | 1 2 3 4 | 5 6 7 8 | 9 10 |
| 6. 나는 상대방의 감정을 존중한다. | 1 2 3 4 | 5 6 7 8 | 9 10 |
| 7. 나는 걱정거리가 생길 경우 다른 사람을 찾아가 터놓고 의논한다. | 1 2 3 4 | 5 6 7 8 | 9 10 |
| 8. 나는 혼자 이야기를 계속하여 상대방을 불안하게 하지 않는다. | 1 2 3 4 | 5 6 7 8 | 9 10 |
| 9. 나는 진심으로 상대방의 이야기를 들어 준다 | 1 2 3 4 | 5 6 7 8 | 9 10 |
| 10. 나는 누군가가 찾아오면 그의 의견을 듣고 대화를 독단적으로 끌고 가지 않는다. | 1 2 3 4 | 5 6 7 8 | 9 10 |
| 11. 나는 상대방이 서운한 점을 표현하면 차분하게 그에게 설명한다. | 1 2 3 4 | 5 6 7 8 | 9 10 |
| 12. 나는 상대방의 의견을 잘 받아들인다. | 1 2 3 4 | 5 6 7 8 | 9 10 |
| 13. 나는 달가운 일이 아닐지라도 상대방이 알아야 할 사항이라면 알려준다. | 1 2 3 4 | 5 6 7 8 | 9 10 |
| 14. 상대방의 의견이 나와 다를 경우, 나의 생각을 말하고 함께 검토해 본다. | 1 2 3 4 | 5 6 7 8 | 9 10 |

| 나의 대화 스타일은 무엇일까요? | 그렇지 않다 | 그저 그렇다 | 매우 그렇다 |
|---|---|---|---|
| 15. 나는 말하기 거북한 내용이라도 상대방에게 솔직히 말한다. | 1 2 3 4 | 5 6 7 8 | 9 10 |
| 16. 나는 나의 실수에 대해 상대방에게 변명을 하지 않고 비판에 귀를 기울인다. | 1 2 3 4 | 5 6 7 8 | 9 10 |
| 17. 나는 상대방에게 있는 그대로를 나타내며 가식이 없는 편이다. | 1 2 3 4 | 5 6 7 8 | 9 10 |
| 18. 나는 나의 의견에 찬성하지 않는 사람이라도 그의 의견을 끝까지 듣는다. | 1 2 3 4 | 5 6 7 8 | 9 10 |
| 19. 나는 상대방에게 그의 생각을 편하게 말 하도록 권장한다. | 1 2 3 4 | 5 6 7 8 | 9 10 |
| 20. 내가 옳다고 확신하는 것은 상대방을 잘 설득한다. | 1 2 3 4 | 5 6 7 8 | 9 10 |

## 2. 채점 및 해석

문항 1, 2, 5, 7, 11, 13, 14, 15, 17, 20의 점수를 더하여 10으로 나눈 점수는 말하기(신뢰·노출)이고, 문항 3, 4, 6, 8, 9, 10, 12, 16, 18, 19의 점수를 더하여 10으로 나눈 점수는 듣기(존중·수용)이다. 말하기(신뢰·노출)에 해당하는 점수를 가로선으로 긋고, 듣기(존중·수용)에 해당하는 점수를 세로선으로 긋는다. 그러면 4분면의 영역이 생기고 가장 넓은 영역에 해당하는 것이 자신의 유형이 된다.

| 번호 | 1 | 2 | 5 | 7 | 11 | 13 | 14 | 15 | 17 | 20 | 총점(T) |
|---|---|---|---|---|---|---|---|---|---|---|---|
| 값 | | | | | | | | | | | |
| 번호 | 3 | 4 | 6 | 8 | 9 | 10 | 12 | 16 | 18 | 19 | 총점(L) |
| 값 | | | | | | | | | | | |

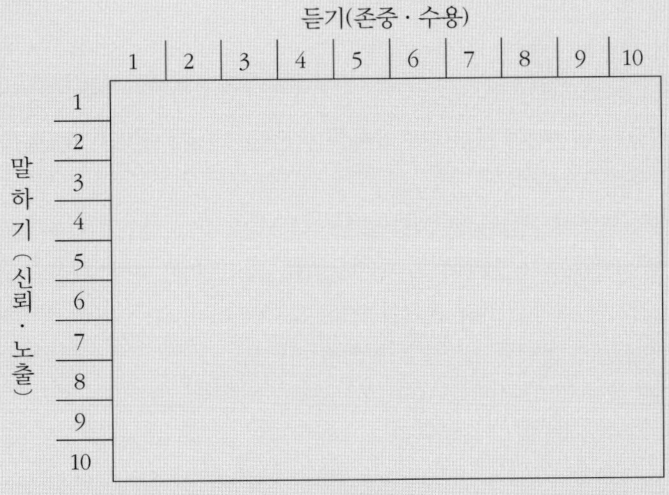


나의 대화 스타일은 (                    )이다.

## 3. 대화 스타일별 강점과 약점

조해리의 마음의 창은 공개적 영역, 맹목적 영역, 숨겨진 영역, 미지의 영역의 네 영역으로 구분된다(권석만, 2007). 첫째, 나도 알고 다른 사람에게도 알려져 있는 나에 관한 정보를 의미하는 공개적 영역(open area), 둘째, 나는 모르지만 다른 사람은 알고 있는 나에 관한 정보, 즉 개인의 행동 습관, 특유의 말버릇을 의미하는 맹목적 영역(blind area), 셋째, 나는 알고 있지만 다른 사람에게는 알려지지 않은 정보, 즉 나의 비밀이나 약점을 의미하는 숨겨진 영역(hidden area), 넷째, 나도 모르고 다른 사람도 알지 못하는 나에 관한 정보를 의미하는 미지의 영역(unknown area)이 그것이다.

사람마다 마음의 창, 즉 대화 스타일이 다르다. 우리가 인간관계에서 나 자신을 다른 사람에게 내보이는 일, 즉 말하기(자기 공개)와 다른 사람들이 나에 대해 어떻게 느끼고 있는지를 잘 아는 일, 즉 듣기(피드백) 정도에 따라 마음의 창을 구성하는 네 영역의 넓이가 달라진다. 이렇게 다양하게 나타나는 대화 스타일은 [그림 2]와 같이 어떤 영역이 가장 넓은가에 따라 크게 네 가지 유형으로 구분될 수 있다.

첫째, 거북형으로 미지의 영역이 가장 넓다.

인간관계에 소극적이며 혼자 있는 것을 좋아하는 사람들이다. 인간관계에 좀 더 적극적이고 긍정적인 태도를 가질 필요가 있다. 인간관계 개선을 위해 미지의 영역은 줄이고 공개적 영역을 넓히는 것이 바람직하다.

둘째, 올빼미형으로 숨겨진 영역이 가장 넓은 사람이다.

타인에 대해 수용적이며 속이 깊고 신중한 사람들이다. 다른 사람의 이야기는 잘 경청하지만 자신의 이야기는 잘하지 않는 사람들이다. 현대인에게 가장 많은 유형으로 자기개방을 통해 다른 사람과 좀 더 넓고 깊이 있는 교류가 필요하다.

셋째, 황소형으로 맹목의 영역이 가장 넓은 사람이다.

기분이나 의견을 잘 표현하며 나름대로 자신감을 지닌 솔직하고 시원시원하다. 다른 사람의 반응에 무관심, 둔감하여 때로는 독선적인 모습으로 비춰질 수 있다. 다른 사람의 말에 좀 더 진지하게 귀를 기울이는 노력이 필요하다.

넷째, 유리창형으로 공개적 영역이 가장 넓은 사람이다.

대체로 인간관계가 원만한 사람들이다. 적절하게 자기표현을 잘하고 다른 사람의 말도 잘 경청하며 다른 사람에게 호감과 친밀감을 주어 인기가 많다. 그러나 지나치게 공개적 영역이 넓은 사람은 말이 많고 주책스럽고 경박한 사람으로 비쳐질 수 있다.

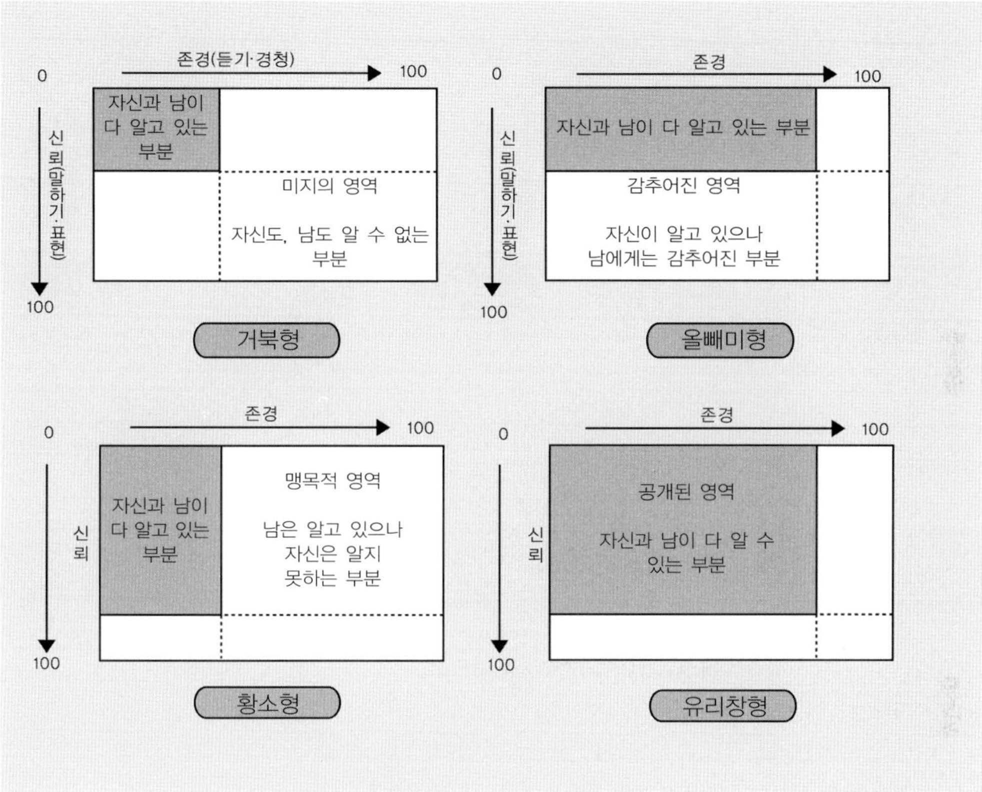


그림 2 **4가지 대화 스타일**

# 4 chapter 내담자의 이해와 평가

한 바가지 먼저 윗구멍에 붓고 부지런히 뿜어 대면
그 물이 땅 속 깊이 마중 나가 큰물을 데불고 왔다.

‘마중물’을 넣고 얼마간 뿜다 보면
낭창하게 손에 느껴지는 물의 무게가 오졌다.

누군가 먼저 슬픔의 ‘마중물’이 되어 준 사랑이
우리들 곁에 있다.
누군가 먼저 슬픔의 무저갱으로 제 몸을 던져 모두를 구원한 사람이 있다.

그가 먼저 굵은 눈물을 하염없이 흘렸기에
그가 먼저 감당할 수 없는 현실을 꿋꿋이 견뎠기에……

–임의진의 〈마중물이 된 사람〉 중에서–

병원에서 의사는 환자의 질병을 정확히 진단하고 처방하기 위해서 청진기를 사용하기도 하고 X-ray, CT, MRI를 촬영하기도 하며 혈액 검사를 하는 등 여러 가지 방법을 동원한다. 마찬가지로 상담실에서 상담자는 내담자의 문제가 무엇인지 정확하게 파악하기 위해 다각도의 노력, 즉 심리 평가를 한다. 이러한 심리 평가를 통해 내담자와 내담자의 문제를 정확하게 이해하게 될 뿐만 아니라 내담자에게 적합한 상담 목표와 상담 전략을 수립하는 데 중요한 기초 자료가 된다. 아울러 이러한 노력이 내담자와의 상담 관계에 영향을 미치고 결국 상담 성과에도 영향을 미치게 된다.

상담자는 '정말 이것이 내담자의 문제인가?'라는 물음을 끊임없이 하면서 내담자의 심리 평가를 정확하게 해야 한다. 흔히 우리는 '자기 자신이 자신을 제일 잘 알고 있다.'라고 생각한다. 이러한 생각은 때로는 진실이다. 이것은 우리 자신이 모르는 면을 타인이 알고 있는 것도 많기 때문이다. 따라서 상담자는 내담자가 자신의 심리상태나 문제에 대해 잘 알고 있을 것이라는 가정을 하기보다는 전문가로서 내담자를 제대로 이해하고 평가하기 위해 모든 노력을 경주하여야 한다.

내담자에 대한 이해는 상담의 초기에 주로 이루어지지만 상담이 진행 과정에서 새로운 사실과 호소하는 문제가 드러날 수 있으므로 내담자에 대한 이해와 평가는 상담의 전 과정을 통하여 이루어진다고 할 수 있다. 따라서 상담자는 상담 과정 중에 나타나는 내담자의 변화에 보다 민감하게 알아차리고 적절하고 융통성 있게 대처하여야 한다.

## 01 내담자의 현재 문제

### 1) 내담자의 행동 관찰

상담자가 내담자의 옷차림, 두발 상태, 표정, 말이 빠르거나 가끔 더듬는 등의 말할 때의 특징, 시선의 적절성, 상담자와 대화할 때의 태도, 행동, 예절 등에 관한 상담자의 행동 관찰을 기록한다. 예를 들면, 내담자가 상담 신청서를 작성하면서 어떤 특정 항목을 기록하는데 있어서 어쩔 줄 몰라 망설이거나 그 항목을 꼭 적어야 하는지 등을 묻는다면 그것을 기록하여 배정된 상담자에게 전달해 주어야 한다. 이는 그 항목과 관련된 특이 사항이 있다는 의미를 갖기 때문이다. 상담자는 이러한 사항에 대하여 주목하여 필요한 정보를 내담자를 통해 파악할 수 있으며 필요하다면 추가적으로 심리검사를 통해서 보다 구체적으로 내담자를 이해할 수 있다.

### 2) 내담자의 현재 호소 문제

내담자가 상담을 받으러 오는 것은 상담을 통해 도움을 받기 위해서다. 그러므로 상담자는 내담자가 상담을 받으려는 이유나 상담실에 찾아온 목적이나 배경 등을 파악하여야 한다. 즉, 호소하는 문제가 발생한 시기, 상황적 혹은 생물학적 배경, 문제가 발생한 경로, 현재의 상태와 심각성 등을 파악하여야 한다. 뿐만 아니라 그 문제와 관련된 대인관계, 직장 생활에서의 어려움, 학업상의 고충에 대해서 경청한다.

호소 문제는 내담자의 말투나 용어를 그대로 기록하는 것이 좋다. 왜냐하면 내담자의 심정, 상황적인 사정, 도움을 요하는 사정 등이 더욱 현실과 가깝게 기술될 수 있고 상담 중에 내담자의 말투나 용어를 사용함으로써 래포 형성을 하는데 도움이 된다.

### 3) 현재 호소 문제의 발생 배경

내담자가 상담을 받으러 온 이유, 혹은 목적을 파악했다면, 이제는 그 문제가 발생하게 된 배경을 확인함으로써 문제를 보다 명확하게 이해하여야 한다. 이렇게 하면 문제에 대한 내담자의 이야기에 빠진 중요한 정보나 분명하지 않은 정보를 명료화할 수 있기 때문이다(천성문 외, 2006). 뿐만 아니라 상담자가 내담자의 현재 호소 문제의 발생 배경을 파악하는 것은 상담 목표를 설정하고 상담 전략을 수립하는 데 있어서 중요한 정보를 제공하게 된다. 이를 위해 상담자는 내담자의 문제를 보다 깊이 이해하기 위하여 내담자가 자발적으로 하는 이야기와 함께 다음과 같은 사항을 질문하여 발생 배경을 파악할 수 있다.

- 문제가 언제 그리고 어떻게 발생하게 되었는가?
- 내담자는 현실적으로 어떤 상황에 처해 있는가?
- 문제가 발생하게 된 환경적 · 심리적 요인은 무엇인가?
- 문제 발생 후 내담자는 이를 해결하기 위해 어떤 노력을 해 왔는가?
- 내담자는 어째서 자신의 현재 문제를 해결할 수 없었는가?

### 4) 사회적 지원 체제

내담자가 어려운 일이나 억울한 일 등 문제가 생겼을 때 만나서 의논하거나 하소연할 사람이 단 한 사람이라도 있다면 내담자에게 심리적으로 큰 도움이 되고 문제는 완화될 수 있다. 이에 따라 사회적으로 지원할 수 있는 체제는 가족, 친구, 친척, 스승, 선후배, 이웃, 직장 동료 등이 될 수 있다.

사회적 지원 체제가 없거나 빈약한 사람은 위기를 극복할 능력이 떨어지거나 대인관계 기술이 부족할 가능성이 높다. 이들은 상담자에게 지나치게 의존하거나 상담을 중단할 가능성이 크기 때문에 보다 주의를 요한다. 반면 사회적 지원 체제가 잘 갖추어진 사람은 문제가 발생했을 때 도움을 받을 수 있는 자원이 풍부하기 때문에 그만큼 예후(prognosis)가 좋다고 할 수 있다.

### 5) 호소 문제와 관련된 개인사 및 가족 관계

호소 문제와 관련된 개인사는 내담자가 이 문제를 해결하기 위해 어떤 노력을 해 왔으며 어떤 점이 부족했는지 등을 파악하는 데 도움이 된다. 개인사를 파악하기 위해 다음과 같은 질문을 사용할 수 있다. “예전에는 같은 문제가 생겼을 때 어떻게 했나요?”, “전에 이와 같은 문제로 고민해 본 적이 있나요?”

개인에게 가장 많은 영향을 주는 곳은 가족이다. 우리 모두에게 가장 많은 영향을 끼친 사람은 부모, 형제 등 가족이다. 내담자의 문제는 대부분 가족 구성원과 직 · 간접적으로 관련되어 있다. 그러므로 상담자는 내담자가 갖는 가족에 대한 생각을 파악하여 그의 문제와의 관련성 및 가족 구성원과의 심리적 거리를 확인해야 한다.

### 6) 상담 동기의 평가

상담의 성과는 상담자의 숙련도와 열정에 의해서 결정이 된다. 또한 내담자가 문제를 해결하고자 하는 동기와 의지에 의해 결정이 된다. 그러므로 내담자의 의지와 동기를 확인하는 작업이 필요하다.

대부분의 상담은 내담자가 스스로 도움을 받고자 자발적으로 상담을 요청하는 것을 전제로 한다. 그러나 모든 내담자가 자발적으로 상담을 받으러 오는 것은 아니다. 교사가 학생을 불러서 하는 호출 상담, 부모가 자녀를 혹은 교사가 학생을 의뢰해 오는 위탁 상담은 타의 결정에 의해 마지못해 상담을 받으러 오는 경우에 해당된다. 이 경우에는 내담자가 상담을 받을 마음의 준비가 되어 있지 않기 때문에 상담을 진행하면 내담자가 저항을 하거나 상담자에게 의존하기 마련이다. 그렇기 때문에 상담자는 내담자의 동기 수준을 확인하고 동기가 낮다면 상담에 적극적인 의지를 가지고 임할 수 있도록 상담 동기를 강화하는 작업이 필요하다.

상담에 대한 동기 수준에 따라 방문객형(visitor), 불평자형(complaint), 고객형(customer)으로 나눌 수 있는데, 각 유형에 따라 적절한 개입이 필요하다(강갑원, 2004 재인용).

첫째, 방문객형은 타의에 의해 이끌려 온 내담자, 혹은 상담이 뭐하는 것인지 궁금해서 온 내담자이다. 이러한 내담자는 이렇게 이끌려 오게 된 대해 어떤 느낌을 가지고 있는지 탐색한다. 그리고 내담자에게 어렵게 상담실을 방문한 것을 칭찬해 주고 이왕 귀중한 시간을 내었으니 만남의 시간을 유용하게 보내 보자고 권유하는 것이 좋다.

둘째, 불평자형은 내담자가 자신보다는 주변 사람의 문제를 호소하는 내담자이다. 이 유형의 내담자는 타인의 문제로 인해 자신이 희생당하고 있다고 생각하고 자신의 문제를 남의 탓으로 생각한다. 이러한 내담자에게는 먼저 문제가 되는 사람을 변화시키려면 내담자가 어떻게 하면 좋을지에 대해 질문을 하며 상담으로 연결하는 것이 좋다. 이때 내담자는 자신의 역할과 행동에 따라 주변 사람이 변할 수 있다는 것을 알 때 능동적으로 상담에 임할 수 있게 된다.

셋째, 고객형은 내담자가 자신의 문제를 인식하고 그 문제를 상담을 통해 변화시키려는 동기와 의지가 강한 사람이다.

## 02 심리검사를 통한 평가

심리검사는 상담자뿐만 아니라 내담자에게도 많은 정보를 제공해 준다. 상담자는 심리검사를 통해 내담자의 문제를 객관적이고 과학적으로 이해하고 그에게 최적의 도움을 주게 된다. 반면 내담자는 자신을 보다 잘 이해하고 미래를 위한 계획을 세우는 데에 심리검사로부터 얻어진 정보를 활용할 수 있다(김계현, 황매향, 2012). 내담자는 검사 결과에 대한 해석 상담을 통해 성격검사, 진로 탐색 검사, 대인관계 기술 검사 등으로부터 도움을 얻을 수 있고, 특히 심리검사를 받는 것만으로 심리치료적 효과를 얻기도 한다.

### 1) 상담에서 심리검사의 활용

심리검사는 내담자의 특정 심리적 현상에 대한 개인 간의 차이와 개인 내적인 차이를 측정하여 개인의 현재 상태나 전체 행동을 이해, 설명, 예언하는데 필요한 중요한 정보를 제공해 준다(김영환, 문수백, 홍상황, 2005). 상담센터, 학교, 병원, 군대를 비롯하여 공공 기관과 기업체에서 심리검사를 여러 가지 목적으로 사용하고 있다. 상담 전문가들은 내담자의 성격, 지능, 적성과 같은 인간의 다양한 심리적 특성에 대해서 진단하기 위하여 심리검사를 실시한다. 여기에서는 상담에서 심리검사가 어떻게 활용될 수 있는지를 살펴보기로 한다(김계현, 황매향, 2012).

### (1) 자기 탐색 촉진

내담자가 가진 문제에 대한 상담자와 내담자의 이해를 높이기 위해 심리검사를 사용할 수 있다. 또한 내담자의 자기 이해와 자기 탐색을 증진시키는 데 도움이 되는 검사 도구를 활용하여 사전에 문제의 발생을 예방하도록 도울 수 있다. 예를 들면, 상담자는 내담자에게 스트레스 검사나 스트레스 대처 능력 검사를 실시하여 생활 스트레스를 측정할 수 있다. 이를 통해 내담자는 생활 속에서 매우 심각한 스트레스를 경험하고 있는 자신을 위해 다양한 스트레스 대처법을 배울 수 있고 사전에 스트레스를 조절하거나 예방할 수 있게 된다.

### (2) 문제의 인식

상담자와 내담자 모두 내담자 문제를 정확히 인식하는 것이 중요하다. 왜냐하면 상담자와 내담자가 상담에서 다룰 문제를 공동으로 인식하고 수용하는 것은 협력적 상담 관계(working alliance)를 형성하는 데 중요한 전제조건이기 때문이다. 예를 들면, 증상 체크리스트는 내담자 문제의 유형을 분류하고 그 정도를 평가하는 데 사용되며, MBTI나 MMPI 등의 성격검사는 내담자의 성격 역동을 파악하는 데 도움이 된다. 이러한 정보들은 상담 목표를 구체화하는 데 활용될 수 있다. 뿐만 아니라 심리검사의 결과로 보아 문제의 정도가 경미한 정도임에도 불구하고 내담자가 지나치게 민감하게 반응하고 있다면 내담자의 문제를 정상적인 범주로 보도록 도울 수 있다.

### (3) 적절한 상담 기법의 선정

심리검사를 활용하여 내담자의 성격에 대한 이해 및 호소 문제의 정도 등이 파악되면 내담자에게 적합한 상담 기법을 선정·적용할 수 있다. 예를 들면, 심리검사를 통해 내담자의 성격 특성이 우울하고, 불안이 높으며, 자살 충동을 가지고 있을 경우 의미 치료(logo therapy) 접근을 적용할 수 있다. 내담자의 호소 문제의 정도가 병리적이고 일상생활이 어려울 만큼 심각할 경우 상담 및 심리치료뿐만 아니라 정신과적 약물치료도 함께 병행되어야 할 것이다.

#### (4) 상담 성과의 평가

상담자는 상담 초기에 수립한 상담 목표 달성 정도나 상담의 효과를 평가할 필요가 있다. 이를 위해 상담자는 심리검사를 활용할 수 있다. 예컨대, 한 내담자가 심각한 우울로 인하여 상담실을 찾아왔을 경우, 상담자는 심리검사를 통해 호소문제인 우울의 정도와 질을 파악하여 상담 목표를 수립하게 된다. 그리고 일정 회기의 상담을 진행한 후 우울의 완화 정도를 파악하기 위하여, 그리고 상담 목표가 달성되어 상담의 성과를 평가하기 위하여 또다시 심리검사를 활용하여 상담 성과를 평가하게 된다.

상담 성과의 평가에 있어서 상담자가 내담자의 변화 정도를 막연하게 설명하는 것보다 심리검사를 활용하여 객관적인 변화의 측정 정도를 평가해 준다. 뿐만 아니라 내담자의 상담에 대해 긍정적인 마인드를 심어 주고 상담 서비스에 대한 희망을 고취시킬 수 있다.

### 2) 상담에서 심리검사의 속성

심리검사는 내담자의 변화를 위한 이해의 틀을 제공한다는 점에서 상담과 심리치료의 전제 조건이 된다. 또한 내담자의 자기 인식과 수용을 자극하고 상담 및 심리치료 작업에 적극적으로 참여하도록 한다는 점에서 내담자에게 적합한 검사를 선택하고 실시하여야 한다. 여기서는 심리검사의 자료, 내용, 실시 장소, 실시 시기에 대해 알아보기로 한다(김계현, 황매향, 2012).

#### (1) 심리검사의 자료

상담에 사용되는 자료를 네 가지로 범주화할 수 있다(Pervin & John, 2001). 네 가지 범주는 생활 기록 자료(life record data: L-data), 관찰 자료(observer data: O-data), 검사 자료(test data: T-data), 자기 보고 자료(self-report data: S-data)이다. 이러한 네 가지 종류의 자료를 머리글자로 LOTS로 불린다(노안영, 강영신, 2003).

L-data는 개인의 전기와 생활 기록으로부터 얻어질 수 있는 정보로 구성되고, O-data는 부모, 가족, 친구 또는 교사와 같은 관찰자에 의해서 제공된 정보로 구성되며, T-data는 실험이나 표준화된 검사로부터 얻어진 정보로 구성된다.

한편 S-data는 내담자 또는 피검사자 자신이 제공하는 정보로 구성된다. 흔히 S-data는 전형적으로 자기 보고식 검사에서 질문에 대한 답변을 통해 얻어진 자료이다. 이 경우 검사에 참여하는 내담자는 관찰자로서 자신에 대해 솔직하게 평정을 하게 된다. 즉, '매우 그렇다' 5점에서 '전혀 그렇지 않다' 1점까지 5점 리커트(Likert) 척도에 응답을 하게 된다. 상담에서는 일차적으로 자기 보고 자료인 S-data에 의존하고 있지만 L · O · T-data에 기초한 자료는 일반적으로 얻어진 자기 보고 자료와 함께 내담자를 이해하는 데 많은 도움을 준다.

### (2) 심리검사의 내용

심리검사에서 '무엇'이란 심리검사의 내용을 말한다. 심리검사의 내용은 크게 개인의 정서적, 인지적, 행동적 측면으로 나눌 수 있다.

정서적 측면은 동기적 요인과 기질적 요인으로 나눌 수 있다(Guilford, 1954). 동기적 요인은 내담자의 흥미나 가치와 관련된 요인을 말한다. 반면 기질적 요인은 일반적으로 성격검사에서 측정되는 것으로 자기만족, 안정성, 충동성, 외향성, 성실성, 개방성과 같은 것을 포함한다.

인지적 측면을 측정하는 검사는 교과과정에서 학습된 내용을 평가하는 성취 검사와 교과과정과 무관하게 전반적인 학습 정도를 평가하는 적성검사가 있다(Anastasi, 1988). 예컨대, 각급 학교에서 실시하는 중간고사와 기말고사는 대표적인 성취 검사이고, 각종 직업 적성검사나 직무 적성검사는 적성검사이다.

행동적 측면은 일반적으로 자발적인 반응과 비자발적인 반응을 포함한다. 자발적 반응은 자기 혹은 타인 점검(monitoring)에 의해 평가된다. 자발적 반응 측정 방법의 예는 흡연이나 음주량, 인터넷 사용 시간, 스마트폰 사용 시간과 같은 것을 측정하는 것이다. 반면 비자발적 반응은 개인의 반응을 평가하기 위해 다양한 생리적 측정 방법이 사용된다. 비자발적 반응 측정 방법의 예는 혈압, 심장 박동, 뇌파와 같은 것을 측정하는 것이다.

### (3) 심리검사의 실시 장소

동일한 심리검사를 실험실 장면에서 실시할 때와 일상 장면에서 실시할 때는 검사 결과가 서로 다를 수 있다. 만약 심리검사의 실시하는 장면이 사람마다 다르고 검사 조건이 다르다면 검사 결과에 영향을 미치게 되고 그 검사 결과에 대한 적절한 해석은 불가능해진다. 대부분의 심리검사는 표준화된 조건하에서 실시되어야 한다. 이를 위해 심리검사는 검사실이나 실험실에서 이루어진다.

#### (4) 심리검사의 실시 시기

일반적으로 상담에서 심리검사는 상담 실시 전, 상담 과정 중, 상담이 모두 마친 후에 실시한다. 먼저 상담자들은 내담자의 성격, 지능, 적성과 같은 인간의 다양한 심리적 특성에 대해서 진단하기 위하여 본격적인 상담을 실시하기 전에 심리검사를 실시한다. 예컨대 한 내담자가 심각한 우울로 인하여 상담실을 찾아왔을 경우, 상담자는 심리검사를 통해 호소 문제인 우울의 정도와 질을 파악하여 상담 목표를 수립하게 된다. 다음으로 상담 과정 중에 내담자의 정서적, 인지적, 행동적 측면의 변화를 측정하기 위하여 심리검사를 실시한다. 끝으로 상담을 모두 마친 후 상담의 성과를 평가하기 위해 실시한다. 예를 들면, 일정 회기의 상담을 진행한 후 공격 행동의 변화 정도를 파악하기 위하여 실시한다. 또한 상담을 마친 후 목표로 수립한 공격 행동의 완화 또는 분노 조절이라는 상담의 성과를 평가하기 위하여 심리검사를 실시한다.

### 3) 상담에서 심리검사의 유형

상담자들이 수행하는 심리검사에는 표준화 검사, 투사 검사, 면담, 행동 관찰 등이 주로 이용된다. 이들 중 어느 하나만으로도 개인에 대한 심리 평가가 가능할 수 있다. 그러나 각각의 심리검사의 유형이 약간씩 내용과 의미가 다른 정보를 제공하며 각각 장단점을 가지고 있기 때문에 이들 심리검사들로부터 나온 자료가 통합되어 심리 평가가 이루어진다. 각각의 장점과 한계를 가지고 있는 이러한 다양한 자료의 통합은 내담자에 대한 평가 결과의 타당도를 높일 수 있으며 보다 다양한 영역에 대한 종합적인 평가를 가능하게 한다(김계현, 황매향, 2012; 김재환 외, 2006).

### (1) 표준화 검사

표준화 검사는 정해진 절차에 따라 실시되고 채점되는 검사를 말하는데, 검사 실시 조건이 모든 내담자에게 동일해야 하고 모든 채점은 객관적이어야 한다. 표준화 검사의 채점은 보통 표집으로부터 얻은 규준 자료에 의해 해석되며 신뢰도와 타당도의 개념이 중요시된다.

대부분의 표준화 검사는 평정척도(rating scale)로 이루어진다. 이것은 평정자의 관찰에 기초하여 다양한 성격 및 행동을 평가하기도 하고 내담자의 자기 평정에 의해 이루어지기도 한다.

### (2) 투사 검사

투사 검사는 피검자에게 비구조화된 애매모호한 과제를 제시하여 그들의 욕구, 경험, 내적 상태, 사고 과정 등이 이러한 과제를 통해 드러나도록 하는 것이다. 투사 검사에 대한 내담자의 반응은 주로 문장 완성, 연상, 이야기 반응 등으로 나타난다(Anastasi, 1988).

투사 검사의 채점과 해석 과정은 매우 복잡하고 주관적인 측면이 있어 경험 있는 검사자들 간에도 해석이 엇갈리는 경우가 있다. 이러한 결과의 주관성과 복잡성은 투사 검사에 대한 신뢰도 및 타당도를 낮추어 비판을 받기도 한다. 그럼에도 불구하고 투사 검사는 실제적인 가치와 효율성이 있어 상담 장면에서 활용되고 있다. 따라서 투사 검사를 실시하고 해석하기 위해서는 많은 훈련과 경험이 필요하다. 대표적인 투사 검사로는 로르샤흐 잉크 반점 검사(Rorschach ink blot test), 주제통각검사(Thematic Apperception Test: TAT), 한국판 아동용 투사적 성격 검사(Korean Children Apperception Test: K-CAT), 문장 완성 검사(Sentence Completion Test: SCT), 집-나무-사람 검사(House-Tree-Person Test: HTP) 등이 있다.

### (3) 면담

내담자의 이해를 위한 심리 평가 과정에서 심리검사는 구체적인 데 비해 면담은 구체적이지 않기 때문에 면담의 중요성을 간과하고 심리검사에만 의존하는 경우가 있다. 그럼에도 불구하고 면담은 내담자에 대한 의미 있는 자료와 인상을 제공한다. 즉, 면담을 통해 상담자는 지금-여기에서 직접 관찰할 수 있는 다양한 영역과 내용에 관한 정보를 얻을 수 있다. 즉, 면담을 통해 얻을 수 있는 자료는 상담실을 방문한 이유와 그에 대한 내담자의 태도, 내담자의 가정, 학교, 직장에서의 생활과 적응, 중요한 대인관계, 발달 초기부터 현재까지의 개인력 등에 관한 폭넓은 정보를 제공한다.

### (4) 행동 관찰

내담자의 행동은 내담자의 부적응 문제 중의 중요한 부분을 차지하며 부적응적 문제는 행동을 통해 드러나든가 행동에 영향을 준다. 이런 점에서 행동 관찰은 가장 중요하고 직접적인 평가 과정이다. 일반적으로 면담과 심리검사 상황에서 보이는 내담자의 행동은 일상생활에서의 행동을 잘 대표한다. 그러므로 면담과 검사 장면에서 나타나는 내담자의 특징적인 행동은 일상생활 속에서의 대인관계 상황, 압력과 긴장 상황, 그리고 문제해결 상황에서의 행동을 추측해 볼 수 있는 중요한 자료가 된다.

**표 12 심리검사를 활용한 내담자 평가 보고서 예시**

| 사례 번호 | | 검사 일시 | 2021. 3. 21 | 상담 일시 | 2021. 3. 31 |
|---|---|---|---|---|---|
| 검사 종류 | K-HTP, KFD, SCT(문장완성검사), CES-D(우울 척도), PBI(부모님의 양육 태도 척도), IPPA-R(부모님에 대한 애착 척도), 학습된 무기력 검사 | | | | |
| 심리검사 결과 | K-HTP : 집-나무-사람 순으로 그렸으며, 전체적인 그림의 느낌은 '허전하다'고 표현했다. 그 림에서 자아상이라고 할 수 있는 나무 그림과 인물상을 통해 본 내담자가 의존적이며, 생동감이 결여되어 있음을 알 수 있다. 또한 환경에 대해 타인과 교섭하거나 무엇인가 달성하고자 하는 힘이 결여되어 있어 정신적으로 미성숙함을 보여준다.<br>KFD : 아버지부터 가족 순서대로 나열하듯이 그림을 그렸고, 사람을 그리는 것에 많은 망설임을 보였다. 엄마와 큰 누나의 그림이 전혀 구분 없이 그려져 집안에서의 엄마의 영향력은 많지 않은 듯 보이며, 가족 안에서의 상호작용은 보이지 않는다.<br>SCT : 거의 작성을 하지 못했으며, 자신을 나타내는 '다른 사람들은 나를, 나는'이라는 문장 뒤에 '조용하다'는 표현을 적어 의지가 많이 부족함을 알 수 있다.<br>CES-D : 36점으로 우울하지 않은 것으로 나타났다.<br>PBI : 아버지-자율성(29), 수용성(24), 통제성(23)<br>어머니-자율성(35), 수용성(24), 통제성(22)<br>내담자가 지각하는 부모의 양육 태도에는 별다른 문제가 없는 듯 보이나, 문항분석에서 '나에게 따뜻하고 다정하게 말해 주었다, 내가 원하는 만큼 도와주었다, 나와 이야기를 하려 하였다, 나를 칭찬해 주었다'에서 아버지의 반응에 '거의 그렇지 | | | | | |

| 사례 번호 | | 검사 일시 | 2021. 3. 21 | 상담 일시 | 2021. 3. 31 |
|---|---|---|---|---|---|
| | 않다'로 응답한 것을 보면 아버지와의 관계가 원만하지 못함을 알 수 있다.<br>IPPA-R : 부모님에 대한 애착 척도에서는 PBI 척도에서의 반응과는 달리 부모님에 대한 신뢰감, 의사소통, 소외감 등에서 별다른 문제점이 보이지 않았다.<br>학습된 무기력 검사 : 학습된 무기력 검사에서는 자신감이 부족하고 약간의 우울 및 부정적 인지를 하는 것으로 나타났다. 하위 척도별로 보면, 자신감 결여(41), 우울 · 부정적 인지(23), 수동성(19), 통제력 결여(11), 지속성 결여(7), 과시욕 결여(9), 책임감 결여(5)로 나눌 수 있다. | | | | |
| 검사 결과에 따른 종합적 해석 | 본 내담자는 가정에서 말을 거의 하지 않고, 학교에서도 말을 하지 않아 담임교사가 답답해 한다는 이유로 본 내담자의 어머니에 의해 의뢰가 되었다. 이전 상담 경력이 있으나, 본 내담자가 말을 하지 않아 2회에 종료가 된 이력이 있다.<br>본 내담자의 의뢰 사유와 검사 결과를 요약해 보면, 본 내담자는 무엇인가를 하려고 하는 의지가 부족해 보이며, 의존성이 강해 보인다. 또한 정신적으로 약간 미성숙함을 알 수 있으며, 자신이 처해 있는 상황에 회피적인 성향을 보이고 있다. 또한 투사 검사(K-HTP, KFD, SCT)에서 나타났던 무력감이 질문지 검사(학습된 무기력 검사)에서는 별다른 문제가 없는 것으로 나타난 것으로 보아 방어적인 성향도 있음을 알 수 있다.<br>본 내담자에게는 내적 에너지 향상으로 인해 무력감을 탈피하고, 의존적인 성향에서 벗어나 독립적인 성향으로 갈 수 있는 상담적 개입이 필요한 것으로 판단된다. | | | | |
| 비 고 | | | | | |

## 실/전/도/전/문/제

학습한 내용을 바탕으로 실전에 도전해 봅시다.

**1.** 심리검사 선정기준으로 옳지 않은 것은? (청소년상담사 3급, 2017)

① 신뢰도와 타당도가 높은 검사를 선정한다.
② 검사의 경제성과 실용성을 고려해 선정한다.
③ 수검자의 특성과 상관없이 의뢰 목적에 맞춰 선정한다.
④ 객관적 검사와 투사적 검사의 장단점을 고려해 선정한다.
⑤ 여러 검사 중 수검자에게 가장 필요한 정보를 제공해 줄 수 있는 검사를 선정한다.

**2.** 심리검사의 실시에 관한 설명으로 옳은 것은? (청소년상담사 3급, 2018)

① 지능검사의 경우 추가 질문을 해서는 안 된다.
② 검사 장소는 소음이 많은 곳으로 선정한다.

③ 검사 장소는 조명이 어두운 곳으로 선정한다.
④ 표준화된 검사의 경우 표준화된 절차에 따른다.
⑤ 지능검사의 경우 수검자의 반응은 핵심단어를 중심으로 축약해서 기록한다.

**3.** 객관적 검사와 비교해 볼 때 투사적 검사에 관한 설명으로 옳은 것을 모두 고른 것은? (청소년상담사 3급, 2017)

ㄱ. 검사 자극이 모호하기 때문에 방어가 더 쉽다.
ㄴ. 검사-재검사 신뢰도가 더 낮다.
ㄷ. 무의식적 내용의 반응을 더 많이 얻을 수 있다.
ㄹ. 실시와 채점이 더 용이하다.

① ㄱ, ㄴ　② ㄱ, ㄷ　③ ㄴ, ㄷ
④ ㄱ, ㄴ, ㄹ　⑤ ㄴ, ㄷ, ㄹ

**4.** 심리검사에 관한 설명으로 옳은 것은? (청소년상담사 2급, 2016)

① 결과의 개인 간 비교가 불가능하다.
② 결과의 개인 내 비교가 불가능하다.
③ 심리적 구성개념을 측정하는 방법은 한 가지만 있다.
④ 전체 행동이 아닌 일부 표집된 행동을 대상으로 한다.
⑤ 심리적 구성개념은 조작적으로 완벽하게 정의할 수 있다.

**5.** TAT에 관한 설명으로 옳지 않은 것은? (청소년상담사 2급, 2016)

① 통각은 객관적 자극과 주관적 경험의 상호작용으로 이루어진다.
② Murray의 욕구-압력 분석법의 기본 가정은 욕구와 초자아가 상호작용한다는 것이다.
③ 모든 수검자에게 동일한 카드를 제공하지 않는다.
④ 수검자의 상황에 따라 지시문을 다르게 제시할 수 있다.
⑤ 검사는 두 번으로 나누어 시행할 수 있다.

**6.** 다음은 전문상담교사가 최 교사와 대화하는 내용의 일부이다. 괄호 안의 ㉠, ㉡에 해당하는 용어를 순서대로 쓰시오. [전문상담교사, 2016]

**최 교사 :** 우리 반 아이들의 심리검사결과를 어떻게 이해해야 하는지요? 점수가 높을수록 좋은 것인가요?
**상담교사 :** 결과표를 보시면 원점수, ( ㉠ ), ( ㉡ )이/가 있어요. 원점수는 검사에서 나온 점수를 말하는데 그 자체로는 별 의미가 없어요.
**최 교사 :** 그렇군요.

| | |
|---|---|
| **상담교사 :** | 원점수 옆에 있는 두 점수는 학생들이 다른 아이들과 비교할 때 상대적으로 어떤 위치에 있는지 알려주는 점수입니다. 먼저, ( ㉠ )은/는 평균을 50, 표준편차를 10으로 환산해서 보여 주는 점수예요. |
| **최 교사 :** | 수학에서 나오는 용어들 아닌가요? 전 수학 잘 모르는데…. |
| **상담교사 :** | 그래서 좀 더 쉽게 이해할 수 있는 ( ㉡ )도 제시되어 있어요. 1번 학생의 점수가 85.4라면, 이 학생보다 더 낮은 점수를 받은 학생이 85.4%가 있다는 걸 의미해요. 그러니까 1번 학생은 상위 14.6%에 속한다고 보시면 됩니다. |

**정답**

1. ③ 2. ④ 3. ③ 4. ④ 5. ② 6. ㉠ T점수 ㉡ 백분위

따뜻하고 유능한 상담자가 되기 위한 <상담심리 실습 6>

## 문장 완성 검사

Enjoy

이름 : 작성일 :

※ 다음의 문장을 완성한 후, 한 팀을 3~4명으로 하여 자신과 타인의 성격과 행동 특성에 대해 이야기 나누어 봅시다.

**일러두기**

다음에 기술된 문장들은 뒷부분이 빠져 있습니다. 각 문장을 읽으면서 맨 먼저 떠오르는 생각으로 뒷부분을 이어 문장이 완성되도록 하십시오.
시간의 제한은 없으나 되도록 빨리 하십시오. (뒷면에 계속)

1. 가족을 부양하는 것은________________
2. 언젠가 나는________________
3. 나의 어머니는________________
4. 사람들이 나를 피할 때________________
5. 교육이라는 것은________________
6. 사람들이 성에 대해 이야기하면________________
7. 내가 정말 행복하려면________________
8. 나는________________
9. 다른 사람들과 함께 있는 것은________________
10. 내가 바라는 여성상 혹은 남성상은________________
11. 임산부를 보면________________
12. 내가 싫어하는 것은________________
13. 나의 애인은________________
14. 나의 좋은 점은________________
15. 완전한 남성(여성)상은 ________________
16. 나와 같이 일하는 사람들은 대개________________
17. 나의 아버지는________________
18. 신경질이 날 때는________________
19. 아버지와 나는________________

20. 다른 가정과 비교해서 우리 집안은________________
21. 여성(남성)들은 운이 좋다. 왜냐하면________________
22. 내가 없을 때 친구들은________________
23. 내 생각에 남자(여자)들이란________________
24. 어머니와 나는________________
25. 어떻게 해서든 잊고 싶은 것은 ________________
26. 내 생각에 가끔 아버지는________________
27. 내 생각에 남자(여자)들은 운이 나쁘다. 왜냐하면________________
28. 나에게 가장 문제되는 것은________________
29. 여성(남성)이 직업을 갖는다는 것은________________
30. 나를 괴롭히는 것은________________
31. 내가 가장 바라는 것은________________
32. 결혼 생활에 대하여 나는________________
33. 내가 어렸을 때________________
34. 남자(여자)에 대해서 무엇보다 좋지 않게 생각하는 것은________________
35. 양심의 가책을 느끼는 일은________________
36. 내가 다시 젊어진다면(혹은 어려진다면)________________
37. 좋은 어머니는________________
38. 대개 아버지들이란________________
39. 내 생각에 여자(남자)들이란________________
40. 원하던 일이 잘 안되었을 때________________
41. 내 생각에 참다운 친구란 ________________
42. 윗사람이 오는 것을 보면 나는________________
43. 어머니가 화를 낼 때는________________
44. 나에게 이상한 일이 생겼을 때________________
45. 내가 늙으면________________
46. 여자(남자)이기 때문에 가장 불리한 점은________________
47. 윗사람들은________________
48. 이성의 친구와 같이 있을 때는________________
49. 남자(여자)들은 여자(남자)에 대해________________
50. 나의 능력은________________

# PART 2

# 상담의 이론과 실제

- 제5장 정신분석
- 제6장 개인심리학적 상담
- 제7장 분석심리학적 상담
- 제8장 인간중심 상담
- 제9장 행동주의 상담
- 제10장 실존주의 상담
- 제11장 합리정서행동 치료
- 제12장 현실 치료
- 제13장 게슈탈트 상담
- 제14장 교류분석
- 제15장 해결중심 상담
- 제16장 이야기 치료

5 chapter

# 정신분석

내가 환자들에게 정신분석이 도움이 될 것이라고 약속하면 환자들이 종종 다음과 같은 질문을 한다.

"아니, 선생님은 제 병이 제 인생의 사건과 관련되었을 거라고 말씀하셨잖습니까? 인생의 사건은 이제 와서 바꿀 수 있는 것이 아니지 않습니까? 그런데 선생님이 어떻게 내 인생의 문제를 도와 줄 수 있다고 생각하십니까?"

그러면 나는 이렇게 대답할 수 있다.

"저보다는 운명이 당신의 병을 낫게 해 주는 편이 쉽겠지요. 다만 히스테리로 인한 불행을 보통의 일상적인 불행 정도로 바꾸는 데 우리가 성공한다면 그것도 작은 소득은 아니라고 자신을 납득시킬 수 있을 것입니다. 정신생활이 건강해지면 그러한 불행에 더 잘 대응할 수 있게 될 것입니다."

-프로이트의 「히스테리 연구(1985)」 중에서-

## 01 이론의 개관

정신분석은 프로이트(1856~1939)의 정신분석학의 원리와 방법을 응용한 상담 접근이다. 정신과 의사였던 프로이트는 히스테리 환자를 대상으로 치료를 하면서 인간의 무의식을 발견하였고, 이후 무의식이 신체, 생리, 심리, 행동, 인지에 미치는 영향을 밝혀냄으로써 많은 정신·신체적인 질환을 이해하고 치료하게 되었다.

프로이트는 1896년에 신경증의 원인에 관한 논문에서 정신분석(psychoanalysis) 이라는 표현을 최초로 사용하였다. 이 논문에서 프로이트는 인간의 삶 전반에 영향을 미치는 무의식에 대하여 밝히고, 신체적 병의 원인이 무의식에 있다는 것을 주장하면서 의학적 치료를 넘은 심리치료를 주장하였다. 그리하여 프로이트의 정신분석 이론은 환자들과 자기 분석에 기초한 개개인의 연구에서 시작하여, 사회, 역사, 인류학 등 일반적 현상으로까지 확대되어 적용되었다.

정신분석 이론은 20세기에 발견한 하나의 위대한 업적으로 인정을 받고 있으며 인간의 정신생활을 이해하는데 큰 기여를 하였다. 타임지는 프로이트를 20세기 중의 가장 위대한 과학자이자 인류 역사상 가장 공헌을 한 7인 중의 1인으로 선정하면서 다음과 같이 보도하였다.

"인류는 이제까지 세 번에 걸친 커다란 통사를 경험해 왔다. 먼저 코페르니쿠스에 의해 우주에 대한 지구 중심의 꿈이 여지없이 깨져 버렸고, 다음으로는 인간은 원숭이로부터 진화했을 뿐이라는 다윈의 주장은 신의 아들이라는 인간의 자존심을, 그 환상을 송두리째 앗아가 버리고 말았다. 그리고 프로이트는 인간은 스스로 자아를 통제할 수 없을 뿐만 아니라 무의식(unconsciousness)에 의해 철저히 지배당하고 있는 가엾은 동물에 지나지 않음을 밝혀냄으로써 인류에 세 번째 크나큰 통사를 가져왔다."

정신분석에서는 인간의 부적응 행동의 근원을 무의식적 갈등이나 억압에 그 뿌리가 있다고 본다. 이것이 성격 장애, 신경증, 정신병으로 나타나며 이것은 모두 이전부터 자신의 내부에 자리 잡고 있던 무의식적인 갈등에 대하여 내담자 나름대로 내어 놓은 해결책이라고 본다.

따라서 정신분석은 인간의 표면적 문제보다는 문제를 만들어 낸 무의식적인 갈등, 욕구, 충동 등에 관심을 두고 무의식적인 갈등, 욕구, 충동, 원인을 의식화하는 데 치료의 초점을 두고 있다.

## 02 인간관

정신분석에서 바라보는 인간이란 심리적 결정론(psychic determinism)과 무의식(unconsciousness)라는 두 가지 개념에 기초하고 있다. 즉, 인간의 행동은 비합리적이고 결정론적인 힘과 무의식에 의해 영향을 받는다(Freud, 1967).

먼저 심리적 결정론은 개인의 외적 사고, 감정, 행동은 바로 심리 내적 원인에 의해 결정되었다는 가정이다. 저절로 우연히 발생하는 현상이란 없다. 그 어떤 원인이 있었기 때문에 그 결과로 인간은 공격적인 행동을 하고, 스스로 형편없는 사람이라고 생각하며, 우울한 감정을 경험한다. 이처럼 개인이 겪는 갈등은 내부에 존재하는 어떤 원인이 작용한 결과이므로 그 원인을 해결하지 않으면 심리적 문제는 해결되지 않는다.

마음을 이루는 것들 중 정신세계의 극히 일부분에 해당하는데, 순간의 사고, 지각, 느낌, 기억 등으로 사람들이 이미 알고 있는 것은 의식이라 한다. 의식은 생리적, 심리적 욕구나 외부 자극이 있을 때, 그 대상에 집중하는 순간 발생한다. 그러나 이 경험은 짧은 시간 이루어지며 주의를 다른 곳으로 돌리면 그 대상과 관련된 의식은 전의식이나 무의식으로 사라지게 된다. 다음 예는 우연하게 보이는 사건이지만 사건 속의 인물이 의식하지 못하는 것일 뿐이고 대개는 목적을 가지고 행한 것이다.

> 철수의 여자 친구 가희는 자동차로 5시간 정도 가야 하는 멀리 떨어진 대학에 다닌다. 오랜 기간 동안 떨어져 있는 것이 그들 모두에게 힘들었다. 철수는 마침내 이런 식으론 연인 관계를 지속할 수 없다고 생각해서 가희에게 전화해 관계를 끊자고 하기로 결심했다. 그는 휴대폰에 저장된 그녀의 전화번호를 찾아 전화를 걸었다. 그리고는 상대편이 "네, 여보세요."라고 하는 목소리를 듣는다(그 전화번호는 여자 친구가 2년 전 쓰던 전화번호로 지금은 쓰지 않는 전화번호였다). "왜 내가 그 번호로 전화를 걸었지?" 철수는 자신의 행동이 의아했다.

위의 사례에서와 같이 우연이나 실수처럼 보이는 행동도 의미가 있으며, 반드시 무의식 속의 어떤 원인으로 인하여 발생한다는 것이다. 프로이트는 우리의 생활 속에서의 사소한 일, 즉 일상생활에서 우연히 일어나는 조그마한 일에도 반드시 그 나름대로 의미가 있다고 생각했다. 그는 우리가 어떤 것을 잊어버리게 되는 것은 고통스러운 일이나 수치스러운 일 등을 다시 생각하고 싶지 않기 때문이라고 보았다. 또한 그는 우연히 행동할 수 있는 것은 하나도 없다는 사실을 인식하게 되었다. 이런 우연한 행동은 마음 속 깊은 곳에서 일어나고 있는 어떤 희망을 나타내는 것이라고 믿게 되었다. 그는 우리 주위에서 일어나는 우연이라고 생각되는 일들을 검토해서 『일상생활에서의 심리치료(The Psychopathology of Everyday Life)』라는 매우 의미 있는 책을 저술하였다

따라서 프로이트의 정신분석은 개인의 사고, 감정, 행동을 결정하는 정신적 원인, 즉 비합리적인 힘, 무의식적인 동기, 생물학적 추동, 생의 초기 5년 동안의 주요한 심리 성적 발달에 의해 전개된 본능적 추동의 실체를 드러내 통찰을 가져오고자 하는 것을 궁극적 목표로 한다.

## 03 주요 개념

### 1) 마음의 지형학적 구조

프로이트는 인간의 의식 수준을 의식(conscious), 전의식(preconscious), 무의식

(unconscious)으로 구분하고 마음을 빙산에 비유한다(Ellenberger, 1970). [그림 3]과 같이 세 수준의 의식은 마음의 지형학적 모형(mind's topographical model)을 구성한다. 사고 내용은 의식에서 전의식으로 쉽게 통과되고 다시 쉽게 기억하여 재생할 수 있다. 이 두 곳에서 나온 사고 내용은 무의식으로 빠져 들어갈 수 있다. 하지만 한번 사고 내용이 무의식으로 들어가면 개인은 그것에 대해 의식적 접근을 하지 못한다. 왜냐하면 무의식적인 사고 내용을 숨기려는 정신적 대문이라고 할 수 있는 심리적 힘들이 의식 수준으로 되돌아오는 것을 막기 때문이다.

### (1) 의식

빙산의 꼭대기는 의식에 해당한다. 프로이트는 지금 우리가 자각하는 마음의 부분을 의미하기 위해 의식이란 말을 사용했다. 의식은 개인이 현재 자각하고 있는 모든 경험과 감각, 즉 사고, 지각, 감정, 기억 등을 포함한다. 의식 영역은 전체 정신세계 중에서 극히 일부에 불과하며, 따라서 일상생활의 일부분만이 의식의 범위에 속한다.

### (2) 전의식

빙산이 잠겨 있는 물 아래의 더 많은 부분은 의식 밖의 부분이다. 물을 통해 볼 수 있는 물에 잠긴 부분은 전의식이라 할 수 있다. 보통 기억을 표상하는 마음의 부분은 전의식이라고 한다(김교헌, 2012). 전의식의 요소들은 비록 현재는 의식 밖에 있지만 쉽게 의식으로 가져올 수 있다. 예컨대 당신의 전화번호나 어제 저녁에 먹었던 식사 메뉴를 생각하면 당신은 그 정보를 전의식에서 의식으로 기억하여 떠올릴 수 있다.

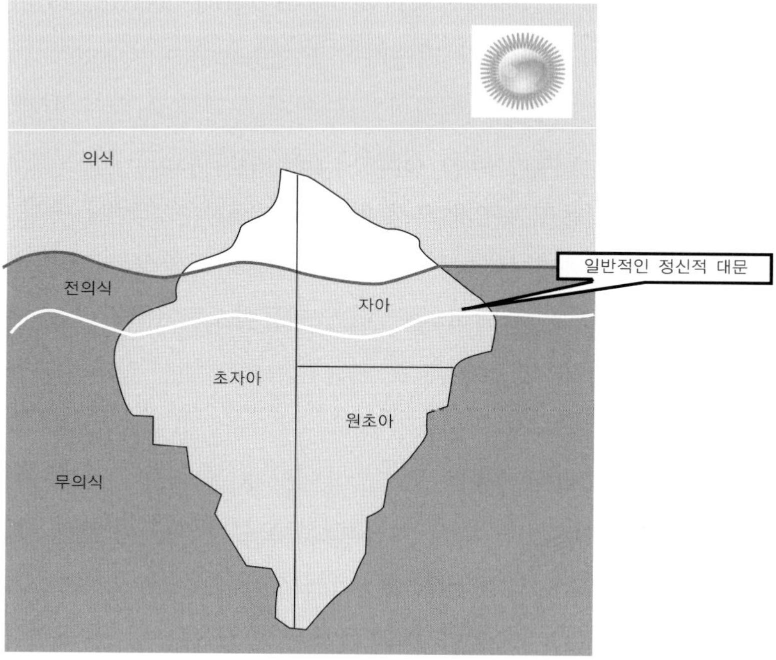


그림 3 마음의 지형학적 구조

### (3) 무의식

빙산의 대부분을 차지하는 가장 큰 부분이 우리가 쉽게 볼 수 없는 무의식이다. 무의식은 전의식의 아래에 위치하며 마음의 구조에서 가장 강력하고 이해하기 어려운 부분으로 정신세계에 가장 중요한 역할을 담당한다. 무의식이란 말 그대로 자기 자신에 대한 인식이 없는 상태로 성격의 본능적인 부분을 포함하고 있으며, 억압되어 있는 강력한 힘이 내재되어 있는 부분이다.

무의식은 개인의 행동을 지배하고 행동 방향을 결정한다. 무의식의 내용은 꿈, 실수, 실언, 신경증, 환상 등으로 위장되어 있고, 상징화된 형태로 나타나므로 정신분석을 통해서만이 이를 파악할 수 있다. 프로이트는 이러한 사실을 자기 분석과 임상 경험을 통해 확인하였다. 정신분석은 무의식의 내용과 과정의 분석을 핵심으로 하는데, 이것이 바로 개인의 정신세계와 행동 이해의 가장 중요한 수단이 된다.

프로이트는 무의식을 가설적이고 추상적인 개념이 아니라 검증 가능한 현실로 보았다. 이처럼 프로이트는 정신세계를 여러 개의 층들로 구분하고, 정신분석적 상담을 수행하는 상담자는 발굴 작업을 수행하고 있는 고고학자처럼, 가장 깊숙이 감추어진 가장 값진 보물을 찾을 때까지 개인의 정신을 한 층 한 층 벗겨 가야 한다고 말한다.

## 2) 성격의 구조

프로이트는 성격을 원초아(id), 자아(ego), 초자아(superego)의 세 측면을 지닌 것으로 보는 성격에 관한 구조 모형을 발전시켰다. 성격을 이루는 이 세 가지 측면은 인간 행동의 복잡성을 만들어 내기 위해 서로 함께 작용한다. 즉, 원초아는 생물학적인 구성 요소로, 자아는 심리적 구성 요소로, 그리고 초자아는 사회적 구성 요소로써 기능한다. 이들은 물리적 실체가 아니라 기능의 세 측면에 대한 명칭이라 할 수 있다(김교헌, 2012). 프로이트의 의하면, 인간 자체는 에너지 체계이며, 세 측면 중 어느 한 측면이 에너지에 대한 통제력을 더 많이 가지고 있느냐에 따라 인간의 행동 특성이 결정된다(Corey, 2005).

프로이트는 성격의 한 측면이 다른 측면보다 더 낫다고 할 수 없다고 말한다. 초자아가 지나치게 강한 사람은 항상 죄책감을 느끼거나 참을 수 없을 정도로 '도덕군자' 같은 방식으로 행동할 것이며, 원초아가 너무 강한 사람은 자기의 욕구 충족에만 열중할 것이다. 중요한 것은 그러한 성격을 이루는 세 측면의 균형이다.

### (1) 원초아

원초아(id)는 태어날 때부터 존재하는 유일한 것으로 성격의 움직이는 동력, 혹은 엔진이라고 할 수 있다. 본래 이드(id)란 용어는 라틴어로 그것(it)을 의미한다. 원초아는 성격의 유전된, 본능적인, 원시적 측면을 모두 포함한다.

원초아는 쾌락원리(pleasure principle)에 따라 작동하는데, 이 원리는 욕구는 즉각적으로 충족되어야만 한다는 것을 의미한다(Freud, 1949). 충족되지 못한 욕구는 불쾌한 긴장 상태를 만든다. 이것은 욕구가 발생하면 만족시켜야 할 이유가 된다. 예컨대 배고픔은 먹으려는 시도를 일으키고 성적 욕망은 성적 만족을 얻기 위한 노력을 일으키게 된다.

원초아가 가진 쾌락원리는 충족되는 방식에 대해서는 관심이 없다. 즉, 쾌락원리는 현실적 위험이나 문제들을 고려하지 않고 단지 욕구가 즉시 충족되어야 한다는 것에만 오리엔테이션 되어 있다. 오로지 쾌락원리에 따라 행동한다면 우리는 곧 많은 문제에 부딪힐 수 있다. 가령 아무리 목마른 사람이라도 물을 마시기 위해 달리는 차로 가득한 도로를 무단으로 건너는 것은 매우 위험한 일이다.

### (2) 자아

쾌락 원리에 따라 기능하는 일차적 과정인 원초아는 객관적 현실을 다룰 수 없기 때문에 라틴어로 '나'라는 의미의 자아(ego)의 기능이 발달한다. 자아는 현실원리(reality principle)에 따라 작동하는데, 이는 우리가 행동하기 전에 행동과 관련된 위험을 고려하도록 한다. 즉, 욕구를 충족하기에 현실적 상황이 위험해 보인다면 우리는 그 욕구를 충족시키기 위해 다른 방법을 고려하거나 안전한 방법이 없다면 그것을 좀 더 안전하고 적당한 때로 미루게 된다.

현실원리에 따라 기능하는 이차적 과정인 자아는 문제해결의 원천이 된다. 이러한 문제해결 능력은 자아로 하여금 욕구를 만족시킬 행위에 대한 계획을 세우고 그것이 현실에서 잘 기능할 수 있을지 여부를 판단하기 위해 현실 검증(reality testing)을 한다. 이와 같이 기능하는 자아는 성격에서 원초아의 욕구와 현실 세계의 제약 사이를 중재하는 행정관(executive of personality)의 역할에 비유된다.

### (3) 초자아

성격의 구조를 이루는 마지막 측면은 가장 나중에 발달하는 것은 라틴어로 '윗사람'이라는 의미를 가진 초자아(superego)이다. 초자아는 의미 있는 타인들(significant others)과의 관계를 통해 사회적 가치들을 형상화하고 내면화한 것이다.

초자아는 자아-이상(ego-ideal)과 양심(conscience)의 두 부분이 있다. 자아-이상은 바람직한 행동의 이미지로 그러한 가치를 따르는 것은 우리로 하여금 자부심을 갖게 한다. 반면 양심은 바람직하지 않은 행동의 이미지로 나쁜 행동과 생각들은 우리로 하여금 죄책감을 갖게 한다.

〈상담심리 읽기 자료 1〉

**눈이 아닌 뇌만으로도 본다.**

미국 생리 심리학자 쉐브린(Shevrin, 1980)은 무의식의 존재를 뇌의 전기적 반응 조사를 통해 과학적으로 증명하였다. 이는 특정 단어나 그림을 스크린에 1/1000초 정도의 짧은 순간 동안 노출시킨 후에 피험자의 뇌에서 일어나는 전기적인 반응을 분석하는 것이다. 이를 통해 의식적 지각이 이루어질 수 없는 순간적인 자극을 제시하고 이로 인해 피험자의 뇌에서 그에 상응하는 반응을 포착할 수 있었다.

영화 자막에 눈으로 볼 수 없는 극히 짧은 순간에 '콜라를 마시고 싶다'는 글자를 몇 차례 내보낸다면 어떨까. 콜라 판매가 급증한다. 눈은 글자를 읽지 못해도 뇌가 그것을 보는 것이다. 그러나 뇌의 무엇이 그렇게 하는지는 잘 모른다. 여전히 뇌는 신비의 영역이다. 1975년 미국의 한 극장에서 극장 주인이 자막에 'Drink Coca-Cola(콜라를 마셔라)', 'Eat Popcorn(팝콘을 먹어라)'이라는 문구를 몇 차례 관람객이 눈치 채지 못할 정도의 짧은 순간에 넣었다. 결과는 놀랍게도 콜라 판매는 17%, 팝콘은 58% 늘었다. 관람객들이 전혀 눈으로는 그 글자를 읽지 못했어도 뇌는 알아차린 것이다. 관람객들은 자신도 모르게 그 글자의 주문에 따른 행동을 한 셈이다. 심리학에서는 이를 '역하자극(subliminal stimulus)'이라고 한다.

## 3) 불안

프로이트는 앞에서 설명한 성격의 세 가지 구조인 원초아, 자아, 그리고 초자아 간의 갈등이 불안을 야기한다고 보았다. 그런데 불안(anxiety)은 개인이 처해 있는 내·외적 위험을 알려 주어 자아가 반격하거나 피할 수 있게 하는 대처 기능을 한다. 불안을 통해 우리는 불안이 알려주는 경고 신호에 따라 현실적인 위험을 피하고, 원초아의 욕구를 알며, 초자아의 양심에 어긋나거나 자아-이상에 부합하는 것이 무엇인지도 알게 된다. 그러나 위험을 해소하지 않으면, 불안 자체가 고조되어 위험 요소로 작용할 수 있다.

불안은 현실적 불안, 신경증적 불안, 도덕적 불안으로 구분된다(강진령, 2009). 현실적 불안의 원인은 외부에 있고 신경증적 불안과 도덕적 불안의 원인은 내부에 있다.

### (1) 현실적 불안

현실적 불안(reality anxiety)은 실제로 존재하는 외부 위협의 지각에 따른 반응이다. 현실적 불안의 예는 어두운 골목길, 교통사고, 화재, 달리는 차량, 범죄 노출 등이 있다. 현실적 불안은 실제적 위험으로부터 보호하고 생존을 돕는 역할을 하는데, 현실적 불안의 경고 신호에 주의하지 않을 경우, 신체적 상해나 고통 및 물질적 결핍을 경험할 수 있으므로 현실적 불안의 경고를 받아들여 위험을 피하는 것이 안전하다. 도둑에 대한 걱정으로 철저한 문단속을 하고, 시험 성적에 대한 불안으로 공부에 매진하게 되며, 화재에 대한 불안이 불조심을 하게 한다.

#### (2) 신경증적 불안

신경증적 불안(neurotic anxiety)은 원초아와 자아 사이에 내적 힘의 균형이 깨져 원초아가 자아를 압도하는 상태에서 발생한다. 쾌락원리의 지배를 받는 원초아의 충동에 대해 약한 자아가 이를 통제할 수 없을 것이라는 두려움과 긴장감에 따른 정서적 반응이 원인이다. 신경증적 불안이 심한 경우에는 흔히 노이로제라고 불리는 신경증(neurosis)이나 정신증(psychosis)으로 발전하기도 한다. 신경증적 불안의 예는 치명적인 독충에게 쏘일까 봐 여름휴가 내내 집안에서만 지내는 여성을 들 수 있다.

#### (3) 도덕적 불안

도덕적 불안(moral anxiety)은 원초아와 초자아 간에 힘의 균형이 상실될 때 느끼는 불안이다. 자신의 행동이 도덕적 기준에 위배된다고 생각될 때 생기는 불안으로 양심이 잘 발달된 사람은 이때에 심한 죄책감을 느끼게 된다.

### 4) 성격 발달

프로이트는 몇 명의 성인을 대상으로 하는 정신분석 치료를 통해 한 사람의 성인기 성격이 어떠할 것인지를 결정하는 데 아동기 초기 경험들이 결정적 역할을 한다고 보았다. 프로이트는 성격 발달을 일련의 단계를 거치는 이동으로 보았다. 각 단계는 성적 에너지인 리비도가 방출되는 신체 영역을 반영하는데, 그러한 이유에서 프로이트의 발달단계를 심리성적 발달단계(psychosexual developmental stages)라고 한다.

프로이트에 의하면, 아동은 세 단계에서 갈등에 직면하는데 갈등이 잘 해결되지 않으면 과도한 리비도가 그 단계에서 지속적으로 투입되어 고착(fixation)이 발생한다. 고착이 발생하는 이유는 어떤 한 단계에 지나치게 탐닉하는 경우와 욕구가 깊이 좌절된 경우이다. 이는 이후 단계에서 갈등을 다루는 데 이용할 수 있는 에너지가 감소하게 되어 다음 단계에서 갈등을 성공적으로 해결하는 데 어려움이 생기게 된다. 프로이트의 심리성적 발달단계는 다음과 같다.

### (1) 구강기

구강기(oral stage)는 출생에서부터 18개월까지 지속된다. 이 시기에는 리비도가 입과 입술, 혀 등 먹고 마시고 빨고 깨무는 행동과 관련된 부위에 집중된다. 유아의 깨물고 빠는 행동은 구강기적 욕구를 만족시키고 유아로 하여금 세상을 탐색하도록 한다. 그러나 구강기적 욕구에 고착되거나 욕구가 좌절될 경우 구강기를 지나서도 구강기 욕구 충족에 집착하는 성격이 된다.

일반적으로 구강기에 고착된 사람은 다른 사람보다 먹고 마시는 것에 몰두하고 스트레스를 받으면 다른 사람들보다 흡연, 음주, 손톱 물어뜯기와 같이 입과 관련된 활동을 통해 긴장 감소를 시도하며 화가 나면 언어적 공격을 할 가능성이 높다.

### (2) 항문기

항문기(anal stage)는 약 18개월에서부터 3세까지를 말한다. 이 기간 동안 항문에 리비도가 집중되고 성적 쾌감은 배설시 발생하는 자극으로부터 얻어진다. 이 시기의 중요한 사건은 배변 훈련인데 부모나 양육자에 의해 어떤 방식으로 배변 훈련이 시도되었는지에 따라 성격 특성이 달라진다.

두 가지 성격 특성이 전형적이다. 먼저 유아로 하여금 바람직한 시간과 장소에서 배설하도록 촉구하고 성공에 대해 아동을 아낌없이 칭찬하는 것이다. 이 때 유아는 적당한 때와 장소에서 무언가를 생산하는 것의 가치를 알게 된다. 두 번째 유형은 배변 훈련의 실패에 대한 처벌과 조롱으로 수치심을 유발하는 것이다. 이 때 유아는 부모가 별로 원치 않을 때 힘차게 배설함으로써 반항하는 항문기 배출적(anal expulsive) 특성들이 발달한다. 그리고 유아가 대소변을 참으면서까지 갖고 있으려 하면 항문기 보유적(anal retensive) 특성이 발달한다.

### (3) 남근기

남근기(phallic stage)는 4~5세 무렵에 해당하며 리비도는 생식기관으로 이동한다. 남근기의 유아는 이성의 부모에게는 애정을 느끼고 동성의 부모에게는 질투와 경쟁심 및 증오를 느끼게 된다. 남자 아이가 가진 어머니를 차지하고 아버지를 대신하려는 욕망을 오이디푸스 콤플렉스(oedipus complex)라고 한다. 이는 우연히 아버지를 죽이고 엄마와 결혼한 오이디푸스 렉스라는 소포클레스의 희곡에 나오는 인물의 이름을 따서 명명한 것이다. 반면, 여자 아이가 가진 이에 비견할 만한 감정을 엘렉트라 콤플렉스(electra complex)라고 한다. 이는 아버지의 죽음에 대한 복수로 남동생으로 하여금 엄마와 그녀의 애인을 죽이도록 한 그리스의 인물 엘렉트라의 이름을 따서 명명한 것이다.

오이디푸스 콤플렉스는 동성의 부모와 동일시(identification)하는 과정을 통하여 극복할 수 있다. 오이디푸스 콤플렉스를 극복한 아이는 자신의 성역할 정체감을 얻게 되어 자신감 있는 성인으로 성장할 토대를 마련한다. 즉, 남자아이는 아버지와 동일시하여 아버지의 행동 양식을 자신의 행동 기준으로 삼으며, 딸은 어머니를 동일시하여 여성으로서의 역할을 수행하게 된다. 그러나 사망이나 이혼 등으로 인하여 동일시할 대상이 부재인 경우, 부모가 심각한 성격장애가 있는 경우, 혹은 구강기나 항문기에 고착되어 있는 경우에는 오이디푸스 콤플렉스를 적절하게 해소되지 못한 상태로 남겨지게 된다. 이 경우 성장 후에 성적 정체감 형성 및 이성 관계에 어려움을 경험하게 된다.

### (4) 잠재기

잠재기(latency period)는 6세에서 12세까지의 기간에 해당한다. 이 기간은 성적 혹은 공격적 충동이 덜 활발한 때다. 이런 변화는 일정 부분은 신체 변화에서 기인하기도 하고 성격에서 자아와 초자아가 발달하는 데서 기인한다. 이 기간 동안 아동들은 지적 혹은 사회적인 측면을 추구하는 데 주의를 기울인다. 이런 이유로 잠재기를 '사회화 시기'라고 불린다. 그러므로 잠재기는 새로운 갈등에 직면해서 새로운 특성이 나타나는 시기라기보다는 아동의 경험이 확장되는 시기다. 예를 들어 남근기에 채택된 부모와의 동일시는 위인이나 선생님 등 다른 권위적 인물과의 동일시로 확장된다.

### (5) 성기기

성기기(genital stage)는 청소년기 후반과 성인기에 해당된다. 이 기간은 이성과의 성욕 발산을 지향하는 것이 특징이며, 처음에는 자애적 행동(narcissistic behavior)으로 출발하여 점차 사회화한다. 이 단계에서 개인은 성적 혹은 공격적 충동들을 더 잘 조절하고 그것들을 사회적으로 용인되는 방식으로 승화시켜 조금씩 빈번히 방출할 수 있다. 이런 방식으로 개인은 자기중심적 쾌락을 추구하던 유아에서 사회화가 잘 된 보살펴 주는 성인으로 변화된다. 이런 점에서 성기기적 성격은 당연히 도달하는 종착점이라기보다 추구해야 할 이상이며 심리성적 발달의 완벽한 최고 정점이다.

## 5) 자아 방어기제

자아가 그 역할을 완벽히 하고 있다면 우리는 어떤 불안도 느끼지 않을 것이다. 외적 위험들을 잘 처리한다면 현실 불안을, 원초아의 충동이 적당한 시기에 적당한 정도로 방출되면 신경증적 불안을, 초자아가 금지하는 일을 허용하지 않는다면 도덕적 불안을 예방할 수 있을 것이다. 하지만 이처럼 훌륭히 작동하는 자아는 없다.

불안이 발생할 때, 자아는 두 방법 중 하나로 반응한다. 첫째, 자아는 합리적인 문제 지향적 대처(problem-focused coping) 노력들을 증가시켜 의식적으로 위협을 다루려고 노력한다. 둘째, 자아는 방어기제(defense mechanism)를 사용한다. 방어기제는 불안을 다루기 위해 자아가 발달시킨 전략이다. 방어기제는 두 가지 특성을 가지는데, 모두 무의식적으로 작동시키며 여러 가지 방식으로 현실을 왜곡하고 변형하고 속이는 것을 특징으로 한다.

자아 방어에 대한 연구로 영향력이 있는 안나 프로이트(A. Freud, 1966)는 열 가지의 자아 방어기제를 제시하였는데, 몇 가지를 살펴보면 다음과 같다.

- 억압(repression) : 방어의 기본적인 기제는 억압이라 불린다. 억압은 현실이 너무 고통스럽고 충격적이어서 의식에서 무의식 속으로 억눌러 버리는 것을 말한다. 예를 들면, 결혼에 실패가 여자가 남성에 대한 이야기만 나와도 피하는 것, 괴로움을 잊기 위해 술을 마시는 것, 그리고 운동선수가 자기보다 실력이 우수한 선수가 도전해 왔을 때 핑계를 대며 거절하는 것 등이다.
- 부정(denial) : 사건이 일어났다거나 상황이 존재한다는 것을 믿기 거부하는 것을 말한다. 예를 들어, 해외 파병된 아들이 죽었다는 소식을 믿기 거부하고 그가 여전히 살아 있는 것처럼 행동하는 어머니의 경우가 있다.
- 투사(projection) : 자신의 받아들이기 어려운 충동, 바람, 특성들을 다른 누군가에게 돌려 자신을 보호하고 불안을 감소시킨다. 예를 들어, 성적 충동을 품어서는 안 될 어떤 남자에게 성적 충동을 품고 있는 여자가 그 남자가 자신을 유혹했다고 고소하는 경우가 이에 해당된다.
- 합리화(rationalization) : 실제로는 수용될 수 없는 이유로 행해진 행동에 대해 합리적인 설명, 혹은 변명을 하여 불안을 줄이려는 것이다. 예를 들면, 자신의 수입에 대해 일정 부분 탈세를 한 남자는 자신의 행동을 세계 평화를 위협하는 무기 생산에 소비되는 예산을 줄인 것으로 합리화한다.
- 주지화(intellectualization) : 위협을 냉철하고 분석적이며 초연하게 생각하여 그들의 사고를 관련된 감정으로부터 분리하여 불안으로부터 격리시킨다. 예를 들면, 남편이 암으로 죽어 간다는 것을 알게 된 여인은 그녀가 할 수 있는 한, 암과 그 치료에 대해 많은 것을 배우려고 할 것이다. 암에 지적으로 초점을 두고 그 정보를 분리시킴으로써 그녀는 괴로움으로부터 자신을 보호한다.
- 반동형성(reaction formation) : '미운 놈 떡 하나 더 준다.'는 속담처럼 실제로 느끼는 분노나 화 등의 부정적 감정을 직접 표현하지 못하고 반대로 표현하는 것이다. 예를 들면, 한 아동이 갓 태어난 동생을 향한 적대감을 억압하고 지나치게 긍정적인 표현을 하여 적대감을 다루는 것이다.
- 퇴행(regression) : 심한 스트레스 상황이나 곤경에 처했을 때 불안을 감소시키려고 이전의 발달단계로 후퇴하는 행동을 하는 것이다. 예를 들어, 구강기에 고착된 성인은 심한 스트레스를 경험할 때 담배를 더 피우거나 더 먹거나 마

실 것이다. 항문기에 고착된 사람은 평소보다 더욱 완고해질 것이다.

- 전위(displacement) : '종로에서 뺨 맞고 남대문에서 화풀이 한다.'는 속담처럼 의도된 대상이 위협적으로 느껴질 때 자신의 감정을 의도된 대상에게 직접적으로 표현하지 못하고 다른 대상에게 자신의 감정을 발산하는 것을 말한다. 예를 들어, 교수에게 화가 난 여학생이 교수에 대한 적대감을 이해심 많은 남자 친구에게 드러내는 경우이다.
- 승화(sublimation) : 사회적으로 용인될 수 없는 성적인 충동, 공격적 충동을 사회적으로 수용될 만한 형태와 방법으로 전환하여 표현하는 것이다. 가령 외과 의사나 정육점 사장으로서의 직업 선택에는 공격적 충동의 승화가 작용할 수 있다.

## 04 상담 목표와 과정

### 1) 상담 목표

정신분석에서는 심리적 문제의 발생 원인을 크게 두 가지로 제시하고 있다.

첫째, 심리적 문제의 대부분은 무의식적인 갈등이나 억압 및 충동에 그 뿌리가 있다고 본다. 이것이 성격장애, 신경증, 정신병으로 나타나며, 이러한 것은 자신의 내부에 자리 잡고 있던 무의식적인 갈등, 억압, 충동에 대하여 내담자 나름대로 내어 놓은 해결책이라는 것이다.

프로이트는 의식과 무의식을 하나의 연속선상에 있는 것으로 개념화하였는데, 무의식은 의식적으로 깨달을 수 없는 모든 기억 흔적을 가지고 있다. 사회적으로 용인되지 않는 욕망, 충동, 갈등 등이 의식에 떠오르지 못하고 억압되어 저장되어 있는 곳이다. 이러한 무의식적인 갈등, 억압, 충동이 의식으로 떠오르면 사회적으로 용납되지 않기 때문에 계속해서 억압하게 된다. 예를 들면, 어릴 때 성추행이나 성폭행을 당한 경험은 사회적으로 용납되지 않는 것이기 때문에 무의식 깊숙한 곳으로 억압하게 된다.

둘째, 심리적 문제가 발생하는 또 다른 원인은 인간의 마음 내부에 있는 원초아, 자아, 초자아의 갈등 상황에서 자아가 제대로 기능을 하지 못하기 때문이다. 이 세 부분은 심적 에너지를 가지고 상호 의존적 관계에 있으며, 각각은 한 인간의 성격을 통제하고 지배하기 위하여 경쟁 관계에 있기 때문에 심리적 갈등이 일어난다. 예를 들면, 어떤 사람이 여자 친구와 섹스를 하고 싶어서 그녀를 설득하면서도 다른 한편으로는 아직 결혼하지 않았기 때문에 그렇게 하면 안 된다는 마음이 들었다면 자아와 초자아 간의 갈등이 발생한다.

정신분석의 목표는 심리적 문제의 근원인 무의식적 갈등, 억압, 충동을 의식화시키면 긴장 때문에 묶여 있던 에너지가 자아 기능에 활용되어 개인의 의식 및 행동 과정이 원활하게 되도록 하는 것이다. 언어 표현 및 자각이라는 통제 가능한 의식화 과정을 통해 억압되어 있던 내면의 감정과 긴장을 발산하고 통제 불가능하였던 갈등이나 불안을 약화시킨다. 결국 정신분석은 무의식적 내면세계를 의식화하는 작업이다(김충기, 강봉규, 2001).

무의식을 의식화하는 방법으로 최초로 사용한 것이 최면이다. 그러나 프로이트는 최면을 공부하였으나 내담자가 깊이 있는 최면 상태로 들지 않고 얕은 수준의 최면 상태만을 유지하였기 때문에 효과가 없는 것으로 보고 최면 치료를 그만 두게 되었다. 하지만 실제로는 얕은 수준의 최면 상태에서도 내담자의 치료 효과가 큰 것으로 검증되었다. 두 번째로 사용한 방법이 자유연상법이고 마지막으로 사용한 것이 꿈과 실수의 분석이다.

정신분석을 상담에 적용하는 방식에 대한 두 가지 입장이 있다(김충기, 강봉규, 2001). 첫 번째는 치료 기법으로서의 정신분석을 상담 과정에 도입하여 내담자의 무의식을 분석하는 것에 초점을 두자는 입장이다. 일부 상담심리학자가 병원 장면에서 정신분석 훈련을 받고 치료에 종사하는 경우가 그것이다. 두 번째는 정신분석 이론을 내담자의 성격을 이해하고 평가하기 위하여 응용하자는 입장이다. 이는 정신분석 이론을 일반적 상담 과정에 응용하자는 것이기 때문에 인간의 이해와 상담 발전에 시사하는 바가 매우 많다. 예를 들면, 학교 교사에게 자주 반항하고 교칙을 위반하는 어떤 고등학생이 있다고 할 때, 정신분석 이론에 근거하여 어머니에게 가지고 있던 적대감이 전위(displacement)된 것으로 해석되었다면 학교 당국의 태도를 학생을 이해하는 쪽으로 돌릴 수 있을 것이다.

### 2) 상담 과정

정신분석 상담 과정은 크게 4단계로 나누어 볼 수 있다(Arlow, 1989). 즉, 상담자와 내담자가 상담 관계를 형성하는 시작 단계, 내담자가 상담자에 대한 전이 감정을 느끼고 표현하는 전이 단계, 전이에 대한 분석이 이루어지는 전이의 훈습 단계, 그리고 새롭게 얻은 통찰을 현실 생활 속에서 계속 유지하기 위해 노력하는 전이의 해결 단계로 이루어진다.

- 시작 단계 : 내담자가 정신분석에 적절한 사람인지와 그가 제시한 문제가 정신분석에 적합한지를 평가하여 상담 계약을 맺고 상담 관계를 발전시키며, 내담자 문제에 대한 기본적인 역동을 탐색하는 단계다. Nicholi(1988)는 정신분석에 적합한 내담자의 다섯 가지 능력을 제시하였다. 즉, 치료 관계를 맺을 수 있는 능력, 치료 작업을 위한 충분한 시간과 경제 능력, 치료적인 퇴행과 퇴행으로 인한 불안을 극복할 수 있는 능력, 전이를 할 수 있는 능력, 환상과 현실을 구별하는 능력이다.
- 전이 단계 : 전이(transference)는 내담자가 과거에 부모나 양육자 등 의미 있는 타인들(significant others)에게 느꼈던 감정을 현재의 상담자에게 동일하게 느끼는 것을 말한다. 정신분석은 내담자의 전이를 분석하는 작업이라고 할 만큼 전이는 치료를 위해 중요하게 다루어진다. 상담자는 전이를 분석하는 동안 중립적인 태도를 유지하여 상담자에 대한 내담자의 전이를 유발하고 현재의 호소 문제와 관련하여 해석해 준다. 이를 통해 내담자는 과거의 무의식적인 갈등, 억압, 충동이 현재의 호소 문제에 어떻게 영향을 미치고 있는지를 통찰하게 된다.
- 훈습 단계 : 훈습(working through)은 내담자의 통찰을 변화로 이끄는 것을 방해하는 저항을 점진적으로 정교하게 탐색하는 것을 말하는데, 이 단계의 초점은 내담자로 하여금 통찰한 것을 실생활로 옮겨 가는 과정이 바로 훈습 단계이다. 상담자는 내담자가 상담을 통하여 획득한 통찰을 현실에 적용하려는 노

력에 대해 적절한 강화를 해줄 필요가 있다.

- 해결 단계 : 분석의 종결 단계에서 전이의 해결이 이루어진다. 분석을 통해 내담자의 호소 문제가 해결되었다면 정신분석은 종결된다.

## 05 상담 기법

정신분석의 대표적인 기법으로는 자유연상, 꿈의 분석, 전이의 분석, 저항의 분석, 해석이 있다(노안영, 2006; 김춘경 외, 2011; Arlow, 2005; Baker, 1985).

### 1) 자유연상

자유연상(free association)은 내담자로 하여금 마음속에 떠오르는 것이면 무엇이든지 이야기하도록 하는 방법이다. 즉, 아무런 제한 없이 고통스러운 것이든 즐거운 것이든 무엇이나 아무리 사소한 것이라 하더라도 의식에 떠오르는 것이면 가감 없이 모든 것을 이야기하도록 하는 것이다. 그래서 자유연상에서는 내담자에 대한 어떤 검열과 비판도 금지된다.

자유연상은 내담자가 방어기제를 사용하여 억압한 무의식에 숨겨진 진실을 찾기 위해 사용하는 기법이다. 그런데 자유연상을 통해 표현된 하나하나의 내용은 무의미할 수 있으나 함께 조각조각을 맞추어 해석을 할 때 통찰을 통해 의미를 갖게 된다.

### 2) 꿈의 분석

내담자에 대한 무의식적인 자료는 꿈의 분석(analysis of dream)을 통해 얻을 수 있다. 잠을 자는 동안에는 무의식에 대한 자아의 방어가 약해지므로 억압된 욕구와 본능적 충동들이 의식의 표면으로 쉽게 떠오른다. 프로이트는 '꿈은 무의식에 이르는 왕도(royal road)이다.'라고 한 것도 이러한 이유 때문이다.

꿈의 분석은 꿈의 내용이 갖는 상징들을 탐구하여 숨겨져 있는 의미를 파악하는 작업이다. 꿈의 분석을 통해 상담자는 내담자의 무의식 속에 억압된 욕구와 본능적 충동을 찾아내고 내담자로 하여금 자신의 호소 문제에 대한 통찰력을 획득하도록 도와준다.

프로이트는 223건의 꿈을 분석하였는데, 그 중에서 47건은 자신의 꿈을 분석한 것이다. 프로이트는 자신의 저서인 『꿈의 해석(the analysis of dream)』에서 꿈의 원천을 외적 감각자극, 내적(주관적) 감각자극, 내적(기관적) 신체자극, 순수한 심리적 자극으로 제시하고 있다.

첫째, 외적 감각자극은 외부로부터 자극을 받아 꿈을 꾸는 것이다 예를 들어, 잠을 자는 동안 문을 여닫는 소리를 들으면 강도가 침입하는 꿈을 꾸고 이불을 걷어차 추위를 느끼면 알몸으로 배회하거나 물속에 빠진 꿈을 꾸게 된다.

둘째, 내적(주관적) 감각자극은 잠들기 전 떠올린 상(image)으로 인해 꿈을 꾸는 것이다. 깜깜한 시야의 빛은 공상적인 모양을 가지고 되고 그 모양을 만드는 수많은 광점은 꿈속에서 그것과 같은 수의 독립된 형상이 되고, 이 형상은 빛의 혼돈의 운동성 때문에 움직이는 물체로 보인다. 이런 이유로 꿈에 무수한 새, 나비, 물고기, 진주, 꽃 등이 꿈에서 펼쳐지는 원인이 된다. 예를 들어, 잠들기 전 깜깜한 시야의 빛을 통해 피자, 족발, 치킨 등을 떠올리면 그 형상과 관련된 꿈을 꾸게 된다.

셋째, 내적(기관적) 신체자극은 신체의 자세나 질병에 의해 꿈을 꾸는 것이다. 예를 들어, 목이 접혀서 자게 되면 숨이 막혀 질식하는 꿈을 꾸게 된다. 또한 우리 몸의 병든 신체 기관이 꿈에 영향을 준기도 한다. 아리스토텔레스는 꿈을 통해서 자기의 질병도 알 수 있게 된다고 말한다. 일반적으로 심장이나 폐의 질환은 불안을 느끼는 꿈을 빈번히 꾸게 되고, 심장병은 대개 대단히 짧고 공포와 함께 잠에서 깨어나게 한다.

넷째, 순수한 심리적 자극은 일상생활에서 경험하고 있는 심리적 상태에 영향을 받아 꿈을 꾸는 것이다. 선후배 관계에서의 스트레스, 직장에서의 스트레스가 원인이 되어 악몽을 꾸게 되는 경우가 여기에 해당한다.

그런데 우리는 흔히 우리 자신의 꿈을 잘 기억하지 못한다. 즉 우리들은 잠에서 깨어났을 때 꿈속에서 경험했던 무수한 감각이나 지각을 곧 잊어버리기 쉽다. 그 이유는 다음과 같다.

첫째, 꿈들의 내용이 지나치게 약하거나 그것들과 연관된 심리적 자극이 지나치게 낮기 때문이다.

둘째, 꿈 형상의 대다수는 일회적인 경험이기 때문이다. 우리는 무엇인가를 계속해서 반복했을 때 그것이 점차 선명해짐을 알 수 있다. 그러나 꿈은 대부분 반복되지 않는다. 그러니 잊혀지는 것은 어쩌면 당연한지도 모른다.

셋째, 서로 연관성을 갖기 어렵기 때문이다. 감각, 표상, 사고 등이 일정한 기억의 위대성을 얻으려면 서로 연관성이 있어야 한다. 예를 들어 짧은 시 한 편을 하나의 단어들로 풀어서 그것을 뒤섞어 놓았을 때 우리는 그 시가 무엇을 말하는지 모른다. 그런데 꿈이 이런 특성을 갖기에 기억이 힘든 것이다. 즉 꿈은 심적인 토대로 만들어지는 것이지만 그것은 하늘의 구름처럼 서로 연관성을 갖지 않기에 시간이 지나면 곧 풀어지고 잊혀지는 것이다.

넷째, 대부분의 사람들이 자신의 꿈에 관심을 두지 않기에 잊혀지는 것이다. 하나의 연결된 꿈이라도 우리들의 기억 속에 나타날 만큼 연결된 꿈은 드물다. 따라서 꿈을 이야기할 때 아무런 가장이나 수식없이 이야기한다는 것은 거의 불가능하다. 꿈을 상의 연관 속에서 보려는 인간정신의 본능이 크기 때문에 꿈을 이야기할 때 새로운 내용을 보완하게 된다. 따라서 진짜 꿈의 상을 알기 위해서는 꿈을 꾼 즉시 사실을 기록하는 일이 중요하다.

### 3) 전이의 분석

정신분석에서 상담자의 주된 과업 중 하나는 내담자의 전이를 유도하고 이를 해석하는 것이다. 전이(transference)는 내담자가 과거에 부모나 양육자 등 의미 있는 타인들(significant others)에게 느꼈던 감정을 현재의 상담자에게 동일하게 느끼는 것을 말한다. 전이는 내담자가 상담자에게 투사하는 것의 총합이다.

상담자에 의한 전이의 분석은 내담자가 이전의 의미 있는 타인으로부터 상담자에게 전이되는 감정의 실제와 환상 사이를 구별하도록 돕는다. 뿐만 아니라 내담자로 하여금 자신이 얼마나 잘못 인식하고 있고 잘못 해석하고 있으며 과거에서 현재와 관련되어 있는지를 이해하도록 돕는다.

### 4) 저항의 분석

정신분석의 초기에 내담자는 억압된 감정이나 생각들을 회상할 수 없거나 그 표현을 망설이는 경향을 보인다. 이를 저항(resistance)이라고 한다. 저항은 상담 약속을 어긴다거나, 특정한 감정이나 생각을 드러내지 않거나, 중요한 내용을 빠뜨리고 사소한 이야기만 하거나 하는 형태로 드러난다. 이러한 저항은 내담자가 자신의 억압된 욕구나 본능적 충동을 자각하게 되면 불안을 느끼게 되는데, 이때 이러한 불안으로부터 자아를 방어하려는 무의식적인 역동성이 저항으로 나타나게 된다. 따라서 상담자는 저항 행동을 해석하여 내담자로 하여금 통찰하도록 도움으로써 그러한 저항을 잘 처리할 수 있도록 돕는 것이 중요한 과업이다.

### 5) 정화

프로이트와 브로이어(Josef Breuer)는 『히스테리에 관한 연구(Studies on Hysteria)』에서 히스테리 증세가 매우 고통스런 기억과 연결되는 방출되지 못한 다량의 정서 때문에 생긴다고 제안하였다. 이 고통스런 기억들은 마음의 다른 부분과 연결이 끊어져 있었으나 증상의 형태로 계속 역동적이고 침투적인 효과를 미친다. 따라서 치료의 과제는 방출되지 못한 정서에 대한 정화적 소산(carthartic abreaction)과 함께 망각된 사건들을 회상하도록 하는 데 두었다. 예를 들어, 『인생 수업』의 저자인 엘리자베스 퀴블러 로스(Elizabeth Kubler-Ross)는 "30분 동안 울어야 할 울음을 20분 만에 그치게 하지 마라."라고 말하고 있다. 즉, 울지 못한 10분 동안의 방출되지 못한 고통스런 다량의 정서가 증상의 형태로 계속해서 침투한다는 것이다. 따라서 상담자는 내담자의 방출되지 못한 고통스런 정서를 표현하여 발산하도록 도와야 한다.

〈상담심리 읽기 자료 2〉

### 왕 서방의 눈물

중국 위나라에서 태어난 왕 씨 성을 가진 사람이 있었다. 그는 형제가 일곱이나 있었다. 7세 무렵에는 흉년이 들어 풀뿌리로 목숨을 연명하며 하루 한 끼도 먹기 힘들었다. 그래서 그의 아버지는 오나라에서 온 장사꾼에게 그를 데리고 가서 심부름도 시키고 일도 가르쳐 주면서 굶지만 않게 해 달라며 맡기게 되었다.

그는 갖은 고생을 하였다. 화장실을 퍼는 일, 가게를 청소하는 일, 물건을 내고 정리하는 일, 짐을 꾸리는 일, 말똥을 치우는 일 등 해보지 않은 일이 없을 정도로 열심히 밤늦게까지 일하였다. 하루 일과를 마치고서는 3~4시간 자는 일이 다반사였고, 너무 피곤해서 머리만 닿으면 잠들 정도였다.

35년이 흐른 뒤 그는 나름 성공해서 어엿한 자신만의 가게를 가지게 되었다. 먹고 살만 해지자 늘 그리워만 하던 고향의 부모님과 형제 생각이 더욱 간절해졌다. 수소문 끝에 부모님은 두 분 모두 돌아가셨고 형제들은 어디로 갔는지 알 수 없다는 소식을 전해 듣게 되었다. 그래서 여러 나라를 다니며 장사꾼들 길 안내를 해주는 공 서방과 함께 고향을 방문하여 부모님 묘소에 성묘를 드리기로 하였다.

고향을 가는 길은 오나라에서 촉나라를 지나 위나라까지 가야 하는 머나먼 여정이었다. 한두 달쯤 지나 위나라에 이르게 되었다. 그러자 평소 장난기가 많던 길 안내를 맡은 공 서방이 고향에 도달하기도 전에 왕 서방에게 장난을 하게 된다.

"이제 이 산만 넘으면 자네 고향일세."

그러자 왕 서방은 눈시울이 뜨거워졌다. 그리고 고개를 넘자 한 마을이 눈에 들어왔고, 이번에는 공 서방이 말한다.

"저기가 자네 고향일세. 이곳은 자네가 어릴 적 놀던 동구 밖 느티나무고……."

왕 서방은 어린아이처럼 더 많은 눈물을 흘렸다. 어느 집 앞으로 가서 공 서방은 여기가 왕 서방이 태어나서 자랐던 집이라고 말한다. 그러자 왕 서방은 부모 형제에 대한 그리움과 애환으로 더 소리 내어 울고 자신이 기억하는 어린 시절을 울먹이며 이야기한다. 한참의 시간이 흐른 후, 이번에는 부모님의 묘소로 공 서방이 왕 서방을 안내한다.

"이곳이 자네 부모님의 묘소라네. 이쪽이 아버님이시고 저쪽은 어머님이시라네."

말이 채 끝나기도 전에 왕 서방은 아버지 묘소에 엎드려 통곡을 하다가 이내 어머님 묘소 쪽으로 몸을 돌려 통곡을 하였다. 한 시간이 넘도록 통곡이 계속되었고 통곡 소리가 점점 줄어들어 눈물이 마를 때쯤 공 서방은 이렇게 말한다.

"사실은 이곳은 자네 고향이 아니라네. 내가 장난을 친 것이라네."라며 공 서방이 말했다.

화가 난 왕 서방은 달아나는 공 서방을 잡으러 가고 둘은 이내 평온해져 계속해서 왕 서방의 고향을 향하여 갔다.

"이제 이 산만 넘으면 자네 고향일세."

라고 공 서방이 말했지만 앞서와는 달리 왕 서방의 눈시울은 뜨거워지지 않았으며, 보다 평온하게 자신의 어린 시절을 회상하는 것이었다.

"여기가 자네 고향일세. 이곳은 자네가 어릴 적 놀던 동구 밖 느티나무고……."

역시 눈시울은 뜨거워졌지만 평온하게 자신의 어린 시절을 회상했으며, 고향집에서도 묘소에서도 역시 마찬가지였다.

### 6) 해석

해석(interpretation)은 내담자가 자유연상에서 보고한 자료, 꿈의 자료, 실언, 실수, 증상, 전이, 저항 등의 의미를 통찰하도록 하는 상담자의 설명이다. 앞서 살펴본 바와 같이, 해석의 목적은 내담자 자신의 행동에 대한 통찰을 돕는 데 있다. 그러나 해석은 내담자에게 자칫 위협적인 상담 기법이 될 수 있다. 따라서 해석은 반드시 내담자가 받아들일 준비가 되어 있는가의 여부를 확인해서 적절한 시기에 이루어져야 한다. 보통 해석은 래포 형성이 이루어진 상담의 중기나 종결 단계에서 주로 사용되는 기법이다.

## 06 정신분석의 사례

정신분석 중에서 꿈의 분석의 사례는 다음과 같다(공감신문, 2018년 10월 10일자).

〈꿈의 내용〉
갑작스러운 기상이변으로 지구를 떠나 우주를 떠돌았다. 어느 행성에 불시착해 걸었다. 태엽으로 이뤄진 거대한 행성. 무엇인가에 걸려 넘어지자 갑자기 태엽이 움직이며 시간이 거꾸로 가기 시작했다. 과거를 보여주는 강이 나타났다. 과거에 현혹된 사람들은 강에 빠져 괴물로 변했다. 누군가 나를 부르더니 탈출구로 이끌었다. 험준한 산과 강, 좁은 길을 지났다. 탈출구에 도착해 홀로 지구로 가는 문을 통과했다. 여느 일상. 누구도 내 말을 믿지 않았다.

〈꿈의 분석〉
상담자: 먼저 표상을 중심으로 가장 많이 보이는 이미지들을 골라보세요.
내담자: 불안한 이미지들이 눈에 띄는 것 같아요. 기상이변, 불시착, 험준한 산, 좁은 길, 괴물 같은 것들요.
상담자: 꿈이 전반적으로 주는 느낌이죠. 나에게 중요한 키워드는 무엇인가요?
내담자: 탈출이요. 조력자, 과거로 가는 태엽도 기억에 남아요.
상담자: 불안한 상황이었던 것 같네요. 꿈은 표상의 중요도를 바꾸기도 하고 합치기도 하는데

요. 그래서 여러 방향으로 맞춰 볼 필요가 있어요.
내담자: 음… 과거로 가는 건 태엽이 아니라 나 자신인 것 같아요. 과거에 갇혀 괴물이 될까 봐 도망치려고 하는 것도 저 자신이고요.
상담자: 꿈을 꾼 당시 그런 상황이 있었나요?
내담자: 당시 대입 수능시험을 망쳐 재수하려던 차였어요. 1년을 낭비하는 건 아닌지, 뒤처지는 건 아닌지 상당히 불안했던 것 같아요. 그런 심리가 반영된 것 같아요.
상담자: 꿈은 거기서 무엇을 말하고 싶었을까요?
내담자: 지나간 일에 연연하지 말고 계속 앞으로 나아가라는 뜻 아닐까요?
상담자: 꿈 해석이 됐네요.

[공감신문] 꿈을 통한 자기분석 "어느 날 꿈이 내게 말했다" 중에서

## 07 정신분석의 강점과 한계

### 1) 강점

프로이트의 정신분석이 상담 및 심리치료에 기여한 점을 살펴보면 다음과 같다(강진령, 2009).

첫째, 정신분석은 초기 발달 과정에서 성욕과 무의식이 이후의 발달에 미치는 영향을 이론적으로 체계화하여 인간 행동의 원인을 이해하는 틀(frame)을 제공하였다.

둘째, 정신분석은 인간의 심리 진단을 위한 심리검사 도구 개발에 이론적 기초를 제공하였다. 가령 투사 검사인 주제 통각 검사(Thematic Apperception Test: TAT)와 로르샤흐 잉크 반점 검사(Rorschach Ink Blot Test)가 대표적인 예이다.

셋째, 정신분석은 꾸준히 변화 발전해 왔다는 점이다. 미국 내에 10,000여 명의 정신분석 전문가가 개업 중이고, 많은 분석가들이 자아 심리학이나 대상관계 이론 등과 같이 수정된 형태의 정신분석을 상담에 적용하고 있다(Nye, 2000).

넷째, 정신분석은 다양한 정신장애의 원인을 어린 시절의 경험에서 찾음으로써 히스테리, 자기애, 강박사고, 강박 행동, 성격장애, 불안, 공포, 성 장애와 같은 신

경증 및 정신증 예방과 치료에 기여하였다(Arlow, 2000).

다섯째, 정신분석은 발달단계가 개인의 성격과 성장에 지대한 영향을 미친다는 점을 강조하였다. 즉, 인간 성격의 발달 과정을 이해하기 쉽게 제시하여 인간을 생애적 관점에서 조망하는 안목을 제공하였다.

### 2) 한계

정신분석에 대한 비판과 한계는 다음과 같다(강진령, 2009).

첫째, 정신분석은 긴 치료 기간과 비용이 많이 든다는 한계가 있다. Nye(2000)에 의하면, 정신분석은 내담자를 대상으로 보통 일주일에 3~5회기씩 여러 해에 걸쳐 실시되기 때문에 이를 감당할 수 있는 사람은 그리 많지 않다는 것이다.

둘째, 정신분석은 인간을 결정론적으로 본다는 것이다. 개인의 삶은 어린 시절의 성욕적 경험에 의해 결정된다는 성욕 결정론에 입각하고 있다. 이에 대해 행동주의 이론은 인간의 행동이 환경에 의해 결정된다는 환경결정론을 주장하고 있다.

셋째, 정신분석은 장기간이 소요되는 신경증 및 정신증 치료에 초점을 두고 있기 때문에 일상생활에서 빈번히 경험할 수 있는 문제의 해결을 원하는 내담자들에게 적용하기에 한계가 있다.

넷째, 정신분석의 효과에 관한 연구는 관찰과 사례 연구를 통한 질적·주관적 자료들이 대부분이다. 즉, 정신분석 이론에 대한 과학적이고 체계적인 연구 자료가 부족하고 모든 문화권에서 동일하게 적용할 수 있는 과학적인 증거가 부족하다(Gladding, 2005).

## 실/전/도/전/문/제

학습한 내용을 바탕으로 실전에 도전해 봅시다.

1. 정신분석에 관한 설명으로 옳지 않은 것은? (청소년상담사 3급, 2018)
   ① 도덕적 불안은 초자아와 자아 사이의 갈등에서 발생한다.

② 수면 중에는 자아의 방어가 없기 때문에 잠재몽은 왜곡되지 않는다.
③ 원초아는 쾌락원리에 따라 작동하고 일차과정 사고를 한다.
④ 정신분석에서 치료자의 주된 과제 중 하나는 전이를 유도하고 해석하는 것이다.
⑤ 자유연상은 내담자의 마음에 떠오르는 모든 내용을 검열하지 않고 표현하게 하는 것이다.

**2.** 다음 사례에서 방어기제의 연결이 모두 옳은 것은? (청소년상담사 3급, 2016)

ㄱ. 학기 초에 마음에 들지 않는 반에 배정될 때면, 담임 선생님이 자기를 미워한다고 불평한다.
ㄴ. 게임시간을 어겨 엄마에게 야단을 맞은 후 의자에 앉아 있는 동생을 밀쳐버렸다.
ㄷ. 갑자기 아버지가 돌아가신 후 다시 학교에 나왔는데, 오늘도 방과 후에 아버지께서 데리러 올 거라고 생각하고 있다.

① ㄱ－부인, ㄴ－퇴행, ㄷ－합리화
② ㄱ－투사, ㄴ－퇴행, ㄷ－치환
③ ㄱ－투사, ㄴ－치환, ㄷ－부인
④ ㄱ－퇴행, ㄴ－치환, ㄷ－억압
⑤ ㄱ－합리화, ㄴ－억압, ㄷ－부인

**3.** 정신분석 상담의 관점에 해당하지 않는 것은? (청소년상담사 3급, 2016)

① "불안증상은 완벽주의적인 아버지로 인해 형성된 것 같습니다."
② "학대받은 과거보다는 현재 어떤 선택을 하느냐가 더 중요하다고 봅니다."
③ "음식 조절을 못하는 것은 아무래도 구강기 욕구충족 문제 때문인 것 같습니다."
④ "이 문제 행동은 의식적 요인보다 무의식적 요인에 의해 더 많은 영향을 받았다고 볼 수 있습니다."
⑤ "현재 이런 성격을 갖게 된 것은 어린 시절 엄마와의 상호작용 경험이 중요하게 작용한 것입니다."

**4.** 정신분석 상담과정에 관한 설명으로 옳지 않은 것은? (청소년상담사 3급, 2015)

① 상담 중 내담자의 말과 행동에 내담자의 신경증적 증상이 표현된다.
② 상담자는 내담자의 언어적 보고와 행동 등에서 내담자 갈등의 원인을 추론한다.
③ 내담자는 상담자의 해석을 수용하면서 부정적 감정의 해소를 경험한다.
④ 상담자는 내담자가 보이는 상담자에 대한 감정을 주목해서 표면화시킨다.
⑤ 전이현상으로 인해 내담자는 상담자와 신뢰로운 관계를 맺지 못한다.

**5.** 프로이드(S. Freud)의 정신분석상담에서 나타나는 치료적 관계의 특징으로 옳지 않은 것은? (청소년상담사 2급, 2017)

① 내담자가 과거의 중요한 타인에게 가졌던 감정과 태도를 상담자에게 투영하는 전이가

나타난다.
② 상담자는 내담자에게 최대한 중립적 태도를 유지한다.
③ 역전이는 내담자를 이해하는데 중요한 자료가 되므로 내담자에게 표현하여 다룬다.
④ 전이는 내담자 무의식의 반영이므로 상담 과정에서 해석을 통해 분석되어야 한다.
⑤ 상담자와 내담자의 치료적 동맹(therapeutic alliance)이 중요하다.

**6.** 정신분석 상담에 관한 설명으로 옳지 않은 것은? (청소년상담사 2급, 2016)

① 신경증적 불안은 주로 초자아와 관련되어 있다.
② 훈습에는 내담자의 저항을 정교하게 탐색하는 과정이 포함된다.
③ 상담자의 해석은 내담자의 방어기제와 저항에 대한 통찰을 얻게 한다.
④ 역전이는 상담자가 내담자에게 일으키는 전이현상으로 상담의 진전을 방해할 수 있다.
⑤ 상담목표는 내담자의 불안을 야기하는 억압된 충동을 자각하게 하는 것이다.

**7.** 다음은 전문상담교사인 김 교사(25세, 여)와 수퍼바이저의 대화 내용이다. 김 교사가 내담자와의 상담 관계에서 경험하는 것을 지칭하는 정신분석이론의 용어를 쓰시오. [전문상담교사, 2017]

**김 교 사:** 한 달 전부터 이성 교제 문제로 찾아온 한 남학생의 상담이 지지부진한 상태로 이어지고 있어요. 이 남학생의 이야기를 듣고 있다 보면, 저도 모르게 화가 나기도 해요. 그런데 제가 왜 화를 내고 있는지 알 수가 없어요.
**수퍼바이저:** 혹시 이것과 관련하여 떠오르는 것이 있나요?
**김 교 사:** 고등학교 때 사귀었던 남자가 있었는데 대학 입학 후에 바로 헤어졌어요. 지금 생각해 보니 이 남학생의 인상이 그 남자 친구랑 비슷하네요.

**정답**

1. ② 2. ③ 3. ② 4. ⑤ 5. ③ 6. ① 7. 역전이

따뜻하고 유능한 상담자가 되기 위한 <상담심리 실습 7>

## 꿈의 분석과 초기 회상을 통한 무의식의 탐색

다음의 활동은 정신분석 이론을 보다 잘 이해하는 데 도움이 되고 나의 무의식을 알아가는 의미 있는 활동이다. 가능하면 3~5명씩 한 조를 만들어 조별 토의를 하고 전체가 함께할 만한 의미 있는 내용은 조별로 발표한 후 피드백을 주고받도록 한다.

1. 1주 혹은 2주 동안의 꿈의 내용을 기록하여 보자. 가능하면 머리맡에 메모할 수 있도록 수첩과 필기구를 준비한다(하루 혹은 최근 기억나는 꿈이어도 됨). 이러한 꿈이 나에게 전하려고 하는 메시지를 찾아 발표하여 보자. 내 꿈에 대해 다른 사람들의 분석을 요청하자.

2. 나의 어린 시절을 회상하여 최초의 기억을 적어 보자. 이러한 기억이 나의 성격 형성이나 인간관계에 어떤 영향을 미쳤는지 생각해 보자.

# 6 chapter 개인심리학적 상담

남을 위하는 이것이
참으로 나를 위하는 것인 줄 알아야 합니다.
남을 위하는 것이
참으로 나를 위한 것이고
나를 위해 욕심 부리는 것은
결국 나를 죽이는 것입니다.

–성철 스님의 법어집 중에서–

## 01 이론의 개관

개인심리학적 상담은 아들러(Alfred Adler, 1870~1937)에 의해 창시되어 발전된 이론으로 성격이론, 정신병리학, 심리치료학, 상담과 심리치료 접근 방법이다. 아들러는 1870년 2월 7일 오스트리아의 비엔나 근교 조그마한 마을 펜지히(Penzig)에서 둘째 아들로 태어났다. 늘 몸이 아프고 약했던 아들러는 3세 때 동생이 폐렴으로 죽는 것을 목격했고 5세 때 자신도 폐렴으로 죽기 직전까지 갔고, 비타민 부족으로 구루병을 앓아 등에 부목을 부착한 붕대를 감고 다니기도 했다.

어린 시절의 끊임없는 질병과 허약한 신체 때문에 운동 경기나 게임에서 누구에게도 이겨 본 것이 없었다. 이로 인해 생긴 열등감 때문에 괴로워했고 이를 극복하기 위하여 노력을 하였다. 중학교 때에는 수학 과목에서 여러 번 낙제하여 교사가 자퇴를 권유하기까지 하였다. 이때 아들러의 아버지는 책망하지 않고 용기를 북돋아 주었고 스스로의 힘으로 극복해 나가도록 격려해 주었다. 그리고 오래지 않아 가장 우수한 학생이 되었다. 이러한 그의 경험은 열등감과 우월성 추구라는 개념이 주가 되는 독특한 이론인 개인심리학적 상담 이론을 구축하는 데에 큰 영향을 주었다.

아들러가 발전시킨 우월성 추구(striving for superiority)와 사회적 관심(social interest)의 개념은 상담 및 심리치료 분야에서 인간의 사회성을 강조한 최초의 업적이다(Downing, 1975). 아들러는 당대 유명한 연설가로서 300편이 넘는 논문과 저서를 통해 열등감, 생활양식, 공감, 출생 순위 등의 개념을 창안하였다.

프로이트와는 달리 아들러는 단순하고 쉬운 어휘를 활용하여 이론을 소개하여 일반인들도 쉽게 이해할 수 있다. 아들러가 사망 후, 제자인 드레이커스(Rudolph Dreikurs)는 개인심리학적 상담 이론을 유럽으로 옮겨오는 결정적인 역할을 한 인물로 개인심리학적 상담 이론을 완성하였으며 가족상담 및 부모상담에 개인심리학적 상담 이론을 적용하여 대중화에 기여하였다.

개인심리학의 영향은 결혼과 가족 치료, 자녀 양육과 교육, 인간관계 개선, 부모 교육 및 부모 상담 등 수많은 분야에서 찾아볼 수 있다. 오늘날 개인심리학은 많은 상담 및 심리치료 접근들의 선구자로 인식되고 있다. 욕구 이론으로 유명한 매슬로우(Maslow)가 "해가 갈수록 점점 더 아들러가 옳다는 생각을 하게 된다. 그 시대가 아들러를 따라가지 못했다고 말하고 싶다."라고 한 것을 통해 아들러의 개인심리학이 상담과 심리치료 분야에 끼친 지대한 영향을 엿볼 수 있다.

## 02 인간관

아들러가 그의 이론을 개인심리학(individual psychology)으로 부른 것은 인간을 단일하며 더 이상 나눌 수 없고(in-divide) 총체적인 존재로 보았기 때문이다. 이처럼 개인은 전체성의 의미를 지닌 총체로 특정한 가족, 사회, 문화적 맥락에서 출생, 양육, 삶을 영위하는 존재이므로 개인의 성격은 오직 전체적이고 체계적으로 이해될 수 있다. 개인심리학적 관점의 인간관은 다음과 같다(이형득, 1992).

첫째, 인간은 총체적 존재(whole being)이다. 프로이트는 다양한 현상들을 일정한 원리 또는 요소로 귀결시켜 보는 환원론의 입장에서 인간을 의식, 전의식, 무의식, 원초아, 자아, 초자아로 분리하여 보았다. 반면 아들러는 인간을 더 이상 분류하거나 분리, 분할할 수 없는 그 자체로서 완전한 전체로서 보았다. 개인의 모든 행동은 그 개인이 총체적으로 선택한 생활양식의 관점에서 보아야 한다고 주장한다. 그러므로 인간이 어떤 요소로 구성되고 형성되느냐 보다 어떻게 자기 자신을 창조적으로 조직해 나가느냐에 따라 행동이 결정된다.

둘째, 인간은 사회적 존재(social being)이다. 이는 개인이 성 충동이 아니라 사회적 충동에 의해 동기화된다는 의미이다. 즉, 인간은 선천적으로 사회적 관심(social interest)을 갖고 태어났으며, 이러한 사회적 관심이 있기 때문에 인간은 다른 사람을 이해하고 공감하며 협동하여 그들에게 기여할 수 있다.

셋째, 인간은 창조적 존재(creative being)이다. 인간은 유전과 환경을 능가하는 제3의 힘, 즉 창조력을 갖고 있기 때문에 무한한 가능성 가운데서 선택한 목표를 향해 크고 많은 도전을 극복해 나아갈 수 있다. 즉, 인간은 유전과 환경에 의해 결정되는 것이 아니라 자기가 자유롭게 선택한 목표를 향해 운명을 개척해 나간다. 이때 필요한 것이 용기이다.

넷째, 인간은 주관적 존재이다. 개인은 자신이 주관적으로 그린 도식(schema)과 일치하는 방향으로 자신이 설계한 세계 속에서 살아가는 주관적 존재라는 것이다. 이는 현상학적 관점에 기초한 것으로, 개인이 자신과 적응해 나가야 하는 환경을 어떻게 보느냐에 따라 행동이 결정된다는 기본 가정이다. 이러한 관점은 아들러의 허구적 최종 목적론(fictional finalism)이라는 개념에 잘 나타나 있는데, 우리 각자에게 주어진 오직 한 번뿐인 값진 인생을 가공적 소설을 쓰는 것처럼 의미 있게 메워 나가는 것이 우리 각자의 선택이며 책임이라는 것이다.

## 03 주요 개념

### 1) 사회적 관심

개인심리학은 인간이 사회적 존재로서 사회에 참여하여 타인을 이해하고 공감하며 그들의 행복에 기여할 수 있는 이타적인 측면을 강조한다. 즉, 아들러는 개인이 본질적으로 사회라는 집단에 소속되어 사회적 문제해결을 추구하는 사회적 존재라고 보았다. 아들러의 개인심리학이 다른 상담 접근과 가장 구별되는 중요한 개념이 사회적 관심이다(Ansbacher, 1979).

사회적 관심과 같은 의미로 자신이 속한 지역사회에 대한 관심, 우정, 동료애, 이웃사랑, 이타심, 공감, 타인과의 동일시, 타인 지향 등이 있다. Ansbacher(1979)에 의하면, 아들러는 "사회적 관심은 다른 사람의 눈으로 보고 다른 사람의 귀로 듣고, 다른 사람의 마음으로 느끼는 것을 의미한다(Social interest means to see with the eyes of another, to hear with the ears of another, to feel with the heart of another)."라고 하였다.

개인심리학에서는 사회적 관심을 개인의 정신 건강의 중요한 준거로 본다. 즉, 사회적 관심을 가진 사람은 정신적으로 건강하고 행복하며 사회에 기여하는 사람이다. 반면, 사회적 관심이 결여된 사람은 부적응한 사람으로 인생의 실패자라고 할 수 있다. 왜냐하면 부적응한 사람은 단지 자신의 욕구에만 관심을 두며 사회적 맥락에서 타인의 행복과 안녕의 중요성을 인식하지 못한다.

## 2) 열등감

인간은 누구나 어떤 측면에서 열등감을 경험한다. 왜냐하면 사회적 존재로서 다른 사람들과 비교하여 자신을 평가하기 때문이다. 그리고 인간은 현재보다 나은 상태인 자기완성을 위해 노력하는 존재이기 때문이다. 아들러는 열등감은 원래 좋은 것도 나쁜 것도 아니지만 우리 각자가 자기완성을 위해 자신이 느끼는 열등감을 극복해야 한다고 보았다. 아들러는 "인간이 된다는 것은 열등감을 느낀다는 것을 의미한다(To be a human-being means to feel his inferiority)."라고 말한다. 즉, 아들러는 열등감을 긍정적이며 자기완성을 위한 필수 요인으로 보았다.

개인이 열등감을 어떻게 처리하느냐에 따라 심리적 건강에 이르기도 하고 열등감 콤플렉스라고 하는 신경증에 빠지기도 한다. 먼저 개인이 열등감을 자기완성을 위한 우월성 추구를 위해 사용하면 건설적 생활양식을 갖게 되어 심리적 건강을 달성한다. 이러한 사람은 심리적 건강을 위해 열등감을 지배하고 있다고 할 수 있다. 반면, 개인이 열등감에 사로잡혀 열등감의 노예가 된다면 열등감이 우리를 지배하게 되고, 결국 우리의 삶은 열등감 콤플렉스에 빠지게 된다.

아들러는 열등감 콤플렉스의 원인을 아동기에 부모 등 의미 있는 타인들과의 상호작용에 의해 나타난다는 것을 발견했다. 그는 열등감 콤플렉스의 세 가지 원인을 기관 열등감(inferior physical organs), 부모의 과잉보호(parental overindulgence), 부모의 양육 태만(parental negligence)이라고 보았다.

### (1) 기관 열등감

개인이 부모에게서 물려받은 자신의 신체에 대하여 어떻게 생각하는가와 관련

된 것이다. 즉, 열등한 신체 기관 자체가 아니라 이에 대한 개인의 신념과 태도이다. 열등한 신체 기관에 대한 긍정적인 태도는 바람직한 보상으로 나타나는 반면, 부정적 태도는 열등감이 삶의 전반에 퍼져 과도한 열등감을 초래하여 열등감 콤플렉스를 갖게 된다.

#### (2) 부모의 과잉보호

부모가 자녀를 얼마나 독립적으로 양육하느냐 의존적으로 양육하느냐에 따라 자녀는 스스로 의사 결정과 문제해결을 하는 독립적인 아이로 자라기도 하고 의존적인 아이로 자라기도 한다. 부모의 과잉보호 속에서 자란 아이들은 다른 사람들이 항상 그를 위해 모든 것을 해주기 때문에 의존적이고 자신감이 부족하게 되어 인생의 어려운 고비에 부딪혔을 때 스스로 해결할 능력이 없다고 믿고 깊은 열등감에 빠지게 된다.

#### (3) 부모의 양육 태만

최근 급격한 사회 변화에 따라 이혼율과 여성의 사회참여가 증가하면서 방치된 아이들이 늘어나고 있다. 이렇게 방치되어 자란 아이들은 삶의 과정에서 다양한 문제들이 누적되고 문제해결을 위한 자원은 제한되어 차갑고, 의심이 많으며, 남을 신뢰하지 않고, 쉽게 경직되며, 질투가 많고, 미움이 가득 찬 사람으로 성장하게 되어 사회적 관계에 부정적인 영향을 미치게 되기 쉽다. 이처럼 부모의 양육 태만 속에서 자란 아이는 사랑, 협력, 우정을 경험하지 못하고 다른 사람을 거의 신뢰하지 않게 되어 열등감 콤플렉스에 빠지게 된다.

### 3) 우월성의 추구

아들러는 우월성의 추구(striving for superiority)라는 개념을 자아실현, 자기 성장, 자기완성 등의 의미로 사용하였다. 아들러는 자아실현, 자기성장, 자기완성을 위한 모든 노력의 근원이 열등감이고 보았다. 아들러는 우월성의 추구가 단지 열등감의 극복이라는 소극적인 입장이 아니라, 삶의 기초적인 사실로 모든 인간이 문제에 직면하였을 때 부족한 것은 채우고, 낮은 것은 높이며, 미완성의 것은 완성하며, 무능한 것은 유능한 것으로 만드는 경향성이라고 하였다.

### 4) 생활양식

생활양식(life style)은 삶을 영위하는 근거가 되는 인생 목표, 자기개념, 가치, 태도 등이 포함된다. 우리는 생활양식에 따라 생각하고 느끼고 행동한다. 즉, 개인의 독특한 생활양식은 그가 생각하고 느끼고 행동하는 모든 것의 기반이 된다. 일단 형성된 생활양식은 우리의 외부 세계에 대한 전반적인 태도를 결정할 뿐만 아니라 우리의 기본 성격 구조가 되어 일생을 통해 일관성이 유지된다.

아들러는 생활양식을 사회적 관심과 활동 수준으로 구분되는 이차원적 모형으로 설명하였다. 사회적 관심은 정신건강과 심리적 성숙의 주요 기준이 되는 것으로 인간이라는 각 개인에 대한 공감을 말한다. 이는 개인의 이익보다는 사회 발전을 위해 다른 사람과 협력하는 것을 의미한다. 활동 수준이란 인생 과제(life task)를 다루는 데 있어서 개인이 보여 주는 에너지의 양을 말한다(Sharf, 2000). 이 활동 수준은 보통 아동기에 형성되는데, 활동 수준이 건설적으로 되는지 또는 파괴적으로 되는지의 여부는 그것이 사회적 관심의 여부에 의해 결정된다.

아들러는 사회적 관심과 활동 수준에 따른 생활양식을 지배형(the ruling type), 기생형(the getting type), 회피형(the avoiding type), 사회적 유용형(the socially useful type)의 네 가지 유형으로 범주화하였다. 사회적 유용형은 바람직한 유형으로 사회적 관심과 함께 활동 수준도 높다. 반면 지배형과 회피형은 사회적 관심이 낮고 기생형과 회피형은 활동수준이 낮다는 공통점이 있다. 아들러는 생활양식이 가정에서 어린 시절에 부모의 영향 하에서 주로 형성된다고 보았다(노안영, 2006).

표 13 생활양식의 네 가지 유형

| 구분 | | 사회적 관심 | |
|---|---|---|---|
| | | 높음 | 낮음 |
| 활동 수준 | 높음 | 사회적 유용형 | 지배형 |
| | 낮음 | 기생형 | 회피형 |

첫째, 사회적 유용형의 사람들은 높은 사회적 관심과 활동 수준을 특징으로 한다. 이들은 자신과 타인의 욕구를 동시에 충족시키며, 자신의 삶의 문제를 잘 발달된 사회적 관심의 틀 안에서 타인과 협동하여 해결할 수 있는 심리적으로 건강한 유형이다.

둘째, 지배형의 사람들은 사회적 관심이 부족한 반면 활동성은 높은 편이다. 이들은 타인을 배려하지 않고 독단적이고 공격적이다. 이러한 공격성은 경우에 따라서 자신에게 향하기도 하여 약물중독, 인터넷 중독, 알코올 중독, 도박 중독, 자살의 가능성도 나타낸다.

셋째, 기생형의 사람들은 자신의 욕구 충족을 위해 다른 사람에게 의존하며, 자신의 문제를 스스로 해결하려 하기보다는 남에게 의존하여 가급적 많은 것을 얻어내는 데 주된 관심이 있는 유형이다.

넷째, 회피형의 사람들은 사회적 관심이 부족하고 활동 수준이 낮은 유형으로 실패에 대한 두려움에서 벗어나기 위해 생활 과제 수행을 아예 피하는 유형이다.

### 5) 인생 과제

생활양식과 관련하여 아들러는 사람은 누구나 최소한 세 가지의 주요 인생 과제(life task)를 해결해야 한다고 믿었다. 세 가지의 인생 과제는 일과 여가(work & leisure), 사랑(love), 우정(friendship)이다. 여기서 중요한 것은 인간은 이와 같은 인생 과제에서 실패를 하게 되면 낙담하게 된다는 것이다. 예를 들어, 한 개인이 지속적으로 직업을 갖지 못하게 되면 자신에 대한 신뢰감을 잃기 쉽다.

학생들이 학업에 실패하고 낙제하는 것은 곧 직장에서의 실직과 같은 무게감을 느끼게 하여 역시 자신감과 신뢰감 및 자기 존중감을 잃게 된다. 이는 곧 낙담으로 연결되는데 이러한 논리는 사랑과 우정에서도 역시 적용이 된다.

아들러가 사망 후, 개인심리학을 유럽으로 옮겨오는 결정적인 역할을 하고 대중화에 기여한 모작과 드레이커스(Mosak & Dreikurs, 1967)는 아들러에 의해 암시되기만 했던 다른 두 가지 인생 과제를 확인하여 발표하였다. 네 번째 인생 과제는 영성(spirituality)이다. 이것은 우주, 신과 관련된 개인의 영적 자아를 다루는 것으로, 개인의 신의 존재에 대한 이해라 할 수 있다. 다섯 번째 과제는 자기 지향성(self-direction)이다. 자기 지향성을 구성하는 열두 가지 내용은 가치감, 통제감, 현실적 신념, 정서적 지각 및 대처, 문제해결 및 창의성, 유머감, 영양, 운동, 자기 돌봄, 스트레스 관리, 성 정체감, 문화 정체감이다.

### 6) 허구적 최종 목적론

아들러는 인간은 그의 목표에 의해 결정되며, 인간의 행동을 목표 지향적이라고 보았다. 이러한 목적 지향성은 개인의 모든 활동과 행동에서 드러난다. 그렇게 때문에 개개인의 현재 활동을 분석해 보면 그의 목표를 이해할 수가 있으며, 인간의 행동을 설명하기 위해서는 인과론에 입각하여 과거를 찾을 것이 아니라 현재 그가 바라는 목적 혹은 의도가 무엇인지를 알아야 한다.

목표 지향적 행동과 관련하여 허구적 최종 목적론(fictional finalism)의 개념이 중요하다. 허구적 최종 목적론이란 가상이나 허구 및 이상이 현실보다 인간을 보다 더 효과적으로 움직인다는 독일의 철학자이며 정신과 의사인 바이힝거(Hans Vaihinger)의 영향을 받은 개념이다. 1911년 출판한 그의 저서인 『마치 ~처럼의 철학(The philosophy of as if)』에서 인간은 현실적으로 전혀 실현 불가능한 많은 가공적인 생각에 이끌려 살아가고 있다는 흥미 있는 견해를 제시하였다. 예를 들면, '모든 사람은 법 앞에 평등하다.', '내게 능력을 주신 자 안에서 나는 모든 것을 할 수 있다.', '착한 일을 한 사람은 복을 받는다.'와 같은 가공적인 생각은 현실보다도 더 효과적으로 사람들을 움직이게 한다는 것이다. 결국 아들러는 인간의 행동이 과거 경험에 의해 결정되기보다는 미래에 대한 기대에 의해서 결정된다는 생각했다.

### 7) 가족 구도 및 출생 순위

가족 구도(family constellation)는 가족 내에서 가족 구성원들 간의 관계 유형을 말한다. 가족들의 성격유형, 정서적 거리, 나이 차이, 출생 순위, 상호 지배 및 복종 관계, 가족의 크기 등은 가족 구도를 결정하는 요소로서 개인의 성격 발달에 영향을 미친다. 따라서 개인의 행동 유형은 가족 구도를 결정하는 요소들을 통해

추측할 수 있다.

가족 구도의 대표적인 요소가 출생 순위로, 동일한 부모 사이에서 태어나 자란 형제들일지라도 출생 순위에 따라 사회적 환경이 달라서 독특한 생활양식을 형성하게 된다. 아들러는 가족 내에서 개인의 독특한 생활양식을 형성하는 출생 순위를 첫째, 둘째, 중간, 막내, 그리고 외동아이로 구분하여 설명한다(강갑원, 2004; 강진령, 2009; Sweeney, 1989).

첫째 아이(firstborns)인 맏이는 태어나면서 부모의 관심과 사랑을 독차지하고 군림하는 지배자 혹은 부모 부재 시 부모 대리인으로 행동한다. 그러다 동생이 태어나면서 사랑과 관심을 되찾으려고 하지만 실패한다. 거듭된 실패로 스스로 고립되어 적응해 나가며 사랑과 관심을 얻고자 하는 욕구에 초연해서 혼자 생존해 가는 전략을 습득한다. 그래서 맏이는 대체로 다른 성인들과 좋은 관계를 맺을 수 있으며 타인의 기대에 쉽게 순응하며 사회적 책임을 잘 감당한다.

둘째 아이(secondborns)는 경쟁 상대인 맏이가 이미 앞서서 뛰고 있는 것처럼 여기기 때문에 그의 장점을 능가하기 위해 도전을 한다. 그래서 맏이보다 빨리 발전하고 외향적이고 창의적이며 규칙에 영향을 받지 않는 편이다. 흔히 손위 형제와 반대되는 성격의 소유자로 성장하게 된다.

중간 아이(middle child)는 형제들의 중간에 끼어 있다는 점에서 불공평한 대우를 받는다고 느낀다. 형제들 중간에 끼어 있는 특성 때문에 가족의 역학 관계와 협상 기술을 터득하여 갈등 상황에서 조정자 역할을 하기도 한다.

막내 아이(youngest child)는 다른 형제들과는 달리 동생에게 지위를 빼앗기는 경험을 하지 않고 매력적인 귀염둥이로 자라며 손위 형제들을 모델링하여 큰 성취를 이루기도 한다. 한편으로는 가장 어린 자로서의 열등감이 많고 버릇없고 의존적인 성격으로 자랄 수도 있다.

외동 아이(only child)는 경쟁 상대가 없기 때문에 응석을 부리고 보호받고 싶어 한다. 외동아이는 물건을 나누거나 협동이 익숙하지 않으나 어른 다루는 법은 능숙하기도 한다. 바로 위의 형제와 7년 이상 터울이 지는 아이는 심리적으로 외동아이에 해당된다.

# 04 상담 목표와 과정

## 1) 상담 목표

개인심리학적 상담자의 역할은 자기 패배적 행동으로 귀결될 수 있는 내담자의 잘못된 목적을 평가하고, 내담자로 하여금 사회적 관심을 계발하도록 하여 자기 중심성 및 이기주의를 넘어 사회적·심리적으로 건강하고, 기꺼이 사회에 기여할 수 있도록 하는 것이다.

## 2) 상담 과정

개인심리학적 상담이 일반적으로 가정하는 상담 과정의 네 가지 단계는 상담 관계 형성, 분석 및 평가, 해석과 통찰, 그리고 재정향 순으로 진행된다(Dinkmeyer & Sperry, 2000; Mosak, 2000).

### (1) 상담 관계 형성

먼저 상담자는 내담자와 상호 신뢰를 바탕으로 따뜻하고 지지적이며 공감적인 평등 관계를 형성한다. 이러한 평등 관계 형성은 내담자로 하여금 갑과 을의 관계가 아닌 자신이 적극적인 주체자임을 깨닫게 하는 심리치료 효과가 있다. 상담자는 공감과 경청을 바탕으로 내담자의 강점을 자각하게 하고 생산적 상담 관계를 확립하여 내담자와 공동으로 상담 목표를 수립한다.

### (2) 분석과 평가

상담자는 내담자의 부적절한 생활양식에 영향을 준 요인들을 분석하고 평가한다. 내담자에 대한 분석과 평가에 사용되는 생활양식의 조사 영역은 가족 구도, 어린 시절의 초기 회상, 꿈의 내용 등이 포함된다. 이러한 영역의 조사를 통해 현재의 부적절한 생활양식을 파악하고 내담자의 신념, 감정, 동기, 목표를 탐색한다.

### (3) 해석과 통찰

상담자는 내담자의 생활양식, 현재의 심리적 문제, 잘못된 신념과 삶의 목표,

자기 패배적 행동 등에 관하여 상담자는 해석을 통해 내담자의 통찰을 돕는다. 해석은 통찰을 획득하기 위한 가장 주요한 방법이다. 해석할 때는 부정확할 수 있으므로 단정적 해석은 피하고, 내담자는 해석을 수용하지 않을 권리가 있음을 자각하며, 장점을 드러내어 격려하는 방식에 초점을 두는 것이 좋다.

개인심리학적 상담은 지지적이면서도 직면적이다. 특히, 직면은 내담자의 언행 불일치, 이상과 현실의 불일치 등에 대해 내담자가 직면하여 통찰을 획득하도록 한다. 이때 평등 관계 정신에 의거하여 해석의 수용 여부는 내담자에게 달려 있으며, 이 과정에서 공감이 적극 활용된다.

### (4) 재정향

개인심리학적 상담 과정의 최종 단계는 해석을 통한 내담자의 통찰이 행동으로 전환되도록 재정향(reorientation)하는 것이다. 이때 내담자의 부적응 행동이 다른 사람과 협력하는 마음이 부족한 데에서 비롯되었다고 믿기 때문에 내담자가 사회적 관심을 갖게 하는 데에 주력한다. 상담자는 내담자를 무조건 격려함으로써 내담자의 열등감을 감소시킬 뿐만 아니라 사회적 관심을 일깨운다. 이를 위해 상담자는 사회적 관심과 협력을 시범 보이고 내담자가 일상생활에서 실시해 보도록 격려한다.

## 05 상담 기법

개인심리학적 상담에서는 스스로 변화할 수 있는 능력이 내담자에게 있음을 믿기 때문에 그러한 믿음을 보여줄 수 있는 상담 기법을 사용한다. 상담자는 내담자가 아동이든 성인이든 상관없이 생활 속에서의 경험하는 난관을 극복할 수 있는 능력에 대한 믿음을 키워 나가도록 격려해야 한다. 이를 통해 개인심리학적 상담의 궁극적인 목표인 생활양식의 재정향을 위해 내담자의 신념과 행동을 변화시킬 수 있다. 생활양식의 재정향을 위해 사용되는 기법들을 살펴보면 다음과 같다(김춘경 외, 2011; 노안영, 2006; Sweeney, 1998).

### 1) 질문 기법

내담자가 미처 확인하지 못한 생활양식에 대해 탐색할 수 있는 기회를 제공하기 위한 기법이다. 개인심리학적 상담에서 활용되는 주요 질문 유형에는 순환 질문(circular questions), 반사 질문(reflective questions), 전략 질문(strategic questions) 등이 있다.

순환 질문은 내담자의 대인관계와 가족 관계를 묘사하는 데 사용한다. 이를 통해 관계의 일방적인 인과성보다는 순환성에 기초하여 내담자의 대인관계 및 가족 관계와 관련된 생활사를 구조화하기 위한 정보를 탐색할 수 있다. 예를 들면, '너의 나쁜 성적에 대해 어머니는 어떻게 반응하시니?', '어머니의 반응에 아버지는 뭐라고 하시니?' 등이다.

반사 질문은 내담자가 새로운 견해나 맥락을 발견하도록 돕기 위해 사용한다. 이 질문은 내담자의 문제해결을 위한 자원을 확인하고 동원하기 위한 것으로, 현재의 지각 또는 행동에 대한 대안을 탐색하도록 한다. 반사 질문은 해결중심 상담의 기법인 기적 질문의 원형이라 할 수 있다. 예컨대, '만약 오늘 밤 잠든 사이 기적이 일어나 당신의 고민이 다 해결된다면 당신의 삶은 어떻게 달라질까요?'이다.

전략 질문은 심리치료적 범위에서 개인의 행동을 변화시키는 것이다. 이 질문은 개인, 부부, 가족들에게 내면적으로나 외현적으로 영향을 미치는 가장 강력한 방식이다. 예를 들면, '성적이 낮다고 고민하기보다는 좋아하는 과목에 시간을 더 투자하는 것은 어떨까?'와 같은 형태의 질문이다.

### 2) '마치 ~인 것처럼' 행동하기

'마치 ~인 것처럼(as if)' 행동하기는 내담자가 자신의 행동이 실패할 것이라는 예기 불안으로 인하여 두려워하는 행동을 새롭게 시도하도록 하는 일종의 역할연기이다. 이 기법은 내담자가 새로운 행동과 신념을 시작할 때 재정향을 용이하게 하거나 새로운 행동을 변화시키기 위해 사용한다.

만약 내담자가 새로운 행동을 시도하기를 주저한다면, 새 옷을 한 번 입어 보듯이 새로운 행동을 시도해 보도록 제안한다. 예컨대, 교수님에게 말을 걸기 힘들어하는 대학생인 민채가 상담심리학 기말시험 중 한 문제가 잘못 채점된 것이 있어서 담당 교수님에게 시정해 달라고 해야 하는데 고민하고 있다면, '마치 ~인 것처럼' 기법을 사용할 수 있다. 친한 친구 중에 자기의 주장을 잘하는 근애인 것처럼 역할연기를 한다고 생각하고 담당 교수님에게 말씀드리도록 한다.

### 3) 단추 누르기 기법

내담자가 느끼는 감정이 다른 사람이 나에게 만들어 주는 것이 아니라 자신이 창조하는 것임을 통찰하도록 돕는 데 사용하는 기법이 단추 누르기(push button)이다. 이 기법은 내담자가 유쾌한 경험과 불쾌한 경험을 차례로 떠올리게 하여 자신의 삶에서 행복 단추와 불쾌 단추 중 어느 것을 누르느냐에 따라 행복한 감정과 불쾌 감정을 자신이 만든다는 것을 알게 된다.

〈상담심리 읽기 자료 3〉

**나무꾼과 뱀**

옛날 한 나무꾼이 모내기를 끝내고 한가한 틈을 이용해 겨울에 쓸 나무를 하러 도끼를 들고 산에 갔다. 아름드리나무를 찾아 도끼를 들고 나무를 열심히 찍고 있었다. 땀이 비 오 듯 쏟아지는 가운데서도 한 시간이 넘도록 도끼질을 하고 있는데, 오른발 복사뼈 쪽에서 따끔 하는 느낌이 나서 보니 살모사가 자기를 물고는 재빠르게 저쪽으로 도망가는 것이 아닌가.

화가 난 나무꾼은 도끼를 들고 '이 놈의 독사가 나를 물어, 너 오늘 잘 만났다.'하고 따라가 죽이려는 순간, '내가 저 독사를 따라가 저 뱀 한 마리를 죽일 수는 있지만 결국 나에게 독이 퍼져 나도 죽게 된다. 저 뱀 한 마리를 죽인다고 이 산의 모든 뱀을 죽일 수 없다. 나는 나를 돌보아 살려야 한다.'라는 생각이 떠올랐다. 그래서 자신의 허리춤의 끈을 풀어 독이 온몸으로 퍼지지 않게 묶고는 독을 빨아내었다. 고작 독사 한 마리에게 앙갚음하느라 자신을 죽이는 우를 범하지 않는 올바른 선택이었다.

이 이야기처럼 우리 주변에는 우리에게 상처를 주고 화나고 불쾌하게 하는 일들이 많이 있다. 그 때마다 그것에 반응하고 제거하려고 하면 결국 우리가 죽게 되는 것이다. 우리가 화가 날 때 나오는 호르몬은 아드레날린이다. 이것은 엔도르핀과 반대되는 호르몬으로 단위 면적 당 뱀독보다 8배 더 독성이 강하다고 한다.

법구경에 이르기를 '화난 마음은 불과 같고 내 몸은 마른 섶과 같아서 다른 사람을 태우기 전에 우리 몸을 태운다.'라고 한다. 우리는 나를 돌보기 위해 행복 단추를 누르는 올바른 선택을 해야 할 것이다.

### 4) 수프에 침 뱉기

수프에 침 뱉기(spitting in the soup)는 상담자가 내담자의 잘못된 인식, 생각, 혹은 행동에 침을 뱉아 내담자로 하여금 그와 같은 생각과 행동을 더 이상 하지 않게 하는 기법이다. 예를 들어, 승진에 탈락한 직장인 A씨는 '청춘을 바쳐 일했는데 회사가 나에게 이런 대접을 하다니.'라고 생각하고 회사를 당장 그만두겠다고 상담자에게 말했다고 가정하자. 이때 상담자는 "그럼 그렇게 해보세요. 당신은 그렇게 할 수 있는 선택권이 있으니까요."라고 하면, 상담자가 회사를 그만둘 것을 말릴 것으로 기대했던 내담자는 수프라고 할 수 있는 그러한 자기 패배적 행동에 상담자가 침을 뱉었으므로 그 행동을 그만두거나 주저하게 된다.

### 5) 악동 피하기

악동 피하기(avoiding the tar baby)는 내담자가 일상생활에서 흔히 하는 자기 패배적 행동을 상담 장면에서 나타낼 때, 분노, 실망, 고통과 같은 감정 호소로 상담자를 통제하려는 내담자의 의도를 간파하여 내담자의 기대와는 다르게 행동하는 기법이다. 예컨대, 상담 중에 내담자가 이번 상담을 통해 얻은 것이 하나도 없다고 실망의 감정을 드러냈을 경우, 상담자는 내담자의 이러한 비효율적인 행동을 언급하는 대신에 자신이 처한 어려움에 직면하도록 격려한다.

### 6) 과제 설정하기

과제 설정하기(task setting)는 상담자와 내담자가 평등 관계를 바탕으로 바람직한 행동이나 목표를 설정하여 그것을 꾸준히 실천하도록 하는 기법이다. 예를 들어, 전화하는 것을 두려워하는 내담자의 경우, 스스로 하루에 한 번 무슨 일이 있어도 전화를 해 보도록 하는 것이다. 친구에게 전화를 걸어 그 날의 숙제를 물어본다거나 박물관에 전화하여 운영 시간이나 특별한 전시 행사에 관해 물어보도록 하는 등 쉬운 과제 목록을 만들어 내담자가 실행하게 한다.

### 7) 역설적 의도

역설적 의도(paradoxical intention)는 내담자의 특정 사고나 행동을 의도적으로 과장하는 기법이다. 이 기법은 내담자로 하여금 현실 상황에서 자신의 증상을 보다 명확하게 볼 수 있게 한다. 예를 들어, 불면증 환자에게 밤새도록 자지 말고 깨어 있으라는 요청을 한다거나, 손가락을 빠는 행동을 하는 아동에게 계속해서 손가락을 빨라고 요청하는 것이다. 이것은 많은 바람직하지 않은 습관들이 그 강도를 더해 가면 지겹고, 귀찮고, 고통스럽고, 웃기는 것이 될 수도 있어 스스로 그만 둘 수밖에 없도록 한다.

### 8) 격려하기

격려하기는 내담자의 기를 살려주는 작업을 의미한다. 상담자는 내담자가 우울, 분노, 불안, 불행을 경험하는 것은 성장 가능성과 자기 신뢰가 부족하기 때문이라고 본다. 따라서 격려를 통해 내담자가 열등감과 부정적 자기개념을 극복하도록 하고 내적 자원을 개발하고 긍정적인 방향으로 나아갈 수 있도록 용기를 북돋아 준다.

## 06 개인심리학적 상담의 사례

개인심리학적 상담의 사례는 다음과 같다(중등임용시험, 2018).

상담교사: 어머니, 준수가 같은 반 친구 형기를 때린 것을 담임 선생님을 통해 전달 받으셨죠?

어 머 니: 네. 죄송해요, 선생님. 그런데 준수가 둘째인데 자기형을 이기려고 해서 걱정이에요. 준수가 3살 때 다리를 다쳐서 왼쪽 다리가 좀 불편한데도 어릴 때부터 형과 함께 태권도를 아주 열심히 해서 저희 부부는 준수를 대견하게 생각했어요. 중학교 때는 태권도 시합에 출전하여 형은 메달을 받지 못했지만 준수는 은메달을 받기도 했어요. 준수는 지금도 열심히 운동해요.

상담교사: 그렇군요. 준수가 대단하네요. 신체에 불편함이 있는 데도 불구하고 태권도를 열심히 해서 은메달까지 받았네요. 그런데 준수가 친구들과의 관계는 원만하지 못한 것 같아요. 학급회의 때마다 다른 학생들의 말은 듣지 않고 고집을 부릴 때가 많다고 해요. 준수가 집에서는 어때요?

어 머 니: 공부는 형이 준수보다 월등하게 잘해요. 틈만 나면 형에게 시비를 걸고 결국 서로 다투게 되지요. 준수 아빠는 가부장적이고 권위적이다 보니 동생이 형에게 덤비는 것을 용납하지 않죠. 그래서 준수를 꾸중하게 되는데, 준수는 꾸중을 들어도 전혀 개의치 않아요.

## 07 개인심리학적 상담의 강점과 한계

### 1) 강점

개인심리학적 상담의 강점을 살펴보면 다음과 같다(강갑원, 2006; 강진령, 2009; Jones, 1995; Peterson & Nisenholz, 1999).

첫째, 사회적 관심의 중요성을 일깨워 모든 사람에게 유익한 사회적 이익을 도모한 점이다. 인간의 사회적 측면에 관심을 가짐으로써 새로운 사회심리학적 시각을 제시하였다.

둘째, 과거에 구속 받는 인간이 아닌 미래를 향해 나아가는 인간의 능동성을 강조함으로써 인간에게 희망을 안겨 주었다는 점이다.

셋째, 상담자와 내담자가 평등 관계를 기초로 상담을 진행할 것을 강조하였다는 점이다. 남녀노소에 관계없이 평등을 강조하면서 그들 모두 우수하고 완벽하며 열등감을 극복하려고 한다고 여긴다.

넷째, 다양한 상담 이론 형성에 기여한 점이다. 현상학, 생활양식, 선택과 책임, 사회적 관심과 같은 개념들은 실존주의 상담, 게슈탈트 상담, REBT, 현실 치료, 교류분석 등과 같은 주요 상담 이론적 접근의 형성에 직·간접으로 영향을 미쳤다.

다섯째, 성격 형성에 사회성이라는 새로운 관점을 제시한 점이다. 당시의 성욕과 성충동의 관점에서 인간 이해에 새로운 문제점과 도전을 제공하였고 성격 형성에 있어 사회성이라는 새로운 관점을 제시하여 성격심리학의 폭을 확장시키는 계기를 제공하였다.

### 2) 한계

개인심리학적 상담의 한계를 살펴보면 다음과 같다(강갑원, 2006; 강진령, 2009; Jones, 1995; Peterson & Nisenholz, 1999).

첫째, 경험적 연구가 부족하다는 점이다. 이론에서 제시한 기본 개념들의 타당성과 상담의 효과를 과학적으로 검증한 경험적 연구들이 그리 많지 않다(Wallace, 1986). 이는 복잡한 인간의 문제를 지나치게 단순화하고 일반 상식에 머무르고 만다는 비판을 받을 수 있다.

둘째, 다문화적 관점에서 다른 민족과 문화에 적용하기에는 한계가 있다. 민주적 가족 구도, 상담자와 내담자의 평등 관계 등은 동양적 문화, 라틴계 문화, 아프리카 문화, 인디오 문화의 종적 사회관계를 강조하는 문화적 맥락을 가진 내담자에게 잘 맞지 않을 수 있다(Brown, 1997)

셋째, 지적 수준이 낮은 내담자에게 적용하기에 한계가 있다. 개인심리학적 상담은 언어 표현 능력, 논리적 사고, 그리고 통찰력에 의존하는 경향이 강하다. 따라서 지적 수준이 낮은 내담자에게 적용하기에는 한계가 있다(James & Gilliand, 2003).

## 실/전/도/전/문/제

학습한 내용을 바탕으로 실전에 도전해 봅시다.

**1.** 아들러(A. Adler) 개인심리학에 관한 설명으로 옳지 않은 것은? (청소년상담사 3급, 2018)

① 범인류적 유대감(공동체감)을 중시한다.
② 인간을 전체적 존재로 본다.
③ 증상의 원인을 찾는데 초점을 둔다.
④ 사회 및 교육 문제에 관심을 갖는다.
⑤ 역경을 이겨 내는 능력을 발달시키기 위해 격려를 사용한다.

**2.** 개인심리학(individual psychology)에 관한 설명으로 옳은 것을 모두 고른 것은? (청소년상담사 3급, 2016)

ㄱ. 인간을 분리하여 볼 수 없는 전체적 존재로 본다.
ㄴ. 리비도(libido)를 인간 성장의 가장 중요한 힘으로 본다.

ㄷ. 목적론보다는 결정론을 더 중시한다.
ㄹ. 더 나은 세계를 만들기 위해 현재, 과거, 미래 인류와 갖는 유대감, 즉 공동체감을 중시한다.

① ㄱ, ㄴ ② ㄱ, ㄹ ③ ㄴ, ㄷ
④ ㄴ, ㄷ, ㄹ ⑤ ㄱ, ㄴ, ㄷ, ㄹ

**3. 다음이 설명하고 있는 개인심리학의 기법은?** (청소년상담사 3급, 2014)

내담자가 반복적으로 나타내는 자기파멸적인 행동 동기를 확인하고 그것을 매력적이지 못한 것으로 만듦으로써 내담자가 상상한 이익을 제거한다.

① 단추누르기 ② 과제부여 ③ 수렁(악동) 피하기
④ 마치 ~인 것처럼 행동하기 ⑤ 수프에 침 뱉기

**4. 상담자는 S군이 자신의 폭력행동 뒤에 숨겨진 부적절한 의도나 목적을 알게 되면 폭력행동으로부터 자신을 분리시킬 수 있게 될 것이라 생각하여, S군에게 폭력행동을 유발하는 그의 내면적 동기와 그 행동의 감춰진 목적을 알려주었다. 이 상담자가 사용한 상담기술은?**

① 수프에 침뱉기 ② 수렁피하기 ③ 단추누르기 ④ 대처질문 ⑤ 정보제공

**5. 아들러(A. Adler) 개인심리학의 인간관에 관한 설명으로 옳은 것은?** (청소년상담사 2급, 2017)

① 인간은 성적 충동에 의해 일차적으로 동기화되는 존재이다.
② 인간의 행동은 삶에 대한 허구적인(fictional) 중심 목표에 의해 인도된다.
③ 인간은 미래를 향한 목적론적인(teleological) 존재로서, 과거에 의해 영향 받지 않는다.
④ 열등감(inferiority)은 신경증의 원천으로, 잠재 능력을 저하시키는 부정적 요인이다.
⑤ 자신의 행복과 복지를 추구함으로써 심리적 건강을 회복하게 된다.

**6. 다음은 학교 폭력 가해 행동으로 징계를 받은 남자 중학생들을 대상으로 실시한 집단상담 축어록이다. 아들러(A. Adler)의 개인심리학 관점에 근거하여 ㉠, ㉡에 사용된 기법의 명칭을 순서대로 쓰시오.** [전문상담교사, 2017]

영 철: 이번 징계는 억울해요. 용진이가 자꾸 나를 멍청하다고 놀리는 바람에 열 받아서 한 대 때린 건데요. 지난 몇 달 동안 큰 사고 없이 학교를 잘 다녔는데 이것으로 모든 게 물거품이 되어 버렸어요. 더 이상 애들을 때리지 않겠다고 엄마랑 약속했었는데…….

상담교사: ㉠ 엄마와의 약속을 지키려고 노력한 걸 보니 영철이는 책임감이 있군요. 지난 몇 달 동안 큰 사고가 없었던 것으로 보아 스스로 절제하기 위해 꾸준히 노력해 왔다는 것을 알 수 있네요.

… (중략) …

민　규: 날 신고한 소찬이만 보면 견딜 수가 없어요. 엄밀히 따지자면 그 애가 먼저 싸움을 시작한 것인데……. 선생님들은 제 말은 듣지도 않고, 소찬이 말만 듣고 저를 여기에 보낸 거예요. 한때는 소찬이와 절친이었거든요. 주말이면 하루 종일 게임도 같이 할 정도로 친했는데 이번 일로 우리 관계는 끝장났어요.

상담교사: 민규는 소찬이에 대해 여러 가지 기억들을 가지고 있군요. ㉡ 지금부터 소찬이에 대해 좋은 기억과 나쁜 기억을 차례로 떠올려 보려고 해요. 잠시 눈을 감아 보세요.

민　규: (눈을 감는다.)

상담교사 : ㉡ 먼저 소찬이와 관련된 즐거웠던 기억을 떠올려 보세요. 어떤 기분이 드나요?

민　규: 신나요. 소찬이와 한 팀이 되면 게임방에서 우리를 이길 자가 없었거든요.

상담교사: ㉡ 이번에는 소찬이와의 불쾌했던 기억을 떠올려 보세요. 어떤 기분이 드나요?

민　규: 화가 나요. 날 배신했다는 생각에 치가 떨려요. 때려 주고 싶어요.

상담교사: ㉡ 이제 눈을 뜨세요. 두 가지 장면을 떠올릴 때 들었던 기분이 어떻게 다른지 주목해 보세요. 민규의 생각에 따라 기분이 어떻게 변했나요?

민　규: 제가 어떻게 생각하느냐에 따라 기분이 달라지네요. 신기해요.

상담교사: ㉡ 그래요. 민규의 말처럼 우리가 무엇을 선택하느냐에 따라 기분이 달라질 수 있어요.

**정답**

1. ③　2. ②　3 ⑤　4. ①　5. ②　6. ㉠ 격려 ㉡ 단추누르기

따뜻하고 유능한 상담자가 되기 위한 <상담심리 실습 8>

## 열등감을 우월성으로 변화시키기

개인심리 상담자는 내담자의 문제는 그의 열등감과 관련되어 나타나는 것에 주목한다. 아들러는 "인간이 된다는 것은 자신이 열등감을 느끼는 것이다(To be a human-being means to feel oneself inferior)."라고 지적하면서 우리가 나름대로 갖고 있는 바람직한 방법으로 열등감을 극복할 것을 제안하였다.

연습 1. 당신이 가졌던 크고 작은 열등감을 극복했던 구체적인 예를 들어 이야기해 보세요.

연습 2. 당신이 현재 심각하게 느끼고 있는 열등감이 무엇인지 기술하고 어떻게 극복할 것인지를 구체적으로 계획을 세워 보고 실천해 보세요.

따뜻하고 유능한 상담자가 되기 위한 <상담심리 실습 9>

Enjoy

## 자기 지향 검사

아들러는 사회적 관심과 우정, 일과 여가, 사랑, 자기 지향, 영성을 주요한 다섯 가지 인생 과제로 보았다. 다음 내용은 인생 과제 중에서 자기 지향성을 측정하는 척도다. 나 자신이 나에 대해 어떻게 생각하고 있는지 평가해 보세요.

1 : 전혀 그렇지 않다　2 : 다소 그렇지 않다　3 : 그저 그렇다　4 : 다소 그렇다　5 : 매우 그렇다

| 번호 | 문 항 | 전혀 그렇지 않다 ~매우 그렇다 | | | | |
|---|---|---|---|---|---|---|
| 1 | 나는 가치 있는 사람이다. | 1 | 2 | 3 | 4 | 5 |
| 2 | 스트레스에 효과적으로 대처하고 있다. | 1 | 2 | 3 | 4 | 5 |
| 3 | 남성, 혹은 여성으로서 나의 역할에 만족하고 있다. | 1 | 2 | 3 | 4 | 5 |
| 4 | 내가 소속되어 있는 집단의 문화는 독특하며 유익한 측면들이 많다. | 1 | 2 | 3 | 4 | 5 |
| 5 | 나 자신이 불만족스럽다. | 1 | 2 | 3 | 4 | 5 |
| 6 | 내가 겪는 스트레스를 잘 처리하지 못한다. | 1 | 2 | 3 | 4 | 5 |
| 7 | 주위 사람들로부터 유머감이 풍부하다는 말을 자주 듣는다. | 1 | 2 | 3 | 4 | 5 |
| 8 | 나는 남성(여성)으로서 나의 역할에 불만이 많다. | 1 | 2 | 3 | 4 | 5 |
| 9 | 나의 일처리 능력에 만족하지 못한다. | 1 | 2 | 3 | 4 | 5 |
| 10 | 새로운 문제 상황에서 적절하게 대처하지 못한다. | 1 | 2 | 3 | 4 | 5 |
| 11 | 유머감이 풍부한 사람을 보면 부러움을 느낀다. | 1 | 2 | 3 | 4 | 5 |
| 12 | 건강과 관련하여 음식 조절 능력이 부족하다. | 1 | 2 | 3 | 4 | 5 |
| 13 | 내가 종사하고 있는 영역에서 성공할 수 있는 충분한 능력을 가지고 있다. | 1 | 2 | 3 | 4 | 5 |
| 14 | 건강과 관련하여 신체적 활동에 관심이 없다. | 1 | 2 | 3 | 4 | 5 |
| 15 | 나의 비합리적인 사고나 행동 때문에 자주 비난을 받는다. | 1 | 2 | 3 | 4 | 5 |
| 16 | 나는 정서 상태에 대한 이해나 표현이 부족하다. | 1 | 2 | 3 | 4 | 5 |
| 17 | 나는 나 자신을 돌보는 데 소홀하다. | 1 | 2 | 3 | 4 | 5 |
| 18 | 내가 소속한 집단의 문화에 이질감을 느낀다. | 1 | 2 | 3 | 4 | 5 |
| 19 | 나는 합리적이고 현실적으로 느끼며 행동한다. | 1 | 2 | 3 | 4 | 5 |
| 20 | 나는 규칙적으로 운동을 한다. | 1 | 2 | 3 | 4 | 5 |
| 21 | 나의 정서 상태를 잘 이해하고 있으며 이를 적절하게 표현한다. | 1 | 2 | 3 | 4 | 5 |
| 22 | 나는 평소에 창의적으로 생각하며 문제를 해결한다. | 1 | 2 | 3 | 4 | 5 |
| 23 | 나는 영양 섭취에 관심이 많다. | 1 | 2 | 3 | 4 | 5 |
| 24 | 철저한 안전 습관, 건강 검진 등을 통하여 나 스스로를 보살핀다. | 1 | 2 | 3 | 4 | 5 |

〈채점 요령〉

문항 번호 5, 6, 8, 9, 10, 11, 12, 14, 15, 16, 17, 18번은 도취(역채점) 문항들이다. 이러한 문항들은 바꾸어서 채점하세요(예 : 1→5, 4→2 등). 자기 지향의 열두 영역에 해당하는 내용과 문항들은 다음과 같다.

가치감 : 1, 5 ; 통제감 : 9, 13 ; 현실적 신념 : 15, 19 ; 정서적 자각 및 대처 : 16, 21 ; 문제해결 및 창의성 : 10, 22 ; 유머감 : 7, 11 ; 영양 : 12, 23 ; 운동 : 14, 20 ; 자기 보살핌 : 17, 24 ; 스트레스 관리 : 2, 6 ; 성 정체감 : 3, 8 ; 문화 정체감 : 4, 18

〈해석 요령〉 자기 지향 열두 가지 영역 중에서 가장 높은 점수부터 3~4개의 영역은 나 자신이 자기 지향을 위해 잘하고 있는 영역입니다. 그리고 가장 낮은 점수부터 3~4개의 영역은 나 자신이 자기 지향을 위해 노력해야 하는 영역입니다. 그러한 영역이 무엇인지 확인하여 그러한 측면을 보완하도록 노력하세요.

| 잘하고 있는 영역 | 잘못하고 있는 영역 |
|---|---|
| 1위: | 1위: |
| 2위: | 2위: |
| 3위: | 3위: |

※ 노력할 점을 기록하여 이야기 나누어 보세요.

7 chapter

# 분석심리학적 상담

"나는 나의 저술에 대해서 어떤 뜨거운 공감을 기대한 적이 없다. 〈중략〉 나는 누구도 들으려고 하지 않는 것을 말해야만 했다. 그리하여 특히 연구 초기에는 완전히 외톨이가 된 느낌을 자주 받았다. 나는 사람들이 싫어하리라는 것을 알고 있었다. 왜냐하면 무의식 세계에 대한 보상을 받아들이는 것은 쉬운 일이 아니기 때문이다."

"나의 생애는 무의식의 자기실현의 역사다. 〈중략〉 나의 저술들은 내 생애의 정류장이라 여겨질 만하다. 그것들은 나의 내적 발달의 표현이다. 무의식 내용을 탐구하는 일은 사람을 만들고, 그에게 변화를 일으키기 때문이다. 나의 생애는 내가 행한 것, 내 정신의 작업이다. 이것들은 하나하나 떼어놓을 수가 없다."

–칼 구스타프 융–

## 01 이론의 개관

칼 구스타브 융(Carl Gustav Jung, 1875~1961)은 스위스의 정신과 의사이자 분석심리학(analytical psychology)의 창시자이다. 융은 프로이트와 직업적으로 또 개인적으로 6년간 함께 지내며 정신분석에 심취하였다. 프로이트는 정신분석학회에서 융을 기꺼이 2인자, 즉 황태자로 인정하였다.

하지만 두 사람 사이에는 점차 입장의 차이가 두느러졌다. 가장 첨예한 갈등은 프로이트의 성 이론에 대한 융의 비판이었다. "나는 꿈과 히스테리의 복잡한 메커니즘을 인정하지만, 그렇다고 프로이트처럼 어린 시절의 성적 외상(trauma)에 유일한 의미를 부여하지는 않는다. 또 프로이트처럼 성을 과도하게 전면에 부각시키지도, 성이 심리적 보편성을 가지고 있다고 생각하지도 않는다."

1909년에 융과 프로이트는 7주간 미국을 방문했다. 이 여행은 두 사람의 결별을 가속화시킨 계기가 되었다. 이때의 경험을 통해서 융은 프로이트가 '진리보다는 개인의 권위'를 더욱 앞세운다는 인상을 받았으며, 프로이트의 이론이 일종의 개인숭배로 변질되었다는 점에 거부감을 느꼈다. 프로이트 역시 융이 종교나 신비주의 같은 미심쩍은 '고대의 잔재'에 관심을 보이는 것에 불만을 느꼈다. 1910년에 융은 국제정신분석학회의 초대 회장으로 선출되었지만, 양쪽의 갈등은 점점 깊어졌다.

1913년에 이르러 융과 프로이트는 마침내 결별하게 되었다. 프로이트는 "우리의 사적인 관계를 모두 중단하기로 하자."는 내용의 편지를 보냈고, 융도 "더 이상 당신과 함께 일하는 것이 불가능하게 되었다."고 시인했다. 이후로 프로이트는 융에 대한 언급을 가급적 피했지만, 사적인 자리에서는 그 결별을 오랫동안 아쉬워했다는 증언이 있다. 융 역시 프로이트의 사상에서 받은 영향을 기꺼이 인정했다. "프로이트의 정신분석학이 없었더라면, 나는 심리학 분야의 여러 문제에 대한 해결의 열쇠를 찾지 못했을 것이다."

융은 프로이트가 정립한 심리 성적 발달과 인생 초기에 성격이 결정된다는 결정론에 반대하여 인간 정신에 대한 분석을 주관적 체험과 현상학을 바탕으로 체계화하여 분석심리학을 주창하였다. 융은 자신의 무의식과 수많은 사람들의 심리분석 작업을 통해서 얻은 방대한 경험 자료, 원시 종족의 심성과 여러 문화권의 신화 및 민담, 동서양의 철학과 사상, 종교현상들을 고찰하였다. 즉, 융도 프로이트처럼 정신을 의식과 무의식의 구조로 보았지만, 인간이 생물학적인 본능에 의해 지배되는 것 이상으로 인류의 역사를 통해 발달된 인간의 정신 구조를 이해하려고 시도하였다. 이를 통해 무의식 너머에 의식의 뿌리이며 정신 활동의 원천인 원형들로 이루어진 집단적 무의식을 제안하였다.

융은 개인의 인생은 무의식의 자기실현의 역사이고, 무의식에 있는 모든 것은 표현되려고 노력하며, 성격은 무의식의 조건에서 발현되기를 갈망한다고 보았다(김춘경 외, 2011 재인용). 또한 융은 언제나 '마음과 영혼의 의사'로서 무의식의 자기실현을 몸소 실천하였으며 20세기 유럽이 낳은 정신 과학자 중에서 동양 사상을 누구보다도 깊이 이해함으로써 동서에 다리를 놓았으며, 인류가 무엇을 보고 어떻게 살아야 할 것인가를 제시하였다.

분석심리학은 병리적 현상의 이해와 치료뿐 아니라 건강한 사람의 마음의 뿌리를 보다 깊고 넓게 이해하고 모든 인간의 자기 통찰을 돕는 데 이바지하였다. 또한 시대적 문화, 사회적 현상의 심리적 배경을 이해하는 기초로서 정신의학이나 심리학, 신학, 인류학, 민담학, 민족학, 종교심리학, 예술, 문학, 그리고 물리, 수학 등 자연과학에 이르기까지 깊은 영향을 미쳤다.

## 02 인간관

분석심리학에서는 인간을 어떻게 보는가? 분석심리학에서 보는 인간의 본질은 정신의 전체성에 있다. 정신의 전체성은 융에게는 모든 생물학적, 정신적 일어남의 고유한 원동력으로 나타난다. 융은 이 신비한 전체성을 자기(self)의 개념으로 파악하고 있다. 따라서 분석심리학에서 인간의 본질에 관한 질문은 자기(self)에 대한 질문이 된다.

자기(self)는 우선 자아(ego)와 구별된다. 자아(ego)가 '일상의 나'라면 자기(self)는 '본래적 나'이다. 즉, 자아(ego)가 '경험적 나'라면 자기(self)는 '선험적 나'이다. 그러므로 자기(self)와 자아(ego)의 관계를 주객 관계로 본다면 주체와 객체의 관계이다. 말하자면 자아(ego)가 주체가 되는 것이 아니라 자기(self)가 주체가 되는 것이다. 자기(self)는 의식 초월적(transcendent)인 존재이기 때문에 의식으로는 파악할 수 없으면서 우리들 내부에서 스스로 작용하고 있는 어떤 것으로써 체험될 수 있을 뿐이다. 융은 현실(wirklichkeit)이라는 말이 작용하다(wirken)에서 나온 것임을 주목하면서 우리들 내부에서 스스로 작용(wirken)하고 있는 어떤 것이야말로 진정한 현실을 드러낸다고 하였다.

'작용(wirken)하고 있는'이라는 말에서 표현되고 있는 그 작용은 원형(archetype)의 작용이다. 모든 원형은 중심 원형인 자기 원형(self-archetype)과 관계하고 그것에로 귀일하기 때문에 자기 원형(self-archetype) 혹은 자기(self)로 대표된다. 원형의 작용은 원형의 초월 기능의 작용으로서, 이는 의식적 자아의 분별성을 지양하여 정신의 전체성으로서의 자기(self), 그리고 세계와의 관계에서는 주체와 객체가 하나라는 체험을 하게 된다고 보았다. 즉, 그런 체험 속에 드러나는 것이 진정한 현실이라는 것이다.

분석심리학의 인간관은 융의 분석심리학의 체계에 대한 기본 가정을 통해 이해할 수 있다. 융의 분석심리학의 체계에 대한 기본 가정은 다음과 같다(노안영, 2005; Manduro & Weelwright, 1977; Patterson & Watkins, 1996).

① 인간의 성격은 집단 무의식과 그것의 활동에 의해 영향을 받는다.
② 자아에 수용될 수 없는 무의식적인 요소는 개인 무의식에 머무른다.
③ 인간의 콤플렉스는 활동적 원형 이미지 주변에서 형성되고 작동한다.
④ 자아는 무의식과 외부 세계를 중재한다.
⑤ 자기(self)는 전체를 의미하며 조직화된 원형이다.
⑥ 원형은 집단 무의식의 기관으로서 기능한다.
⑦ 무의식적 내적 세계인 정신적 현실은 외적 세계처럼 중요하다.

⑧ 분석심리학은 오이디푸스 시기의 갈등 이전의 중요한 경험, 불안 방어에 관심을 둔다.
⑨ 개성화 과정은 개인의 심리적 유형과 관련해서 생애에 걸쳐 진행한다.
⑩ 성격의 성숙은 평생에 걸쳐 진행되며 생의 후반기의 개성화 과정에서 더욱 촉진될 수 있다.
⑪ 정신은 자기 조절 체계로서 건설적인 무의식적 보상의 원리를 이용한다.
⑫ 정상적 및 병리적 자아 방어는 자기 조절적인 정신 내에서 갈등을 다루기 위해 서로 대립되는 힘이다.
⑬ 정신은 심리적 전체, 의식과 무의식의 통합, 자기치료를 자발적으로 수행한다.
⑭ 퇴행은 적응적 의미를 가질 수 있으며, 자기와 자아의 실현에 기여할 수 있다.
⑮ 정신 에너지는 정신적 과정과 표상에 기여하는 일반적인 가설적 에너지다.

## 03 주요 개념

융의 분석심리학적 이론을 이해하는 데에 기초가 되는 몇 가지 주요 개념들, 즉 자아(ego), 개인 무의식(personal unconscious), 집단 무의식(collective unconscious), 원형(archetypes), 그림자(persona), 아니마와 아니무스(anima & animus), 자기(self), 동시성(synchronicity), 그리고 개성화(individuation)에 대해 살펴보기로 한다(김춘경 외, 2011 재인용; Hall & Nordby, 1973).

### 1) 정신 구조

융은 인격 전체를 정신 혹은 영혼(psyche)이라고 불렀으며, 정신은 의식적, 혹은 무의식적 모든 사고, 감정, 행동을 포함한다(이부영, 2012). 융에 의하면, 인간은 여러 부분의 집합이 아니라 하나의 통합적 전체이기 때문에 인간은 전체성을 지니고 태어나며, 분화와 통합을 반복하면서 전체성을 발현해 나간다고 말한다.

또한 전체성이 제각각 흩어져 움직이고 갈등을 일으키는 여러 체계로 분열되는 것을 방지하는 것이다. 따라서 융에게 있어 상담 및 심리치료의 궁극적 목표는 정신 통합이다. 이를 위해 상담자는 내담자의 잃어버린 전체성을 회복하고 강화하여 분열에 저항할 수 있도록 하여 타고난 전체성을 분화와 통합을 통해 조화롭게 발전시켜 나가도록 돕는 것이다.

그림 4 융의 분석심리학에서 보는 정신 구조

### (1) 자아

자아(ego)는 의식적인 마음이다. 이것은 의식적 지각, 기억, 사고 및 감정으로 되어 있다. 자아는 인간에게 동일성, 일관성, 연속성의 감정을 가져오며, 인간이 자신의 관점에서 볼 때 이것은 의식의 중심에 있는 것으로 지각한다.

### (2) 개인 무의식

개인 무의식(personal unconscious)은 자아와 인접된 영역으로 본질적으로 의식되었지만 그 내용이 중요하지 않거나 고통스러운 것이기 때문에 망각되었거나 억제된 자료의 저장소이다. 즉, 개인 무의식에 저장된 자료는 중요한 것이 아니고 의식적인 인상을 주기엔 너무 약하기 때문에 의식에 도달할 수 없거나 의식에 머물 수 없는 경험은 모두 개인 무의식 저장된다.

개인 무의식의 한 가지 중요한 국면은 융이 콤플렉스(complex)라고 부른 것인데, 이것은 하나의 공통된 주제에 관한 정서와 기억 및 사고의 무리들이다(권석만, 2012). 융은 개인 무의식에서 콤플렉스를 중요하게 살핀다. 어떤 의미에서 콤플렉스는 전체 성격 혹은 정신 속에 있는 한층 더 작은 성격이나 정신이며, 어떤 것에 강하게 집착하는 특징을 가지고 있다. 예컨대 어떤 사람이 열등감 콤플렉스 혹은 권력 콤플렉스를 가지고 있다고 말할 때는 그 사람이 열등감 혹은 권력에 사로잡혀 있으며, 이러한 집착이 그의 행동에 크게 영향을 미친다는 것을 의미한다. 그렇지만 콤플렉스를 가진 사람은 콤플렉스가 인식되는 의식 부분이 아니라 개인 무의식 속에 있기 때문에 자기가 콤플렉스에 의해 얼마나 통제받고 있는가를 알지 못한다. 콤플렉스는 우리가 세계를 어떻게 지각하며, 어떤 가치와 흥미와 동기를 가질 것인가 하는 점 등을 결정한다.

### (3) 집단 무의식

융의 분석심리학적 이론에서 가장 독창적이고 차별화된 개념이 바로 집단 무의식(collective unconscious)이다. 흔히 종족 기억(racial memory)이라고도 한다. 집단 무의식은 개인적 경험이 아니라 사람들이 역사와 문화를 통해 공유해 온 모든 정신적 자료의 저장소이다. 즉, 집단 무의식은 인간이 조상대대의 과거로부터 물려받은 잠재적 기억 흔적의 저장소이며, 그 과거란 인간의 종족적 역사뿐 아니라 인간 이전의 동물 조상으로부터의 종족적인 역사도 포함한 것이다. 또한 종족적 기억은 그것 자체로는 유전되지 않고 오히려 과거 세대의 경험을 재생하는 가능성(possibility)을 전해 받았다고 할 수 있다.

융에 의하면, 집단 무의식은 정신의 가장 접촉하기 어렵고 깊은 수준에 존재하며, 한 개인의 정신과 성격의 토대가 된다. 융이 말하는 집단 무의식은 개인의 특성보다 인류 일반의 특성을 부여하는 요소이다. 여러 가지 근원적 원천으로 구성된 집단 무의식은 인간의 태곳적 경험을 간직하면서 결정적인 순간에 표출된다. '나'라는 개체는 인류의 집단 무의식을 공유하는 집합체에 속한다고 볼 수 있다. 따라서 고대와 현대 사이의 일치성이 발견되고 보편적 경험들이 가능해지는 것이다. 예를 들어, 어둠을 두려워하는 것이나 어머니를 따뜻하고 마음의 고향이나 안식처로 여기는 어머니상이 집단 무의식의 작용이라 할 수 있다.

이처럼 집단 무의식은 인류역사를 통해 조상으로부터 물려받은 정신적 소인인 수많은 원형(archetypes)으로 구성되어 있으며 우리 행동에 영향을 준다. 그러나 집단 무의식은 직접적으로 의식화되지는 않지만 인류역사의 산물인 신화, 민속, 예술 등이 지니고 있는 영원한 주제의 현시를 통해 간접적으로 관찰될 수 있을 뿐이다.

## 2) 원형

원형(archetypes)은 인류역사를 통해 물려받았으며 집단 무의식을 구성하고 있는 정신적 소인을 말한다. 원형은 내용을 의미하는 것이 아니며 형태를 가진 이미지나 심상이다. 융에 의하면, 원형은 우리 조상들의 경험을 대표하는 원시적인 정신적 이미지 혹은 패턴으로, 꿈, 신화, 동화, 예술 등에서 나타나는 상징을 통해서만 표현된다(Sharf, 2000).

원형은 커다란 정서적 요소를 내포하는 보편적인 관념으로서 정상적인 각성 상태에서는 의식의 어떤 면에 합치되는 상(image)을 만들어 낸다. 예컨대, 어머니의 원형은 실제의 어머니와 일치되는 어머니 모습의 상을 만들어 낸다. 즉, 아기는 어머니를 어떻게 지각하느냐 하는 것을 어느 정도 결정짓는 어머니의 예비적 개념을 가지고 태어난다.

집단 무의식 안에는 무수한 원형이 있다. 예를 들면, 신, 악마, 부모, 늙은 현자, 사기꾼, 영웅, 지도자, 마술, 현세의 어머니 및 동물들의 원형 등 사람들이 삶을 영위하면서 형성해 온 수없이 많은 원초적 이미지가 원형이다.

원형들은 집단 무의식 안에서 반드시 따로 독립되어 있지 않고 서로 상호 침투되어 있으며 혼합되어 있다. 가령 영웅의 원형과 현명한 노인의 원형이 서로 혼합되어서 영웅적 지도자이며 현명한 선각자로서 대우 받으며 존경되는 현군(philosopher king)의 개념을 만들어 낼 것이며, 때로는 히틀러(Hitler)의 경우처럼 악마와 영웅의 원형이 결합되어 극악한 독재자가 되기도 한다. 여기서는 융이 언급한 대표적인 원형인 페르소나(persona), 아니마와 아니무스(anima & animus), 그림자(shadow), 자기(self)에 대해 살펴보기로 한다(김춘경 외, 2011; 노안영, 2005).

### (1) 페르소나

페르소나(persona)는 인간이 사회적 환경의 요구에 조화를 이루려고 하는 적응의 원형이다. 페르소나는 가면을 뜻하는 희랍어로 개인이 사회적 요구들에 대한 반응으로 밖으로 드러내는 공적 얼굴이다. 우리는 페르소나를 통해 다른 사람과 관계하면서 좋은 인상을 주거나 진정한 자신을 숨긴다. 즉, 우리는 살아가면서 많은 역할을 수행하는데, 이때 역할에 따라 다른 가면을 쓴다. 교수가 강의실에서 쓰는 가면과 여배우와 함께 식사를 할 때에 쓰는 가면은 다를 것이다.

그러나 페르소나는 사회적 부적응을 초래할 수 있다. 만약 어떤 사람의 페르소나가 정말 자신의 본성을 반영하고 있는 것이라고 믿게 된다면, 그 사람은 더 이상 단순히 그 역할을 하고 있는 것이 아니라 그 역할 자체가 되어 버린다. 이렇게 겉으로 표현된 페르소나와 내면의 자기가 불일치하면 표리부동한 이중적인 성격으로 사회적 적응에 어려움을 겪게 된다.

### (2) 아니마와 아니무스

모든 인간은 생리적으로나 심리학적으로 모두 이성(the other sex)의 특징과 성질은 지니고 있다. 생리학적인 측면에서 볼 때 남성과 여성 모두 남성과 여성의 두 가지 성호르몬을 분비하고 있다. 심리학적 측면에서 볼 때도 남성적인 혹은 여성적인 두 가지 특징이 양성에서 나타나고 있다.

남성 속의 여성적 원형을 아니마라고 하며 여성 속의 남성적 원형을 아니무스라고 한다. 이러한 원형들은 남녀가 태초로부터 오랫동안 함께 생활해 온 경험으로부터 발달된 것이라 할 수 있다. 즉, 함께 생활하는 가운데 양성은 모두 이성의 성격을 일부 습득하게 되었고, 이러한 원형들을 통하여 우리는 어느 정도 이성을 이해할 수 있다.

### (3) 그림자

그림자(shadow)는 인간의 어둡거나 사악한 측면을 나타내는 원형이다. 즉, 인간이 하등 형태의 생명체로부터 진화하면서 지녀 온 동물적 본능들로 이루어진다. 따라서 그림자는 인간의 특성 중 동물적인 측면으로 사회적으로 나쁘다고 생각하는 측면이 있기는 있다. 그러나 한편으로는 생명력, 자발성, 창조성의 원천이 되기도 하여 이로움을 주기도 한다. 따라서, 빛이 없이 그림자가 존재할 수 없듯이, 그림자는 밝고 긍정적인 측면과 어둡고 부정적인 측면이라는 인간의 양면성을 반영한 원형이다. 그림자가 개인의 의식된 삶에 실체화되는 정도가 적으면 적을수록 그의 그림자는 더욱 검고 더욱 진하며 열등성이 의식화되면 그것을 교정할 기회가 생긴다.

만일 친구 중 한 사람이 너무 자신의 것만 챙기는 것을 보게 된다면 화가 날 수 있다. 이는 나 자신이 다른 사람을 배려해야 한다는 생각 속에서 살아 왔기 때문이다. 다른 사람을 배려해야 한다는 밝은 측면과는 다르게 나 자신도 생각해야 한다는 어두운 측면은 그림자이다. 이렇게 저항이 생길 때 자신의 감정에 대해 더 들여다봐야 한다.

### (4) 자기

융은 자기(self)를 정신이나 전체 성격과 동등한 것으로 생각했다. 융은 자기를 모든 의식과 무의식의 주인이며 인간이 실현하기 위해 타고난 청사진으로 보았다. 이처럼 자기는 전체로서 인간 성격의 통일성, 평형, 안전성, 그리고 조화와 통합을 위해 노력하는 원형이다.

이 원형은 여러 가지 상징으로 표현되는데, 주된 것은 만다라(mandala) 또는 마술의 원(magic circle)이다(Jung, 1955). 융은 만다라 상징(mandala symbol)에 기초를 둔 전체성 심리학(psychology of totality)을 발전시켰으며, 이 전체성 심리학의 주요 개념이 자기이다.

자기가 나타나기 위해서는 다른 정신 체계가 충분히 발달되고 개성화되어야 한다. 그러기에 자기의 원형은 사람이 중년에 이르기까지 뚜렷이 나타나지 않는다. 이때 인간은 의식적인 자아로부터 의식과 무의식의 중간으로 옮겨 놓으려고 변화를 시도한다. 이 중간 영역이 자기의 영역이다. 자기의 개념은 융의 가장 중대한 심리학적 발견이며 그의 집중적인 원형 연구의 절정을 이루고 있다.

자기는 사람들이 계속 그것을 위해 노력하지만 드물게 도달할 수 있는 생의 목표이다. 모든 원형과 마찬가지로 자기는 인간의 행동을 유발하며, 인간으로 하여금 특히 종교가 제공하는 길을 통해서 완성을 추구하게 한다. 진정한 종교적 체험은 자신에 접근하려는 것으로서 부처와 예수의 상은 인간이 현대 세계에서 찾아볼 수 있는 고도로 분화된 자기 원형의 표현들이다.

### 3) 동시성

융은 어느 환자와 고대 이집트의 장수풍뎅이에 대해 이야기를 나누고 있었다. 때마침 창 밖에서 투구벌레 한 마리가 날아 들어온 것을 보게 되었고, 이 신기한 우연의 일치 현상이 발생한 직후 그토록 지지부진했던 환자의 치료가 아주 순조롭게 풀리기 시작했다. 융은 사람들이 꿈에 일어난 사건이 외부 세계에서 동시에 일어나는 현상을 설명하기 위해 동시성(synchronicity)이란 개념을 사용하였다. 즉, 동시에 발생하였으나 그것이 서로 간에 원인이 될 수 없는 사실에 적용되는 원리이다. 어떤 생각이 객관적 사실과 일치될 때와 같은 경우로, 거의 모든 사람들이 이러한 일치를 경험한다. 예를 들면, 만약 어떤 여자가 꿈에서 그녀가 타고 있던 비행기가 오후 4시 15분에 충돌했는데, 그녀가 타려고 했던 다음날 4시 15분 비행기가 실제로 충돌했다고 하면 그것이 '동시성'인 것이다. 또, 만약 어떤 남자가 그의 왼쪽 손목에 고통을 느꼈는데, 그 후에 그의 쌍둥이 형제가 그가 고통을 느꼈던 것과 같은 시간에 사고로 인해 왼쪽 손이 잘렸다면 이것도 '동시성'이다. 흔히 우리 속담 가운데 '호랑이도 제 말하면 온다.'는 말도 동시성 이론의 좋은 예이다.

융은 정신감응, 천리안 및 기타 형태의 초자연적인 현상들에 관한 방대한 문헌을 동시성에 대한 증거로 제시하고 있다. 그는 이러한 많은 경험들이 우연의 일치로서 설명될 수 없다고 주장한다. 그는 동시성 현상이 우주에는 인과율로 설명할 수 있는 것 이외에 또 다른 종류의 질서가 존재함을 암시한다고 보았다.

동시성 현상은 다음과 같은 세 가지 유형이 있다(전철, 2010). 첫째, 관찰자의 의식 상태와 외부의 사건이 동시적으로 일치를 보이는 경우, 둘째, 관찰자의 의식 상태와 관찰자의 지각 영역으로 포섭되지 못하는 외부의 사건이 동시적으로 일치를 보이는 경우, 셋째, 관찰자의 의식 상태와 앞으로 일어날 미래의 사건이 일치를 보이는 경우이다.

심리적으로 동시성 현상은 자기(self)의 표현과 관련이 있다. 자기는 끊임없이 자아(ego)를 향해 전체성을 요구한다. 그리고 자아의 결여를 직시하고 미래의 혹은 현재의 치명적인 손실을 극복하기 위하여 부단히 자기를 드러내려 한다. 동시성 현상 역시 무의식의 작용이라고 할 때, 그것은 인간 정신의 전체성과 관련되고 있으며 우리들에게 무엇인가 메시지를 전하려 하고 있음에 틀림없기 때문이다. 그렇기 때문에 갑작스레 다가오는 기이한 조짐들을 잘 포착해 내는 것, 그리고 무의식의 미세한 음성을 귀담아 듣는 것이 매우 필요하다. 여기에서 융의 동시성 현상은 인간 인격의 온전한 개성화 과정(individuation process)과도 연계되어 있음을 우리는 발견할 수 있다.

동시성 현상은 우리를 향한 융의 투명한 해명과 제시가 아니라 더욱 우리를 미궁으로 인도하는 암호가 된다. 실로 우주는 아직도 인류가 해명하지 못하는 많은 부분을 비밀로 간직한 채 저렇게 유유히 흐르고 있을 뿐이다(전철, 2010).

### 4) 개성화

융은 인간이 건전하고 통합된 성격을 갖기 위해서 모든 체계가 최대의 분화와 발달 및 표현을 할 수 있도록 허용되어야 한다고 주장한다. 이것이 이루어지는 과정을 개성화(individuation)라고 한다(Jung, 1950). 이러한 개성화, 혹은 자기실현의 과정을 그림으로 나타내면 다음과 같다.

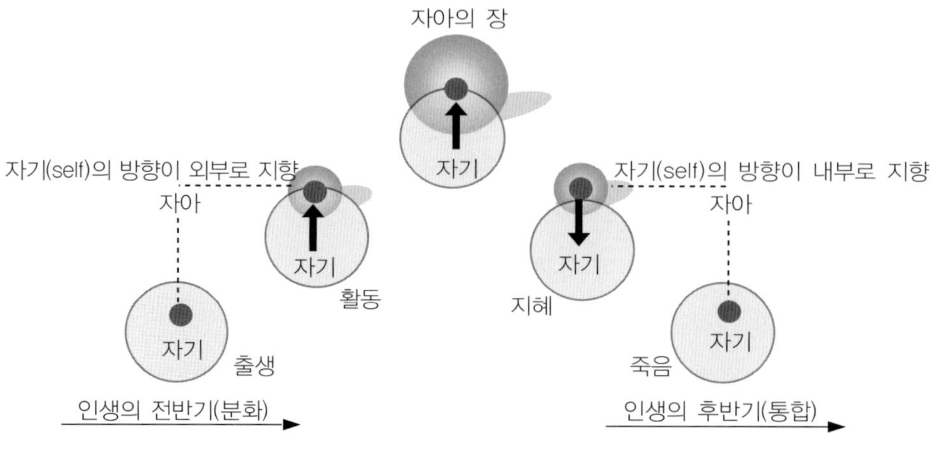


그림 5 융의 개성화 과정

개성화를 위해서는 정신, 혹은 성격의 여러 체계가 완전히 분화되고 충분히 발달되어야만 한다. 만약 정신, 혹은 성격의 어떤 부분이 무시되면, 무시되어 발달되지 않은 체계가 보다 충분히 발달된 체계로부터 에너지를 빼앗으려 하기 때문이다. 이렇게 되면 신경증으로 발전될 수 있다. 이러한 일은 원형이 의식적 자아(ego)의 매개를 통해 그들 자체를 표현하지 못하게 되거나, 페르소나의 포장이 너무 두꺼워져서 정신 혹은 성격의 나머지 부분을 질식시킬 때 일어난다.

예를 들면, 남성적 경향을 억제하는 여자나 여성적 충동을 어느 정도 만족스럽게 발산하지 못하는 남자는 아니마와 아니무스가 간접적이고 비합리적인 표현 방식을 찾는 경향이 있으므로 부적응을 경험하게 된다.

타고난 인간의 잠재력인 개성화, 즉 자기실현 하기 위해 인생 전반기에는 자기(self)의 방향이 외부로 지향되어 분화된 자아(ego)를 통해 현실 속에서 자기를 찾으려고 노력한다(노안영, 강영신, 2003). 즉, 인생의 전반기는 보다 활동적이고 환경과 상호작용이 활발하게 이루어진다. 그러나 대략 40세인 중년기를 전환점으로 인생 후반기에는 자기의 방향이 내부로 지향되어 자아는 다시 자기에 통합되면서 개성화가 진행된다.

## 04 상담의 목표와 과정

### 1) 상담 목표

분석심리학은 내담자로 하여금 무의식적으로 작동하는 정신 원리를 의식화하고 개성화 과정을 촉진하는 것을 상담 목표로 한다(노안영, 2005). 앞에서 살펴본 바와 같이, 융에 있어 상담 및 심리치료의 목표는 개성화, 혹은 자기실현이다.

자기(self)는 끊임없이 자아(ego)를 향해 전체성을 요구한다. 그리고 자아의 결여를 직시하고 미래의 혹은 현재의 치명적인 손실을 극복하기 위하여 부단히 자기를 드러내려고 한다. 그렇기 때문에 갑작스레 다가오는 기이한 조짐들을 잘 포

착해 내는 것, 그리고 무의식의 미세한 음성을 귀담아 듣는 것이 매우 필요하다.

융은 프로이트 못지않게 꿈의 분석을 상담 및 심리치료의 방법으로 중요시하였다. 무의식이 보내는 상징적 메시지를 파악하는 데 있어서 꿈은 가장 의미 있는 자료라고 보았다. 무의식은 꿈을 통해 우리에게 무엇인가 중요한 것을 알리려고 한다. 따라서 현상학적 관점에서 꿈을 해석함으로써 자신의 무의식적 주인의 목소리에 귀를 기울이는 태도가 자신의 문제를 해결하는 데 있어서 일차적으로 요구된다고 할 수 있다.

오랜 세월 이어져 내려온 인류의 정신적, 문화적 유산을 통해 오늘의 우리가 존재한다. 우리가 지닌 수없이 많은 집단 무의식의 원형을 파악하여 부단한 자기분석을 통해 개성화 혹은 자기실현을 이루는 게 필요하다. 이를 통해 융이 "심리치료는 끊임없는 나의 분석의 반영이다."라고 말한 것처럼 내담자의 문제를 이해하고 돕는 데에도 기여할 수 있다.

### 2) 상담 과정

분석심리학에서 추구하는 상담 및 심리치료의 목표는 내담자로 하여금 무의식적으로 작동하는 정신 원리를 의식화하고 개성화 혹은 자기실현을 촉진하는 것이다. 이러한 목표에 도달하기 위해서 융이 제안한 분석심리학의 상담 과정은 다음과 같다(권석만, 2012; 노안영, 2005; Douglas, 2005).

#### (1) 고백 단계

고백(confession)의 단계는 내담자의 강렬한 정서의 방출과 치료적 관계 형성이다. 내담자는 자신의 개인사를 고백함으로써 정화를 경험하며 의식적 및 무의식적 비밀을 상담자와 공유하게 된다. 내담자는 자신의 제한점과 아픔을 상담자와 나누면서 모든 사람이 약점과 한계 그리고 아픔을 가지고 있다는 점을 자각하면서 인류와의 유대감을 경험하게 된다. 고백을 통해 내담자와 상담자의 상담 관계가 이루어지면서 내담자는 전이를 형성하게 된다.

#### (2) 해석 단계

해석(interpretation)의 단계는 내담자가 갖는 증상의 의미, 아니마와 아니무스,

그림자, 현재 생활과 고통 등의 무의식적 의미가 명료화된다. 즉, 내담자로 하여금 자신의 무의식 세계에 대한 이해를 확장하고 심화시키는 과정을 의미한다. 이 단계에서 전이와 역전이가 탐색된다. 전이를 이해하는 과정에서 내담자는 치료자가 해석하여 명료화하는 무의식적인 내용을 표면으로 이끌어 낼 수 있게 된다. 이를 통해 내담자는 문제의 근원에 대해 통찰하게 된다.

### (3) 교육 단계

신경증과 같이 오랜 기간에 걸쳐서 만들어진 완고한 습관은 무의식의 통찰만으로 변화되지 않으며 지속적인 연습을 통해서 변화될 수 있다. 이러한 변화를 위해서는 적절한 교육(education)이 필요하다. 이러한 교육의 단계는 정신분석의 훈습과 유사한 것으로서 무의식의 통찰을 구체적인 현실 속에 적용하여 행동의 변화를 촉진하는 과정이다.

### (4) 변형 단계

변형(transformation)의 단계는 마치 두 종류의 화학물질이 섞여 새로운 속성을 가진 화학물질을 만들어 내듯이 상담자와 내담자의 깊은 인격적 교류를 통해서 내담자의 심오한 변화가 생성되는 과정이다. 상담자와 내담자는 서로의 깊은 무의식 세계에 접촉하여 영향을 미침으로써 내담자뿐만 아니라 상담자에게도 심리적 변형이 나타날 수 있다. 결국 변형 단계는 내담자의 의식과 무의식을 포함한 전체적 정신 혹은 성격의 주인인 자기(self)의 실현을 이루기 위한 과정, 즉 개성화를 지향하는 과정에 초점을 둔다.

## 05 상담 기법

분석심리학의 상담 기법은 과학적이면서도 신비주의적 혹은 초자연적인 접근을 모두 포함하고 있다. 원형의 증거를 현대적 근원에서만 얻기 어렵기 때문에 융은 신화, 종교, 연금술과 점성학 연구에 많은 관심을 쏟았다. 융은 다른 심리학자들이 거의 연구해 보지 못한 영역에 몰입해서 힌두교, 도교, 요가, 유교, 기독교의 예배, 천주교의 미사, 점성술, 유심론, 원시적 심성과 연금술과 같은 복잡한 주제들로부터 많은 것을 얻을 수 있었다.

융은 "나는 내담자들을 침대에 두길 원하지 않는다(Brome, 1981)."라고 하면서 프로이트의 치료 방법과 다른 방식을 사용하였다. 분석심리학적 상담의 상담자와 내담자는 안락한 의자에 앉아 서로 얼굴을 마주 보면서 대화를 나누었다. 때로는 내담자가 발하고 있는 동안에도 창문 너머의 호수를 응시하기도 하고 호수에서 종종 환자를 요트에 태운 채 상담 및 심리치료를 진행하기도 하였다.

기본적으로 분석심리학적 상담에서는 꿈 분석, 증상 분석, 단어연상검사의 세 가지 기법을 사용한다. 그 외에도 사례사, 상징의 사용, 그림 치료 등을 활용하여 내담자를 조력한다. 또한 융은 개인적 성격 태도와 기능을 바탕으로 심리 유형을 분류하였다(김춘경 외, 2011; 노안영, 2005). 이러한 융의 이론을 토대로 하여 만들어진 표준화된 성격유형 검사로 MBTI(myers-briggs type indicator)가 있다.

### 1) 꿈 분석

프로이트와 마찬가지로 융은 꿈에 대해서 지대한 관심을 가졌다. 그는 꿈을 내용면에서 회고적일 뿐만 아니라 예기적인 것으로 보았다. 또한 현실 생활에서 소홀히 해 왔던 꿈꾼 사람의 성격적 측면을 보충할 수 있다고 보았다. 가령 자기 아니마를 무시한 사람은 아니마형의 꿈을 꾸게 될 것이다. 융은 많은 원형의 상(image)이 내포된 큰 꿈과 꿈의 내용이 꿈꾼 사람의 의식적인 선입견에 더 밀접하게 관련된 작은 꿈을 구별할 것을 강조했다.

융은 꿈 분석에 있어서 프로이트의 자유연상 기법 대신에 확충법(method of amplification)을 사용하였다. 자유연상에서 내담자는 보통 꿈의 내용에 대해 직선적인 일련의 언어 반응을 한다. 꿈의 요소는 차후의 연상을 위한 출발점일 뿐이며, 그 연상은 그 꿈의 요소에서 멀어진다. 확충법은 꿈을 꾼 내담자가 꿈의 요소를 고수하여 그 내용에 대해서만 많은 연상을 하도록 요청된다. 꿈을 꾼 내담자의 반응은 꿈의 특정 요소를 중심으로 군집하며, 꿈꾼 사람에 대한 꿈의 내용의 다면적인 의미가 구성된다. 융은 진정한 상징은 여러 면을 갖는 것이어서 완전히 알 수 없는 것이라고 보았다. 분석심리학적 상담자는 꿈이 갖는 상징적 요소의 의미를 넓히기 위해서 신화, 고서, 동화, 종교서적, 인류학, 어원사전 등을 참고하여 확충을 도울 수 있다.

또한 프로이트가 환자의 꿈에서 계속되는 각 요소에 대해서 자유연상 하게 하여 한 번에 하나씩 꿈을 분석했다. 융은 단 하나의 꿈만을 다루는 대신에 한 사람으로부터 얻은 일련의 여러 가지 꿈을 이용하는 꿈의 계열법(the dream series method)을 고안하였다. 융은 꿈의 계열법이 갖는 유용성을 다음과 같이 말하고 있다(Jung, 1944).

"꿈은 다소 자발적으로 점차 그 의미를 전개해 나가는 과정에서 일관성 있는 계열을 형성한다. 그 계열은 꿈을 꾸는 사람 자신이 제공하는 줄거리이다. 그것은 마치 한권의 책이 아니라 여러 권의 책이 놓여 있고 우리가 모르는 술어를 여러 가지 측면에서 밝혀 주고 있어서 우리가 각각의 책에 나타나는 어려운 구절을 이해하기 위해서는 여러 권의 책을 모두 읽어야 하는 것과 같다. 물론 각 구절을 이해한다는 것은 대부분 추측의 한계를 벗어나지 못한다. 그러나 전체로서의 계열은 선행의 구절에서 범할 수 있는 과오를 정정하는 데 필요한 모든 실마리를 제공한다."

### 2) 증상 분석

증상 분석(symptom analysis)은 환자가 보고하고 있는 증상에 초점을 두면서 환자로 하여금 증상에 대한 자유연상을 하도록 한 후, 분석자가 그러한 내용을 해석하는 것으로 프로이트의 정화 방법(cathartic method)과 유사하다. 증상에 대한 환자의 연상과 그에 대한 치료자의 해석을 통해 환자는 증상이 종종 호전되거나 사라지게 된다(Schultz & Schultz, 2008). 융은 이 기법이 외상 후 스트레스 장애(post-traumatic stress disorder: PTSD)에 많은 도움이 된다고 보았다(Sharf, 2000).

### 3) 단어연상검사

단어연상검사에 관한 연구는 1903년부터 여러 해에 걸쳐 본격적으로 수행되었는데, 당시 독일의 심리학자인 빌헬름 분트의 학파에서 활발히 연구되던 것이다. 많은 단어를 자극어로 삼고 그 단어를 부를 때 연상되는 단어를 피검자에게 말하도록 하여 연상 과정을 조사하는 것인데, 분트 학파에서는 연상 반응의 언어학적 형태에 관심을 가지고 있었다. 그래서 자극어를 불렀을 때 말이 막혀 대답을 못하거나, 생각이 안 나는 등 연상이 잘 안 되는 경우, 즉 연상 실패의 사례는 연구 대상에서 모두 배제하였다. 그런데 융은 바로 이 연상 실패 사례에 주목하였다. "왜 이들 특정 단어에 대해서는 연상이 잘 안 되는 것일까?"라고 의문을 가지게 되었다. 결국 그 이유는 자극어가 피검자의 마음속의 어떤 심리적 요소를 자극하여 거기에 내포된 강한 정동이 사고의 흐름, 즉 연상을 훼방 놓는다고 결론을 내리게 된다.

융은 새로이 100개의 자극어를 골라 단어연상검사를 만들었고 이것은 피검자의 콤플렉스를 찾아내는 검사로 임상과 교육 현장에서 현재까지 유용하게 쓰이고 있다. 단어연상검사는 합리적인 사람들에게 콤플렉스의 존재를 인식시키는 수단으로 혹은 꿈조차 기억하지 못하는 메마른 의식 상태에 있는 사람들에게 무의식의 콤플렉스를 자극하여 활성화할 목적으로 사용될 수 있는 매우 유익한 도구이다. 단어연상검사에 사용되는 자극어표는 〈표 14〉와 같다.

표 14 자극어표

| 1. 머리 | 21. 잉크 | 41. 돈 | 61. 집 | 81. 위 |
|---|---|---|---|---|
| 2. 초록색 | 22. 나쁜 | 42. 미련한 | 62. 사랑스런 | 82. 좁은 |
| 3. 물 | 23. 바늘 | 43. 공책 | 63. 유리컵 | 83. 형제 |
| 4. 노래한다. | 24. 헤엄친다 | 44. 멸시한다 | 64. 다툰다 | 84. 겁낸다 |
| 5. 죽음 | 25. 여행 | 45. 손가락 | 65. 모피 | 85. 황새 |
| 6. 길다란 | 26. 푸른 | 46. 소중한 | 66. 커다란 | 86. 틀린 |
| 7. 기선 | 27. 등불 | 47. 새 | 67. 당근 | 87. 불안 |
| 8. 돈 낸다 | 28. 죄짓는다 | 48. 떨어진다 | 68. 칠한다 | 88. 키스한다 |
| 9. 창문 | 29. 밥 | 49. 책 | 69. 부분 | 89. 새색시 |
| 10. 다정한 | 30. 풍부한 | 50. 부당한 | 70. 늙은 | 90. 맑은 |
| 11. 책상 | 31. 나무 | 51. 개구리 | 71. 꽃 | 91. 문 |
| 12. 질문한다. | 32. 찌른다 | 52. 가른다 | 72. 때린다 | 92. 고른다 |

| | | | | |
|---|---|---|---|---|
| 13. 마을 | 33. 동정 | 53. 굶주림 | 73. 상자 | 93. 마른 풀 |
| 14. 추운 | 34. 노란 | 54. 하얀 | 74. 사나운 | 94. 만족한 |
| 15. 줄기 | 35. 산 | 55. 아이 | 75. 가족 | 95. 비웃음 |
| 16. 춤춘다 | 36. 죽는다 | 56. 주의하다 | 76. 씻는다 | 96. 잠긴다 |
| 17. 호수 | 37. 소금 | 57. 연필 | 77. 젖소 | 97. 달 |
| 18. 병든 | 38. 새로운 | 58. 슬픈 | 78. 낯선 | 98. 예쁜 |
| 19. 자랑 | 39. 풍습 | 59. 살구 | 79. 행복 | 99. 여자 |
| 20. 요리한다 | 40. 기도한다 | 60. 결혼한다 | 80. 속인다 | 100. 욕한다 |

단어연상은 환자가 어떤 자극 단어에 마음에 떠오르는 어떤 단어로 반응하는 투사 기법이다. 융은 각 자극 단어에 환자가 반응하는 데 걸리는 시간 및 자극 단어의 정서적 효과를 결정하기 위해 생리적 반응을 측정하였다.

융은 단어연상검사에 대하여 범죄심리학 잡지에 원고를 기고하였다. 또한 전류계와 호흡 측정기를 이용하여 콤플렉스가 신체 생리 기능에 미치는 영향을 확인한 연구들은 정신과 신체 생리의 상호관계를 설명해 주었다. 이를 계기로 단어연상검사를 범죄심리학에 응용할 수 있는 길을 열어 주는 데 기여하였는데, 바로 오늘날의 거짓말탐지기가 그것이다.

### 4) 상징의 해독

융의 분석심리학은 자기와 원형의 개념에 의존한다. 그러므로 융은 내담자의 사고, 감정, 행동을 유발하는 무의식적이고 충동적인 힘의 역동성과 패턴을 상징적으로 보고 이해할 수 있는 능력을 강조하였다. 이러한 역동성과 패턴은 내담자의 꿈, 증상, 환상 등에서 상징적이거나 간접적 형태로 나타날 수 있다. 치료자가 이러한 상징적 혹은 심리적으로 숨겨진 의미를 이해할 수 있는 능력은 우리의 문화적 저장소인 신화, 예술 작품, 고서, 동화, 문학, 종교 등에서 발견되는 많은 상징들을 이해함으로써 향상될 수 있다(Seligman, 2001).

융은 상징을 정신의 표현이며 인간성의 모든 면을 투영하고 있다고 본다. 따라서 상징은 종족적 및 개인적으로 획득되고 저장된 인류의 지혜를 표현하려고 할 뿐만 아니라 개개인이 맞게 될 미래의 상태를 미리 결정하고 있는 발달의 여러 수준을 나타낼 수도 있다. 그러나 상징에 포함되어 있는 의미는 인간에게 직접 알

려져 있지 않기 때문에 이 중요한 의미를 발견하기 위해서는 상징을 해독해야만 한다.

융에 의하면, 상징의 해독은 두 가지 중요한 목적을 갖는다. 하나는 상징이 만족되지 않은 본능적인 충동을 만족시키려는 시도를 나타내기 때문에 그 위장된 소망적인 욕구를 알아낼 수 있다는 것이다. 다른 하나는 상징이 위장 이상의 것으로 원시적인 본능 충동이 변형되어 문화적인 또는 정신적인 가치를 알아낼 수 있다는 것이다.

### 5) 사례사

사례사(case history)는 환자가 가진 심리적 장애의 발달사를 추적하기 위해 사용되는 기법이다. 즉, 환자로 하여금 과거의 경험에 대해 회상하도록 하고 현재 환자가 경험하고 있는 심리적 장애를 설명할 수 있는 발달 패턴을 확인하여 생애사를 재구성하도록 요구한다. 그래서 융은 자신의 사례사 방법을 '생애사 재구성'이라고 하였다. 융은 사례사 방법이 환자로 하여금 태도 변화를 야기하는 데 도움이 된다는 것을 발견하였다.

### 6) 그림 치료

그림 치료(painting therapy)는 환자로 하여금 무의식적 감정이나 사고를 표현하도록 장려하기 위한 하나의 수단으로 그림을 그리게 하는 치료 기법이다. 융은 환자가 그린 그림이 그의 가장 깊숙한 곳에 자리하고 있는 자기를 표현하는 아주 중요한 수단이 된다고 믿었다. 즉, 융은 환자가 자신이 그린 그림을 통해 꿈속에서 보았던 상징을 명료화하고, 그가 지닌 문제에 적극적으로 대처하도록 하는 데에 도움이 된다고 보았다. 융은 그림이 실제로 치료적 효과가 있으며 자기실현, 즉 개성화로 이끄는 출발점이 된다고 주장한다(Rychkman, 2007 김춘경).

### 7) 만다라 그리기

융은 만다라를 전문적으로 연구한 최초의 심리치료자이다. 꿈을 꾸는 것이나 만다라를 그리는 것을 개성화의 한 부분으로 보며, 자기(self)를 상징하는 역할을 한다고 믿었다. 융은 심리적 성장을 자기라고 하는 정신의 중심을 향하여 반복하여 되돌아가는 것으로 여겼으며, 그것이 곧 삶의 의미를 부여하는 자기 원형임을 발견했다(이부영, 1998; 정여주, 2001).

만다라(mandala)는 산스크리트어로 본질을 뜻하는 만다(manda)와 소유를 나타내는 접미사 라(la)를 합성한 용어로서, 본질을 소유하는 것 혹은 본질을 그림으로 나타낸 것이란 의미이다. 깨달음의 진리를 한 장의 그림으로 형상화한 것으로, 외적으로는 우주의 삼라만상을 상징하고 내적으로는 마음 속 의식과 무의식의 흐름을 상징한다.

만다라의 유래는 아프리카, 유럽, 북미 대륙에 살았던 고대인들의 암각화에서 나타나고 있는 것으로 보아 고대 인류의 삶 속에 이미 존재해 왔던 것이다. 만다라는 중심점으로부터 사방으로 뻗어 나오는 정사각형과 원으로 특징지을 수 있는데, 융은 만다라가 자기(self)와 전체성에 대한 원형적 표현이라고 말했다.

스위스 취리히 대학병원의 교수이며 정신과 의사였던 융은 프로이트와 헤어지고 그의 발판을 잃고 내적 혼란을 겪던 시기에 만다라를 접하게 된다(김선현, 2006). 융은 만다라가 무엇인지 전혀 모르는 상태에서 매일 그의 내면을 표현하는 원의 형태를 그렸다. 원을 그리면서 원이 자신의 무의식을 표현하고 있다는 것을 발견하고 자기 스스로 치유가 되는 것을 경험하였다.

융이 만다라를 '개성화 과정의 그림'이라고 칭한 것도 결국 만다라가 자기 인식을 돕는 과정임을 입증하는 것이다. 또한 그가 사용한 능동적 상상은 프로이트의 억압과는 달리 무의식의 긍정적인 면을 강조했다는 점에서 심리치료와 자기실현을 위한 방편의 하나로 만다라를 도입하였다고 볼 수 있다. 융은 만다라가 인간의 내적 세계를 비추는 거울이라는 발견을 한 후에 만다라를 의식적으로 그렸으며, 자신이 환자를 치료할 때도 환자에게 만다라를 그리도록 하였다. 만다라를 그린다는 것은 그 순간의 우리가 어떠한지를 보여주는 상징을 만드는 과정이다(이부영, 1998; 정여주, 2001).

## 8) MBTI

성격유형을 측정하는 도구로서 세계에서 가장 널리 사용되고 있는 것이 브릭스(K. C. Briggs)와 마이어스(I. B. Myers)가 1920에 개발한 MBTI(myers-briggs type indicator)이다. 1923년에 브릭스는 융의 『심리적 유형』이란 책을 읽고 자신의 성격에 대한 관점이 융의 관점과 매우 유사하다는 것을 발견하게 되었다. 융의 심리적 유형에 이론적 기초를 두고 딸인 마이어스와 함께 성격에 대한 연구와 상담 및 심리치료의 목적을 위해 널리 사용되고 있는 자기 보고식 성격유형 검사인 MBTI를 개발하였다.

융의 심리 유형론은 심리적으로 흐르는 에너지의 방향에 따라 외향성과 내향성으로 구분되고, 사물, 사람, 사건, 생각들을 지각하게 될 때 나타나는 차이점을 이해하기 위해 감각과 직관으로 구분된다. 또한 우리가 인식한 바에 근거해서 결론을 이끌어 내는 방법 간의 차이점을 이해하기 위해 사고와 감정으로 구분되며, 생활양식들을 이해하기 위해 판단과 인식으로 구분된다.

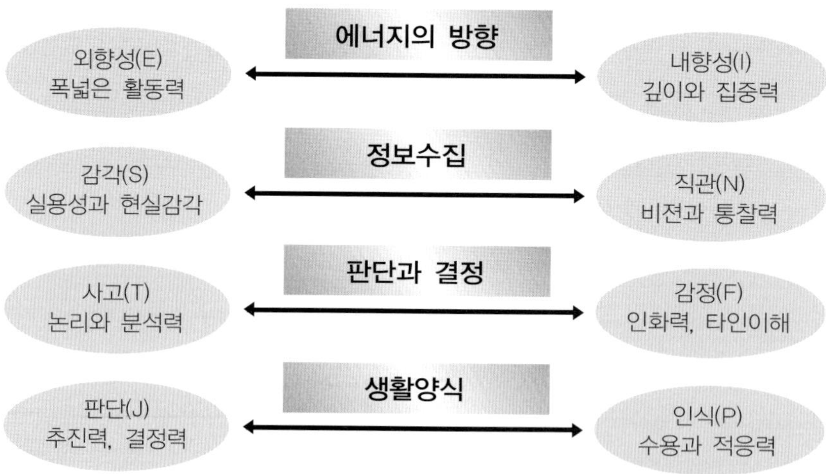


그림 6 MBTI의 네 가지 선호성

출처 : 한국MBTI연구소(2012)

## 06 분석심리학적 상담의 사례

분석심리학적 상담의 사례는 다음과 같다(중등임용시험, 2019).

> 상담교사: 학부모들을 대상으로 '건강한 성격과 성장'이라는 주제로 부모교육을 실시하고 싶은데, 혹시 도움이 될 만한 이론이 있을까요?
> 수퍼바이저: 융의 이론을 추천하고 싶어요. 융은 인간의 본질이 정신의 전체성에 있다고 합니다. 이 전체성을 자기라는 개념으로 설명하고 있는데, 자기는 '본래적 나' 혹은 '선험적 나'에 해당하는 원형입니다.
> 상담교사: 융이 말한 전체성이라는 내용에 대해 좀 더 설명해 주시겠어요?
> 수퍼바이저: 심리적으로 건강한 사람이 되기 위해서는 성격의 여러 체계와 요소가 무시되지 않고 통합되어야 한다는 의미이죠. 무의식의 요소들을 의식과 통합시킴으로써 자신의 성격을 이해하고 삶을 수용할 수 있게 된다는 겁니다.
> 상담교사: 건강한 성격에 대한 통찰을 갖게 해 준다는 점에서 학부모들에게 도움이 될 수 있는 이론이군요.
> 수퍼바이저: 네. 융은 정신의 전체성을 추구하면서 타인과 구별되는 자신만의 고유한 존재로 성장해 나가는 과정을 개성화라고 지칭했어요.

## 07 분석심리학적 상담의 강점과 한계

### 1) 강점

분석심리학적 상담의 강점은 다음과 같다(권석만, 2012; 이상노, 이관용, 1980)

첫째, 분석심리학적 상담은 인간의 정신, 특히 무의식 세계에 대한 보다 심층적인 접근과 이해를 가능하게 했다는 점이다. 융은 자신만의 독특한 경험과 통찰을 근거로 무의식의 구조와 내용을 더욱 풍부하게 제시하였다.

둘째, 분석심리학적 상담은 무의식과 원형이라는 개념을 통해서 사회문화적인 특수성을 넘어서 정신장애 환자를 포함한 모든 인간이 공통적 심상 구조를 지닌 인류 공동체임을 인식하게 해주었다는 점이다.

셋째, 분석심리학적 상담은 개성화 혹은 자기실현이라는 개념을 통해서 상담 및 심리치료의 목표뿐만 아니라 인생의 의미와 목적을 새로운 관점에서 바라볼 수 있도록 해주었다는 점이다. 융은 환자를 병적인 문제를 지닌 존재가 아니라 스스로 전체성을 실현하고자 하는 전인적인 인간으로 볼 것을 강조하였다.

## 2) 한계

분석심리학적 상담의 한계는 다음과 같다(권석만, 2012; 이상노, 이관용, 1980)

첫째, 분석심리학적 상담은 이론으로부터 유도된 가설들이 실험적으로 검증될 필요가 있다는 점이다. 분석심리학의 이론과 관련된 대부분의 연구는 성격 유형론에 관한 것이며 분석심리학적 상담의 효과에 대한 실증적인 연구는 미비한 실정이다.

둘째, 분석심리학적 상담이 정신분석과 마찬가지로 수년에 걸친 장기간의 상담 및 심리치료 기간과 많은 비용을 요한다는 점이다.

셋째, 분석심리학적 상담의 대상이 지적 수준이 어느 정도 높고 문제의 해결보다 자신의 삶에 대한 이해를 심화시키려는 동기를 지닌 사람이어야 한다는 점이다. 이런 점에서 융의 분석심리학적 상담은 엘리트를 위한 접근법이라는 비판을 받아왔다. 따라서 분석심리학적 상담은 현실적인 문제와 증상의 해결을 넘어서 자신의 정신세계와 인생에 대한 깊은 성찰을 원하는 내담자에게 적합한 상담 접근법이라 할 수 있다.

## 실/전/도/전/문/제

학습한 내용을 바탕으로 실전에 도전해 봅시다.

**1.** 융(C. Jung)이 언급한 대표적인 원형이 아닌 것은? (청소년상담사 2급, 2015)

① 자아(ego) ② 자기(self) ③ 그림자 ④ 아니마 ⑤ 페르소나

2. 상담 이론별 목표와 기법의 연결이 옳은 것은? (청소년상담사 2급, 2018)

① 열등감 극복 – 악동 피하기
② 기본욕구 충족을 위한 선택 – 대처카드
③ 인생각본과 교류 변화 – 생활양식 분석
④ 개성화와 성격의 통합 – 역기능적 사고 기록지
⑤ 실존적 상황에 대한 자각증진 – 수치심 깨뜨리기

3. 융의 분석심리학적 마음치유 이론에서 가장 독창적이고 차별화된 개념으로, 개인적 경험이 아니라 사람들이 역사와 문화를 통해 공유해 온 모든 정신적 자료의 저장소는 무엇인가? (저자 출제)

① 페르소나 ② 개인무의식 ③ 집단무의식
④ 아니마 ⑤ 아니무스

4. 분석심리학적 마음치유 이론에서 융은 사람들이 꿈에 일어난 사건이 외부 세계에서 동시에 일어나는 현상을 설명하기 위해 사용한 개념은? (저자 출제)

① 아니마 ② 동시성 ③ 페르소나
④ 집단무의식 ⑤ 개성화

5. 융의 분석심리학적 마음치유 이론에서 인간이 건전하고 통합된 성격을 갖기 위해서 모든 체계가 최대의 분화와 발달 및 표현이 이루어지는 과정을 무엇이라고 하는가? (저자 출제)

① 개성화 ② 이성화 ③ 지성화
④ 집단화 ⑤ 개념화

6. 100개의 자극어를 골라 합리적인 사람들에게 콤플렉스의 존재를 인식시키는 수단으로 혹은 꿈조차 기억하지 못하는 메마른 의식 상태에 있는 사람들에게 무의식의 콤플렉스를 자극하여 활성화할 목적으로 사용될 수 있는 매우 유익한 도구는 무엇인가? (저자 출제)

① 자극어 검사 ② 무의식 검사 ③ 활성화 검사
④ 단어연상 검사 ⑤ 콤플렉스 검사

7. 다음은 전문상담교사가 부모교육과 관련해 수퍼바이저와 나눈 대화 내용이다. 융(C. Jung)의 분석심리학에서 제시한 개념 중 수퍼바이저가 설명하고 있는 괄호 안의 ㉠, ㉡에 해당하는 개념의 명칭을 순서대로 쓰시오. [전문상담교사, 2019]

**상담교사:** 학부모들을 대상으로 '건강한 성격과 성장'이라는 주제로 부모교육을 실시하고 싶은데, 혹시 도움이 될 만한 이론이 있을까요?

**수퍼바이저:** 융의 이론을 추천하고 싶어요. 융은 인간의 본질이 정신의 전체성에 있다고 합니다. 이 전체성을 ( ㉠ )(이)라는 개념으로 설명하고 있는데, ( ㉠ )은/는 '본래적 나' 혹은 '선험적 나'에 해당하는 원형입니다.

**상담교사:** 융이 말한 전체성이라는 내용에 대해 좀 더 설명해 주시겠어요?

**수퍼바이저:** 심리적으로 건강한 사람이 되기 위해서는 성격의 여러 체계와 요소가 무시되지 않고 통합되어야 한다는 의미이죠. 무의식의 요소들을 의식과 통합시킴으로써 자신의 성격을 이해하고 삶을 수용할 수 있게 된다는 겁니다.

**상담교사:** 건강한 성격에 대한 통찰을 갖게 해 준다는 점에서 학부모들에게 도움이 될 수 있는 이론이군요.

**수퍼바이저:** 네. 융은 정신의 전체성을 추구하면서 타인과 구별되는 자신만의 고유한 존재로 성장해 나가는 과정을 ( ㉡ )(이)라고 지칭했어요.

**정답**

1. ① 2. ① 3. ③ 4. ② 5. ① 6. ④ 7. ㉠ 자기 ㉡ 개성화

따뜻하고 유능한 상담자가 되기 위한 <상담심리 실습 10>

## 성격유형 진단 검사

모든 사람의 얼굴과 발가락의 형태가 서로 다르듯이 우리의 성격도 서로 다릅니다. 어느 개인의 얼굴 모양이 옳다, 그르다 할 수 없듯이 우리의 성격도 옳거나 그르다고 할 수 없는 것입니다. 이 설문지를 작성하는 목적은 당신 자신의 성격유형에 대한 윤곽을 당신에게 제공하자는 것이며, 그것이 다른 사람의 것과 다르다 하더라도 정신적 건강과는 전혀 관계가 없습니다.

다음 항목들은 a와 b의 짝으로 배열되어 있고 각 쌍 중 어느 한 항목이 당신이 좋아하거나 그렇지 못한 것입니다. 당신의 선호도를 0~5까지 점수를 주어 나타내 주십시오(0점은 그 항목에 부정적이거나 반대 항목에 관한 선호를 나타내는 것을 말하며, 5점은 그 항목을 아주 좋아하거나 반대 항목을 싫어할 때입니다). 두 항목에 대한 점수의 합은 반드시 5점이되어야 합니다(예 : 0과 5, 1과 4, 2와 3 등).

반드시 상담자의 지시에 따라 진행하되 공란으로 비워 두는 일은 없어야 합니다. 만약 시간이 모자라 배점을 못하시는 항목이 있다면 체크를 한 후 나중에 점수를 기록해 주십시오.

> ※ 다음 문항은 모두 32개의 항목으로 구성되어 있습니다. 쉽게 판단되지 않는 항목은 직감으로 느껴지는 대로 점수를 배분해 주십시오.

1a.______다른 사람이 어떻게 생각하는가를 알아본 후에 결정을 내린다.
1b.______다른 사람과 상의하지 않고 결정을 내린다.
2a.______상상력이 풍부하거나 직관적이라는 말을 듣는 편이다.
2b.______사실적이고 정확하다는 말을 듣는 편이다.
3a.______습득 가능한 자료와 상황에 대한 체계적 분석을 근거로 사람을 평가한다.
3b.______동정이나 감정, 혹은 그들의 필요가 가치관에 근거를 두고 사람을 평가한다.
4a.______다른 사람이 원하는 대로 약속을 하도록 내버려두는 편이다.
4b.______나의 의견이 명확하게 드러나도록 확실한 약속을 추진한다.
5a.______조용하고 혼자 사색에 잠기기를 즐긴다.

5b.______다른 사람들과 활동적이고 정력적으로 시간을 보내기를 즐긴다.
6a.______일을 해결하는데 효과가 있다고 알고 있던 방식을 따른다.
6b.______일이 닥쳤을 때보다 새로운 해결 방법을 생각해 보려 한다.
7a.______감정이 개입되지 않은 논리적 추리와 주의 깊고 단계적인 분석을 토대로 결론 을 짓는 편이다.
7b.______지난 경험으로부터 인생이나 사람들에 대해 내가 느끼거나 믿는 바에 의해 결론을 내린다.
8a.______시한을 정해 두는 것을 싫어한다.
8b.______계획을 세워서 반드시 그것을 따르려고 하는 편이다.
9a.______잠시 대화하다가는 이내 주제에 대해 혼자 생각한다.
9b.______한참 동안 자유롭게 이야기하고 나서 나중에 혼자 생각한다.
10a.______가능성을 생각한다.
10b.______현실적인 것을 다룬다.
11a.______남들은 나를 생각이 깊은 사람으로 여긴다.
11b.______남들은 나를 감정이 풍부한 사람으로 여긴다.
12a.______결정을 내리기 전이나 후에 오랜 시간 모든 대안을 고려해 본다.
12b.______필요한 정보를 얻으면 잠시 생각한 후에 재빨리 확고한 결정을 내린다.
13a.______다른 사람들이 알 수 없는 내면적인 생각이나 느낌을 혼자 즐긴다.
13b.______다른 사람들이 함께 참여하는 활동이나 사건을 즐긴다.
14a.______추상적이거나 이론적인 것을 좋아한다.
14b.______구체적이거나 실질적인 것을 좋아한다.
15a.______다른 사람들로 하여금 그들 스스로의 감정을 탐색하도록 도와준다.
15b.______다른 사람들로 하여금 논리적인 판단을 하도록 도와준다.
16a.______변화를 좋아하고 선택의 범위를 넓혀 놓는다.
16b.______예측 가능성을 좋아하고 미리 알아맞히기를 좋아한다.
17a.______자신의 내면적인 생각과 감정을 타인에게 거의 전달하지 않는다.
17b.______자신의 내면적 생각과 감정을 자유롭게 전달한다.
18a.______가급적 전체의 가능성에 관한 의견을 제출한다.
18b.______가급적 얻을 수 있는 실질적인 세부 사항을 제시한다.
19a.______상식과 신념을 기초로 결론을 내린다.
19b.______자료와 분석과 추리를 기초로 결론을 내린다.

20a.______전체 윤곽에 기초를 두고 미리 계획을 세운다.
20b.______수행하기 바로 전에 필요에 따라 계획을 세운다.
21a.______모르는 사람을 즐겨 만난다.
21b.______혼자 있거나 잘 아는 사람과 있기를 좋아한다.
22a.______구상하고 고안하는 것을 좋아한다.
22b.______근거있는 사실을 중시한다.
23a.______직관적인 확신과 신념을 갖는다.
23b.______증명될 수 있는 결론을 얻는다.
24a.______약속 내용이나 업무 처리 일정을 노트나 수첩에 가능한 한 많이 적어 놓는다.
24b.______노트나 수첩에 약속에 대한 것을 별로 적지 않는다.
25a.______여러 사람과 함께 새롭고 생각해 보지 않았던 문제를 토론하기를 즐긴다.
25b.______우선 마음속으로 문제를 해결해 낸 후에 다른 사람들과 결론을 이야기한다.
26a.______정확성을 요구하는 세밀한 계획을 조심성 있게 수행한다.
26b.______계획과 구상을 세우긴 하나 그것을 반드시 이행하는 편이 아니다.
27a.______논리적인 사람들을 좋아한다.
27b.______감정이 풍부한 사람들을 좋아한다.
28a.______일을 처리하는 데 있어 순간적 충동에 의해 일을 하기도 한다.
28b.______내가 해야 할 일이 어떤 것인가를 미리 잘 알고 있다.
29a.______모든 사람의 관심의 초점이 되기를 즐긴다.
29b.______타인의 관심은 마치 속박처럼 느껴진다.
30a.______실재하지 않을 것을 상상하기를 즐긴다.
30b.______실재의 사물을 상세하게 검토하는 것을 좋아한다.
31a.______감정이 뭉클해지는 상황, 열띤 토론, 영화 등을 경험하기를 좋아한다.
31b.______상황을 냉철하게 분석하는 능력이 있다.
32a.______약속된 시간에 정확히 회의를 시작하려 한다.
32b.______모든 분위기와 준비가 갖춰진 후에 회의를 시작한다.

## 성격유형 진단 채점표

※ 아래의 해당되는 칸에 각 항목에 대해 당신이 적은 점수를 옮겨 적으십시오. 당신의 점수를 올바른 위치에 옮겨 적었는지 a, b를 다시 체크해 보시고 점수를 합쳐 합계란에 기록해 주십시오.

**범주 1** / **범주 2**

| I 항목 | E 항목 | N 항목 | S 항목 |
|---|---|---|---|
| 1b____ | 1a____ | 2a____ | 2b____ |
| 5a____ | 5b____ | 6b____ | 6a____ |
| 9b____ | 9a____ | 10a____ | 10b____ |
| 13a____ | 13b____ | 14a____ | 14b____ |
| 17a____ | 17b____ | 18a____ | 18b____ |
| 21b____ | 21a____ | 22a____ | 22b____ |
| 25a____ | 25b____ | 26b____ | 26a____ |
| 29b____ | 29a____ | 30a____ | 30b____ |
| I합계____ | E합계____ | N합계____ | S합계____ |

**범주 3** / **범주 4**

| T 항목 | F 항목 | P 항목 | J 항목 |
|---|---|---|---|
| 3a____ | 3b____ | 4a____ | 4b____ |
| 7a____ | 7b____ | 8a____ | 8b____ |
| 11a____ | 11b____ | 12a____ | 12b____ |
| 15b____ | 15a____ | 16a____ | 16b____ |
| 19b____ | 19a____ | 20b____ | 20a____ |
| 23b____ | 23a____ | 24b____ | 24a____ |
| 27a____ | 27b____ | 28a____ | 28b____ |
| 31b____ | 31a____ | 32b____ | 32a____ |
| T합계____ | F합계____ | P합계____ | J합계____ |

## 성격유형에 대한 해설

그러면 이제 아래의 표에 당신의 각 항목별 합계 점수를 옮겨 적으십시오.

| 범 주 1 | | 범 주 2 | | 범 주 3 | | 범 주 4 | |
|---|---|---|---|---|---|---|---|
| I | E | N | S | T | F | P | J |
| | | | | | | | |

채점표에 나타난 약자(대문자)는 다음을 나타냅니다.

| | |
|---|---|
| I : 내향적(introversion) | E : 외향적(extroversion) |
| N : 직관적(intuition) | S : 감각적(sensing) |
| T : 이성적(thinking) | F : 감성적(feeling) |
| P : 인식 지향적(perceiving) | J : 판단 지향적(judging) |

- 외향적(E)인 사람은 인간과 사물의 외면적 세계를 지향하는 반면, 내향적(L)인 사람은 생각과 감정의 내면적 세계를 지향한다.
- 감각적(S)인 사람은 세부 사항은 면밀히 조사해 보는 반면, 직관적(N)인 사람은 큰 문제에 집중하기 좋아하는 성향이 있다.
- 이성적(T)인 사람은 어떤 일을 논리적이고 객관적으로 판단하기 원하는 반면, 감성적(F)인 사람은 보다 주관적인 바탕 위에서 어떤 결정을 내리기를 선호한다.
- 인식 지향적(P)인 사람은 융통성이 있고, 보다 많은 정보를 얻고자 하는 경향이 있고, 판단 지향적(J)인 사람은 단호하고 확실한 목표를 정해 일을 추진하기를 좋아한다.

### 개인의 특성에 대한 해설

- 만약 당신의 어떤 한쪽의 점수 합계가

20~21 : 그 범주의 상반된 성격 특성이 균형을 유지하고 있다고 볼 수 있다.

23~24 : 해당 범주의 한쪽 성격 특성은 다소 강하나 다른 쪽의 성격 특성은 다소 약함을 의미한다.

25~23 : 해당 범주의 한쪽은 매우 강하나 다른 쪽은 매우 약하다고 볼 수 있다.

30~40 : 해당 범주의 한쪽은 너무 강하고 다른 쪽은 너무 약하다는 결과로 해석할 수 있다.

- 각 범주는 상대적으로 강한 쪽의 특성이 실제로 당신의 성격 특성을 구성하고 있는 셈이지만 당신의 개성은 22점 이상을 얻은 모든 범주의 특성을 모두 조금씩 가지고 있는 것이다. 20점 혹은 21점의 점수는 상대적 균형을 유지하고 있는 것으로서 어느 쪽의 특성도 당신의 일부라고 말할 수 있다.

### 조직의 특성에 대한 해설

- 같은 성격유형을 가진 사람들이 모이면 어떤 문제에 대한 결론을 쉽게 얻을 수 있다. 그러나 그들의 결정은 공통된 성격유형에 의해 약점을 보완 받지 못하기 때문에 오류를 범할 수도 있다.
- 서로 다른 성격유형의 사람이 모이면 여러 가지 면에서 공감대를 찾지 못할 것이고, 상대방을 받아들이는데 어려움을 겪을 수 있다. 상호간의 마찰과 오해는 커질 것이지만 상호작용하여 내리는 결론은 커다란 타당성을 갖게 된다.
- 일반적으로 사람들은 자기와 비슷한 강점과 약점을 가진 같은 사람 편에서 서기 쉽다. 그러나 각기 다른 성격유형의 사람들이 모여 하나의 목표로 가기 위한 집합체가 곧 '조직'이다. 서로의 성격유형을 이해하여 장점을 신장하고 약점을 보완·수용하려는 노력이 화합과 발전의 씨앗이다.

## 나의 성격유형은?

| 외 향 | 내 향 |
|---|---|
| -활발하고 적극적이라는 말을 자주 들으며, 슬프거나 기쁜 일이 생기면 즉시 부모에게 표현하는 편이다.<br>-주위에서 일어나는 모든 일에 관심을 보이고 조용히 혼자 있는 시간보다는 친구들과 어울리는 시간이 많고, 처음 보는 친구라도 쉽게 이야기를 건네고 친해지는 편이다.<br>-기분을 잘 드러내고 반응을 즉시 보이며, 숙제도 친구들과 함께 하는 것을 좋아하며, 보고 듣고 하는 것을 말로 많이 표현한다.<br><br>◎ 학습 스타일<br>-다른 아이들과 함께하는 집단 작업을 선호하고, 자기 의견을 표현할 기회를 통해 많이 배운다.<br>-자신이 직접 해보는 것을 좋아하고, 실험과 실패가 허용되는 분위기에서 더 잘 배운다. | -조용하고 침착하다는 말을 자주 들으며 몇몇 친구들과 아주 친하게 지내는 편이다.<br>-친한 친구나 아는 사람들이 많으며 생각을 많이 한 후에 행동을 한다. 친한 친구들과 어울리는 것을 좋아하면서도 공부를 집중적으로 할 때는 혼자 하기를 좋아한다.<br>-보고 듣고 아는 것을 먼저 말하기보다 누가 물어보면 그때 대답을 하는 편이다.<br><br>◎ 학습 스타일<br>-혼자 충분히 생각하고 이해하는 시간이 허용되는 분위기에서 더 많이 배운다.<br>-집단 작업이나, 발표하기 전에 설명을 듣고, 관찰하고, 질문을 주고받는 과정이 있을 때 더 잘 배운다. 알고 있어도 금방 대답하지 않는 경향이 있다. |
| **감 각** | **직 관** |
| -공부를 할 때 꾸준하고 참을성 있게 한다는 얘기를 자주 듣는다. 이해를 할 때도 구체적인 보기를 들어서 상세하고 정확한 설명을 할 때 더 잘 이해한다. 꼼꼼하다는 얘기를 듣고, 사람들의 외모나 주위환경의 세부적인 특징들을 잘 기억하는 편이다.<br>-세부적인 내용을 거듭 반복해서 암기하는 형태의 공부를 잘한다.<br>-새로운 방법을 시도하기보다 남들이 하는 대로 따라 하거나 익숙한 놀이나 활동을 더 하려고 하는 편이다.<br><br>◎ 학습 스타일<br>-"보이는 것을 믿을 수 있다."는 말이 S형에게 잘 적용된다.<br>-TV, 비디오, 오디오 등을 이용한 학습 스타일이 효과적이다. 단계적인 설명과 개념이 어떻게 실제로 적용되는가 하는 것을 보기로 들어 줄 때 이해가 빨라진다. 복습에 의한 학습 스타일이 효과적이다. | -숙제를 한동안 하다가도 잠시 다른 것에 관심을 쏟다가 다시 숙제를 하는 경향이 있다.<br>-상상 속의 이야기를 즐기며 이야기를 잘 지어낸다. 상상력이 풍부하다는 이야기를 자주 듣고 상상 속의 친구를 가지고 있어 혼자 있을 때도 그 친구와 이야기를 할 때가 있다.<br>-새로운 것 배우기를 좋아하고 전에 하던 것과는 다른 방법으로 과제나 숙제를 하는 것을 좋아한다. 다른 아이들이 생각지도 않은 엉뚱한 행동이나 생각을 할 때가 종종 있다.<br><br>◎ 학습 스타일<br>-보이는 것에서 시작해서 상상력을 불러일으키고 자극시키는 학습 스타일이 효과적이다. 한 문제에 대한 여러 가지 해답의 가능성을 탐색하는 것을 선호한다.<br>-단계적이고 짜인 학습 양식보다 자기 진도에 맞추어 나갈 수 있는 분위기에서 더 잘 배운다. 복습보다는 예습에 의한 학습 스타일이 효과적이다. |

| 사 고 | 감 정 |
|---|---|
| -'왜'라는 질문을 자주하고 경쟁적인 게임을 더 좋아한다. 궁금한 것이 있으면 꼭 물어보는 편이고, 게임을 할 때도 규칙을 중요시한다.<br>-한번 마음먹은 일은 끝까지 주장하는 편이고 논리적인 설명으로 부모나 친구를 잘 설득하는 편이다.<br>-야단을 맞거나 벌을 받아도 쉽게 눈물을 보이지 않고, 자기 입장을 설명할 수 있는 편이다.<br><br>◎ 학습 스타일<br>-자료를 수집하고, 조직하고, 평가하는 기회가 허용될 때 더 잘 배운다.<br>-학교에서 수행되는 과제들이 교사에 의해 공정하게 평가되고 인정되는 것을 보고자 한다.<br>-학습 진도가 빠를 때 자극을 받아 더 열심히 한다. 원인과 결과를 밝히는 설명 양식을 더욱 잘 이해한다. | -다른 사람들의 관심에 민감하고 칭찬이나 인정받는 것을 좋아한다. 감정이 풍부하고 인정이 많고 순하다는 얘기를 자주 듣는 편이고, 윗사람들의 말을 잘 듣는다는 이야기를 자주 듣는다. 무엇을 설명할 때 간단하게 하기보다 길게 하는 편이고 게임을 할 때도 양보를 잘하는 편이다.<br>-야단을 맞거나 벌을 받으면 눈물을 쉽게 흘리는 편이며, 감정에 북받쳐 자기 상황을 제대로 설명 못하는 편이다.<br><br>◎ 학습 스타일<br>-칭찬과 인정이 따를 때 더 잘 배운다. 자기에게 던지는 교사의 개인적인 한마디 말이나 메모가 학습 동기에 큰 비중을 차지한다. 교사와 학생, 학생과 학생이 서로 잘 지내는 화목한 분위기에 더 잘 배운다.<br>-지속적인 경쟁 분위기에서는 쉽게 좌절한다. 학습 주제가 사람들에게 어떻게 도움을 줄 수 있는가 하는 설명에 쉽게 관심을 기울인다. |
| **판 단** | **인 식** |
| -시험 보기 전에 미리 공부 계획표를 짜 놓고 그 계획을 지키는 편이다. 책임감이 강하고 예정에 없던 일이 생겨 계획을 갑자기 바꾸면 불편해 한다. 자기 방이나, 책상을 깨끗이 정돈하는 편이다. 숙제를 끝내 놓고 노는 편이고 제때에 숙제를 못하거나, 학교에 가져갈 때 대단히 조급해 하고 걱정을 많이 하는 편이다.<br><br>◎ 학습 스타일<br>-계획에 따라 움직이는 학습 지도하에 잘 배우고 숙제나 과제를 내줄 때 교사가 정확하게 설명해 줄 것을 기대한다. 견학이나 공작물 준비 등은 미리미리 말해 주길 기대하며, 마무리 짓지 않고 다른 과제로 넘어가면 매우 스트레스를 받고 혼란스러워 한다.<br>-팀 활동에서 조를 짜고, 지시하고, 지적하는 활동을 좋아한다. | -시험 보기 전에 계획표를 짜기는 하나, 중간에 변경을 많이 하는 편이다. 숙제를 두고도 재미있게 노는데 몰입하는 경향이 있으며, 숙제는 미루어 두었다가 한꺼번에 해 버리는 경향이 있다. 학교에 제출한 과제물이 준비되지 않아도 크게 걱정하지 않는 편이며 호기심이 많고 새로운 친구나 상황에 잘 맞춘다.<br>-방이나 책상을 대체로 정리하지 않는 편이다.<br><br>◎ 학습 스타일<br>-자유스럽고 유연성을 지닌 학습 분위기를 선호한다. 지속되는 규칙 준수의 강조와 이론 설명 위주의 학습에는 쉽게 흥미를 잃는다.<br>-호기심이 많아 행동으로 표현하는 체험 학습과 다양한 활동을 겸한 학습 스타일이 효과적이다. 학습 계획을 세우는데 도움이 필요하다. 동시에 자기 진도에 맞추어 나갈 수 있는 허용적 분위기에서 더 잘 배운다. |

출처 : 김형태(2005). 집단상담의 이론과 실제. 서울: 동문사.

따뜻하고 유능한 상담자가 되기 위한 <상담심리 실습 11>

## 만다라 그리기

만다라 그리기를 통해 얻을 수 있는 효과는 먼저 집중력이 증가하여 고요한 상태를 경험하며 마음이 평온해진다. 그리고 감정 조절 능력이 증가하고 수용적이고 너그러워지며 마음의 중심을 발견할 수 있다. 만다라 선택 방법과 그리는 방법은 다음과 같다.

※ 만다라 선택과 그리는 방식에 대한 지침

| 만다라의 선택 | 만다라 그리는 방식 |
|---|---|
| ① 초보자는 A4 이상의 견본을 선택한다.<br>② 만다라를 골라 먼저 모양을 밖에서 안으로 보고 그 다음에는 안에서 바깥 방향으로 살펴본다.<br>③ 처음 그리는 사람은 가능한 단순하고 큰 만다라를 선택한다.<br>④ 피곤하고 긴장한 하루를 보냈다면 윤곽이 분명하고 무늬가 작은 견본을 택한다.<br>⑤ 기분이 저조하거나 슬플 때는 리듬이 많은 장미 무늬나 원이 많은 견본을 선택하는 것이 좋다.<br>⑥ 무엇보다 중요한 것은 지금 자신의 기분을 나타낼 수 있는 것을 선택하는 것이다.<br>⑦ 어느 정도 만다라 형태들에 대해 친숙하면 자신이 스스로 그릴 수 있다. | ① 스스로 원을 그려서 그 안에 그림을 그리는 경우와 밑그림이 있는 만다라를 골라 색을 칠하는 경우가 있다.<br>② 견본을 그리려고 할 때는 우선 몇 가지 만다라 형태를 충분히 살펴보고 자신의 마음에 드는 것을 고른다.<br>③ 눈을 감고 다시 한 번 자신에 몰두하여 자신의 기분과 느낌에 마음을 모은다.<br>④ 눈을 감고 있을 동안 어떤 색이 마음속으로 떠올랐는지 생각하고 만다라를 그릴 때 반드시 그 색을 선택한다.<br>⑤ 그리려고 하는 시점에는 어쩌면 자신의 진실한 느낌이 무엇이었는지 분명하게 의식하지 못할 수도 있다. 이러한 경우에는 즉흥적으로 떠오르는 색들이 그와 같은 불분명한 기분의 밑바닥으로 들어가기 위한 길잡이 역할을 할 수 있다.<br>⑥ 견본을 가볍게 훑어보고 깊이 생각하지 않고 선택하는 것은 바로 자신의 무의식의 힘을 믿는 것이다.<br>⑦ 지금 자신에게 맞는 만다라에게 직관적으로 다가가는 것이므로 그릴 때 여기저기 방향을 바꾸어 그리지 않도록 한다.<br>⑧ 누구나 자신의 내적인 것을 조화롭게 하기 위해서 그리기 때문에 혼자 그려야 한다.<br>⑨ 색칠하는 시간은 제한이 없다. |

※ 다음 만다라 견본을 확대 복사하여 사용하세요.

# 8 chapter
# 인간중심 상담

살아 있는 모든 것들의 생명은 다 아름답습니다.
생명이 아름다운 이유는 그것이 능동적이기 때문입니다.
세상은 물질로 가득 차 있습니다.
피동적인 것은 물질의 속성이요
능동적인 것은 생명의 속성입니다.

—박경리의 〈마지막 선물〉 중에서—

## 01 이론의 개관

인간중심 상담은 1930~1940년대에 미국의 심리학자인 칼 로저스(Carl Rogers)의 이론에 근거하여 발전된 상담 이론이다. 로저스는 인간의 본능적 욕구를 지나치게 강조하면서 상담자가 진단적이고 해석적이며 지시적인 태도를 취하는 정신분석을 비판하였다. 또한 인간의 행동을 자극과 반응으로 지나치게 단순화한 행동주의 이론에 반대하였다. 그리고 이 두 이론의 대안으로 인본주의에 기반을 둔 인간중심 상담을 주창하였다.

1919년 로저스는 위스콘신대학교(Univ. of Wisconsin)에서 중세 역사를 전공하였고 YMCA 활동을 통해 종교 활동에도 깊이 관여하였다. 특히 1922년 중국의 북경에서 개최된 국제기독학생연합회의에 미국 대표 중 한 사람으로 참석하였다. 6개월 동안 북경에서의 생활은 다양한 종교 및 문화적인 특성을 지닌 외국인들을 만나면서 그의 사상과 종교관이 보다 자유롭게 바뀌는 경험을 하였는데, 이것이 그의 인생을 크게 바꾸어 놓는 계기가 되었다.

인간중심 상담은 초기에는 정신분석의 지시적 접근과 대별해서 비지시적 접근으로 불렸으며, 상담자 중심 치료와 대별해서 내담자 중심 치료라고 불려졌다. 그러다가 1974년에 인간에 대한 믿음과 철학적 신념으로 그의 상담 접근을 인간중심 상담으로 수정하였다. 이는 도움을 받으려고 온 사람을 환자나 내담자로 불러서 상담자와 차이를 두는 상담 관계가 아니라 평등한 '인간 대 인간'의 관계를 강조하기 위함이었다.

최근에 인간중심 상담의 원리는 교육, 경영, 종교, 정치, 인종 문제, 국제 관계 등의 다양한 영역에서 활용되고 있다. 인간중심 상담의 기본 이론은 'if ~then'의 원리로 설명될 수 있다. 즉, 만약(if) 상담자가 무조건적 긍정적 존중, 공감적 이해, 일치성을 보인다면, 그때(then) 내담자는 변화한다는 것이다.

## 02 인간관

로저스는 인간이 선천적으로 자기의 운명을 개척할 수 있으며 각 개인은 삶을 생산적이고 창의적인 방식으로 영위할 수 있다고 믿었다. 로저스는 인간의 자유에 방해가 되는 것에 대해서 항상 경계하였다. 그는 인간의 자유의지에 대해서 신뢰하였고 인간은 선천적으로 선하며 합리적이라고 믿었기 때문에 '전문가로서의 상담자(counselor as specialist)'라는 용어를 사용하지 않으려 하였다. 인간중심 상담의 인간관은 네 가지로 나눌 수 있다(강진령, 2009; 이형득 외, 1992).

첫째, 인간은 그 자체로 존엄성과 존재 가치가 있다. 내담자의 문제를 해결하기 위한 가장 적임자는 누구인가? 내담자에 대해 가장 잘 알고 있는 사람, 곧 내담자 자신이다. 그러므로 내담자의 문제해결에 가장 적합한 사람 역시 내담자 자신이라고 본다.

둘째, 인간은 본질적으로 선하고 신뢰로운 존재이다. 그렇기 때문에 인간은 선천적으로 자기의 운명을 창조할 수 있으며 자신의 삶을 생산적이고 창의적인 방식으로 이끌어 나아갈 수 있다고 믿는다.

셋째, 인간은 현상적 장(phenomenal)에서 현상학적 조망을 하는 존재이다. 현상적 장은 개인의 사적·주관적 경험의 영역이며, 현상학적 조망은 각 개인마다 대상이나 사건 자체보다는 그것에 대해 어떻게 지각하는가에 의해 행동 양식이 결정된다는 것이다. 따라서 상담자는 내담자의 현상학적 세계에 초점을 맞추고, 그의 내적 참조 체제(internal frame of reference)를 이해하기 위해 노력한다.

넷째, 인간은 유기체를 유지, 고양, 실현시키려는 경향성을 갖고 있다. 이러한 경향성은 무엇이 되고자 하는 추동이자 자신의 능력을 표출하고자 하는 성향으로, 개인의 성장과 성숙을 추구하고자 하는 삶의 중요한 동기가 된다.

## 03 주요 개념

### 1) 성격의 요소

로저스는 성격의 구조적인 구성개념을 거의 언급하지 않았으며, 인간의 발달과 변화에 초점을 두었다. 로저스는 인간의 성격을 유기체, 자아, 현상적 장이라는 세 가지 핵심적인 요소로 보았다.

#### (1) 유기체

신체, 정서, 지성, 영성 등을 지닌 전체로서의 인간이 유기체(organism)이다. 그러므로 인간은 경험에 대하여 유기체적으로 반응한다. 전체로서의 개인은 모든 경험의 소재이며, 어떤 자극이 있을 때 그 자극에 대하여 우리의 전체, 즉 유기체가 반응한다.

#### (2) 자아

로저스의 성격 이론에서 가장 중요한 것은 바로 자아(self)에 대한 개념이다. 자아는 전체적인 현상적 장 또는 지각적 장(phenomenal or perceptual field)의 분화된 부분으로, 나(I or me)에 일련의 지각과 가치로 이루어진다.

유기체는 새로운 경험이 자신의 본질적 실현 경향성을 촉진하는지 여부를 평가하고 그 결과에 따라 반응한다. 특히, 부모나 교사와 같이 권위 있는 인물이 자신을 어떻게 생각하는가에 따라 자신에 대한 평가 방법을 획득하게 된다. 이와 같이 개인의 자아는 환경과의 상호작용을 통해 형성되고, 점차 분화되고 발달한다(Nye, 2000). 그러나 자아는 새로운 경험에 의해 끊임없이 변화하더라도 개인은 이전과 똑같은 사람이라는 연속성과 일관성을 유지하려고 한다.

### (3) 현상적 장

유기체의 경험의 전체가 현상적 장(phenomenal field)을 구성한다. 경험은 어떤 주어진 순간에 유기체 내에서 진행되며 잠재적으로 자각에 이용될 수 있는 모든 것을 포함한다(노안영, 2006). 즉, 경험은 개인의 외적인 세계뿐만 아니라 내적인 것까지도 포함한다. 여기서 개인에게 중요한 것은 어떤 실제적인 대상이나 사건 등의 사실이 아니라 그것을 어떻게 지각하는가 하는 점이다.

현상적 장은 매우 사적이고 주관적이어서 경험하는 그 개인에게만 알려질 수 있는 자신의 참조 틀(the frame of reference)이다. 따라서 개인이 행동하는 방식은 외적 현실인 대상이나 사건이 아니라 자신만의 참조 틀인 현상적 장에 의존한다.

## 2) 실현화 경향성

모든 유기체는 자신을 유지하고, 실현하며, 향상시키려는 하나의 기본적인 경향성이라고 할 수 있는 실현화 경향성(the actualizing tendency)을 가지고 있다(Rogers, 1986). 유기체는 선천적으로 유전에 의해 프로그램화된 방향에 따라 스스로 실현하며, 그러한 실현화 경향성은 장기간에 걸쳐서 더욱 성숙하고 확장되며 자율적이 된다.

실현화 경향성은 사람이나 동물뿐만 아니라 모든 살아 있는 유기체에서 볼 수 있다. 로저스는 유기체가 극단적으로 적대적인 조건하에서 생존하게 할 뿐만 아니라 적응하고, 발달하고, 성장하도록 하는 저항할 수 없는 힘의 존재에 대한 그의 믿음을 '생의 집착 혹은 추진력'이라고 표현하였다. 예를 들면, 병원성 슈퍼 박테리아는 모든 항생제에서 살아남은 유기체로 박테리아 입장에서는 자신을 유지하고 실현하고 향상시키고 있는 것이다.

## 3) 자기실현 경향성

모든 유기체에게 실현화 경향성이 있는 것과 같이, 인간에게는 심리적 차원에서의 실현화 경향도 있는데, 이를 자기실현 경향성(tendency toward self-actualizing)이라고 한다(Rogers, 1974). 여기서 중요한 것은 자기(self)가 관여된다는 점에서 실현화 경향성과는 구별된다. 따라서 자기실현 경향성은 로저스의 인간중심 상담에서 내세운 단 하나의 동기 개념이며 자신을 유지시키거나 향상시키고자 인간의 모든 능력을 개발하는 유기체의 선천적인 경향성이다.

자기실현 경향성은 인간 유기체로 하여금 자신에 관한 의식적인 차원에서의 관점이 자기개념과 일치하도록 행동하도록 하는 압력이라고도 할 수 있다. 로저스는 개인이 자기개념과 일치하는 방향으로 성장하기 위해서 무조건적 긍정적 존중(unconditional positive regard), 공감적 이해(empathic understanding), 일치성(congruence)이 필요하다고 믿었다.

### 4) 가치의 조건

앞서 살펴본 바와 같이, 모든 인간이 태어날 때부터 갖는 한 가지 동기가 자기실현 경향성이다. 이에 따라 아이는 자기의 유기체를 향상시키는 것으로 지각되는 경험을 긍정적으로 평가하고 자기의 유기체에 해가 되는 것으로 인식되는 경험을 부정적으로 평가하는 선천적인 능력인 유기체적 가치화 과정(organismic valuing process)을 갖게 된다.

한편 가치의 조건(conditions of worth)이란 어린 시절 부모나 교사 등 의미 있는 타인들로부터 긍정적 존중을 얻기 위해 노력한 결과로 아이의 내면에 형성되는 현상을 말한다. 이때 경험은 아이 자신이 경험하는 바에 의해서가 아니라 부모나 교사의 판단에 따라서 좋은 것이 될 수도 나쁜 것이 될 수도 있다. 결국 아이의 선천적인 능력인 유기체적 가치화 과정은 가치의 조건에 의해 방해를 받게 된다. 이는 자기가 되고자 하는 것의 성취를 위한 노력보다 타인이 설정한 기준에 맞추려고 노력함으로써 긍정적 관심을 받으려 하게 되기 때문이다.

### 5) 충분히 기능하는 사람

충분히 기능하는 사람(fully functioning person)은 자기실현을 하고 있는 사람으로 진정한 자기 자신이 되며 자기가 아닌 어떤 것을 가장하거나 진정한 자아의 일부를 숨기지 않는다. 여기서 충분히 기능한다는 것은 자신의 잠재력을 인식하고 능력과 재능을 발휘하여 자신에 대한 완벽한 이해와 경험을 풍부히 하는 방향으로 이동해 나간다는 것을 의미한다.

로저스는 충분히 기능하는 사람은 다섯 가지 특징, 즉 경험에 대한 개방성(openness to experience), 실존적 삶(existential living), 자기 유기체에 대한 신뢰(a trust in one's own organism), 자유감(a sense of freedom), 창조성(creativity)을 그 특징으로 한다.

첫째, 경험에 대한 개방성이다. 이것은 공포, 실망, 고통 등의 부정적 감정, 용기, 애정, 경외감 등 긍정적 감정을 자유롭게 표현하고 인식할 수 있어서 타인과의 관계에서도 자신을 개방할 수 있는 상태를 말한다.

둘째, 실존적 삶을 영위한다. 실존적 삶을 영위하는 사람은 과거에 얽매이지 않고 이전에는 결코 비슷한 방식으로 존재하지 않았던 것처럼 매 순간을 새롭고 신선하게 느끼고 만끽한다.

셋째, 자기 유기체를 신뢰한다. 충분히 기능하는 사람은 바로 그 순간에 옳다고 느껴지는 행동을 할 것이고 그것이 일반적으로 그의 행동에 적절하고도 믿을 만한 지침이 된다. 로저스(Rogers, 1961)는 자기 유기체에 대한 신뢰의 가치를 '나는 이런 사람이다(This is me).'라는 글을 통해 드러내고 있다. "어떤 행동이 마치 행할 만한 가치가 있는 것처럼 느껴질 때 그 행동은 가치 있는 것이다. 즉, 나는 어떤 상황에 대한 나의 유기체적 감각 전체가 나의 지성(intelligence)보다 더 믿을 만한 가치가 있음을 알게 되었다."

넷째, 자기가 선택한 인생을 자유롭게 살아갈 수 있다. 충분히 기능하는 인간은 내적 감정에 충실하며 이러한 자유의 힘과 감정 때문에 그가 원하는 것은 어떤 것이나 실제적으로 행할 수 있다. 또한 자신의 삶에 대한 지배감을 즐기며 그것은 일시적 생각이나 주위 환경 또는 과거의 사건들에 의해 결정되는 것이 아니라 자기 자신에게 달려 있다고 믿는다.

다섯째, 창조적 삶을 통해 욕구를 충족시킴으로써 삶의 기쁨을 느낀다. 틀에 박힌 생활이나 사회적, 문화적인 제약에 마지못해 순응하거나 자신을 가두지 않고 모든 영역에서 독창적인 창작물과 아이디어로 자신을 표현한다.

## 04 상담의 목표와 과정

### 1) 상담 목표

인간중심 상담에서는 어떤 구체적인 행동의 변화에 목표를 두기보다는 한 개인이 전체적이고 계속적인 성장의 방향으로 나아가도록 하여 진정한 자기 자신이 되는 것이나. 상남자는 내담자의 자기개념과 유기체적 경험 간의 불일치를 제거하고 내담자가 느끼는 자아에 대한 위협과 그것을 방어하려는 방어기제를 해체함으로써 충분히 기능하는 사람으로 성장하도록 하는 것을 궁극적 목표로 한다.

한편 상담자는 상담 목표를 향해 나아갈 때 상담의 초점을 내담자가 가지고 있는 현재의 문제에 두는 것이 아니라 인간 자체에 두어야 한다. 상담 목표는 단순히 현재 내담자가 가진 문제만 해결하는 것이 아니라 내담자의 성장과 발달을 촉진하여 현재 경험하고 있는 문제뿐만 아니라 앞으로 겪게 될 삶의 문제에도 잘 대처할 수 있도록 돕는 것이다(Rogers, 1980).

### 2) 상담 과정

인간중심 상담자의 세 가지 필요충분조건인 무조건적 긍정적 존중, 공감적 이해, 일치성의 태도가 내담자를 변화시키므로, 상담자는 상담자의 필요충분조건을 갖추고서 실제 상담이 이루어진다. 인간중심 상담 과정을 로저스의 저서를 통해서 구체적으로 살펴보면 다음과 같다(Rogers, 1942).

- 1단계 : 내담자가 도움을 받기 위해 상담실을 방문한다. 내담자가 자발적으로 온다는 것은 이미 문제해결의 예후가 좋다는 것을 나타내며 내담자가 자신의 문제에 대한 책임 있는 첫걸음을 내디딘 것으로 간주될 수 있다. 이러한 내담자 자신의 자발적인 선택과 결정은 상담 및 심리치료에서 매우 중요하다. 그러나 내담자 자신의 결정에 의해서가 아니라 의뢰되어 타의 결정으로 상담실을 방문한 경우에는 자의 결정으로 변화시키는 것이 우선되어야 한다.

- 2단계 : 상담을 구조화하고 래포를 형성한다. 상담자와 내담자 간의 상담 관계, 장면, 절차를 정하고 상담의 본질과 성격에 대하여 설명한다. 즉, 내담자에게 스스로 문제를 해결하도록 도와주는 과정이지 문제를 대신 해결해 주는 과정이 아니라는 것을 인식시킨다. 상담 시간을 계획하고 약속하는 것도 내담자의 책임이라는 것을 명백하게 깨닫게 해야 한다.
- 3단계 : 상담자가 내담자의 정서 표현을 반영하고 명료화하여 내담자가 자신의 문제에 관한 감정을 자유롭게 표현되도록 북돋우어 준다. 내담자가 상담 시간에 적개심, 불안, 죄책감 등의 감정을 쏟아 놓는 것을 막지 말고 그대로 수용함으로써, 내담자로 하여금 상담 시간이야말로 진실로 자기의 시간이요, 그것을 어떻게 활용하느냐에 따라 성과가 생긴다는 것을 깨닫게 된다.
- 4단계 : 상담자는 내담자가 표출하는 부정적 감정을 수용하고 알아주며 정리해 준다. 상담자는 내담자가 표출하는 적개심, 증오, 질투 등의 부정적 감정을 단순히 지적으로 이해하는 것이 아니라 그 감정을 진정으로 받아들여서 내담자가 그것을 자신의 것으로 인정하고 보다 자유롭게 표출하도록 격려하여 준다.
- 5단계 : 부정적인 감정을 완전히 표현할 수 있게 된 후에는 미약하고 잠정적이기는 하지만 성장과 발달에 도움이 되는 긍정적 감정이 나타나게 된다. 이 단계에서 내담자는 성장에의 디딤돌로서 긍정적 감정을 표출하게 된다.
- 6단계 : 상담자는 내담자의 부정적 감정을 수용함과 동시에 긍정적인 감정을 인정하고 수용한다. 내담자 쪽에서는 자기평가와 정서 반응 간의 일치 및 조화를 탐색하고 정리한다. 긍정적 감정을 받아들인다는 것은 찬성을 한다든지 칭찬을 한다는 뜻과는 다르다. 그저 고개만 끄덕거려 찬성을 표시하면 되는 것이 아니라, 진실로 내담자의 마음과 감정을 이해하고 공감하고 받아들여야 하는 것이다.
- 7단계 : 내담자는 부정적 감정과 긍정적 감정을 모두 경험하면 자기 이해, 자기 수용, 자기 통찰을 경험한다. 내담자는 문제 행동에 대한 대안적 선택 과정을 탐색한다. 긍정적 감정과 부정적 감정 모두가 자신의 감정 세계의 부분이라는 것을 자각할 때 비로소 진정한 자기 이해의 토대가 마련되며, 자기 통찰이 샘솟듯 자연적으로 일어나게 된다. 결국 통찰이 토대가 되어 내담자는 새

로운 차원의 통합을 하게 된다.

- 8단계 : 통찰과 함께 여러 가지 의사 결정을 할 수 있는 길이 선명하게 보이게 된다. 내담자는 긍정적 사고를 하기 시작한다. 상담자는 내담자로 하여금 여러 가지 길을 보다 선명하게 내다보도록 도와주어야 한다.
- 9단계 : 정말 이 단계는 매혹적이다. 즉, 내담자는 긍정적 행동을 취하게 되며, 생활 장면에 대해 더욱 정확하고 완전한 분별을 하게 된다. 처음에는 부분적이나마 긍정적 행동을 하다가 시간이 흐름에 따라 보다 적극적인 행동을 하게 된다. 예컨대, 처음에는 비사교적이고 폐쇄적이던 학생이 나중에는 친구를 사귀고 싶어 하고 친구들에게 접근하게 된다.
- 10단계 : 보다 깊은 통찰과 성장이 이루어지는 단계이다. 긍정적인 행동을 취하게 되면 점차로 통찰이 확대 · 심화되어 정확한 자기 이해를 할 수 있게 된다.
- 11단계 : 내담자는 보다 잘 통제된 긍정적 행동을 점점 더 많이 하게 된다. 내담자의 문제 증상이 감소되고 덜 불편해진다. 의사 결정을 하는 과정에서 두려움은 점점 적어지며 자기가 시작한 행동에 대해서는 자신을 가지게 된다. 상담자와 내담자 사이의 유대는 더욱 강화된다.
- 12단계 : 내담자는 이제 도움을 받을 필요를 덜 느끼게 되고, 치료 관계를 종결해야겠다는 생각을 하게 된다. 즉, 지각된 자아와 이상적 자아 사이의 조화를 얻는다. 이 단계는 상담의 종결이 다가온 것을 알리는 것으로써 내담자는 보다 성숙되고 건강한 분위기 속에서 상담을 끝맺게 된다.

## 05 상담 기법

부모나 교사 등 영향력이 있는 성인이 아이를 어떻게 대하느냐에 따라 자기 자신이 되기도 하고 자기 경험을 왜곡하여 가치의 조건, 즉 '만약 ~하면, 그러면 ~한다(if~, then~).'는 가정이 형성되었다고 할 수 있다. 예컨대, 부모가 자녀에게 대하는 태도가 '만약 네가 공부를 잘하면, 그러면 나는 너를 좋아한다.'는 식으로 나타나면, 자녀는 부모가 원하는 행동을 하는가의 여부에 따라 칭찬 혹은 비난을 받게 되어 가치의 조건을 형성한다.

인간중심 상담은 이렇게 형성된 가치의 조건을 해결할 수 있는 방식도 마찬가지로 '만약 ~하면, 그러면 ~한다.'는 가정으로 풀 수 있다고 믿는다. 부모나 교사가 아이의 자아실현 경향성 혹은 유기체의 지혜를 믿지 않는 태도, 아이의 행동에 따라 조건적으로 대하는 태도, 아이의 내적 경험을 믿지 않고 무시하는 태도가 문제의 원인이라고 본다. 따라서 로저스는 상담자가 내담자의 변화를 위해 가져야 할 필요충분한 세 가지 인간중심적 태도로서 무조건적 긍정적 존중(unconditional positive regard), 공감적 이해(empathic understanding), 일치성(congruence)을 제시하였다.

내담자의 변화를 위한 상담 관계를 '만약 ~하면, 그러면 ~한다.'는 가정으로 표현하면, '만약 상담자가 무조건적 긍정적 존중, 공감적 이해, 일치성의 태도를 내담자에게 보여 주면, 그러면 내담자는 변화한다.'는 것이 된다. 이러한 상담의 필요충분조건을 쉽게 여겨서인지 많은 초보 상담자들이 자신의 상담 접근으로 인간중심 상담을 선택하는 경우가 많다.

그러나 인간중심 상담에서 강조하는 상담자가 가져야 할 세 가지 태도가 그렇게 쉽게 획득되지 않는다는 것이다. 그런 이유로 흔히 초보 상담자가 웃고 들어갔다가 울고 나오는 상담 접근이 인간중심 상담이라고 말한다. 이것은 인간중심 상담 접근을 사용하는 상담자가 단순히 상담 기법을 배우는 것이 아니라 내담자를 대하는 근본적인 태도가 변화되어야 하기 때문이다. 그러면 이러한 세 가지 상담자의 태도에 대해 살펴보자(노안영, 2006).

### 1) 무조건적 긍정적 존중

무조건적 긍정적 존중은 가치의 조건을 버리고 조건 없이 내담자를 있는 그대로 수용하는 것이다. 무조건적 긍정적 존중과 같은 의미는 비소유적 온정, 돌봄, 수용, 관심, 존중 등이다. '만약 당신이 인간다운 행동을 할 때에만 한 인간으로 상대할 것입니다.'가 아니라 '나는 당신이 과거에 무슨 일을 했고 어떤 사람이었는지에 관계없이 당신을 있는 그대로 존중하고 수용합니다.'라는 수용적인 태도이다.

무조건적 긍정적 존중은 내담자의 행동 자체가 비록 못마땅하고 인정할 수 없다 하더라도 인간 그 자체를 존중하고 신뢰한다는 의미를 내포한다. '죄는 미워해도 인간은 미워하지 말라.'는 우리 속담에 담긴 뜻과 서로 통한다.

불쌍한 사람이라는 뜻을 가진 레미제라블(Les Misérables)에서 장발장이 밀리에르 신부가 제공한 따뜻한 음식과 깨끗한 잠자리에 만족하지 않고 순간적인 충동으로 사제관의 은 접시를 훔쳐 달아나다 헌병에게 끌려 밀리에르 신부 앞으로 온다. 그런데 밀리에르 신부는 자기가 준 선물이라 증언해 준다. 심지어 장발장에게 은촛대까지 내주며 '정직하게 살아가라며 자네 영혼은 내가 사서 하느님께 바쳤다네.'라고 말했던 밀리에르 신부의 태도가 곧 무조건적 긍정적 존중의 태도라 할 수 있다.

### 2) 공감적 이해

공감적 이해는 상대방이 주관적으로 경험하는 사적 세계를 정확하고 민감하게 이해하는 것을 말한다. 공감적 이해의 동의어는 공감 혹은 역지사지의 태도이다. 공감적 이해는 상담자가 내담자가 될 수는 없지만, 마치 내담자인 것처럼 내담자의 내적 참조 틀(internal frame of reference)에 근거해서 그가 경험하는 감정을 파악하고 이해하는 것이다.

상담자가 내담자에 대해 공감적으로 이해한 내용은 결국 어떤 방식으로든 내담자에게 전달되어야 한다. 전달된 공감이 내담자에게 올바로 지각될 때 비로소 공감적 이해의 과정이 완성되었다고 말할 수 있다. 상담에서 공감적 이해의 표현이 그토록 중시되는 것은 바로 이 때문이다.

공감적 이해는 여러 가지 경로를 통해 전달될 수 있다. 언어와 비언어 행동에 속하는 여러 가지 반응이 공감을 전달하는 통로가 된다. 앞에 공감적 이해를 돕는 방법들에서 언급한 대부분의 전략들이 사실은 공감을 전달하는 방법들이기도 하다. 내담자와 동일한 용어 사용하기, 감각 언어 통로 일치시키기 등의 언어 반응, 시선 접촉, 각종 신체 언어, 음성의 질 등 비언어 반응들은 모두 공감을 전달하는 좋은 방법들이기도 하다.

〈상담심리 읽기 자료 4〉

**오쇼 라즈니쉬의 공감 치료 이야기**

한 번은 어떤 남자가 나를 만나러 왔다. 그는 자기 뱃속에 파리 두 마리가 들어가 있다는 환상에 시달리고 있었다. 그는 입을 벌리고 자는 버릇이 있는데, 그 틈에 파리가 뱃속으로 들어갔다고 생각하고 있었다. 그는 줄곧 걱정에 시달리는 나머지, 한 자세로 가만히 앉아 있을 수도 없었다. 그는 계속 이쪽저쪽을 왔다 갔다 하며 "그놈들이 이쪽으로 왔습니다. 이젠 저쪽으로 갔습니다." 하고 말했다. 그는 거의 미칠 지경에 있었다. 그는 여기저기 의사를 찾아가 보았지만 도움이 되지 못했다. 그들은 한결같이 웃음을 터뜨리며 "그것은 당신의 상상일 뿐입니다." 하고 말했다. 그러나 불행한 상상에 빠져 있는 사람에게 그렇게 말하는 것은 전혀 도움이 되지 못한다. 왜냐하면 그는 실제로 고통 받고 있기 때문이다.

그대의 입장에서 보면 그것은 상상에 불과할지도 모른다. 그러나 그에게는 그것이 상상이든 현실이든 아무 차이가 없다. 그는 현실과 똑같은 고통에 시달리고 있기 때문이다. 그대가 그것을 무엇이라고 부르든 아무 것도 달라지지 않는다. 나는 그의 배를 만지며 말했다. "그렇군. 그 놈들이 여기에 있다." 내 말을 듣고 그는 매우 기뻐했다. 그는 나의 발을 만지며 경의를 표하고는 이렇게 말했다. "당신이 제 고충을 알아주는 유일한 분입니다. 지금까지 용하다는 의원은 거의 다 만나보고 온갖 방법을 다 써 보았지만 그들 모두가 어리석었습니다. 이제 제 고충을 알아주는 분을 만났습니다."

내가 말했다. "나는 알 수 있다. 분명히 파리가 그대 뱃속에 있다. 나는 이런 문제를 다루는 데에는 전문가이다. 그대는 사람을 제대로 만났다." 계속해서 내가 그에게 말했다. "자, 여기에 누워 눈을 감으시오. 내가 그대에게 눈가리개를 하고 그 놈들을 꺼낼 것이요. 입을 벌리시오. 그러면 내가 주문을 외워 그 놈들을 불러낼 것이다." 나는 그의 눈에 가리개를 씌우고 입을 벌리라고 말했다. 그가 매우 행복해 하며 자리에 누웠다. 그는 파리가 밖으로 나오기를 기다리고 있었다. 그를 그런 상태로 놔두고 나는 재빨리 집안으로 뛰어 들어갔다. 파리 두 마리를 잡기 위해서였다. 내게 그것은 매우 어려운 일이었다. 전에 나는 한 번도 파리를 잡아 본 적이 없었다. 그러나 가까스로 파리를 잡을 수 있었다. 그가 눈을 떴을 때, 나는 병속에 갇힌 파리 두 마리를 보여주었다. 그가 말했다. "이 병을 제게 주십시오. 그 바보들에게 가서 보여 주어야겠습니다." 그 후 남자는 완전히 회복되었다.

-손민규(2011)의 「금강경」 중에서-

### 3) 일치성

일치성은 상담 관계에서 상담자가 순간순간 경험하는 자신의 감정이나, 태도를 있는 그대로 진솔하게 인정하고 개방하는 것을 말한다. 일치성의 동의어는 진솔성, 진실성, 일관성 등이다.

일치성은 먼저 내담자를 대하면서 떠오른 생각이나 느낌을 진솔하고 솔직하게 있는 그대로 표현하는 것이다. 즉, 긍정적 표현만을 표현하거나 숨기거나 거짓 없이 내담자와의 관계에서 일어나는 감정이나 태도를 자발적이고 솔직하게 표현하는 것이다. 이러한 일치성은 내담자로 하여금 자신의 긍정적, 혹은 부정적 감정을 숨기거나 거짓 없이 상담자에게 솔직하게 표현하게 하는 중요한 역할을 하기 때문에 중요하다.

## 06 인간중심 상담의 사례

인간중심 상담의 사례는 다음과 같다(중등임용시험, 2017).

**희　　수:** 엄마는 제가 어렸을 때부터 시험 성적을 잘 받아 올 때는 저에게 다정하셨지만, 제가 시험을 못 보면 화를 내고 저를 차갑게 대하셨어요.
**상담교사:** 성적에 따라 엄마가 희수를 대하는 태도가 달랐군요.
**희　　수:** 예. 제가 시험 성적을 잘 받기 위해서 얼마나 애썼는지 몰라요. 엄마의 기대에 어긋나지 않으려면 공부 잘하는 딸이 되었어야 하니까요.
**상담교사:** 엄마의 인정을 받기 위해 많은 애를 썼네요.
**희　　수:** (표정이 어두워지며) 하지만……. 제 꿈은 사실 가수가 되는 거예요.
**상담교사:** 그 말을 하면서 표정이 어두워졌네요.
**희　　수:** 제가 가수가 되고 싶다고 했더니 엄마가 화를 내면서 반대하셨거든요. 엄마는 제가 의사가 되기를 원하세요.
**상담교사:** 엄마가 반대하니 많이 힘들었나 봐요.
**희　　수:** 예. 엄마와 자꾸 그 문제로 부딪치니 마음이 불안하고 두통이 너무 심해서 머리가 깨질 것 같아요.

## 07 인간중심 상담의 강점과 한계

### 1) 강점

인간중심 상담의 강점을 살펴보면 다음과 같다(강진령, 2009; 김충기, 강봉균, 2001; 천성문 외, 2006; Peterson & Nisenholz, 1999).

첫째, 상담의 초점을 기법 중심에서 상담 관계 중심으로 전환시켰다는 점이다(Corey, 2005). 훈련된 전문가들의 독점물이었던 상담을 모든 사람이 이해하고 활용할 수 있는 방향으로 발전시켰다.

둘째, 상담자, 심리학자, 사회사업가, 그 외에 전문가를 훈련하는 데 경청, 배려, 이해의 중요성을 강조한 점이다. 그의 영향으로 경청, 반영, 공감, 관계 기술 등이 상담자를 양성하기 위한 프로그램에 포함되게 되었다.

셋째, 상담자에 따른 상담 스타일 개발 가능성을 열었다는 점이다. 인간중심 상담은 구체적 기법에 초점을 두는 것이 아니라 상담자의 태도를 중시한다는 점에서, 상담자들이 자신의 상담 스타일을 개발해 나갈 수 있다는 강점이 있다.

넷째, 다양한 분야에 적용이 가능하다는 점이다. 오늘날 인간중심 상담의 방법은 기업, 병원, 정부 기관, 국가 간 분쟁, 환경문제, 국제 관계 개선 등 다양한 상황과 장면에 폭넓게 적용되고 있다.

### 2) 한계

인간중심 상담의 한계를 살펴보면 다음과 같다(강진령, 2009; 김충기, 강봉균, 2001; 천성문 외, 2006; Peterson & Nisenholz, 1999).

첫째, 객관적 정보 확보 및 활용이 미흡하다는 점이다. 심리검사나 진단을 통해 내담자가 자신의 문제점을 통찰하게 하는 한편, 필요한 경우 직면을 통해 내담자의 변화를 적극적으로 이끌어 내야 한다는 반론이 있다.

둘째, 지나치게 내담자 중심이 되어 상담 관계에서 상담자 고유의 인간성과 독특성을 상실할 수도 있다는 점이다. 내담자 중심의 수동적이고 비지시적 방식에 의해 상담자가 발휘할 수 있는 전문가로서의 치료적 영향력이 미치지 못할 수 있다는 지적이다.

셋째, 내담자와 상담자와의 인간적이 관계에만 치중한 나머지 상담 기법의 사용을 등한시한 점이다. 상담자의 반응을 반영과 공감, 경청에만 제한함으로써 상담 기법의 사용을 통한 내담자의 변화를 경시하였다.

## 실/전/도/전/문/제

학습한 내용을 바탕으로 실전에 도전해 봅시다.

**1. 인간중심 상담에 관한 설명으로 옳은 것을 모두 고른 것은?** (청소년상담사 3급, 2018)

ㄱ. 현재 경험이 자기개념과 불일치할 때 불안을 경험하게 된다.
ㄴ. 내적 경험을 무시하고 부모의 기준에 맞추는 것이 부적응의 원인이다.
ㄷ. 자기실현 경향성은 자기를 보존, 유지, 향상시키고자 하는 후천적인 상위의 욕구다.
ㄹ. 무조건적 사랑을 받은 아동은 자신의 특성을 선택적으로 수용한다.
ㅁ. 상담자는 내담자의 감정, 사고, 행동에 대하여 평가를 하지 않는다.

① ㄱ, ㄴ　　② ㄷ, ㄹ　　③ ㄱ, ㄴ, ㅁ
④ ㄷ, ㄹ, ㅁ　　⑤ ㄱ, ㄴ, ㄷ, ㅁ

**2. 다음 현상을 설명하는 인간중심상담 개념은?** (청소년상담사 3급, 2016)

완벽주의 성향이 강한 은이의 어머니는 은이가 어려서부터 방을 깨끗하게 정리정돈할 때마다 칭찬하셨다. 성격이 털털한 은이는 정리정돈의 필요성을 느끼지 못하지만 어머니의 인정을 받기 위해 자기 방뿐만 아니라 온 집안 청소를 한다. 친구 만나는 것을 좋아하지만 청소를 하다보면 시간이 없다.

① 일치성　　② 자기실현 경향성　　③ 가치의 조건
④ 동일시　　⑤ 융합

**3.** 다음 대화에 나타나 있는 인간중심 상담자의 개입 반응은? (청소년상담사 3급, 2016)

> **내담자:** "제가 나쁘게 살지 않았는데 왜 이런 일들이 제게 일어나는지 모르겠어요. 그 친구는 왜 이런 경험을 내게 안겨주나 싶어요. 내가 더 잘 했으면 떠나지 않았을 텐데 라는 생각이 들면 너무 힘들어요."
> **상담자:** "내가 더 잘 했었다면 막을 수 있었을 거란 죄책감이 들면서도 그 친구가 원망스럽고 왜 이런 일이 나에게 일어났을까? 라는 생각이 들어 의아하고 억울하겠어요."

① 자기개방 ② 일치된 진술 ③ 감정 자각
④ 공감적 반영 ⑤ '지금 - 여기'에서의 경험 표현

**4.** 인간중심상담에서 제시한 심리적으로 건강한 사람의 특성으로 옳지 않은 것은? (청소년상담사 2급, 2016)

① 자기결정성이 높다.
② 경험에 개방적이다.
③ 생각, 감정, 행동이 일치를 이룬다.
④ 자신이 처한 환경에서 충실히 살아간다.
⑤ 자신에게 중요한 사람의 가치를 조건화한다.

**5.** 인간중심상담의 치료적 접근으로 옳은 것은? (청소년상담사 2급, 2017)

① 행동변화계획 ② 성장촉진적 관계 ③ 꿈의 분석
④ 가족력 분석 ⑤ 비합리적 신념의 탐색

**정답**

1. ③ 2. ③ 3. ④ 4. ⑤ 5. ②

따뜻하고 유능한 상담자가 되기 위한 <상담심리 실습 12>

# 공감 실습

## 1. 공감 반응 수준과 사례

공감적 이해 능력에는 두 가지 기초적 요소가 있다. 첫째는 상담자가 내담자의 말 속에 깔려 있는 주요한 감정, 태도, 신념, 가치 기준을 포착하는 것으로 감수성의 차원이다. 둘째는 상담자가 내담자의 외적 측면뿐만 아니라 내적 측면까지 이해하고 알게 되었다는 것을 내담자에게 알려주는 것으로 커뮤니케이션의 차원이다. 공감 반응은 네 가지 수준이 있으며 4점 수준으로 갈수록 공감 수준이 높다.

※ 사례 : 새로 전학 온 태곤이의 짝인 경서가 학교 상담사인 나에게

> 선생님, 태곤이와 좀 더 친해 보려고 노력하면 할수록 태곤이는 점점 더 혼자만 있으려고 하는 것 같아요.

| 수준 | 설명 | 실례 |
|---|---|---|
| 1.0 수준 | 내담자의 느낌과는 전혀 무관하거나 상반되어 내담자의 느낌을 전혀 이해하지 못한다. 내담자로 하여금 상담자가 내 이야기를 듣고 있는가 하는 의문을 갖게 하며, 무시당한다는 느낌을 가지고, 이야기를 한 것을 후회하게 된다. | 태곤이는 혼자 있기를 좋아하는 것 같으니 그냥 자기 혼자 하고 싶은 대로 그냥 두는 게 좋겠군. |
| 2.0 수준 | 내담자가 표현한 것 중의 일부만을 이해하는 것이다. 내담자는 무시당하거나 기분 상한 느낌을 받지 않더라도 아직 이해하지 못한다고 느끼게 된다. 계속적인 의사소통이 이루어지지 않고 중단되게 된다. | 그것 참 힘들겠구나. |
| 3.0 수준 | 내담자가 자신을 나타내 보이는 수준만큼 상담자가 그를 이해하고 있음을 보여주는 수준이다. 의사소통이 이루어지는 기본적인 수준이다. | 새로 전학 온 태곤이와 가까이 지내려고 노력하는데도 몰라주어 섭섭하겠구나. |
| 4.0 수준 | 내담자가 겉으로 드러낸 감정은 물론 내담자가 미처 자각하지 못하거나 두려워서 표현 못했던 심층적인 느낌까지도 이해한다. 내담자는 마음 속 깊은 곳에 있는 부분까지도 점차 표현하게 되고 자신도 미처 몰랐던 자신의 감정을 이해받게 되어 자신을 더욱 개방하게 된다. | 경서의 노력이 잘 받아들여지지 않아서 실망이 크겠군. 경서로서는 태곤이와 비슷한 경험을 했으니 잘해 주고 싶었는데, 태곤이가 그것을 몰라주는 것 같아 무척 섭섭한 마음이 들겠구나. |

## 2. 공감 반응 변별 연습

다음을 읽고 괄호 안에 공감 수준을 1.0~4.0으로 평점하시오.

※ 사례 1. 아버지의 술주정으로 부모 간의 싸움이 잦은 철이가 나에게

① 철이는 부모님끼리 서로 화목하지 않으니 부모님에게 불만이 많겠구나. (　)

② 부모님이 별로 화목하지 못하니 매우 마음이 아프겠구나. 그리고 어떻게 해야 좋을지 답답하겠구나. (　)

③ 집에서 부모님이 항상 다투시니 무섭고 불안하겠다. 부모님이 서로 잘 지내시면 좋을 텐데 말이지. 정말 집에 가기 싫겠구나. (　)

④ 그렇다고 어떻게 하겠니. 그래도 부모는 부모 아니니. 그 정도의 어려움은 이겨내야지 훌륭한 사람이지. (　)

⑤ 도대체 부모님은 왜 싸운데? 정말 견디기 힘들면 집에 들어가지 마. (　)

※사례 2. 실연을 겪고 전화상담 중인 20대 여성에게

① 당신이 어떻게 했기에 그런 일이 일어났습니까? 무슨 일이 있었습니까? (　)

② 오랫동안 사귀던 사람인데 연락이 잘되지 않아서 무척 답답하시겠네요. (　)

③ 그 남자의 부인이나 가정으로 봐서는 너무 잘된 일이네요 . (　)

④ 본래 남자란 다 그런 것입니다. 이제 당신으로부터 신선감이 떨어진 것 같군요. 오히려 잘되셨네요. 어차피 이루지 못할 사랑 아닙니까? 정리하도록 하세요. (　)

⑤ 그렇군요. 그동안 마음을 기대었고 지금도 사랑하고 있다고 믿고 싶은데 연락이 잘되지 않으니 마음이 변한 것 같아 걱정도 되고, 배신감까지도 들겠군요. 그리고 앞으로 어떻게 해야 할지 혼란스럽겠군요. (　)

## 3. 공감 연습

다음 상황은 당신에게 상대가 어떤 문제를 가지고 있는지를 알려주는 것들이다. 당신의 공감 반응을 적어 보시오.

* 사례 1

| 학생: 애들이 참 얄미워요. 학점을 잘 따려고 야단들이에요. 친한 사이에도 노트도 잘 안 빌려주려고 하고……. |
|---|

나의 반응 :

* 사례 2

| 학생: 요즘은 진로 문제로 너무 걱정이 되어서 잠이 오지 않아요. 좋은 직장에 취업하는 것이 정말 어려운 문제인 것 같아요. |
|---|

나의 반응 :

9

chapter

# 행동주의 상담

세상살이에 곤란함이 없기를 바라지 말라!
세상살이에 곤란함이 없으면
업신여기는 마음과 사치한 마음이 생기나니,
그래서 성인이 말씀하시되 "근심과 곤란으로써 세상을 살아가라." 하셨느니라.

공부하는 데 마음에 장애 없기를 바라지 말라!!
마음에 장애가 없으면 배우는 것이 넘치게 되나니,
그래서 성인이 말씀하시되 "장애 속에서 지혜를 얻으라." 하셨느니라.

친구를 사귀되 내가 이롭기를 바라지 말라!
내가 이롭고자 하면 의리를 상하게 되나니
그래서 성인이 말씀하시되 "순결로써 사귐을 길게 하라." 하셨느니라.

공덕을 베풀려면 과보를 바라지 말라!!
과보를 바라면 도모하는 뜻을 가지게 되나니,
그래서 성인이 말씀하시되 "덕을 베푸는 것을 헌신짝처럼 버리라." 하셨느니라.

이익을 분에 넘치게 바라지 말라!
이익이 분에 넘치면 어리석은 마음이 생기나니,
그래서 성인이 말씀하시되 "적은 이익으로써 부자가 되라." 하셨느니라.

이와 같이 막히는 데서 도리어 통하는 것이요,
통함을 구하는 것이 도리어 막히는 것이니…….

-『보왕삼매론(寶王三昧論)』 중에서-

## 01 이론의 개관

행동주의 상담(behavioral counseling)이라는 용어는 1964년 미국심리학회 연차 학술대회에서 Krumboltz가 처음 사용하였다(LaFleur, 1979). 행동주의 상담에서는 우리가 통제하는 대부분의 행동이 바람직하든 바람직하지 못하든 간에 학습되었다고 본다. 즉, 행동주의 상담에서는 인간 행동의 원인을 사고, 감정, 신념 등과 같은 것으로 보지 않고, 경험에 의해 학습된 것으로 본다.

행동주의 상담은 행동주의 심리학을 이론적 배경으로 한다. 행동주의는 인간 행동을 연구하는 심리학의 주요한 흐름으로서 20세기 초에 시작되어 막강한 영향력을 미쳤다. 행동주의는 심리학의 중요한 조류 중 하나로, 심리적 탐구의 대상을 의식에 두지 않고 외현적으로 나타나는 행동에 두는 입장이다. 따라서 인간을 자극에 따라 반응하는 존재로 보고, 학습이란 인간의 바람직한 행동의 변화를 일으키기 위해 적절한 자극과 그 반응을 강화시키는 것으로 이해한다.

존 왓슨(John B. Watson)은 1913년 「행동주의자로서 바라본 심리학(Psychology as the behaviorist views it)」이라는 논문에서 관찰 가능한 행동만이 적절한 심리학의 주제가 될 수 있으며, 모든 행동은 환경 사건에 의해 유발될 수 있으므로 환경 사건을 통해 통제될 수 있다고 주장했다. 그 이후 이러한 심리학 운동을 행동주의라고 부르기 시작하였다.

행동주의 상담의 기초가 되는 중요한 학습이론으로는 파블로프(Ivan P. Pavlov, 1849~1936)의 실험에 근거한 고전적 조건형성(classical or respondent conditioning), 스키너(Burrhus F. Skinner, 1904~1990)의 조작적 조건형성(operant conditioning), 반두라(Albert Bandura, 1925~)의 사회적 인지이론(social cognitive theory), 마이켄바움(Donald Meichenbaum)의 인지적 행동 수정(cognitive behavior modification)을 들 수 있다.

## 02 인간관

행동주의 상담은 여러 학습이론을 기초로 하기 때문에 행동주의 상담에서 보는 인간관은 바로 행동주의 심리학에서 바라보는 인간관과 별다른 차이가 없다. 다만 행동주의자들의 인간관은 초기와 후기에 따라 다르다.

초기에는 인간을 단순히 자극에 반응하는 존재, 즉 수동적 존재로 보았다. 행동주의 심리학자들은 인간의 행동이 자연 현상과 같이 일정한 법칙에 따르는 것으로 보았다. 그래서 행동에 영향을 주는 변인을 확인하고 그것을 적절히 통제하면 인간의 행동도 예측하거나 수정 가능하다고 여겼다. 초기 행동주의의 인간관은 다음과 같다(강갑원, 2004; Hosford, 1969).

첫째, 인간은 선하지도 악하지도 않은 존재이다.

둘째, 인간은 환경의 자극에 반응하는 유기체이다.

셋째, 인간의 행동은 유전과 환경의 상호작용에 의하여 형성된다.

넷째, 인간의 행동은 긍정적이든 부정적이든 학습된 습관으로 되어 있다.

다섯째, 인간의 행동은 환경에서 제공되는 강화 유형과 빈도에 의하여 결정된다.

그러나 후기 행동주의 인간관은 인간이 단순히 자극에 반응하는 존재가 아니라 유기체인 인간이 자신을 향상시키고 발전시키며 실현시키는 방향으로 선택하고 행동하는 존재라고 보았다. 후기 행동주의의 인간관을 살펴보면 다음과 같다.

첫째, 인간의 행동은 부분적으로 환경을 창조할 수 있고, 환경도 인간의 행동에 영향을 미친다.

둘째, 인간은 스스로 자신을 조절할 수 있는 존재이다.

셋째, 인간은 자신을 스스로 이끌고 지도할 수 있는 존재이다.

## 03 주요 개념

### 1) 행동주의의 역사

인간 이해를 위한 심리학의 발달은 토마스 쿤(Thomas Khun)이 패러다임의 전환을 주장한 것처럼, 이전에 일어난 심리학적 접근을 부정하는 과학적 혁명에 의해서가 아니라 지식의 확장으로 이루어져 왔다. 마찬가지로 행동주의의 발달도 인간 행동을 설명하는 이론적 입장을 확장해 왔다. 이러한 행동주의의 이론적 확장, 즉 발달을 이해하기 쉽도록 그림으로 표시하면 다음과 같다(노안영, 2006).

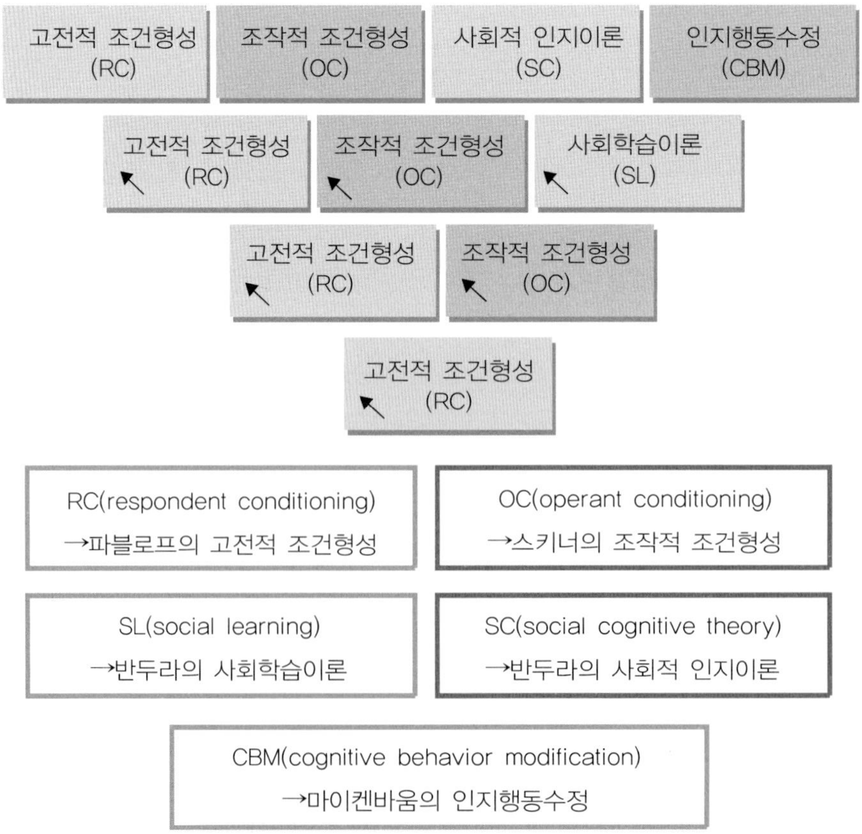


그림 7 행동주의의 발달

행동주의의 발달 과정을 나타낸 그림에서 보면, 가장 아래에 있는 고전적 조건형성(respondent conditioning: RC)은 초기 행동주의의 주류이었음을 나타낸다. 다음 단계에서 고전적 조건형성이 그대로 유지되면서 스키너의 조작적 조건형성(operant conditioning: OC)이 등장하였다. 그리고 세 번째 단계에서 반두라의 사회적 학습이론(social learning theory: SL)이 추가되었다. 최종 단계에서 마이켄바움의 인지행동수정(cognitive behavior modification: CBM)이 추가되었다.

이러한 그림을 통해 현재 인간 행동을 설명하는 네 가지 입장이 모두 부분적으로 적용되고 있음을 알 수 있다. 최근에 반두라는 사회학습이론에 인지적 중재를 포함시켜 사회적 인지이론(social cognitive theory)으로 수정하였다.

## 2) 고전적 조건형성

19세기 말, 러시아 심리학자인 파블로프는 개의 소화 과정을 연구하고 있었다. 개의 침샘 일부를 특수한 관을 통해 침이 흐르도록 외과적으로 수술하여 침 분비를 쉽게 측정할 수 있는 장치를 고안하였다. 그는 침 분비를 유발하기 위해 개의 혀에 고깃가루를 주던 어느 날, 개가 음식이 주어지기도 전에 실험자의 발소리나 문 여는 소리를 듣거나 그릇을 보고 침을 분비하는 것을 발견하고 이러한 현상을 체계적으로 연구하였다. 파블로프가 개를 가지고 실험한 조건형성 절차의 도식은 그림과 같다.

1단계 : 무조건자극(US, 음식) → 무조건반응(UR, 침 분비)
2단계 : 조건자극(CS, 종소리) + 무조건자극(US, 음식) → 무조건 반응(UR, 침 분비)
3단계 : 조건자극(CS, 종소리) → 조건반응(CR, 침 분비)

그림 8 파블로프의 고전적 조건형성의 도식

고전적 조건형성을 이용한 유명한 실험이 11개월 된 앨버트(Little Albert)를 대상으로 한 실험이다. 오늘날 이 연구는 윤리적인 문제 때문에 허용될 수 없지만 공포가 고전적 조건형성이 될 수 있다는 것을 보여준 의미 있는 실험이다(Watson & Rayner, 1920).

11개월 된 앨버트는 큰 소리와 갑자기 엄마가 없어지는 것 외에는 어떤 것도 두려워하지 않았다. 왓슨과 레이너는 고전적 조건형성으로 앨버트에게 새로운 공포를 유발했다. 그들은 앨버트에게 흰쥐(CS)를 보여줌과 동시에 앨버트의 뒤에서 망치로 쇠막대기를 두드려서 큰 소리(UCS)를 냈다. 이전에는 흰쥐에게 어떤 공포 반응도 나타내지 않았다. 흰쥐와 망치로 쇠막대기를 두드려서 만든 큰 소리를 일곱 번 연합해서 제시한 후, 앨버트는 공포 반응(CR)을 보였으며 울면서 그 상황을 벗어나려고 하였다.

왓슨과 레이너는 앨버트의 조건형성된 공포를 제거하는 데 실패하였고 그들의 실험에 대해 윤리적으로 많은 비판을 받았다. 이후 왓슨의 제자 존스(M. C. Jones)는 공포를 제거하는 여러 가지 기법을 연구하던 중, 역조건 형성(counterconditioning)을 이용하여 공포 반응을 제거하는 데 성공하였다.

세 살인 피터(Peter)는 토끼나 강아지, 털실, 인형 등 여러 가지 사물에 대해 심한 공포증을 가지고 있었다. 역조건 형성은 제거해야 하는 반응을 다른 반응으로 대치시키는 것인데, 이때 이 둘은 양립할 수 없는 반응이어야 한다. 피터의 경우, 먹는 행동이 공포와는 양립할 수 없는 것이었다. 그래서 실험자는 피터가 맛있는 간식을 먹기 시작할 때, 방의 다른 쪽 끝에 토끼를 가져다 놓았다가 점점 더 가까이 가져다 놓았다. 이러한 과정이 반복되어 마침내 토끼를 무릎에 올려놓고 간식을 먹을 수 있게 되었다.

고전적 조건형성에 따른 상담은 내담자 행동의 유지, 강화, 변화를 위해 고전적 조건형성의 원리를 활용한다.

### 3) 조작적 조건형성

조작적 조건형성의 과정은 단순하다. 만약 어떤 행동으로 사건의 상태가 더 나아지고 만족스럽게 된다면, 그 행동은 나중에 비슷한 상황에서 다시 행해질 가능성이 커진다. 어떤 행동으로 인해 사건의 상태가 더 나빠지거나 덜 만족스럽게 되면, 그 행동은 나중에 다시 행해질 가능성이 줄어든다. 이를 손다이크(E. L. Thorndike, 1874~1949)는 효과의 법칙(law of effect)이라고 하였다. 효과의 법칙이란 그 환경에서 유익한 효과를 나타내는 행동은 미래에 반복될 가능성이 더 크다는 것을 설명한다. 손다이크는 고양이를 우리에 넣고 우리 밖에 음식을 놓아두었다. 고양이는 우리 문을 열기 위해 발로 지렛대를 누르는 것을 학습하고 우리 문을 연다는 것을 입증하였다. 고양이가 우리 안에 있을 때마다 더 빨리 지렛대를 누르게 되었는데, 그 이유는 지렛대를 누르는 행동이 그 환경에서 음식이라는 유익한 효과를 나타냈기 때문이다.

한편 스키너는 행동을 반응 행동과 조작 행동의 두 가지 유형으로 구분하였다. 반응 행동은 자극에 의해서 야기되는 반사 혹은 자동적 반응을 의미한다. 반면 조작 행동은 제시되는 자극이 없이 방출되는 반응이다. 이는 자발적으로 나타나는 행동으로 반응에 따르는 강화나 벌 등의 사건에 의해 증가하거나 감소한다. 결국 반응 행동은 선행 사건에 의해 통제되는 반면에 조작 행동은 행동의 결과에 의해 통제된다.

강화의 속성을 통해 고전적 조건형성과 조작적 조건형성을 비교할 수 있다. 고전적 조건형성에서는 자극이 곧 강화이며 그것은 행동에 선행한다. 반면, 조작적 조건형성에서는 행동의 효과가 곧 강화되기 때문에 행동에 뒤이어 강화가 나타난다.

응용 행동 분석(applied behavior analysis)은 보상이 주어지는 행동은 유사하거나 동일한 상황에서 다시 발생할 가능성이 증가한다는 스키너의 조작적 조건화에 기초하고 있다. 이는 개인이 환경에 능동적으로 참여하는 경우에 학습이 일어난다는 전제 하에, 개인이 보상받은 행동과 그렇지 못한 행동의 분별이 가능하게 되어 보상받는 행동은 증가하는 반면, 보상이 없거나 벌이 주어지는 행동은 감소한다고 가정한다.

표 14 **강화와 처벌의 원리**

| 행동 증감 / 제공 여부 | 행동 증가↑ | 행동 감소↓ |
|---|---|---|
| 적용되면 정적(+) | 정적 강화 | 정적 벌 |
| 철회되면 부적(-) | 부적 강화 | 부적 벌 |

### 4) 사회적 인지이론

고전적 조건형성 및 조작적 조건형성의 행동주의 학습이론은 개인이 특정 상황에서 직접 행동을 하게 될 때, 특정의 강화 또는 벌을 제공함으로써 그 행동을 증가시키거나 감소, 혹은 제거시킬 수 있다는 점을 강조하였다. 그러나 반두라는 이러한 이론들이 행동의 결과에만 집착하고 있다고 지적하고, 인지주의적 접근을 추가하여 사회적 상황에서 타인의 행동을 관찰하여 모방함으로써 그 행동을 학습할 수 있다는 사회적 인지이론을 제안하였다.

반두라는 아동을 두 집단으로 나누어, 한 집단에게는 사람 모양의 인형에 공격적인 행동을 하는 영화를 보여 주고, 다른 집단에게는 공격적 행동이 없는 중립적인 내용의 영화를 보여 주었다. 실험 결과, 공격적인 장면의 영화를 본 집단의 아동들은 다른 집단의 아동들에 비하여 훨씬 더 공격적인 행동을 많이 하는 것으로 보고되었다.

이와 같은 결과를 근거로 반두라는 아동이 자신의 행동에 대해서 직접적인 강화나 벌을 받지 않더라도 다른 사람이 강화나 벌을 받는 것을 단지 관찰하는 것만으로도 간접적으로 강화를 받기 때문에, 보상받는 행동은 학습되고 보상받지 않거나 벌을 받는 행동은 학습되지 않는다.

이러한 사회적 인지의 과정은 주의 과정, 파지 과정, 운동 재생 과정, 동기화 과정의 네 단계로 이루어지게 되는데, 이를 차례대로 살펴보면 다음과 같다(Bandura, 1977).

첫째 단계는 주의 과정(attentional processes)이다. 관찰 학습은 관찰자가 관찰되는 사람인 모델에게 주의를 기울일 때 잘 일어난다. 만약 모델 행동의 적절한 측면에 주의가 기울여지지 않으면 행동은 기억될 만큼 충분히 잘 부호화되지 않을 것이다. 주의 과정에서 주의집중 정도는 관찰자와 모방 대상이 되는 모델이 가지고 있는 심리적 특성에 따라 영향을 받는다. 먼저 관찰자가 가진 심리적 특성으로는 감각 능력, 각성 수준, 지각 기능, 지적 능력, 과거 경험 등이 있다. 다음으로 모방 대상이 되는 모델이 가지고 있는 특성으로는 독특성, 신뢰성, 명성, 매력, 전문성, 유행성, 가치 등이 있다.

둘째 단계는 파지 과정(retention processes)이다. 모방 대상을 관찰한 후 어느 정도의 시간이 경과한 다음, 그 행동을 수행하기 때문에 학습자는 모방할 행동을 상징적인 형태로 기억하는 방식, 즉 부호화 전략을 가지고 있어야만 한다. 학습자는 주로 심상적 부호화와 언어적 부호화를 통해 모델을 회상한다. 심상적 부호화(imaginal coding)는 전날 보았던 영화의 장면을 떠올리는 것처럼 사건에 대하 정신적 심상을 의미한다. 반면, 언어적 부호화(verbal coding)는 자기 독백(self-talk)이라고도 하는데, "수학 문제를 풀기 전에 무엇을 묻는지를 정확히 파악해야 한다."고 중얼거리는 것이다. 반두라는 언어적 부호화가 관찰한 사건을 쉽게 부호화한다는 점에서 효과적이라고 말한다.

셋째 단계는 운동 재생 과정(motor reproduction processes)이다. 관찰을 통해 기억된 모델의 행동을 실행에 옮기는 것으로, 좋아하는 야구 선수와 동일한 유니폼을 입었다고 그 선수처럼 잘 할 수는 없다. 그러기 위해서는 극히 빠르고 정확한 지각과 운동 기술이 요구된다.

넷째 단계는 동기화 과정(motivational processes)이다. 모델의 행동이 강화되면 관찰한 모델의 행동을 실행할 가능성이 높아진다.

이 네 가지 과정 중 하나라도 빠지면 학습은 제대로 이루어지지 않는다. 이와 관련된 개념이 개인이 과업을 얼마나 잘 수행할 수 있는가에 대한 지각을 의미하는 자기 효능감(self-efficacy)이다(Bandura, 1986). 자기 효능감이 높은 사람은 중요한 과정을 완수할 수 있는 능력, 관찰을 통한 학습, 성공에 대한 자신감, 그리고 낮은 불안 수준을 특징으로 한다.

### 5) 인지행동수정

인지행동수정(cognitive behavioral modification)은 개인의 부적응 행동을 수정하기 위해 자신의 부적응적인 사고를 인식하고 바꿈으로써 가능하다는 입장이다. 이 접근은 사람들이 알아차리지 못하는 사이에 그들의 마음에 스며들어 온 비효율적이고 혼란스러운 인지에서 나온다고 가정한다. 따라서 인지행동수정 상담자는 관찰 가능한 행동을 일차적으로 강조하는 대신에 주로 변화의 도구로서 언어에 초점을 둔다.

마이켄바움은 "우리가 우리의 사고, 인지를 변화시키는 것을 학습한다면, 우리의 신체적 반응과 행동을 훨씬 잘 통제하게 된다. 즉, 우리가 보다 논리적이고, 덜 스트레스를 받는 방식으로 생각하는 것을 학습한다면, 스트레스 수준은 줄어들고 자기통제 수준은 증가하게 된다."고 주장하였다(Meichenbaum, 1977).

사람들이 문제에 직면하여 그것을 해결하는 과정에서 스스로 자기에게 말을 한다(Kendall & Braswell, 1985). 자기 독백의 형식에는 몇 가지가 있는데, 대표적인 것이 성공 경험 후의 자기 보상적(self-reward) 자기 독백과 실패 경험 후의 대응적(coping) 자기 독백이다. 성공 경험 후, "와, 나는 일을 멋지게 잘해냈다. 나는 내가 자랑스럽다. 이런 여세를 몰아 계속 성공해 나가겠다." 등의 자기 보상적 자기 말을 적극적으로 하도록 훈련받는 학생들의 자신감은 상당히 고양되게 된다. 마찬가지로 대응적 자기 독백을 적절히 할 수 있도록 학생들을 훈련시키는 것도 중요하다. 그 이유는 실패 경험 후 대응적 자기 독백을 하는 것은 자기혐오에 빠지는 것을 막아 주기 때문이다. 실패 경험 후, "아, 나는 왜 이렇게 멍청이 같은가? 나는 도대체 왜 이 모양인가?" 등의 자기 혐오적인 자기 독백 하는 대신 "아차, 내가 실수를 했구나. 내가 경솔했고 생각이 짧았다. 좀 더 침착하고 신중하게 다시 한 번 해봐야겠다."는 대응적 자기 독백 하도록 훈련시키는 것은 실패를 효과적으로 극복하게 하는데 큰 도움이 될 수 있다.

마이켄바움의 인지행동수정의 기법에는 1971년 발표한 것으로 인지적 재구성을 강조한 자기교습훈련(self-instructional training)과 1973년 발표한 것으로 대처기술 훈련을 강조한 스트레스면역훈련(stress inoculation training)이 있다.

## 04 상담 목표와 과정

### 1) 상담 목표

행동주의 상담은 인간의 모든 행동을 외적, 혹은 내적 자극에 대한 반응으로 보기 때문에 내담자의 문제에 대하여 상담자는 주로 자극-반응-결과(stimulus-responsesconsequences)에 대하여 행동 평가를 해서 내담자의 행동을 통제하는 주요한 변인이 무엇인지 파악한다. 행동 평가를 기초로 변화시키고자 하는 목표에 대한 구체적인 계획에 따라 그에 적절한 상담 기법을 적용한다.

행동주의 상담자가 초점을 두는 것은 내담자의 부적응적 행동이다. 기본적으로 행동적 상담은 부적응 행동을 제거하고 바람직한 새로운 행동을 강화시켜 행동을 변화시키는 것을 목적으로 한다. 다른 상담 이론과는 달리 일반적 부적응 행동보다는 개인이 처한 부적응 행동에 관심이 더 있기 때문에 상담 목표는 개별화의 원리에 기초하여 내담자별로 설정한다.

행동주의 상담에서는 목표의 내용 못지않게 목표 설정 과정과 방법을 중시한다. 포괄적 상담 목표보다는 구체적 행동 목표를 강조한다. 크럼볼츠(Krumbolz, 1966)는 상담에서 행동적 목표는 다음과 같이 세 가지 기준을 만족할 수 있어야 한다고 지적하였다. 첫째, 내담자별로 서로 다르게 진술될 수 있어야 한다. 둘째, 상담자의 가치와 양립할 수 있어야 한다. 셋째, 객관적으로 관찰 가능하고 달성할 수 있는 것이어야 한다.

## 2) 상담 과정

행동적 상담 과정은 일반적으로 상담 관계의 형성, 문제 행동 규명, 내담자의 현재 상태 파악, 상담 목표 설정, 상담 기술 적용, 상담 결과 평가, 상담 종결이라는 7단계를 거친다(이형득 외, 1995).

### (1) 상담 관계 형성

상담자는 내담자를 가치판단 없이 온정적으로 대하고 관심을 보이며 존중해 주어야 한다. 즉, 래포(rapport)를 형성해야 한다. 행동주의 상담자가 흔히 범하기 쉬운 오류는 내담자와 충분히 상담 관계가 형성되지 않은 가운데 상담 기법을 적용하려는 것이다. 신뢰롭고 친밀한 상담 관계가 형성되지 않는다면 어떤 상담 기법도 의미가 없다.

### (2) 문제 행동 규명

상담자와 내담자의 상담 관계가 잘 형성되면 내담자의 문제가 무엇인지를 규명한다. 상담자와 내담자 사이에 신뢰롭고 수용적인 친밀 관계가 형성되었으므로 내담자는 상담자를 믿고 방어 없이 자신의 문제를 바라보게 된다. 그리고 상담자가 내담자의 문제 행동을 규명하려는 노력을 기꺼이 받아들이고 협력하게 된다.

### (3) 내담자의 현재 상태 파악

내담자의 문제 행동이 무엇인지 규명되면 이와 관련된 내담자의 현재 상태를 파악한다. 파악할 내용은 구체적으로 ① 내담자가 제시한 문세 행동 분석, ② 문제 행동이 일어나는 장면 분석, ③ 문제 행동의 강화 요인 분석, ④ 생물학적, 사회적, 행동적 정보 수집, ⑤ 자기 통제력 분석, ⑥ 사회적 관계 분석, ⑦ 사회적, 문화적 규범, 환경의 제한점 분석 등이 있다.

### (4) 상담 목표 설정

행동적 상담에서 목표가 상담자와 내담자의 표적 행동이 되어 상담의 방향을 결정하기 때문에 중요하다. 상담 목표는 내담자가 바라는 것이어야 하고, 상담자의 가치와 맞아야 하며, 측정 가능한 것이어야 한다.

### (5) 상담 기술 적용

상담 기술은 내담자의 문제 행동을 유지시키고 있는 내·외적 환경 조건과 목표 설정에서 수집한 정보에 기초하여 선정하게 된다. 행동주의 상담 기술은 바람직한 행동을 하도록 돕는 기술, 바람직하지 못한 행동을 하지 않도록 돕는 기술, 내담자 스스로 자신의 행동을 스스로 통제하고 지도할 수 있도록 돕는 기술로 구분할 수 있다.

### (6) 상담 결과 평가

상담이 얼마나 효과적으로 이루어지고 있는지, 특정 상담 기술이 효과가 있는지 알아보는 것이 상담 결과 평가이다. 흔히 상담 결과의 평가는 상담의 종결 무렵에 실시하여 한번으로 끝나는 것으로 생각하는 경우가 있다. 그러나 상담 결과의 평가는 전체 상담 과정에서 지속적으로 이루어져야 한다.

#### (7) 상담 종결

상담 종결은 최종 목표 행동에 대한 평가가 이루어진 후에 하게 된다. 이때 행동주의 상담에서는 상담 목표 달성에 만족하지 않고 상담 과정에서 배운 원리를 내담자의 다른 행동에도 전이될 수 있도록 하는 데에 초점을 두고 상담을 종결한다.

## 05 상담 기법

행동주의 상담은 파블로프의 고전적 조건형성, 스키너의 조작적 조건형성, 반두라의 사회적 인지이론, 인지행동수정 이론에 근거하고 있다. 행동주의 상담의 기술은 내담자들마다 문제 행동과 상담 목표가 각각 다르기 때문에 모든 내담자에게 효과가 있는 기술이란 없다. 행동주의 상담의 상담 기법을 바람직한 행동을 증가시키는 기법과 바람직하지 못한 행동을 감소·제거시키는 기법으로 나누어 소개하면 다음과 같다.

### 1) 바람직한 행동을 증가시키는 기법

#### (1) 정적 강화

강화(reinforcement)란 어떤 행동을 한 뒤에 따라오는 결과에 따라 그 행동이 지속되거나 증가하는 것을 말한다. 강화에는 정적 강화와 부적 강화로 나눌 수 있다. 정적 강화는 특정 행동을 증가시키기 위해서 그 행동이 발생했을 때 즐거움이나 쾌감이 수반되는 후속 자극을 제공하는 것을 말한다. 정적 강화를 일으키는 자극을 강화물(reinforcer)이라고 하는데, 강화물이 주어지기 전에 오는 행위는 무엇이든지 다시 발생할게 할 경향성을 강하게 한다는 의미를 갖는다. 강화물은 행동의 발생 경향성을 강하게 하는 어떤 것이다. 강화물은 음식 또는 물처럼 생물학적 욕구를 감소시킬 수 있거나, 미소와 인정처럼 사회적 욕구를 만족시킬 수 있다.

스키너는 강화를 일차적 강화물과 이차적 강화물로 구분했다(김교헌, 2012). 일차적 강화물은 옷, 음식, 집과 같이 생물학적 욕구를 감소시키는 것이며, 이차적 강화물은 인정, 호의, 수용 등으로 일차적 강화물과의 연합에 의해, 즉 일차적 강화물을 얻는 데 사용될 수 있다는 사실에 의해서 강화되는 특징이 있다.

강화물은 사람마다 고유한 조건화의 역사를 갖고 있으므로 같은 강화물로 모든 사람을 통제하는 것은 불가능하다. 또한 강화물은 시간에 따라 변하기 때문에 상담자는 내담자의 강화물을 다양하게 파악하여 사용하는 지혜가 필요하다.

### (2) 부적 강화

부적 강화는 어떤 행동을 증가시키기 위하여 그러한 행동이 나타났을 때, 이미 제공된 불쾌 자극 혹은 혐오 자극을 제거시켜 주는 것을 말한다. 예를 들어, 학생이 어머니의 잔소리를 피하기 위하여 공부를 한다거나, 숙제를 해 온 학생에게 화장실 청소를 면제시켜 주어 학생이 더 열심히 공부하도록 하는 경우가 부적 강화의 예이다.

### (3) 프리맥 원리

프리맥 원리(Premack principle)는 프리맥(David Premack)이 발생 빈도가 낮은 행동에 대하여 발생 빈도가 높은 행동이 강화물의 역할을 한다는 사실을 발견함으로써 체계화되었다. 행동적 상담에서 목표로 하는 행동인 표적 행동(target behavior)은 대체로 빈도가 낮은 행동이기 때문에 그 발생 빈도를 증가시켜야 한다. 이때 발생 빈도가 높은 행동은 낮은 행동에 대한 강화물로 사용될 수 있다. 예를 들어, 친구와 놀기 좋아하고 공부를 싫어하는 철수에게 1시간 공부하면 1시간 놀 수 있도록 한다면, 그는 놀기 위해서 열심히 수학 공부를 하게 될 것이다.

### (4) 행동 조성

행동 조성(behavior shaping)은 내담자가 현재까지 한 번도 해 보지 못한 행동을 점진적으로 학습하도록 하는 방법이다. 지금까지 한 번도 해 본 적이 없는 새로운 행동을 가르치기 위하여 복잡하고 어려운 행동을 작은 단위의 행동으로 세분화하여, 제일 쉽고 낮은 수준의 행동으로부터 점차 어려운 행동으로 유도하여 목표 행동인 복잡하고 어려운 행동을 학습하도록 하는 순차적이고 점진적인 강화 방법을 의미한다.

동물원에서 돌고래가 공을 치는 쇼나 원숭이가 자전거를 타는 쇼와 같은 것을 흔히 볼 수 있다. 여기서 동물이 보이는 행동은 그 동물의 원래 자연스러운 행동은 아니며, 조작적 조건형성의 원리인 행동 조성을 이용한 조련의 결과인 것이다.

예를 들면, 책상 앞에 앉아 공부하는 습관을 들이도록 행동 조성(behavior shaping) 절차를 적용할 수 있다. 먼저 철수가 책상 앞에 앉아 90분 이상 공부하는 습관을 들이도록 하는 것을 목표 행동으로 정한다. 다음으로 기저선을 파악하는데, 철수가 학교에서 돌아온 후 책상 앞에 앉아 공부하는 시간은 평균 20분 정도였으며, 철수가 좋아하는 강화물은 자유 시간을 주는 것이었다. 그리고 책상 앞에 앉아 공부하는 시간을 30분, 60분, 90분으로 세분화하였으며, 처음 1주일 동안에는 30분 이상 책상 앞에 앉아 공부한 날에만 자유 시간 30분을 주었다. 22주일째부터는 60분 이상 책상 앞에 앉아 공부한 날에만 자유 시간을 주었다. 33주일째부터는 90분 이상 책상 앞에 앉아 공부한 날에만 자유 시간 60분을 주었다. 44주일째부터는 90분 이상 책상 앞에 앉아 공부한 날이라도 어떤 날은 자유 시간 60분을 주고, 어떤 날은 자유 시간을 주지 않았다.

### (5) 행동 연쇄

특정의 목표 행동을 성취하기 위한 일련의 행동은 자극과 반응의 연결이 연쇄적으로 이루어져 있으므로 이 연결고리에 맞추어 차례대로 행동 계열을 익히게 하는 것을 행동 연쇄(behavior chaining)라고 한다. 예를 들어, 음식을 만들 때 요리책을 보면 레시피(recipe)가 있고 각 단계별로 사진이 주어져 있다. 이 사진이 각 단계마다의 강화로 작용한다. 음식을 레시피대로 만들어 사진대로 되면 강화

를 받는 것이다. 음식 만들기의 최종 강화는 맛있는 음식이다. 또한 종이접기의 각 부분별 전개도와 모형 조립의 순서도 등도 행동 연쇄의 사례이다.

### (6) 용암법

원하는 행동이 다른 자극에서도 발생할 수 있도록 자극을 점차적으로 변경해 주는 과정을 용암법(fading)이라고 한다. 즉, 반응을 일으키는 자극을 점진적으로 통제하는 것이다. 그리하여 일부 변화된 자극 또는 완전히 새로운 자극에 대해서도 원하는 반응이 나타나도록 하는 것이다. 예를 들어, 아이에게 바지를 가리키며 "이것이 뭐지? 바지."라고 말하고 아이가 따라 할 때까지 말한다. 아이가 따라 하면 즉시 강화를 해준다. 이렇게 여러 차례 한 뒤 이것이 무엇이지 하고 물어도 아이가 "바지"라고 답할 수 있게 한다.

### (7) 간헐 강화

행동의 발생 빈도를 증가시키기 위해서는 그 행동이 나타날 때마다 강화를 계속 제공하는 연속 강화계획(continuous reinforcement schedule: CRS)과 강화를 간헐적으로 제공하는 간헐 강화계획(intermittent reinforcement schedule: IRS)로 나눌 수 있다. 간헐 강화에는 간격 강화계획(interval schedule)과 비율 강화계획(ratio schedule)이 있다.

간격 강화계획이란 일정한 시간 간격에 따라 강화물을 제시하는 방식으로 고정 간격 강화계획(fixed interval: FI)과 변동 간격 강화계획(variable interval: VI)이 있다.

고정 간격 강화계획은 일정한 시간이 지난 후에 반응해야 강화물을 준다. 예컨대 2분이 지나기 전에는 아무리 반응을 해도 강화물을 제공하지 않지만 2분이 지난 후 첫 반응에 대해 강화물을 제공한다. 다음 강화를 받으려면 피험 동물은 다시 2분을 기다려야 한다. 정기적으로 받는 월급이 전형적인 고정 간격 강화의 예이다.

변동 간격 강화계획은 시간에 따라 강화하는 것이 아니고 사전에 정해진 평균 시간이 지나야 강화물을 제공하는 방식이다. 예컨대 1분이 지난 후 첫 반응에 강화하고 다음에는 3분, 2분, 4분이 지난 뒤에 강화하는 방식이다. 이렇게 되면 쥐는 평균 2분마다 강화를 받는 셈이다. 변동 간격 강화계획에는 큰 고기를 낚기 위해 기다리는 낚시꾼이 해당된다.

비율 강화계획이란 사전에 정해진 수만큼의 조작 반응이 있어야 강화물을 제공하는 방식으로 고정 비율 강화계획(fixed ratio: FR)과 변동 비율 강화계획(variable ratio: VR)이 있다.

고정 비율 강화계획은 반응하는 데 걸린 시간에 관계없이 항상 일정한 수만큼의 반응을 해야 강화물을 준다. 예컨대, 쥐가 10번 레버를 누르면 강화하거나 책 판매원이 백과사전 4세트를 팔 때마다 보너스를 지급하는 것은 고정 비율 강화계획에 속한다.

변동 비율 강화계획은 정해진 수의 조작 반응이 있을 때마다 강화하지 않고 평균 몇 번 조작 반응을 했을 때 강화물을 제공한다. 예컨대, 쥐가 평균 10회 레버를 누를 때 강화물을 제공하는 방식이다. 그러나 강화를 받는 데 필요한 반응 수는 매 시행마다 다르다. 도박장의 슬롯머신은 평균 6번에 한 번 정도 보상을 받을 수 있도록 조작되어 있지만 실제 보상은 한번 만에 받을 수도 있고 11번 만에 받을 수도 있는데, 이를 변동 비율 강화계획이라 한다.

### (8) 토큰 강화

토큰 강화(token economy)는 물질적 또는 사회 심리적 보상을 직접 제공하는 대신 나중에 일정한 물건과 교환할 수 있는 상징적인 별표, 스티커, 점수 등을 강화물로 활용하는 강화 방법을 말한다.

### (9) 행동 계약

행동 계약(behavior contract)은 학습이론에 기초한 상담 기법으로 상담자와 내담자 사이에 어떤 타협을 한 후 그에 근거해서 두 사람이 계약을 맺는 방법이다. 이 방법은 상담자와 내담자 사이에 목표 행동과 보상 방법 등이 사전에 약속 되고 합의에 의해서 약속이 명문화된다는 점이다. 따라서 행동 계약에서는 목표 행동, 제공되는 강화제, 행동 측정이나 평가 방법 등을 상세하게 문서로 작성하고

상담자와 내담자 간에 합의가 이루어지면 각각 서명날인을 하고 필요하다면 한 부씩 복사해서 가질 수 있게 한다.

행동 계약의 장점은 양측이 함께 프로그램을 계획하고 실행함으로써 내담자의 참여를 높일 수 있고, 혐오 자극을 최소화할 수 있으며, 행동 계약은 양측이 서로 의논할 수 있다는 점이다.

### 2) 바람직하지 못한 행동을 감소시키는 기법

#### (1) 상반 행동의 강화

바람직하지 않은 행동을 감소시키기 위해 스키너가 생각하는 가장 좋은 방법은 바람직하지 않은 행동과 병행될 수 없는 상반되는 바람직한 행동을 긍정적 강화를 통해서 조건화하는 것이다. 예를 들어, 아이가 수업 시간에 손을 흔드는 행동을 한다면 손으로 만들기를 하게 하고, 그 결과물에 대하여 칭찬하는 방법이다.

#### (2) 소거

바람직하지 않은 행동의 발생률을 점차 감소시켜 결국 그 행동을 제거시키기 위해서 그 행동이 더 이상 강화될 수 없도록 이제까지 제공되던 강화 자극을 중단하는 것을 말한다. 예를 들어, 수업 장면에서도 학생이 오답을 할 때 틀렸다고 이야기하고 정답을 알려 주는 것보다는 정답을 했을 때 칭찬과 인정으로 강화하고 오답을 했을 때 칭찬을 하지 않는 소거를 통해 학생의 정답 반응률을 더 효과적으로 높일 수 있다.

#### (3) 벌

벌은 바람직하지 않은 행동을 감소·제거시키기 위해서 어떤 부적응 행동의 후속 자극으로 불쾌 자극을 제공하는 것을 말한다. 벌의 유형은 꾸지람, 체벌 등의 수여성 벌과 즐거움과 쾌감을 경험할 기회를 박탈하는 제거성 벌로 나뉜다.

벌은 여러 가지 역효과를 가져올 수 있다. 먼저 벌을 받는 사람에게 심한 무기력이나 불안을 경험할 수 있다. 벌을 주는 사람에게는 부적 강화가 되므로 벌의 오남용을 가져올 수 있다. 그리고 벌의 사용하는 장면을 보는 사람에게는 모방되어 향후에 더 많은 벌을 사용하게 될 가능성이 있다. 따라서 벌로 인하여 내담자가 처벌을 받는 행동보다 더 심한 부적응적 행동을 하게 되지 않도록 목표 행동과 통제의 이유 및 강화 받을 수 있는 상반 행동 등을 제시할 필요가 있다.

### (4) 자극 포만

자극 포만(stimulus satiation)은 정적 유인가를 지닌 자극을 관찰하거나, 만져 보거나, 냄새를 맡거나, 혹은 소유하도록 동기화시켜 자극의 매력을 감소시키기 위한 기법이다. 결국 부적응적 행동을 충족시켜 줄 수 있는 자극을 정도가 넘도록 제공함으로써 질리게 하여 그 행동을 그만 두도록 만드는 방법이다. 가령 담배를 많이 피우는 사람에게 지나칠 정도로 장시간 동안 지속적으로 담배를 많이 피하게 하여 다시는 그 행동을 하고 싶은 마음이 들지 않도록 만드는 경우가 그 예이다.

### (5) 이완 훈련

이완은 기본적으로 팔, 다리, 어깨, 머리, 가슴 등의 다양한 근육의 긴장과 이완을 반복하여 보다 깊은 수준의 이완 상태에 도달하는 기법이다. 이완 훈련은 체계적 둔감법, 최면, 명상, 자율훈련법이 포함된다.

### (6) 타임아웃

타임아웃(time-out)은 부적절한 행동에 대해 정적 강화의 기회를 일시적으로 박탈하는 기법이다. 타임아웃 동안에 타임아웃을 적용하고 있는 사람에 대한 주의 깊은 모니터링이 필요하고 가급적 5분 이상을 넘지 않게 한다. 수업을 방해하는 학생을 일시적으로 복도에 나가 있게 한다거나 반칙을 한 선수에게 5분간 퇴장을 시키는 것이 이에 해당한다.

### (7) 체계적 둔감법

행동 치료의 선구자 중 한 명인 월프(J. Wolpe, 1958)가 개발한 것으로 내담자가 낮은 정도의 불안에 맞서는 행동을 할 수 있게 되면 좀 더 불안을 일으키는 상황을 상상하게 하여 체계적이면서 점진적으로 불안을 일으키는 상황에 둔감해지게 하는 방법이다. 체계적 둔감법의 적용 절차는 다음과 같다(강진령, 2009).

첫째, 불안에 대한 구체적인 정보를 수집한다.

둘째, 이완 훈련을 통해 내담자에게 편안하고 안정된 심리상태에 도달하는 방법을 가르친다.

셋째, 초기 면접 후, 이완 훈련을 하는 동안 구체적인 영역에서 불안을 일으키는 자극을 분석하고 불안이나 회피의 정도에 따라 가장 크게 불안을 일으키는 상황에서 가장 작게 불안을 일으키는 상황까지 순서대로 불안 위계표를 작성한다.

넷째, 눈을 감고 완전히 이완된 상태에서 처음에는 불안이 없는 중립적인 장면을 상상으로 제시하고 나서, 가장 적은 불안 유발 장면을 상상하도록 한다.

다섯째, 내담자가 불안을 경험하고 있다고 신호할 때까지 단계적으로 위계를 높이다가 불안을 경험한다는 신호를 하면 즉시 중지하고 이완을 한다.

여섯째, 이완이 되어 불안을 느끼지 않으면 다시 상위 단계로 높인다.

일곱째, 가장 높은 불안 수준을 일으켰던 장면에서도 내담자가 이완 상태를 유지하면 치료를 종결한다.

### 3) 인지행동수정

마이켄바움(Meichenbaum)은 인지행동수정 이론을 주창하였다. 그는 인간의 행동은 내적 대화, 진술 언어화, 인지적 구조 등의 상호작용을 포함하는 일련의 사고 과정을 통해 나타난다고 보았다. 마이켄바움에 의하면 자기 진술은 다른 사람의 진술만큼이나 내담자 행동에 영향을 준다.

인지행동수정은 고통스런 정서는 대개 부적응적 사고의 결과라는 가정을 한다는 점에서는 인지정서행동 치료(rational emotive behavior therapy : REBT)와 유사하나 분명한 차이가 있다. 인지정서행동 치료는 비합리적 사고를 드러내고 공격하는 데 있어서 보다 지시적이고 직면적이다. 반면 인지행동수정은 내담자가 자기 말을 인식하도록 돕는 데 더 중점을 둔다.

마이켄바움은 "인지적 구조에서 내가 의미하고자 하는 바는 새로운 말(new word)을 배움으로써 어떤 변화가 일어난다는 것이 아니고 자신의 내면의 소리를 듣는 기술을 배움으로써 변화가 이루어진다는 것이다."라고 역설하였다(Meichenbaum,

1977). 즉, 그는 인지 재구조화(cognitive restructuring)를 함으로써 우리의 행동이 따라서 변화한다는 것을 강조하였다. 여기서는 먼저 마이켄바움이 제안했던 행동 변화 방법의 3단계를 알아보고, 인지행동수정 전략으로 사용했던 자기교습훈련과 스트레스면역훈련에 대해 알아보기로 한다(노안영, 2006).

### (1) 행동 변화 방법의 3단계

마이켄바움은 행동 변화 방법의 3단계를 자기관찰, 새로운 내적 대화 시작하기, 새로운 기술을 학습하기로 제시하였다(Meichenbaum, 1977).

첫째, 자기관찰 단계이다. 이 단계는 내담자가 자신의 행동을 관찰하는 방법을 배우는 것이다. 이 과정을 평가하는 중요한 요인은 내담자가 자기 내면의 소리를 들으려는 자발성과 능력이다. 이것은 자신의 생각, 감정, 심리적 반응, 인간관계의 행동 등에 대해 민감하게 관찰하는 것을 포함한다. 예를 들면 만약 분노 조절에 어려움이 있는 내담자가 자신의 행동의 변화를 원한다면 더 이상 부정적인 생각이나 느낌의 희생자가 되어서는 안 된다는 것을 우선 깨달아야 할 것이다. 그들은 보통 자신에게 부정적인 말을 계속함으로써 분노의 감정을 촉발시킬 수 있다. 비록 자기관찰이 변화를 가져오게 하는 필수적 과정이기는 하지만 충분조건은 아니다.

둘째, 새로운 내적 대화를 시작하기 단계이다. 내담자와 치료자 간의 계약으로 내담자는 부적응 행동을 자각하고 인지적·정서적·행동적인 변화로 이끄는 대안 행동을 탐색할 기회를 찾는다. 만약 내담자가 변화하고자 한다면 자신에게 하는 말, 즉 새로운 내적 대화, 혹은 진술은 새로운 행동에 관계되는 것이어야 한다. 내담자는 변화로 이끄는 내적 대화를 통해 부적응 행동을 변화시키는 법을 배운다. 새로운 내적 대화는 새로운 행동을 안내하는데, 이것은 인지적 재구성의 결과이다.

셋째, 새로운 기술을 학습하기 단계이다. 이 단계는 내담자에게 보다 효과적인 대처 기술을 가르치는 것으로, 이 기술은 실제 생활의 장면에서 실행된다. 예를 들어, 실패에 대처할 수 없는 내담자는 자신이 성공하지 못할 것이라는 두려움 때문에 적극적인 활동을 회피할 것이다. 인지적 재구성은 실패에 대한 내담자의 부정적 관점을 변화시켜 보다 바람직한 행동에 기꺼이 참여하게 하는 데 효과적이다. 내담자는 자신에게 새로운 내적 대화를 하고 문장으로 말하고 관찰하며 결과를 평가하는 데 초점을 맞추어 간다. 실제 상황 속에서 이전과는 다르게 행동함에 따라 사람들로부터 다른 반응을 얻게 된다.

### (2) 자기교습훈련

자기교습훈련(self-instructional training)은 개인이 자신에게 하는 말이 그의 행동에 직접적인 영향을 끼친다는 인지행동수정 이론에 근거한다. 이것은 근본적으로 인지적 재구성의 형태인데, 내담자의 자기 언어화(self-verbalization)의 변화에 초점을 둔다.

사람들이 문제에 직면하여 그것을 해결하는 과정에서 스스로 자기에게 말을 하며(self-talk), 이러한 자기 말에는 몇 가지 형식이 있다고 가정한다(Kendall & Braswell, 1985).

예를 들어, 성공 경험 후, "와, 나는 일을 멋지게 잘 해냈다. 나는 내가 자랑스럽다. 이런 여세를 몰아 계속 성공해 나가겠다."와 같이 자기 보상적 자기 말을 적극적으로 하도록 훈련 받은 학생들의 자신감은 고양되게 된다. 또한 실패 경험 후, "아, 나는 왜 이렇게 멍청이 같은가? 나는 도대체 왜 이 모양인가?"와 같이 자기 혐오적인 자기 말을 하는 대신 "아차, 내가 실수를 했구나. 내가 경솔했고 생각이 짧았다. 좀 더 침착하고 신중하게 다시 한 번 해 봐야겠다."는 대응적 자기 말을 하도록 훈련시키는 것은 실패를 효과적으로 극복하게 하는 데 큰 도움이 된다.

### (3) 스트레스면역훈련

스트레스면역훈련(stress inoculation training)은 스트레스 상황에서 수행에 대한 자신의 신념과 자기 대화를 수정함으로써 스트레스에 대처하는 능력에 영향을 줄 수 있다는 가정에 근거한다. 스트레스 예방 훈련의 3단계는 개념적 단계, 기술 획득과 연습의 단계, 적용과 추수의 단계를 통해 수행된다.

먼저 개념적 단계에서 상담자의 주요 관심은 내담자와의 관계 수립에 있다. 내담자는 스트레스를 유발하고 유지하는 데 있어서 인지와 정서의 역할에 관해 배운다. 이를 위해 상담자는 소크라테스식 질문을 통한 교훈적인 제시와 인도된 자기 발견의 과정을 안내하며 내담자로 하여금 인지와 정서의 연결에 대해 인식하도록 한다.

다음으로 기술획득과 연습 단계에서 상담자는 내담자가 불안과 두려움을 느끼는 상황에 대한 정보를 수집하고, 다양한 행동적·인지적 대처 기법을 스트레스 상황에 적용하도록 돕는다. 여기에는 물리적, 심리적 이완 기법을 학습하는 것과 같은 직접적인 행동을 포함한다.

끝으로 적용과 추수 단계에서의 상담자는 내담자가 치료적인 상황에서 실제 생활에 이르기까지 행동이 변화되도록 하고, 이 변화를 유지하도록 돕는다.

## 06 행동주의 상담의 사례

행동주의 상담의 사례는 다음과 같다(중등임용시험, 2018).

최 교사 : 선생님, 민수가 수업시간에 돌아다니면서 수업 방해를 많이 하네요.
상담교사 : 수업 진행이 어려우시겠어요. 민수가 돌아다닐 때 선생님은 어떻게 하시나요?
최 교사 : 저는 자리에 앉으라고 주의를 주고, 심하면 따로 불러서 달래보거나 반성문을 쓰게 해요. 제가 알고 있는 여러 방법을 다 써 봐도 민수의 행동이 좀처럼 변하지 않네요. 좋은 방법이 없을까요?
상담교사 : 선생님은 많은 노력을 했는데도 민수가 전혀 변하지 않아서 속상하시겠어요. 민수에게 바라는 행동이 구체적으로 무엇인지요?
최 교사 : 우선, 수업 중에 설명을 할 때만이라도 민수가 돌아다니지 않고 자리에 앉아 있으면 좋겠어요.
상담교사 : 민수가 돌아다닐 때 주의를 주거나 달래는 것이 민수가 오히려 관심을 받게 되는 결과를 가져올 수도 있어요. 반복되면 문제 행동이 바뀌지 않고 더 심해질 수 있지요. 그래서 다른 방법을 권하고 싶은데요. 민수의 여러 행동 중 하나만을 골라 선택적으로 관심을 주는 방법이에요.
최 교사: 그런 방법도 있군요. 한번 시도해 보고 싶은데 좀 더 자세히 설명해 주시겠어요?
상담교사: 네, 민수가 선생님이 바라는 행동을 할 때만 관심을 주고, 그 외의 행동에는 관심을 주지 않는 거에요. 자리에 앉아있는 행동에만 관심을 주어 그 행동의 빈도수를 증가시키는 거죠.

## 07 행동주의 상담의 강점과 한계

### 1) 강점

행동주의 상담의 강점을 종합해 보면 다음과 같다(강갑원, 2004; 강진령, 2009; 천성문, 2006).

첫째, 내담자의 행동 변화를 위해 다양한 행동 중심의 기법과 전략을 활용한다는 점이다. 이러한 기법과 전략은 학교, 정신병원, 보호시설 등의 다양한 장면에서 활용이 가능하다. 상담자는 내담자와 공동의 노력으로 내담자의 문제를 해결하기 위해 실행에 초점을 두고 다양하고 구체적인 기법들을 적용하여 내담자의 행동 변화를 촉진한다.

둘째, 행동주의 상담은 ADHD, 약물 남용, 충동 조절 장애, 성기능 장애, 공포 장애 등과 같은 특정 장애의 치료에 특히 효과가 크다. 또한 불안, 스트레스, 인간관계 어려움, 주장 훈련과 관련된 어려움을 다루는 데 유용하다.

셋째, 행동주의 상담은 안정된 연구 기반을 가지고 있다는 점이다. 상담 결과를 평가하여 상담이 제대로 진행되지 않은 것으로 나타나면 상담자는 자신이 처음 분석한 것과 처치를 재검토하여 새로운 실행 계획을 세워 실행할 수 있다.

### 2) 한계

행동주의 상담의 한계를 종합해 보면 다음과 같다(강갑원, 2004; 강진령, 2009; 천성문, 2006).

첫째, 행동주의 상담은 내담자를 총체적으로 이해하기 어렵다는 점이다. 행동주의 상담은 겉으로 드러나 행동만을 중시하기 때문에 인간 고유의 사고와 감정을 무시한다. 이로 인하여 내담자의 문제에 대한 심오한 통찰과 이해에 한계가 있다.

둘째, 행동주의 상담은 부적응 행동의 발생 과정을 경시한다는 점이다. 행동주의 상담은 내담자의 현재 증상에 초점을 두는 반면, 발달 과정, 과거사, 무의식적인 힘, 그리고 증상의 발생 과정에는 관심이 없다. 이러한 증상 중심적 접근은 결과적으로 한 증상이 해결되면 다른 증상이 나타날 수 있을 뿐만 아니라 근원적인 문제해결이 어려울 수 있다.

셋째, 행동주의 상담에서 상담자가 기계적으로 기법들을 적용할 가능성이 크다는 점이다. 이는 대부분의 행동주의 상담자가 내담자와 신뢰 관계를 형성하고 협력적 상담을 전개한다고 하더라도 근본적으로 상담자와 내담자 관계의 중요성을 경시한다면, 행동주의 상담은 자칫 인간관계보다는 기계적 접근을 중시한다는 인상을 줄 수 있다.

넷째, 행동주의 상담은 동물을 대상으로 조작된 상황 하에서 실시된 실험 결과를 인간에게도 적용한다는 점이다. 즉, 개, 쥐, 비둘기와 같은 동물을 대상으로 한 실험에서 공식화된 이론이라는 것이다.

## 실/전/도/전/문/제

학습한 내용을 바탕으로 실전에 도전해 봅시다.

**1. 다음 사례에서 초등학생 민수에게 사용된 행동주의 상담기법은?** (청소년상담사 3급, 2018)

> 민수는 낮은 학업 성적으로 인해 학교 적응에 어려움을 겪고 있다. 상담자는 민수가 평소 컴퓨터 게임하는 것을 매우 좋아한다는 사실을 알았다. 상담자는 민수가 하루 계획한 학업량을 달성하는 경우, 컴퓨터 게임을 30분 동안 하도록 개입하였다.

① 자기교수훈련, 정적강화
② 프리맥의 원리, 정적강화
③ 체계적 둔감법, 자기교수훈련
④ 자극통제, 부적강화
⑤ 프리맥의 원리, 부적강화

**2. 행동주의 상담기법 중 목표하는 결과가 다른 하나는?** (청소년상담사 3급, 2016)

① 소거(extinction)
② 처벌(punishment)
③ 이완훈련(relaxation training)

④ 체계적 둔감법(systematic desensitization) ⑤ 행동조성(shaping)

**3.** 내담자 A는 시험기간만 돌아오면 유난히 불안해하며 시험 준비에 집중하지 못한다. 상담자는 내담자가 시험기간 중 어떻게 시험을 준비해야하는지 모르는데 원인이 있다고 판단하였다. 다음에서 상담자가 사용한 기법은? (청소년상담사 2급, 2017)

- 성적이 비슷한 또래 중에서 시험 준비 행동을 잘 하고 있는 친구를 선택한다.
- 시험기간 중 친구의 행동을 3일간 관찰하고 결과를 언어로 표현한다.
- 관찰한 행동 중에서 실행할 수 있는 행동을 목표행동으로 설정한다.

① 긴장이완훈련 ② 모델링 ③ 조형(shaping)
④ 불안위계 ⑤ 자기관찰학습

**4.** 강화와 처벌에 관한 설명으로 옳지 않은 것은? (청소년상담사 2급, 2016)

① 부적 강화는 행동 증가를 위해 혐오자극을 없애는 것이다.
② 처벌은 행동 감소를 위해 혐오자극을 제시하는 것이다.
③ 지각에 대한 벌점은 처벌을 위한 수단이다.
④ 안전벨트 착용 시 경고음이 멈추는 것은 부적 강화이다.
⑤ 화장실 청소로 숙제를 면하는 것은 정적 강화이다.

**5.** 행동주의 상담기법과 적용이 옳게 연결된 것을 모두 고른 것은? (청소년상담사 2급, 2018)

ㄱ. 자극통제-학생들에게 학교폭력에 어떻게 대처할 수 있는지 알려주는 DVD를 보여주고 그 행동을 따라할 수 있게 함
ㄴ. 행동계약-자기주장이 어려운 내담자와 하루에 한 번씩 자기주장 행동을 하기로 계약서를 작성함
ㄷ. 용암법-영어 알파벳을 배우는 학생에게 처음에는 진하게 된 글자를 덧쓰게 하고 다음에는 점선을 따라 쓰게 하다가 잘 쓰게 되면 빈 여백에 파벳을 쓰게 함
ㄹ. 체계적 둔감법-시험불안을 느끼는 내담자에게 이완된 상태에서 높은 불안을 일으키는 자극부터 제시함

① ㄱ, ㄴ ② ㄱ, ㄷ ③ ㄴ, ㄷ
④ ㄱ, ㄴ, ㄷ ⑤ ㄴ, ㄷ, ㄹ

**6.** 다음은 최 교사가 전문상담교사에게 민수(중2, 남)의 문제 행동에 대해 자문을 요청하는 대화 내용이다. 밑줄 친 부분에 해당하는 강화 기법의 명칭을 쓰시오. [전문상담교사, 2018]

> 최 교사: 선생님, 민수가 수업시간에 돌아다니면서 수업방해를 많이 하네요.
> 상담교사: 수업 진행이 어려우시겠어요. 민수가 돌아다닐 때 선생님은 어떻게 하시나요?
> 최 교사: 저는 자리에 앉으라고 주의를 주고, 심하면 따로 불러서 달래보거나 반성문을 쓰게 해요. 제가 알고 있는 여러 방법을 다 써 봐도 민수의 행동이 좀처럼 변하지 않네요. 좋은 방법이 없을까요?
> 상담교사: 선생님은 많은 노력을 했는데도 민수가 전혀 변하지 않아서 속상하시겠어요. 민수에게 바라는 행동이 구체적으로 무엇인지요?
> 최 교사: 우선, 수업 중에 설명을 할 때만이라도 민수가 돌아다니지 않고 자리에 앉아 있으면 좋겠어요.
> 상담교사: 민수가 돌아다닐 때 주의를 주거나 달래는 것이 민수가 오히려 관심을 받게 되는 결과를 가져올 수도 있어요. 반복되면 문제 행동이 바뀌지 않고 더 심해질 수 있지요. 그래서 다른 방법을 권하고 싶은데요. <u>민수의 여러 행동 중 하나만을 골라 선택적으로 관심을 주는 방법이에요.</u>
> 최 교사: 그런 방법도 있군요. 한번 시도해 보고 싶은데 좀 더 자세히 설명해 주시겠어요?
> 상담교사: 네, <u>민수가 선생님이 바라는 행동을 할 때만 관심을 주고, 그 외의 행동에는 관심을 주지 않는 거에요. 자리에 앉아있는 행동에만 관심을 주어 그 행동의 빈도수를 증가시키는 거죠.</u>

**정답**

1. ② 2. ⑤ 3. ② 4. ⑤ 5. ③ 6. 차별강화

따뜻하고 유능한 상담자가 되기 위한 <상담심리 실습 13>

## 나쁜 습관을 눈 녹듯 사라지게 하기

4명을 한 팀으로 구성하여 한 사람은 상담자가 되고 다른 사람은 내담자가 되어 행동 치료를 받는다. 그리고 두 사람은 관찰하고 치료가 끝나면 피드백을 준다. 역할을 바꾸어 행동 치료를 실시한다.

**※ 행동 치료를 위한 시나리오**

① 두 눈을 감고 편안하게 앉아 자신의 호흡에 집중한다. 자신이 통제하기 어렵거나 없애고 싶은 욕구(수업 시간에 산만함, 생각 없이 행동하는 것 등)를 떠올린다. 마음에 떠오르면 손가락을 든다.

② 왼손(대부분의 오른손잡이의 경우)을 손바닥이 위로 오게 한다. 그리고 마음으로 떠올린 욕구(또는 구체적인 대상)를 손위에 올려놓는다.

③ '하나'부터 '다섯'까지 세는 동안에 점점 욕구가 강해지는 것을 느끼도록 한다. 1에서 10까지의 사이에서 욕구의 강도를 측정한다.

④ 오른손에는 가장 싫어하고 혐오하는 대상물을 떠올린다. '하나'에서 '다섯'까지 세는 동안에 혐오감이 점점 더 강해지는 것을 느끼도록 한다. 1에서 10까지 사이에서 혐오감의 강도를 측정한다.

⑤ '하나, 둘, 셋!'을 센다. 마지막 '셋!' 할 때 손뼉을 치고 두 손을 맞잡게 한다. 그리고 두 손을 함께 비빔으로써 욕구와 혐오 대상물이 뒤범벅이 되고 '짬뽕' 되는 것을 충분히 상상하고 느낄 수 있도록 한다. 더럽고 역겹고 구역질이 날 정도로 느끼게 한다. 그래서 이제는 욕구를 생각만 해도 구역질이 나고 싫을 정도가 되도록 느끼고 경험하게 한다.

⑥ 이제 손을 털게 한다. 그리고 마음으로 두 손을 깨끗이 씻도록 한다. 비누로 씻고 물로 헹구는 소리를 마음의 귀로 듣도록 한다. ("손을 깨끗이 씻으세요. 그리고 헹구고 잘 말리도록 하세요.")

⑦ 이제 욕구를 느끼기 이전의 시간으로 돌아가 보도록 한다. ("마음이 자유롭고 깨끗하고 강력한 시간으로 가 보세요. 그리고 그 시간이 떠오르거나 경험되면 손가락을 드세요.")

⑧ 이제 그 자유감을 경험하도록 한다. 그리고 자신의 가슴을 스스로 안아 주도록 한다. 이러한 '가슴 안기'는 마음의 자산(resource states)이다. 언제든 그 자유감, 해방감을 느끼고 싶을 때는 시도할 수 있다. 그 자유감이 색깔로 경험되도록 한다.

⑨ 손을 풀고 욕구가 어느 정도 남아 있는지 보도록 한다. 즉, 다시 처음과 같이 욕구를 왼손에 오게 하고 그것을 상상하게 한다. 그리고 하나부터 다섯까지를 세는 동안에 점점 더 강력한 느낌과 경험을 갖도록 한다. 마지막으로 1부터 10까지의 강도를 측정한다. 만약 '0'이라고 한다면 다음과 같이 말해 주고 끝을 낸다. ("좋습니다. 아주 좋아요. 당신의 문제는 해결되었습니다. 축하합니다.")

⑩ 만약 처음보다는 약하지만 '1' 이상으로 느끼면 다시 오른손에 혐오물을 떠올리게 한다. 그리고 하나부터 다섯까지를 세는 동안에 혐오물에 대한 느낌을 더 강하게 갖도록 한다. 마지막에 0부터 10까지의 강도를 다시 측정한다.

⑪ '하나, 둘, 셋!' 할 때, 손뼉을 치고 두 손을 비빔으로써 오른손과 왼손의 내용물이 혼합되도록 한다. 그리고 그것을 충분히 느끼고 경험하도록 한다. 조금이라도 욕구를 느낄 때는 손바닥을 계속 비비고 혐오감을 느끼도록 한다. 그래서 욕구를 완전히 털어 내도록 한다.

⑫ 욕구가 완전히 없어진 것을 확인하고 마친다.

⑬ 집단원들끼리 경험 나누기를 하면서 성공했으면 성공의 요인이 무엇이었는지, 그리고 실패했으면 실패의 요인이 무엇이었는지에 대해서 토의해 보도록 한다.

# 10 chapter 실존주의 상담

영화 속에서 보는 옛날 로마 시대 개선장군의 모습은 화려하기 그지없다. 개선 나팔이 울려 퍼지고 광장을 가득 메운 수많은 군중들의 환호 속에서 개선장군이 마차를 타고 당당하게 입성한다. 이 영광과 환희의 절정에서 그들은 노예를 한 사람 마차 뒤에 태우고 끊임없이 장군의 귀에 속삭이게 했다고 한다.

"메멘토 모리(memento mori)"

이는 '죽음을 기억하라'는 라틴어이다. 영어로 말하면, 'remember you will die.'나 'remember your death.'가 될 것이다. 유한한 인생이요 모든 것은 곧 사라지는 것인데 승리의 영광에 너무 도취하지 말고 겸손하고 겸허하게 살라는 옛 로마인들의 지혜를 전해 주는 이야기이다.

-김열규(2001)의 『메멘토 모리, 죽음을 기억하라』 중에서-

## 01 이론의 개관

실존주의 상담은 19세기 실존주의 철학의 아버지라 불리는 키에르케고르(S. Kierkegaard)의 실존주의 철학에 기초를 두고 있다. 실존주의 상담의 철학적 기초는 유럽에 두고 있지만, 치료적 접근으로서의 실존주의의 핵심은 미국의 이론가들에 의해 성립되었다. 실존주의 상담은 다른 상담 이론과는 달리 단일의 체계적인 이론이라기보다는 신학, 철학, 정신의학, 심리학 등의 여러 학문 분야에서 각기 발달한 이론들의 묶음이라 할 수 있다. 실존주의적 상담에 영향을 미치거나 발전시킨 사람들을 세 가지 부류로 나누어 살펴볼 수 있다(노안영, 2006).

첫째, 실존주의 상담은 실존주의 철학에 근거한다. 실존주의 철학자들은 키에르케고르(S. Kierkegaard, 1813~1855), 니체(F. Nietzsche, 1844~1900), 하이데거(Heidegger, 1889~1976), 사르트르(Sartre, 1905~1980) 등이 보는 인간에 대한 이해를 반영한다.

둘째, 실존주의 상담은 종교 철학자들의 영향을 받아 발전해 왔다. 종교 철학자들은 부버(M. Buber, 1878~1965), 틸리히(P. Tillich, 1886~1964) 등을 들 수 있다. 부버의 '나-당신(I and Thou)의 관계'나 틸리히의 『존재에 대한 용기(Courage to be)』에서 강조하는 내용이 실존주의 상담에 반영되어 있다.

셋째, 실제로 상담 및 심리치료 분야에 실존주의 철학이나 종교철학을 적용하여 실존주의 상담을 주창한 학자들에 의해 발전하였다. 여기에는 빈스반거(L. Binswanger, 1881~1966), 프랭클(V. Frankl, 1905~1997), 메이(R. May, 1907~1994), 얄롬(I. Yalom, 1931~) 등이 있다.

실존주의 상담은 인생을 진행되는 과정으로 보며, 우리 각자는 그러한 진행되는 과정에 있다고 본다. 그러므로 실존(existence)은 정적 과정이 아니라 진행되는 과정을 수반한다. 또한 실존주의 상담은 존재의 과학과 과정에 관심을 두며, 상담자는 내담자의 표면적 문제 이면에 있는 그의 실존의 기본적 문제에 직면하도록 한다. 인간 실존의 기본적 문제는 죽음, 무의미성, 불안, 절망, 고독, 고립 등이다.

이러한 문제는 인간의 실존적 고통을 생성할 잠재력을 지닌다.

실존주의 상담은 현상학(phenomenology)이라는 철학에 기초하고 있다. 이 접근은 내담자의 주관적 관점에서 인간의 행동을 이해하는 것을 추구한다. 즉, 대상을 직접 문제 삼지 않고 그 대상을 형성하는 주관 작용을 되물어 들어가는 것을 근본적 특징으로 하는 철학적 접근이다. 따라서 실존주의 상담자는 내담자의 경험을 드러내도록 하여 정신 현상이 어떻게 의식으로 나타나는가를 규명하여, 내담자의 자아관, 인간관, 세계관의 명료성과 진실성을 성취하도록 돕는 데 중점을 둔다.

## 02 인간관

실존(existence)이란 이것 없이는 인간이 될 수 없는 인간에게 고유한 존재 방식이다. 실존이란 존재 가능적이고 미래를 향해 자신을 개방하는 존재인데, 인간은 가능성 속에서 개인적 책임과 결단에 의해 구체적 상황 속에서 나 자신으로 되어 간다. 실존은 현실의 존재, 사실의 존재, 진실의 존재에 대한 새로운 표현이며, 실존은 밖에(ex) 나타나(sistere) 있는 것을 의미한다.

실존주의는 인간의 존재 방식에 관심을 두며, 인간의 존재를 무에서 시작된 자유로운 존재로 본다. 이처럼 인간은 사전에 그 무엇에 의해서도 규정되어 있지 않기 때문에 자신을 규정할 수 있는 힘은 오직 자기 자신에게만 있다고 본다. 그러므로 인간 개개인은 자신의 자유의지에 따라서 선택하고, 행동하고, 그 결과에 책임지는 가운데 자신의 특유한 존재 방식을 형성하게 된다. 따라서 실존철학은 인간의 숨겨진 본질보다는 드러나 있는 인간의 존재 방식을 묻고 그것을 규명하려고 한다.

실존주의 상담에 기여한 주요한 인물들을 중심으로 인간에 대한 이해를 살펴보기로 하자(노안영, 2006; 이형득 외, 1994).

### 1) 키에르케고르

키에르케고르는 유럽의 사상계를 휩쓸고 있었던 헤겔의 관념 철학에 대항하여 실존하는 개인의 주관 세계 혹은 내면세계를 철학적 사색의 근본 문제로 등장시킨 최초의 철학자이다. 그 당시 유럽의 철학은 칸트와 헤겔의 영향 하에 있었고, 이들은 인간성의 본질과 인간의 위치를 객관적으로 기술하려고 하였다. 그러나 키에르케고르는 이것이 진정한 의미의 인간 자신과는 무관하다고 보고 자신의 독특한 사상적 입장을 발전시켰다.

'인간의 주관성은 인간의 진리다.'라는 말은 인간 실존에 관한 키에르케고르의 사상이 함축되어 있는 논제이다. 그는 『죽음에 이르는 병』이라는 저서의 서문과 본문에서 이렇게 말하고 있다.

"죽음은 모든 것의 종말을 뜻하는 것이며, 또한 인간적으로 말한다면 사람의 생명이 있는 경우에 한해서만이 있을 수 있기 때문이다. 그러나 종교적 의미에서 죽음은 결코 모든 것의 종말이 아니라, 영원한 생명의 범주 안에서의 하나의 작은 사건에 불과하다."

"사람들이 '죽음에 이르는 병'에 걸려 있어 절망에 빠질 수밖에 없다. 그에게 '죽음에 이르는 병'은 자기 상실이며, 다시 말해 자기를 있게 한 신과의 관계를 상실했을 때 발생한다. 따라서 절망에 대한 안전한 해독제는 신에 대한 믿음이다."

키에르케고르는 실존의 자기 형성 과정을 실존의 3단계로 표현하고 있다. 첫째는 미학적 실존이다. 이는 내적인 분열과 무익한 자기반성, 목표도 없는 인생의 향유 및 그로 인해 절망에서 헤어나지 못하고 있는 인간을 보여준다. 둘째는 윤리적 실존이다. 이는 미학적 실존의 불완전성을 표현하는 것으로 자아에 대한 인식 및 특히 그러한 인식에 의거한 행위를 요구한다. 이러한 두 실존 양식을 넘어선 세 번째의 단계는 본질적·종교적 실존이다. 이는 종교세계의 가치에 따라 살면서 신앙에 의해 본래적 자기를 찾으려는 삶이다. 케에르케고르는 윤리나 양심이 아니라 절대적인 신앙으로 사는 것이야 말로 종교적 실존이며 자신이 부단히 추구했던 진정한 실존으로 생각하였다.

키에르케고르에 의하면, 인간 실존이란 객관화될 수 없고 대상화될 수 없는 고유성, 내면성, 주관성, 주체성을 지니고 있는 존재이다. 키에르케고르는 자유를 가능성이라고 정의한다. 인간은 끊임없이 이 가능성에 의해 유도되며 창조적인 능력에 의하여 그 가능성을 실현한다. 이 가능성을 지향하는 자유가 동시에 불안을 수반한다. 이처럼 인간은 진실로 자유로운 가능성의 존재이고, 동시 불안한 존재이며 불안 속에서 살아가는 존재이며, 언젠가 꼭 죽어야 할 유한한 존재이다.

### 2) 하이데거

하이데거는 야스퍼스와 함께 20세기의 실존 철학의 창시자로서 특히 심리학자와 상담심리학을 연결하는 가교의 역할을 했다고 볼 수 있다. 그는 『존재와 시간(Being and Time)』이라는 저서에서 현상학적 관점에서 인간에 대한 이해를 시도하였다. 하이데거는 막연하나마 자신의 존재를 이해하고 있는 인간을 현존재(Dasein)라 하였다. 이러한 현존재는 세계 안에서 다른 많은 존재자들과 관계를 맺는 가운데 본래적인 존재 양식을 상실하고 비본래적인 존재 방식을 취한다. 이러한 본래적 자기를 상실한 현존재를 하이데거는 일상인(Das Man)이라고 불렀다.

실존이란 현존재(Dasein)가 일상인(Das Man)으로 전락하여 자기 존재의 근거를 상실한 상태에서 본래적 존재 방식을 기투적(企投的)으로 취하는 것이라 했는데, 그렇게 본다면 실존이란 현존재의 본래적인 존재 방식을 의미한다고 할 수 있다. 실존철학의 주된 관심사는 자신의 존재를 각성한 실존 그 자체이다. 이러한 기투에 의해 본래적인 존재 방식을 찾는 것이 곧 실존이다. 그래서 '실존은 본질에 앞선다(Existence precedes essence)'는 명제를 앞세우고 경험의 주관적인 측면, 선택의 자유, 책임 등을 강조한다.

던져져 있음이 과거의 필연성이라면 내던짐은 미래의 가능성이다. 던져졌다는 과거의 필연성에 떠밀려 아무런 계획 없이 하루하루를 살아가고, 막연히 미래를 기다리고만 있는 것은 진정한 실존의 삶이라고 할 수 없다. 출생 이전도 무(無)지만 죽음 이후도 무이다. 실존은 죽음에 이르는 존재다. 그러므로 인간은 죽음을 통해서 스스로의 실존을 짊어지라는 소명에 응답해야 한다.

여기서 하이데거는 일상적 자기와 본래적 자기를 구분한다. 우리가 공동 세계 속에서 만나는 타인들, 그리고 그들과 같이 사는 '나'는 모두 본래의 자기가 아니라 일상적인 자기, 평균적인 세상 사람에 불과하다. 일상생활 속에서 마치 신들린듯이 스포츠나 오락, 또는 음주에 몰두하는 사람들은 뭔가 잊으려고 애쓰는 것 같다. 그들이 도취의 상태에서 도피하는 것, 애써 생각지 않으려는 그 불안감의 정체는 무엇일까? 하이데거는 그것을 죽음이라고 본다. 인간은 던져진 존재이면서 또한 유한한 존재이기도 하다. 그런데 누가 무엇 때문에 인간 개개인을 내던졌는지 알 수가 없다. 그 답을 찾아서 행하는 것이 기투이며 이것은 인간 실존 개개인의 삶의 과제이며 몫이라 할 수 있다.

### 3) 메이

미국에서 가장 유명한 실존주의 상담자인 메이는 현대사회에서 인간이 직면하는 불안과 고독에 관심을 가졌다. 메이는 그의 명저 『자아를 잃어버린 현대인(Man's Search For Himself)』에서 현대인의 내면적 삶이 어떻게 무너져 내리고 있는지 날카롭게 지적했다. 엘리엇(T. S. Elliot)의 시에서 이것을 잘 알 수 있다.

우리는 텅 빈 인간들
우리는 채워진 인간들 서로가 기대어서
아 두뇌 조각은 짚으로 채워졌는가.
형태 없는 모습, 색깔 없는 그림자
마비된 생명, 움직임 없는 제스처……

메이는 현대사회에서 인간은 무언가에 쫓기듯 바쁘게 살아가지만 뒤돌아 생각해 보면 이룬 것도 없고 그 생활 속에 나 자신이 없었다는 느낌을 경험한다고 말한다. 또한 인간은 항상 새로움을 추구하지만 매일 똑같은 시간을 보내며 똑같은 일과를 반복하며, 이러한 일상에 너무 길들여져 자신이 원하는 일을 하고 있는지 자신이 진정 원하는 건 뭔지 조차 깨닫지 못하고 일상에 묻혀 버리고 만다고 역설한다.

메이는 삶이 지속되는 한 실존적 불안을 피할 수 없는 것으로 보았다. 그리고 불안은 문제해결을 위한 내적 외침이며, 이러한 내적 외침에 귀 기울이고 문제해결을 하는 가운데 현대인은 자아실현을 통해 실존적 불안을 극복할 수 있다고 하였다.

메이는 "나는 삶이 되풀이되기를 원하지 않을 것이다. 나의 인생은 단 한 번으로 충분하다. 다시 산다면 내가 다르게 어떤 것을 할지 모르지만, 삶은 역시 지겨울 것이다."라고 하였다. 이 말을 통해 메이가 우리에게 던지는 메시지는 주어진 단 한 번뿐인 삶에 최선을 다해 사는 게 중요하다는 것이다.

### 4) 얄롬

얄롬은 현재 미국에서 가장 왕성하게 실존주의 상담 및 심리치료를 실행하고 보급하고 있는 학자이다. 그는 최근에 집단상담 및 심리치료의 필요성을 주창하고, 1992년 펴낸 『니체가 눈물을 흘릴 때(When Nietzsche Wept)』라는 책을 통해 앞으로 니체의 생각이 실존주의 상담에 크게 기여하리라고 주장하였다.

얄롬은 네 가지 인간의 궁극적 관심사(ultimate concerns)를 제안하였다. 네 가지 궁극적 관심사는 죽음(death), 자유와 책임(freedom & responsibility), 고립(isolation), 무의미성(meaninglessness)이다. 얄롬은 이 네 가지 궁극적 관심사에 대한 자각으로 인해 인간은 갈등과 불안을 느낀다고 보았다.

첫째, 죽음은 불가피한 것으로 인간의 삶이란 유한하다는 것이다. 그러므로 죽음은 불안을 유발하는 가장 기본적 원천이 된다. 인간이 가진 실존적 갈등은 죽음의 불가피성에 대한 자각과 삶을 지속하려는 소망 간의 갈등이다.

둘째, 인간의 자유에는 책임이 따른다. 자유와 책임은 인간이 자신의 삶의 여정을 선택할 책임을 갖고 있으며 동시에 그 선택에 따른 책임을 가져야만 한다는 것이다. 그러나 자유를 갖고 태어난 인간은 안정되고 이상적인 세상에 살지 않는다. 이로 인하여 갈등하게 된다.

셋째, 고립은 인간이 궁극적으로 이 세상에 홀로 와서 살다가 떠난다는 것이다. 얄롬은 인간의 세 가지 고립을 가정한다. 즉, 다른 사람들과 단절된 정도에 따라 고독으로 경험되는 대인관계적 고립, 자신에 대한 자각으로부터 봉쇄된 개인 내적 고립, 그리고 개인이 세상에 홀로 와서 살다가 홀로 떠난다는 인간 조건에 뿌리를 둔 실존적 고립이 그것이다.

넷째, 마지막 궁극적 관심사는 무의미성이다. 무의미성은 삶의 의미가 무엇인가 하는 질문에 대한 내적 갈등이며, 인간은 인간이 사전에 결정된 의미를 갖지 않은 무관심한 세계에 있다. 이러한 갈등으로 인하여 인간은 삶의 의미, 목적, 일관성을 추구하게 된다.

이러한 네 가지 궁극적 관심사는 인간의 표면적 문제 뒤에서 막강한 영향력을 행사하며, 인간이 갖는 심리적 문제를 해결하기 위해서는 이러한 궁극적 관심사에 대한 진정한 이해와 수용이 중요하다.

### 5) 프랭클

정신과 의사인 프랭클은 나치 포로수용소에 수감되는 극한 상황에서 나타나는 인간 행동을 관찰하고 삶과 죽음에 대한 체험을 하였다. 극한 상황에도 불구하고, 어떤 죄수들은 자신의 내적 삶과 다른 사람들에 대해 행동하는 방식에서 선택할 자유를 유지하고 자신의 비극을 극복하고 삶의 의미를 발견하는 것을 관찰하였다.

프랭클은 자신의 관찰과 체험을 통해 인간이 극한 고통 속에서도 삶의 의미를 추구하는 실존적 삶을 추구하는 존재라고 믿게 되었다. 이러한 믿음을 바탕으로 프랭클은 의미 치료(logotherapy)라는 실존주의적 상담 접근을 주창하였다.

의미 치료의 목적은 내담자가 자신의 삶 속에서 의미를 찾도록 조력하는 것이다. 사람은 의미를 찾으려는 욕구, 즉 의미에 대한 의지(the will to meaning)를 가지고 있다. 삶에 의미나 목적이 없다면 무엇 하나 수행할 수가 없다. 프랭클은 나치 포로수용소에 수감된 동료들이 삶에서 기대할 것이 없다고 절망하면, 오히려 삶이 우리에게 무엇을 기대하는 것이 아닌가 하고 반문했다고 한다.

의미 치료에서 역시 죽음의 의미도 중요하다. 삶과 죽음은 동전의 양면처럼 죽음은 삶에 속해 있고 삶에 의미를 준다. 인간의 책임감은 삶의 유한성에서 비롯된다. 삶이 유한하기 때문에 우리에게 주어진 일회적 삶은 귀중한 의미를 갖는다.

의미 치료에서는 삶의 의미를 찾는 세 가지 방식과 그에 따른 의미의 원천을 제시하였다. 먼저 삶의 의미를 찾는 세 가지 방식은 어떤 창작품을 발표하는 등 생산적인 활동을 통해 삶의 의미를 찾는 창조적 가치(creative value), 경험으로 세상살이에서 얻은 것에서 삶의 의미를 찾는 경험적 가치(experiential value), 사람들이 더 이상 변화시킬 수 없는 운명에 대해 취하는 자세를 통해 삶의 의미를 찾는 태도적 가치(attitude value)가 있다.

프랭클이 제시한 삶의 의미를 찾는 세 가지 방식에 따른 의미의 원천은 일, 사랑, 고통, 과거, 그리고 최상의 의미이다.

첫째, 일의 의미이다. 인생에 대한 책임감은 말로서 나타나는 것이 아니라 행동으로 나타나야 한다. 불고용이나 실직은 인간을 무감각이나 우울에 빠지게 하며, 창조적 가치의 결여에 의해서 사람들이 어떻게 영향을 받을 수 있는가를 잘 보여 준다.

둘째, 사랑의 의미다. 자기초월의 한 형태로 사랑은 자기 자신의 이기심, 욕심, 충동을 이기고 초월하여 다른 사람의 성격의 내면을 그의 입장에서 이해하는 것이다.

셋째, 고통의 의미다. 고난이나 고통은 인간이 무감각하고 권태롭게 되는 것을 막아 주며, 행동을 초대하여 궁극에는 인간을 성장과 성숙에로 이끄는 요인이 된다. 인간은 운명의 무기력한 희생자일 수 있지만, 여전히 인간은 자신의 고난을 성취로 바꿀 내적 자유를 행사할 수 있다.

넷째, 과거로부터의 의미다. 삶의 의미 탐구가 일차적으로 사람들의 미래에 맞추어진 것이지만, 과거는 여전히 의미의 원천일 수 있다. 키에르케고르가 "삶은 회상할 때 이해할 수 있다."고 말했는데, 이것이 바로 과거로부터의 의미를 잘 나타낸다.

다섯째, 최상의 의미(supra-meaning)이다. 최상의 의미는 삶과 고통의 궁극적 의미를 나타내는 것이다. 최상의 의미는 사람들이 자신의 고통과 관련해서 찾는 종교에 의해서 가장 잘 이해될 수 있다. 성경의 시편 119편에 "고난당하기 전에는 내가 그릇 행하였더니 이제는 주의 말씀을 지키나이다. 고난당한 것이 내게 유익이라 이로 인하여 내가 주의 율례를 배우게 되었나이다."라는 구절이 이를 잘 나타낸다고 하겠다.

## 02 주요 개념

### 1) 인간에 대한 이해

실존주의 상담에 기여한 주요한 인물들을 중심으로 인간에 대한 이해를 살펴보았다. 이를 중심으로 실존주의 상담에서 보는 인간관을 살펴보면 다음과 같다(노안영, 2006; Patterson, 1974).

첫째, 인간 실존의 특징은 이 세상에 우연히 내던져진(被投的) 존재가 일상인(Das Man)으로 전락하여 자기 존재의 근거를 상실한 상태에서 본래적 존재 방식을 기투적(企投的)으로 취한다는 점이다. 인간과 다른 동물 모두는 내던져진 존재이다. 그러나 인간이 다른 동물과 차이가 있다는 것은 우리의 삶이 우연성과 피투성이라는 것을 자각하고, 자신의 본래적 존재 방식을 찾으려고 한다는 점이다.

둘째, 인간은 계속해서 되어 가는 존재라는 것이다. 인간은 정적인 존재가 아니라 의미 있는 전체로서 끊임없이 생성되고 변천되는 상태에 놓여 있는 존재다.

셋째, 인간은 언젠가는 죽을 수밖에 없는 존재라는 사실을 알고 있는 존재이다. 삶과 죽음을 그리고 존재는 비존재를 수반하기 마련이므로 고립, 고독, 허무, 개인적 의미나 주체성의 상실, 소외를 의식하지 않을 수 없다.

넷째, 모든 인간은 존엄성과 가치를 지닌 존재라는 것이다. 인간의 자존감은 타인이 자신을 평가해 주는 관점에 의거해서 형성되는 것이 아니다. 자존감은 물론 사회적 관련성에 기초하여 어느 정도 형성될 수도 있겠지만 본질적으로는 자아정체감을 전제로 한다 각 개인은 누구와도 비교될 수 없는 독자적이고 중요한 존재다.

다섯째, 인간은 과거를 떨쳐 버리고 일어나 즉각적인 상태에서 자신을 초월할 능력을 가진 존재라는 것이다. 인간은 이와 같은 초월의 능력이 있음으로 인하여 선택의 가능성이 열리기 때문이다.

### 2) 실존의 방식

실존주의 상담에서는 세계 내에서 실존의 방식을 확인하였다. 즉, 인간은 주변 세계(umwelt), 공존 세계(mitwelt), 고유 세계(eigenwelt), 영적 세계(geistwelt)에 존재한다. 실존주의 상담은 인간과 객관 세계 사이의 근원적 이분법을 거부하고 하이데거가 가정한 현상학적 세계 구조(phenomenological world construction)를 제안하였다.

한 사람의 세계를 인식한다는 것은 인간 존재가 자신의 의미 있는 세계를 건설한다는 것이다. 또한 각 개인의 존재-실존-경험 양식은 동시에 세계 내 존재 양식, 세계에 반응하는 양식, 그리고 자신의 세계를 건설하는 양식이라는 의미이다. 개인적으로 구성한 세계도 변화를 경험할 수 있고 경험할 것이다. 실존주의 상담에서 보면, 네 가지 양식의 세계가 있다(노안영, 2006; Schultz, 1997; Yalom, 1981).

첫 번째는 주변 세계다. 이것은 인간이 살아가는 환경 혹은 생물학적 세계를 의미한다. 모든 살아 있는 유기체는 주변 세계를 가지며, 주변 세계는 생물학적 욕구, 추동, 본능을 포함한다. 실존주의 상담자들은 살아가는 환경 혹은 생물학적 세계의 현실을 받아들이는 입장을 취한다.

두 번째는 공존 세계다. 사회적 존재인 인간이 다른 사람과 더불어 살아간다는 의미로 대인관계 영역을 의미한다. 개인은 다른 사람과의 관계에서 이루어지는 공동체의 세계에 존재한다.

세 번째는 고유 세계다. 이것은 자신의 세계이며 개인이 자신에게 가지는 관계를 의미한다. 고유 세계는 자기 관계성을 전제하고 있으며, 오로지 인간에게만 나타나는 것이다.

네 번째는 영적 세계다. 이것은 인간 각자가 갖는 믿음이나 신념 세계로 영적, 혹은 종교적 가치와의 관계를 의미한다.

실존주의 상담자들은 주변 세계와 공존 세계 및 고유 세계에서 일어나는 대부분의 일을 영적 세계에서 일어나는 일들의 반영으로 본다. 그러나 영적 세계의 실존을 믿지 않는 사람에게 현실 세계에서 일어나는 일은 다만 주변 세계, 공존 세계, 고유 세계에서의 어떤 원인에 의해 일어난 결과로만 생각한다. 그러므로 영적 세계의 실존을 믿는 믿음의 유무에 따라 세상을 보는 시야도 다를 수밖에 없다.

영적 세계의 실존을 믿는 사람들은 현실 세계에서 일어나는 일들은 영적 세계에서 일어나는 일들에 대한 반영으로 보고 있기 때문에 문제의 해결도 영적 세계에서 찾는다. 그러나 영적 세계의 실존을 믿지 않는 사람들은 문제의 해결도 오직 현실 세계에서만 찾는다. 이처럼 영적 세계의 실존에 대한 믿음의 유무에 따라 각각 살아가는 삶의 방식이 다를 수밖에 없다.

### 3) 자유와 책임

실존주의 상담자들은 자유를 변화의 기회임과 동시에 내담자의 문제에서 벗어나 자신에게 직면할 수 있는 기회로 보았다(Fabry, 1968). 즉, 인간은 여러 선택 가운데서 선택할 수 있는 자유를 가진 자기결정적인 존재다. 실존주의 상담은 자유, 자기결정, 의지를 인간존재의 중심에 둔다. 만약 자유가 인간으로부터 제거된다면 더 이상 인간으로서 존재하지 않게 된다. 왜냐하면 이것이 바로 인간에게 인간됨을 부여하는 능력이기 때문이다.

사르트르는 "인간이 자유롭도록 운명 지어졌다."고 보았다. 그는 인간은 자신의 세계를 창조할 책임이 있으며, 진정으로 자유롭기 위해서는 자신의 운명의 한계에 직면해야 한다고 보았다. 틸리히는 "사람은 스스로 결정하는 바로 그 순간에만 참다운 인간이 된다."고 하였다. 또한 사람으로부터 빼앗을 수 없는 것은 그의 자유다. 우리는 어떤 주어진 환경 내에서 적어도 우리의 태도를 선택할 수 있다. 프랭클은 아우슈비츠 포로수용소에서 자신이 택한 자유를 이렇게 이야기한다. "몸은 비록 갇혀서 내가 어찌할 수 없지만 어떤 생각을 할지는 나의 선택이었다."

실존주의 상담에서 핵심은 자유와 책임의 문제이다. 자유롭게 자기결정하고 선택하는 것으로 인하여 우리는 우리 자신의 현재와 미래의 설계자이다. 책임은 스스로 선택권을 소유하고 정직하게 자유를 다루는 것을 의미한다. 사르트르는 인간이 한계를 가지고 제한적이라는 점을 나타내기 위해 불신(bad faith)이라는 용어를 사용한다.

"저는 어릴 때 학대를 당해서 제 아이들을 잘 다룰 수 없어요." 혹은 "제가 좋은 대학을 다니지 못해서 좋은 직장에 갈 수 없어요."라고 말하는 사람은 문제에 대해 다른 사람을 비난하면서도 자신의 한계를 자각하지 못함으로써 나쁜 믿음에 따라 행동하는 것이다. 따라서 실존주의 상담자는 내담자들이 비록 그들 인생의 대부분을 선택하는 자유를 피하고 살아왔지만 선택을 행사하기 시작할 수 있다는 것을 가르칠 필요가 있다(노안영, 2006 재인용).

### 4) 죽음과 비존재

실존주의 상담의 가장 중요한 문제는 죽음이다. 인간은 역시 언젠가는 자신이 죽는다는 것을 스스로 알고 있다. 죽음은 누군가 대신 죽어 주기를 바랄 수 없고 언제나 스스로 맞이해야 할 가장 중대한 사건으로 가장 자기적인 것이다.

실존주의 상담자들은 죽음을 부정적으로 보지 않는다. 오히려 그들은 우리의 삶이 시간의 제한을 받기 때문에 의미를 가지고 있다고 주장한다. 만약 우리가 죽지 않는 무한한 시간을 가지고 있다면 우리는 하는 일을 마냥 미룰 것이다. 그러나 우리는 삶의 유한성, 곧 언젠가는 죽어야 한다는 그 사실 때문에 우리에게 삶을 보다 진지하게 살아가도록 자극한다.

메이(May, 1961)는 “죽음을 부정하는 데 치러야 하는 대가는 불안과 자기로부터의 도피이다. 자신을 완전히 이해하기 위해서 인간은 자신의 죽음에 직면해야 한다.”고 말한다. 메이의 견해에 동조하면서 프랭클(Frankl, 1988)은 “죽음은 인간 실존에 의미를 준다. 만약 우리가 불멸한다면 영원히 행동을 지속할 것이다. 그러나 우리가 유한하기 때문에 우리가 지금 하고 있는 것들은 특별한 의미를 갖는다.”라고 하였다. 이처럼 죽음은 삶에 무의미를 주는 것이 아니라, 오히려 의미를 부여한다. 삶이 무한하다면 모든 일이 연기될 것이고, 선택이나 결정의 필요성이 약화될 뿐만 아니라 행동도 제대로 수행되지 못하고 책임감도 반감될 것이다.

### 5) 의미와 무의미

삶에 의미에 관한 질문, 즉 인생은 어떤 의미를 주는가? 우리는 왜 사는가? 어떻게 살아야 하는가? 나는 왜 여기에 이렇게 있는 걸까? 인간은 자신의 삶의 존재감, 즉 의미감(a sense of meaningfulness)을 필요로 한다. 이러한 의미감은 인간 개개인이 경험하거나 세상에서 일어나는 사건을 해석하는 방식을 제공한다. 뿐만 아니라 어떻게 살 것인가에 관한 삶의 가치를 발달시키는 수단이 된다(May & Yalom, 1989).

프랭클은 사람들이 자신의 삶에 있어서 영적 의미 혹은 물질적 가치 이면의 것을 간과하는 것에 관심이 있었다. 그런 이유에서 프랭클은 삶의 의미성의 발달과 탐색에 초점을 두었다.

한편 얄롬(1980)은 죽음에 직면한 암환자들에게 일어났던 몇 가지 개인적 변화를 보고하였다. 즉, 얄롬은 치명적인 병에 걸린 사람이 병에 걸리기 전에 비해 훨씬 더 깊은 삶의 의미를 깨닫게 된다는 사실을 발견하였다. 환자들은 '실존은 지연될 수 없다.'는 것을 배우고, 사람이 현재에서만 진실로 살 수 있다는 것을 깨달았다. 그래서 얄롬은 죽음 자각 워크숍을 통해 내담자들이 자신의 묘비명이나 사망 기사를 쓰도록 하거나 자신의 장례식을 상상하도록 하여 죽음에 직면해 보도록 하였다. 이로써 내담자는 일상생활의 일부를 구성하고 있는 죽음을 피할 수 없는 운명의 신호로 인식하도록 도왔다. 흔히 죽음에 직면하는 중요한 기회는 내담자들이 그들과 가까운 사람의 죽음을 경험할 때 일어난다.

### 6) 자기초월

자신보다 높은 것을 추구하는 것은 인간의 자기 관심(self-interest)이며, 자신이 당면한 상황을 초월하는 것은 인간의 실존적 성질이다(Yalom, 1980). 인간에게는 자신이 당면한 상황을 초월할 수 있는 능력과 상상을 통해 시간과 공간을 초월할 수 있다. 인간이 가진 상상력과 창의력을 활용하여 자신의 욕구를 초월하여 다른 사람들을 인식하고 책임 있게 행동한다.

인간은 또한 자신을 초월하여 다른 사람들의 입장에서 그들이 경험하는 고통이나 기쁨을 느낄 수도 있다. 키에르케고르는 상상이야말로 인간의 가장 중요한 기능이며, 각 개인이 뛰어넘을 수 있도록 도우며, 자신의 존재와 다른 사람들의 존재를 반영한다고 말한다. 자기초월의 예는 주변에서 자주 접하게 된다. 자신의 몸을 던져 다른 사람을 구한 사람에 관한 뉴스나 치명적인 병에 걸린 사실을 알게 되지만 자신의 병 치료보다는 고통 속에 있는 사람들을 더 돌보는 사람들 역시 자기초월의 예이다.

한편 프랭클은 자기초월한 사람(self-transcendent person)을 심리적으로 건강한 사람으로 규정하였는데, 이러한 사람은 자신에게만 초점을 두는 것으로부터 자유롭다. 건강한 성격의 소유자로서 자기초월한 사람이 갖는 특성은 다음과 같다(Schultz, 1977).

첫째, 자기초월한 사람은 자신의 행위 과정을 자유롭게 선택한다.

둘째, 자기초월한 사람은 자신이 살아가며 행하는 행위와 자신의 운명에 대해 취하는 태도에 스스로 책임을 진다.

셋째, 자기초월한 사람은 자기 외부의 힘에 의해서 지배당하지 않는다.

넷째, 자기초월한 사람은 자기에게 적합한 삶의 의미를 찾고자 노력한다.

다섯째, 자기초월한 사람은 의식적 통제력에 의해 자신의 삶을 영위해 나가며, 자신의 생활을 스스로 잘 통제한다.

여섯째, 자기초월한 사람은 자신의 창조적 · 경험적 · 태도적 가치를 충분히 표현할 수 있다.

일곱째, 자기초월한 사람은 오직 자신에게만 관심을 갖거나 몰두하는 것을 초월한다.

여덟째, 자기초월한 사람은 미래지향적 태도를 갖고 미래의 목표와 과제에 관심을 갖는다.

아홉째, 자기초월한 사람은 창조적 가치의 표현을 통해서 삶의 의미를 획득한다. 이러한 가치는 직업이나 직무를 통해서 가장 잘 표현되는데, 인간은 일 속에서가 아니라 일을 통해서 의미를 발견하게 된다.

열째, 자기초월한 사람은 사랑을 인간의 궁극적인 목표로 삼고, 애정 관계 속에서 발달을 이루어 가면서 자신의 잠재력을 실현한다.

## 04 상담 목표와 과정

### 1) 상담 목표

인간은 자기를 의식하고 직면할 능력을 가지고 있다. 이것은 당면한 상황을 초월하고 자신에 대한 자각을 갖고 있다는 점에서 다른 동물들과 구별된다. 우리의 자각이 크면 클수록 자유의 가능성은 커지며, 우리들의 자각에 의해 선택과 행위에 대한 자유와 연관된 책임을 우리는 인식하게 된다. 그렇기 때문에 우리는 자신의 운명에 대해 어떤 방식으로든 영향을 끼칠 능력을 가지고 있다.

실존주의 상담 목표는 내담자의 자각을 최대화함으로써 내담자가 삶의 의미와 목적을 스스로 발견하도록 돕고 자기 인생에 대한 확고한 방향 설정과 결단을 내리도록 돕는 데에 있다. 따라서 실존주의 상담자는 내담자가 새로운 이해와 선택을 하도록 돕기 위해서 기본적으로 내담자의 주관적인 세계를 이해하는 데 관심을 가져야 한다.

실존주의 상담자들은 흔히 위축된 실존이라고 부를 수 있는 내담자를 다룬다. 그러므로 내담자가 자신의 책임성을 수용하도록 내담자를 초대해야 하고 위축된 존재로 살아가는 방식을 가진 내담자와 직면하여 그들이 이런 상태를 만들어 내는 데 스스로 공헌하고 있음을 인식하도록 도와야 한다(홍경자, 1988).

인생을 흔히 배에 비유한다. 망망대해에 던져진 배처럼 우리도 이 세상에 던져졌다. 배는 가야 할 목적지를 향해 나아간다(노안영, 2006). 배의 항해는 되풀이될 수 있지만 인생의 항해는 일회적이다. 우리는 인생이라는 항해의 선장으로서 목적지까지 도달하기 전에 일어날 수 있는 모든 가능성에 대해 매번 지혜로운 선택을 해야 한다. 어떤 항로를 택할 것인가도 전적으로 우리에게 달려 있다. 배는 이미 떠났고 우리는 배에서 내릴 때까지 일어나는 모든 일에 책임을 져야 한다.

### 2) 상담 과정

실존주의 상담은 개인의 실존에 뿌리를 둔 고민에 초점을 둔 역동적 치료이다(Yalom, 1980). 그러므로 실존주의 상담자는 개인의 실존에 뿌리를 둔 궁극적 관심사에 대한 내담자의 자각이 어떻게 그의 심리적 문제와 관련되어 있는가를 파악하여 내담자를 조력한다. 이러한 상담자의 역할을 수행하기 위한 실존주의 상담 과정은 일반적으로 두 단계를 거친다(김충기, 강봉규, 2001).

먼저, 상담자는 내담자로 하여금 자유인(free agent)으로서 옳고 그름에 대한 판단의 책임이 자신에게 주어져 있음을 인식하도록 한다. 실존주의 상담에서는 특히 개인의 자유를 강조하는데, 이 자유는 책임과 상호관계를 맺고 있다. 실존주의 상담자는 내담자가 자기가 소유하고 있는 자유를 각성하고, 자기 인생의 방향에 대해서 책임질 수 있도록 돕는다.

다음으로 실존주의 상담자는 내담자로 하여금 자기의 실존을 사실대로 경험하도록 해야 한다. 여기에서 상담자의 주요 과제와 책임은 내담자를 한 인간으로서, 그리고 내담자의 세계 속에 있는 존재로서 이해하는 것이다. 실존주의 상담자의 내담자에 대한 이해는 내담자로 하여금 자기 자신의 존재를 인식하고 경험하도록 도울 수 있는 토대가 되므로, 이것은 상담 및 심리치료의 중심적인 과정이 된다. 그러므로 실존주의 상담은 상담 관계를 참만남의 관계로 파악한다. 이 참만남의 관계에서 진정성(authenticity)이 그 본질이 된다.

## 05 상담 기법

실존주의 상담은 기법의 체계가 아니라 상담에 대한 태도이며 철학으로서 인간의 독특성에 관심을 갖는다(Dreyfus, 1971). 즉, 내담자의 인간 실존을 이해하기 위한 상담자의 자세와 태도, 철학을 강조하기 때문에 상담 기법에 대해서는 크게 관심이 없다. 일반적인 상담적 접근이 기법에 따른 이해(understanding follows technique)를 강조하는 데 반해, 실존주의 상담에서는 이해에 따른 기법(technique follows understanding)의 입장을 취한다.

그렇다고 실존주의 상담에서는 상담 기법에 크게 관심이 없어 보이지만 상담 기법을 회피하는 것은 아니다. 정신분석의 개념 중 저항과 전이라는 개념을 상담에 적용하기도 하고, 정신분석 기법인 자유연상을 사용하기도 한다. 또한 실존주의 상담은 내담자의 주관적 세계를 중시하거나 온정적 분위기 속에서 내담자의 감정의 반영과 수용, 허용적인 분위기에서 솔직한 감정을 표출하도록 하는 등 인간중심 상담 원리와 여러 가지 면에서 상통하기 때문에 인간중심 상담의 원리와 기법을 사용하기도 한다(Belkin, 1977).

이러한 방법 이외에도 직면(confrontation), 역설적 의도(paradoxical intention)와 같은 기법이 사용된다(Belkin, 1977). 여기에서는 역설적 의도(paradoxical intention)와 함께 탈숙고(deflection)에 대해 살펴보기로 한다(노안영, 2006; 이형득 외, 1995).

### 1) 역설적 의도

역설적 의도는 내담자가 갖는 기대 불안을 제거함으로써 강박증이나 공포증과 같은 신경증적 행동을 치료하는 기술이다. 공포증이나 강박증을 가진 내담자는 두려워하는 사건에 대해 재경험하는 것을 두려워한다. 사건에 대한 두려운 기대는 내담자에게 기대 불안을 야기한다. 이러한 기대 불안은 지나친 의도(hyperintention)의 원인이 된다. 지나친 의도는 내담자로 하여금 자기가 원하는 것을 하지 못하도록 한다.

따라서 상담자는 내담자가 두려워하는 그 일 자체를 하도록 하거나 일어나기를 소망하도록 격려함으로써 의도의 반대를 생성하게 된다. 예를 들면, 발표 불안을 가지고 있는 내담자에게 '말을 더듬지 말자가 아니라 말을 더듬어라.'는 요구를 한다. 또한 지나치게 손가락을 빠는 아이에게 매일 아버지가 신문을 보는 옆에서 5분 동안 손가락을 빨도록 하고, 어머니가 설거지 하는 옆에서 5분 동안 손가락을 빨도록 한다. 이 과제의 수행 여부를 체크리스트에 표시하여 일주일 후 가져오도록 하는 것도 역설적 의도의 한 형태이다.

### 2) 탈숙고

탈숙고(deflection)는 지나친 숙고(hyperreflection)로 인한 기대 불안의 악순환에서 벗어나도록 내담자를 돕기 위해 사용한다. 예를 들면, 당신은 문서 작업을 할 때 자연스럽게 타자를 잘 칠 수 있을 것이다. 그런데 누군가가 당신에게 "너의 오른쪽 집게손가락은 자판에서 어떤 자음과 모음을 치니?"라고 묻는다면, 당신은 자연스럽게 치던 타자를 멈추게 될 것이다. 이처럼 지나친 숙고는 당신의 행동을 부자연스럽게 하고 행동을 멈추게 할 수 있다.

또한 프랭클이 소개한 다음의 이야기는 당신에게 지나친 숙고가 의미하는 바를 깨닫게 할 것이다. 지네가 있었는데 그의 적이 지네에게 "너의 다리는 어떤 순서로 움직이니?"라고 물었다. 지네가 그러한 질문에 주의를 기울였을 때, 지네는 전혀 움직일 수가 없었다(Frankl, 1988). 이처럼 내담자가 가진 문제에 대한 지나친 숙고는 내담자의 자발성과 활동성에 방해가 된다. 탈숙고는 지나친 숙고를 상쇄시킴으로써 내담자의 자발성과 활동성을 회복시켜 준다.

## 06 실존주의 상담의 사례

실존주의 상담의 사례는 다음과 같다(중등임용시험, 2019).

상담교사: 프랭클(V. Frankl)의 의미치료 기법 중 역설적 의도와 탈숙고의 구분이 모호한 것 같아요.
수퍼바이저: 역설적 의도는 내담자가 가장 두려워하는 것을 하도록 격려하는 것이지만, 탈숙고는 증상을 무시하는 행동으로서, 증상을 떠나서 바라보게 하는 것입니다.
상담교사: 증상을 떠나 바라본다는 것이 어떤 건가요?
수퍼바이저: 비유적으로 말하자면, 어떤 지네가 한 마리 있었습니다. 그의 적이 그에게 "당신의 다리가 어떤 순서로 움직입니까?" 라고 물었답니다. 지네는 그 질문에 주의를 기울이는 순간, 전혀 움직일 수가 없었다고 합니다. 즉, 어떤 것에 집착할수록 자발성과 활동성을 방해받기 때문에 지나친 집착을 무력화하여 내담자의 자발성과 활동성을 회복시켜 주는 것입니다.
상담교사: 그러면 태도변형 기법과는 어떻게 다른가요?
수퍼바이저: 태도변형 기법은 내담자가 자신이 처해 있는 실존적 현실에 대한 부정적인 태도를 변경하도록 돕는 방법입니다.

상담교사: 이제 좀 알 것 같아요. 문제에 초점을 두기보다는 현재 순간에 집중하도록 돕는 것이군요.
수퍼바이저: 네, 맞아요. 탈숙고는 지나치게 자신에게 초점을 맞추는 강박적인 자기관찰을 줄이고 대인관계나 목표 등 더 긍정적인 방식에 주의를 돌리도록 함으로써 현재 상황에서 의미를 발견하도록 돕는 것입니다.

## 07 실존주의 상담의 강점과 한계

### 1) 강점

실존주의 상담의 강점은 다음과 같다(강갑원, 2004; 강진령, 2009).

첫째, 인간성 상실의 시대를 살아가는 현대인에게 삶의 의미를 찾도록 도움을 주었다. 실존주의 상담자들의 상담 방식이 인본주의적이며 지속적인 성장과 발달을 강조하면서, 지정된 서적들을 읽고 상담자와의 치료적 참만남을 통해 내담자에게 희망을 제공한다는 강점이 있다. 특히 프랭클의 의미치료는 실존 상담의 강점을 그대로 부각시킬 만한 대표적인 예에 속한다.

둘째, 개별성과 자아의 발달을 강조하기 때문에 물질문명 속에서 방황하고 불안을 경험하는 현대인에게 생산적인 결정을 내리도록 도울 수 있는 강점이 있다. 그래서 학교상담, 청소년상담, 성인상담, 노인상담, 기업상담에서 많이 활용될 가치가 있는 것으로 평가된다.

셋째, 인간에 대한 보편적인 견해 때문에 실존 상담은 상담자들이 민족, 사회, 성적 기호에 상관없이 나-너(I-thou) 방식으로 내담자에게 초점을 맞출 수 있어 다문화 상담에 유용하다(Epp, 1998).

넷째, 실존주의 상담은 다른 이론적 접근의 관점과 기법들을 결합시켜 적용할 수 있다는 점에서 개업 상담자에게 유용하다. 알코올 중독처럼 치료가 어려운 문제를 행동주의 학습 원리에 기초하여 상담하는 경우, 상담자는 삶의 문제 및 정직한 표현을 통한 감정과 관련된 실존적 가치에 초점을 맞추어 상담할 수 있다.

## 2) 한계

실존주의 상담의 한계는 다음과 같다(강갑원, 2004; 강진령, 2009).

첫째, 실존주의 상담은 상담자 교육 및 훈련 프로그램이 마련되어 있지 않다는 점이다. 실존 상담의 주요 인물마다 서로 다른 경험과 독특성이 두드러져서 사실상 이론의 체계화에 장애 요소가 되었다.

둘째, 실존주의 상담은 내담자에 대한 진단이나 검사 활용을 하지 않는다는 점이다. 진단이나 검사를 통한 객관적 평가를 하지 않았다는 점은 상담 전문가의 책무를 져버리는 무책임한 일로서, 내담자에 대한 과학적이고 객관적 자료가 결여되어 내담자의 욕구를 만족시키는 방향으로 도울 수 있는 기회를 상실했다는 비판을 받고 있다.

셋째, 실존주의 상담은 과학적 검증의 대상이 되기 어려운 철학적인 측면에 치중한 나머지 기법이나 방법 면에 소홀했다는 점에서 비판을 받고 있다.

## 실/전/도/전/문/제

학습한 내용을 바탕으로 실전에 도전해 봅시다.

**1.** 실존주의 상담의 인간관에 관한 설명으로 옳은 것을 모두 고른 것은? (청소년상담사 3급, 2018)

ㄱ. 인간은 자기인식 능력을 지닌 존재이다.
ㄴ. 개인은 그가 처한 객관적 상황 속에서 이해되어야 한다.
ㄷ. 인간은 자신의 의사와 상관없이 이 세상에 우연히 던져진 존재이다.
ㄹ. 인간이 처한 실존상황의 주된 네 가지 조건은 죽음, 고독, 자유, 희망이다.

① ㄱ, ㄷ　② ㄴ, ㄹ　③ ㄱ, ㄴ, ㄷ
④ ㄴ, ㄷ, ㄹ　⑤ ㄱ, ㄴ, ㄷ, ㄹ

**2.** 다음은 어떤 상담접근의 목표인가? (청소년상담사 3급, 2018)

> 상담자는 내담자가 스스로 삶의 의미와 목적을 발견하고, 삶을 주체적으로 선택하고 책임지도록 돕는다.

① 인간중심 상담 ② 개인심리학적 접근 ③ 게슈탈트 상담
④ 인지치료 ⑤ 실존주의 상담

**3.** 실존주의 상담에서 가정하는 인간의 궁극적 관심사가 아닌 것은? (청소년상담사 3급, 2016)

① 죽음 ② 고독 ③ 무의미
④ 자유와 책임 ⑤ 무의식의 자각

**4.** 다음 사례에서 상담자가 실존치료적 접근으로 시도할 수 있는 개입방법과 그 예가 옳게 짝지어진 것은? (청소년상담사 3급, 2016)

> 중학생인 진우는 운동으로 근육을 단련하는 데에 지나치게 몰두해서 수업시간에도 책상 밑에서 운동기구로 운동을 하느라고 수업에 집중하지 못한다. 이 문제로 담임교사가 상담을 의뢰하였다.

① 역설적 의도 – 하루 종일 운동 외에 다른 활동은 절대 하지 않도록 해보라고 제안함
② 소크라테스 대화법 – 수업에 집중하지 못해서 생기는 손해를 깨닫도록 논리적으로 교육함
③ 탈숙고(dereflection) – 운동에 대한 집착이 문제라는 생각을 의식적으로 피해보도록 함
④ 동기강화 – 운동하는 것처럼 공부를 열심히 할 수 있도록 동기를 강화시킴
⑤ 역할전환 – 자기가 운동에 전혀 관심이 없는 학생인 것처럼 가장해서 역할해보기

**5.** 다음에서 설명하는 상담이론은? (청소년상담사 2급, 2016)

> • 현상학적 입장에 기반한다.
> • 내담자가 존재하는 세계를 있는 그대로 이해하려는 입장에서 생겨났다.
> • 어빈 얄롬(I. D. Yalom), 롤로 메이(R. May), 빅터 프랭클(V. E. Frankl) 등의 학자가 있다.

① 정신분석 ② 실존주의 ③ 인간중심
④ 행동주의 ⑤ 현실치료

**6.** 다음은 전문상담교사와 수퍼바이저의 대화 내용이다. ( )안에 공통으로 들어갈 상담 기법의 명칭을 쓰시오. [전문상담교사, 2018]

> **상담교사 :** 프랭클(V. Frankl)의 의미치료 기법 중 역설적 의도와 ( )의 구분이 모호한 것 같아요.
> **수퍼바이저 :** 역설적 의도는 내담자가 가장 두려워하는 것을 하도록 격려하는 것이지만, ( )은/는 증상을 무시하는 행동으로서, 증상을 떠나서 바라보게 하는 것입니다.
> **상담교사 :** 증상을 떠나 바라본다는 것이 어떤 건가요?
> **수퍼바이저 :** 비유적으로 말하자면, 어떤 지네가 한 마리 있었습니다. 그의 적이 그에게 "당신의 다리가 어떤 순서로 움직입니까?" 라고 물었답니다. 지네는 그 질문에 주의를 기울이는 순간, 전혀 움직일 수가 없었다고 합니다. 즉, 어떤 것에 집착할수록 자발성과 활동성을 방해받기 때문에 지나친 집착을 무력화하여 내담자의 자발성과 활동성을 회복시켜 주는 것입니다.
> **상담교사 :** 그러면 태도변형 기법과는 어떻게 다른가요?
> **수퍼바이저 :** 태도변형 기법은 내담자가 자신이 처해 있는 실존적 현실에 대한 부정적인 태도를 변경하도록 돕는 방법입니다.
> **상담교사 :** 이제 좀 알 것 같아요. 문제에 초점을 두기보다는 현재 순간에 집중하도록 돕는 것이군요.
> **수퍼바이저 :** 네, 맞아요. ( )은/는 지나치게 자신에게 초점을 맞추는 강박적인 자기관찰을 줄이고 대인관계나 목표 등 더 긍정적인 방식에 주의를 돌리도록 함으로써 현재 상황에서 의미를 발견하도록 돕는 것입니다.

**7.** 다음은 전문상담교사가 고등학생들을 대상으로 창의적 체험활동 시간에 '삶의 의미'라는 주제로 실시한 인성교육 내용의 일부이다. 프랭클(V. Frankl)이 제시한 3가지 가치 중 상담교사가 설명하고 있는 가치의 명칭을 쓰시오. [전문상담교사, 2016]

> 인간은 무엇인가를 창조하거나 경험함으로써 삶의 의미를 발견합니다. 그렇게 할 수 없는 비극적이고 참혹한 상황에서도 삶의 의미를 찾을 수 있을까요? 의미치료(logotherapy)라는 상담이론을 개발한 프랭클이라는 학자가 있습니다. 그는 아우슈비츠를 포함한 여러 강제 수용소에 오랫동안 수감되었지요. 수감되어 있는 동안 프랭클은 절망적인 상황에서도 끝까지 삶을 포기하지 않는 사람들을 보면서 큰 깨달음을 얻게 되었어요. 그가 깨달은 점은 통제하거나 변화시킬 수 없는 운명이나, 좌절과 고통이 가득한 상황에서도 인간이 실현할 수 있는 가치가 있다는 것이었어요. 그는 그 가치를 통해 삶의 의미를 발견할 수 있다고 보았어요.

**정답**

1. ① 2. ⑤ 3. ⑤ 4. ① 5. ② 6. 탈숙고 7. 태도적 가치

따뜻하고 유능한 상담자가 되기 위한 <상담심리 실습 14>

## 죽음 자각 워크숍

### 1. 죽음의 5단계

병원에서 불치병에 걸렸다는 판정을 받는다면? 대부분 하늘이 무너지는 듯한 충격에 빠질 것이다. 미국의 정신과 의사였던 엘리자베스 퀴블러 로스(1926~2004) 박사는 『죽음과 죽어감(On Death and Dying)』이라는 저서에서 불치병 판정을 받은 환자가 임종 때까지 겪게 되는 심경의 변화를 5단계로 설명했다. 퀴블러 로스 박사가 평생에 걸친 임상 경험과 통찰을 토대로 정리한 죽음의 5단계는 죽음을 앞둔 이들에게는 죽음에 이르기까지 자신의 심리 상태를, 죽음을 앞둔 환자를 돌보는 의료진과 가족, 호스피스 봉사자 등에게는 그러한 환자를 어떻게 대해야 할지를 알려준다.

- 1단계 : 부정의 단계

죽을병에 걸렸다는 것을 통보받은 환자가 보이는 첫 번째 반응이다. 평소 죽음에 대해 생각해보지 않은 환자가 갑작스런 죽음과의 만남을 통해 죽음을 거부하고, 고립감을 느끼는 단계이다. 부정은 환자의 언어나 행동을 통해 나타난다. "믿을 수 없어. 나한테는 그런 일이 일어날 수 없어."라는 말을 하게 되고, 진단이 틀렸기를 바라는 마음에서 여러 의사와 병원을 찾아다니게 된다.

- 2단계 : 분노의 단계

"하필이면 왜 내게……"라고 말하면서 자기 자신에게나 사랑하는 사람 또는 병원 직원, 더 나아가 절대자에게까지 분노를 직접적으로 드러내는 단계이다. 이 단계에서 가족이나 직원들은 견디기가 매우 힘들다. 가족이나 간호사에게 자주 불만을 터뜨리며, 의사에게도 불만이 많다.

- 3단계 : 타협의 단계

부정과 분노를 거친 환자는 타협을 시도하는 단계로 접어든다. 죽음의 순간을 어떻게 해서라도 미뤄 보고 싶은 것이다. 과거 경험에 비춰 착실한 행동을 하거나 신에게 헌신할 것을 맹세하면 보상을 받을 수 있다는 생각에서 하는 행동이다. 때로는 장기 기증 의사를 밝히기도 하며, 비합리적이고 미성숙한 환상에 빠지는 경우도 있다. 타협의 상대는 대부분 절대자이다.

- 4단계 : 우울의 단계

자기 병을 더 이상 부인하지 못하게 될 때, 증상이 더 뚜렷해지고 몸이 눈에 띄게 쇠약해질 때 환자는 더 이상 웃어넘기지 못하는 단계에 이른다. 초연한 태도와 무감각, 분노와 격정은 극도의 상실감으로 바뀌어 심한 우울증에 빠진다. 수술로 인해 자신의 신체 일부가 상실된 것, 남게 될 가족에 대한 걱정, 삶의 회한 등이 환자를 괴롭힌다. 이 단계에서 환자는 조용히 있기도 하고 울기도 한다.

- 5단계 : 수용의 단계

자신의 운명에 더 이상 분노하거나 우울해 하지 않는 단계로, 담담하게 가족들과 지나간 감정들을 이야기하거나 사랑했던 사람들과의 추억을 이야기한다. 이 시기 환자의 관심 세계가 점점 좁아짐에 따라 혼자 있고 싶어 하고, 사람이 방문을 해도 이야기를 나눌 기분이 아닐 때가 많다.

## 2. 나의 묘비명이나 사망 기사, 혹은 유언장을 작성하여 봅시다.

현재 미국에서 가장 왕성하게 실존주의 상담 및 심리치료를 수행하고 강연을 통한 보급에 앞장서고 있는 스탠포드 대학의 정신과 의사인 얄롬은 죽음 자각 워크숍을 개최하고 있다. 그는 이 워크숍을 통해 참여자들이 '실존은 지연될 수 없다.'는 것을 배우고 사람이 현재에만 진실로 살 수 있다는 것을 깨닫게 되었다고 말한다.

미국 애플 컴퓨터의 창업자이며 최고 경영자인 스티브 잡스는 그의 나이 50세 때인 2005년에 스탠퍼드대학의 졸업식 축사에서 축사의 3분의 1을 죽음에 대한 이야기에 할애함으로써 화제가 되었다. 축사에서 그는 이렇게 말한다.

"인생의 중요한 순간마다 곧 죽을지도 모른다는 사실을 명심하는 것이 나에게는 가장 중요한 도구였습니다. 여러 가지 자부심과 자만심 그리고 수치심과 실패에 대한 두려움도 죽음과 직면할 때 모두 떨어져 나갑니다. 진실로 중요한 것만 남습니다. 제가 열일곱 살 때 하루하루가 인생의 마지막 날인 것처럼 산다면 언젠가는 바른 길에 서 있을 것이라는 글을 읽고 큰 감명을 받은 적이 있는데 나는 그 후 지금까지 쉰 살이 되도록 매일 아침 거울을 보면서 자신에게 오늘이 내 인생의 마지막 날이라면 지금 하려고 하는 일을 정말 할 것인가라고 묻곤 합니다. 우리 모두의 삶엔 끝이 있습니다. 인생을 낭비하지 마십시오."

이러한 죽음은 예고 없이 어쩌면 바로 내일이라도 찾아올 수 있는 것이라는 생각을 하고 산다면 사는 자세가 좀 더 진지하고 겸손해지고 그리고 우리가 그렇게 집착하고 있는 부(富)나 권력이나 명예나 이런 세속적인 것들에 대한 생각도 달라질 수 있다.

# 11 chapter 합리정서행동 치료

한 사람이 배를 타고 강을 건너다가
빈 배가 그의 배와 부딪치면
그가 아무리 성질이 나쁜 사람일지라도
그는 화를 내지 않을 것이다.
왜냐하면 그 배는 빈 배이니까

그러나 배 안에 사람이 있으면
그는 그 사람에게
피하라고 소리칠 것이다.
그래도 듣지 못하면
그는 다시 소리칠 것이고
마침내는 욕을 퍼붓기 시작할 것이다.
이 모든 일은
그 배 안에
누군가 있기 때문에 일어난다.
그러나 그 배가 비어 있다면
그는 소리치지 않을 것이고
화내지 않을 것이다.

세상의 강을 건너는
그대 자신의 배를
빈 배로 만들 수 있다면
아무도 그대와 맞서지 않을 것이다.
아무도 그대를 상처 입히려 하지 않을 것이다.

–『장자(莊子)』 외편(外篇) 〈빈 배〉 중에서–

## 01 이론의 개관

합리정서행동 치료(rational emotive behavioral therapy: REBT)는 엘리스(A. Ellis, 1913~2007)가 창안한 인지적, 정서적, 행동적 이론 접근을 토대로 하는 종합적 교육 방식, 상담 및 심리치료다. 이 이론에서는 인간의 문제는 외부 사건이나 상황에 의해서 발생하는 것이 아니라 자신에게 일어난 사건에 대해 우리가 가지는 신념, 생각, 평가, 해석, 철학에 의해서 생긴다는 전제에서 출발한다.

합리정서행동 치료에 대한 배경은 스토아철학(stoicism), 도교, 불교, 아들러와 같이 인간의 생각이 중요함을 강조한 철학과 지시적 방법을 강조한 많은 상담 이론에 근거를 두고 있다(Ellis, 1979). 또한 고대 그리스와 로마의 스토아 철학자인 소크라테스, 아우렐리우스, 그리고 실존주의 철학자인 하이데거와 틸리히 등의 영향을 받았다.

스토아 철학자인 에픽테투스(Epictetus, 55~135)는 "인간의 정서적 혼란은 그가 경험하고 있는 어떤 사실에 의해서가 아니고, 그 사실에 대해 가지는 인간의 관점 때문이다."라고 하였다(Ellis, 1979). 세익스피어(W. Shakespeare, 1564~1616)도 햄릿에서 "이 세상에는 좋은 것도 나쁜 것도 없다. 다만 생각이 그렇게 만들 뿐이다."라고 에픽테투스의 말을 다시 표현했다. 이러한 말들은 어떤 사건 혹은 사실보다는 그것에 대한 해석, 생각이 더 중요함을 의미한다.

도교나 불교에 관심을 가진 사람들도 두 가지를 강조하였다. 하나는 인간의 정서는 그 근원에 있어 근본적으로 생각에 달렸다는 것이다. 즉, 일체유심조(一切唯心造)라는 것이다. 일체유심조는 화엄경의 핵심 사상을 이루는 말로 '세상사 모든 일은 마음먹기에 달려 있다.'는 뜻이다. 다른 하나는 인간의 가장 격렬한 느낌의 통제나 변화를 위해서 생각을 변화시키는 것이 중요하다는 것이다. 이는 원효대사가 유학길에서 해골바가지에 담긴 물을 먹은 것과 관련하여 깨달은 바 있어 유학길에서 되돌아 온 것에서도 찾을 수 있다.

아들러도 인간의 행동은 그의 생각에서 나오며 어떠한 경험과 사건도 성공 혹은 실패의 원인이 아니라고 보았다(Adler, 1964). 아들러는 의미란 장면 그 자체에 의해 결정되는 것이 아니고 우리가 그 장면에 의미를 부여함으로써 우리가 그 장면의 의미를 결정한다고 보았다.

엘리스는 개인의 신념 체계는 합리적 신념과 비합리적 신념으로 구성되어 있다고 보았다. 즉, 어떤 사실에 대해 우리가 합리적 생각을 하게 되면 바람직한 정서와 행동을 경험하게 되지만 비합리적 생각을 하게 되면 바람직하지 못한 정서와 행동을 경험하게 된다는 것이다. 그래서 합리정서행동 치료에서는 내담자의 비합리적 생각을 합리적 생각으로 대치시키거나 최소화시켜서 내담자가 보다 합리적이고 융통성 있는 인생관을 가질 수 있도록 하는 데 주안점을 두고 있다.

이를 위해 엘리스는 내담자의 비합리적 신념을 논박(dispute)할 때 내담자들이 자신의 비합리적 신념을 스스로 논박하는 데에는 소크라테스식 질문법을 사용하였다. 이것은 엘리스의 ABC 모델의 기초가 되었다.

## 02 인간관

합리정서행동 치료에서는 인간이 합리적으로 생각할 수도 있고 비합리적으로 생각할 수 있다는 가정에 근거한다. 여기서 말하는 합리적 혹은 비합리적이란 용어는 인간 개개인의 하고자 하는 일에 도움이 되는 생각은 합리적 생각이고, 그렇지 않은 생각은 비합리적 생각이라고 볼 수 있다. 즉, 인간은 자신을 보호하고, 행복을 누리고, 생각하고, 다른 사람과 상호작용하고, 사랑하고, 친분을 쌓고 성장하고 자아를 실현할 수 있는 경향성을 가지고 있다. 이와 동시에 스스로를 파괴하고, 일을 뒤로 미루고, 실수를 반복하고, 허황된 믿음에 빠져들고, 참을성이 없고, 완벽하려 하며, 자기를 비난하고, 자신의 성장 가능성을 회피하려는 경향성도 가지고 있다(Corey, 1986).

합리정서행동 치료의 인간관은 인간이 합리적인 생각을 할 수도 있고, 비합리적인 생각을 할 수도 있다는 사실과 직결된다(이형득 외, 1994; Corey, 1986; Ellis, 1984).

첫째, 인간은 외부적인 어떤 조건에 의해서보다도 자기 스스로가 자신의 정서적 혼란을 일으키는 여건을 만든다.

둘째, 인간은 사실을 왜곡하고 불필요한 정서적 혼란을 일으키는 생득적, 문화적 경향성을 가지고 있다.

셋째, 인간은 동시에 생각하고, 느끼고, 행동한다. 이들 사고, 감정, 행동은 서로 중대한 영향을 미친다.

넷째, 인간은 자신에게 정서적 혼란을 일으키는 생각을 만들어 낸다. 그리고는 자신이 만든 그 정서적 혼란에 대해 계속 정서적으로 혼란을 당하는 존재이다.

다섯째, 인간은 자신의 인지적, 정서적, 행동적 과정을 변화시킬 수 있는 능력이 있다. 즉, 인간은 자신이 늘 하던 것과는 다른 반응을 보일 수 있고, 자신의 정서적 혼란을 그대로 방치해 두지 않을 수도 있다.

여섯째, 인간은 자기와 대화(self-talk)하고, 자기를 평가(self-evaluation)하며, 자기를 유지(self-sustain)하려고 한다.

일곱째, 인간은 성장과 자아실현의 경향성을 가지고 태어났다. 그러나 인간은 어떤 식으로 행동하도록 하는 강한 본능적 경향성을 지닌 생물학적으로는 동물이라는 사실 때문에, 실존주의적 상담에서 말하는 자아실현 경향성을 완전히 받아들이는 것은 아니다.

## 03 주요 개념

### 1) 성격의 세 가지 측면

인간이 합리적으로 생각할 수도 있고 비합리적으로 생각할 수도 있다는 인간에 대한 엘리스의 가정은 성격 이론에서도 잘 나타나 있다. 여기서는 엘리스가 보는 인간 성격의 생득적, 사회적, 심리적 측면에 대해 살펴보기로 한다(노안영, 2006; 이형득 외, 1994).

### (1) 성격의 생득적 측면

엘리스는 인간이 사회적 및 개인적 운명을 변화시킬 수 있는 능력이 있다고 주장하는 반면, 그와 동시에 사람들이 비합리적으로 생각하고 스스로에게 해를 끼치려는 선천적 경향성도 가지고 있다고 본다. 이러한 인간의 성격적 측면은 인간 개인이 자신의 인생에서 일어나는 모든 일에서 최상의 것을 원하고 추구하는 매우 강한 경향성을 가지고 태어난다는 것과 자신이 원하는 것을 얻지 못한다고 여길 때, 자신, 타인 및 세상을 두루 비난하는 경향성도 가지고 태어난다는 것이다.

### (2) 성격의 사회적 측면

인간은 타인이 자신을 인정하고 승인한다고 믿을 때, 자기 자신을 선량하고 가치 있는 사람으로 본다. 엘리스에 의하면, 인간이 겪는 정서적 장애는 타인들이 생각하는 것에 대해 지나치게 염려하고 불안해하는 것과 관련된다. 이것은 타인이 자신을 좋게 생각할 때만 자기 스스로를 수용할 수 있다는 믿음에서 기인한다. 이러한 가치 충족을 위해 타인의 승인을 받고자 하는 욕망이 커지게 되어 타인에 대한 인정과 승인에 대한 욕구가 절대적이고 긴박한 욕구가 된다. 그 결과 불안과 우울을 피할 수 없게 된다.

### (3) 성격의 심리학적 측면

대부분의 사람들은 자신이 불안하고 슬픈 것은 객관적인 어떤 사건 혹은 사실 때문이라고 생각한다. 그러나 엘리스는 자신이 경험하는 정서적 혼란은 객관적인 사건 혹은 사실보다는 그 사건 혹은 사실에 대해 가지는 생각, 곧 비합리적 생각 때문이라고 보았다.

"내가 어떤 것을 원하기 때문에, 그것이 존재하는 것은 바람직하거나 선호되며 절대적으로 존재해야만 한다. 만약 그것이 실제로 존재하지 않는다면, 그것은 끔찍한 일이다."라고 생각하다 보면, 불안하거나 우울하게 느끼는 자신이 바람직하지 않다는 것을 깨닫게 된다. 이처럼 비합리적 생각은 자기 대화(self-talk), 자기 언어화(self-verbalization), 자기 진술(self-statement) 등에 의해 더욱 내면화, 신념화 된다.

### 2) 비합리적 신념

우리들 각자의 목표 자체가 합리적 또는 비합리적일 수는 없다. 그보다는 우리들 각자의 목표 달성에 도움이 되는지 그렇지 않은지에 따라 합리적일 수도 있고 비합리적일 수도 있다(Ellis, 1979). 엘리스(Ellis, 1979)가 제시한 정서적 혼란 혹은 장애의 원인이 되는 열한 가지 비합리적 신념은 다음과 같다.

첫째, 인정 욕구로 나를 아는 모든 중요한 사람들로부터 사랑과 인정, 이해를 받아야만 한다.

둘째, 비난 경향으로 어떤 사람은 나쁘고 사악해서 그러한 사악함 때문에 가혹하게 비난받고 처벌받아야만 한다.

셋째, 의존성으로 사람은 다른 사람에게 의지해야 하고 의지할 만한 강한 누군가가 항상 있어야만 한다.

넷째, 높은 자기 기대감으로 가치 있는 사람이 되기 위해서는 모든 영역에서 완벽하고 유능하며, 적절한 성공을 거두어야만 한다.

다섯째, 지나친 염려로 위험하거나 두려운 일이 있으면 그 일에 대해 몹시 걱정하고 그 일이 일어날 가능성을 계속해서 가져야만 한다.

여섯째, 좌절에 대한 반응으로 일이 내 뜻대로 진행되지 않는다면 이는 끔찍스럽고 나는 아무런 가치가 없을 것이다.

일곱째, 완벽성으로 모든 문제에는 언제나 바르고 완전한 해결책이 있으며 내가 그것을 참지 못하면 큰일이다.

여덟째, 정서적 무책임으로 인간의 불행은 외적인 조건에 의한 것이며 사람들은 자신의 슬픔과 장애를 통제할 능력이 없다.

아홉째, 문제 회피로 인생의 어려움이나 자기 책임감에 직면하기보다 회피하는 것이 더 편하다.

열 번째, 무력감으로 개인의 과거 경험은 그 사람의 현재 행동을 결정하며 사람은 과거의 영향에서 벗어날 수 없다.

열한 번째, 과잉 불안으로 위험하거나 두려운 일이 일어날 가능성을 늘 생각하고 있어야만 한다.

### 3) ABCDEF 모델

엘리스는 비합리적 신념을 확인하고 논박하여 합리적 신념으로 대체함으로써 나타나는 효과까지 일련의 과정을 여섯 단계로 보여 주는 ABCDEF 모델을 제안하였다. 이러한 여섯 단계를 살펴보면 다음과 같다(노안영, 2006; 천성문 외, 2006).

첫 단계인 A는 선행사건(Antecedent events)으로 가족 간의 다툼, 시험에서의 실패, 친구의 비난과 같은 일반적으로 어떤 감정의 동요나 행동에 영향을 미치는 사건을 의미한다.

둘째 단계인 B는 신념 체계(Belief system)로, 어떤 사건이나 행위 등과 같은 환경적 자극에 대해서 각 개인이 가지게 되는 태도 또는 그의 신념 체계나 사고방식이라고 볼 수 있다. 흔히 생활에 부적응을 보이는 사람들은 합리적 신념 체계 대신에 비합리적 신념 체계를 가지고 있는 경우가 대부분이다.

셋째 단계인 C는 선행 사건을 경험한 뒤 개인의 신념 체계를 통해 사건을 해석함으로써 생기는 정서적, 행동적 결과(Consequences)를 의미한다. 비합리적 신념 체계를 가지고 있어서 초래될 수 있는 결과에는 지나친 불안, 우울, 분노, 죄책감, 질투, 수치심, 공격성 같은 것이 있다.

넷째 단계인 D는 비합리적 신념을 논박하기(Disputing)로, 자신과 외부 현실에 대한 내담자의 왜곡된 사고와 신념을 논박하는 것을 의미한다. 상담자는 내담자가 그들의 비합리적 신념에 도전하도록 도와주기 위해 소크라테스식 문답법을 통해 논리적 원리를 배우고 이 원리를 통해 비현실적이고 비논리적인 신념을 포기하고 합리적 신념으로 대체하도록 돕는다.

다섯째 단계인 E는 논박하기의 결과로 나타난 효과(Effect)를 말한다. 이러한 효과는 논박하기를 통해 비합리적 신념이 효과적인 합리적 신념으로 바뀐 것으로, 인지적, 정서적, 행동적 효과가 있다.

여섯째 단계인 F는 논박하기를 통해 바뀐 효과적인 합리적 신념에서 비롯된 새

로운 감정(Feeling)이다. 심한 우울이나 불안을 느끼지 않고 상황에 적절한 느낌을 갖게 된다.

ABCDEF 모델의 사례를 제시하면 [그림 9]와 같다.

| A(선행사건) | | B(비합리적 신념) | | C(결과) |
|---|---|---|---|---|
| 철수는 연속하여 대학 입학 시험에 떨어졌다. | → | 단번에 시험에 합격해야 하는데 연속적으로 떨어지다니 나는 얼마나 무가치한 인간인가! | → | 철수는 극심한 우울증과 자살 경향성을 보인다. |
| **D(논박)** | | **E(효과)** | | **F(새로운 감정)** |
| •논리성 : 시험을 단번에 합격해야 한다는 법이 어디 있는가? 연속적으로 시험에 실패한 사람은 무가치한 인간이라는 말은 사리에 알맞은가?<br>•현실성 : 이 세상의 모든 사람은 시험에 단번에 합격하는가?<br>•효용성 : 시험에 연속적으로 실패한 자신을 질책하고 자포자기하여 얻는 이득은 무엇인가? | → | •사고 : 연속적인 시험의 실패가 몹시 부끄럽고 불편한 것은 사실이지만 그렇다고 하여 내가 반드시 무가치한 사람은 아니다. 나는 이 상황을 견디고 그런대로 살아갈 수 있다.<br>•정서 : 의기소침, 섭섭한 감정에 머무름<br>•행동 : 자학하지 않고 새로운 건설적인 계획을 짜게 되었다. | → | •대학 입학시험에 떨어지긴 했지만 '실패는 성공의 어머니'라는 말처럼 실패를 통해 더 많은 것을 배울 수 있었고 새롭게 도전하고 싶다. |

그림 9 ABCDEF 모델

## 4) 당위적 사고

만일 우리는 경험을 분석하고 해석하는 내면적 독백에 주의 깊게 귀를 기울인다면, 우리는 매일같이 자기 자신의 행동, 다른 사람의 행동, 여러 가지 조건에 대해 여러 번 판단한다는 것을 주목하게 된다. 이러한 판단은 우리가 갖고 있는 일련의 규칙 혹은 당위에 근거하고 있다.

인간은 근본적으로 불완전한 존재이다. '나는 너와 함께 신이 아니다.'라는 어느 시의 일부분처럼 완벽하지 않기 때문에 인간과 관련하여 당위적 사고는 비합리적이다. 일반적으로 비합리적인 신념의 뿌리를 이루고 있는 것은 세 가지 당위성,

즉 자신에 대한 당위적 사고, 타인에 대한 당위적 사고, 조건에 대한 당위적 사고와 관련되어 있다.

### (1) 자신에 대한 당위적 사고

자기 자신에 대한 당위성을 강조하는 것이다. '나는 실수해서는 안 된다.', '나는 항상 인정받아야 한다.' 등 수없이 많은 당위적 사고에 우리는 얽매여 있는 경우가 많다. 그로 인하여 이러한 자신에 대한 당위적 사고가 이루어지지 않을 때 자기 비관이나 자기 파멸이라는 생각을 갖게 된다.

### (2) 타인에 대한 당위적 사고

자신이 정한 규칙에 따라 행동하는 사람은 옳고 규칙을 어기는 사람은 잘못된 것이다. '만일 당신이 나를 사랑한다면, 퇴근 후에 설거지를 해 줄 것이다; 더 많은 성적인 관심을 가져 줄 것이다; 더 일찍 집에 올 것이다; 내가 피곤할 때 도와줄 것이다; 아이들을 돌봐 줄 것이다; 학교를 마치고 좋은 직업을 구할 것이다.' 누군가가 아무리 당신을 사랑한다고 해도, 그 사람은 여전히 자기 자신의 기본적 필요를 돌볼 책임이 있는 것이다. '나를 사랑한다면'이라는 말은 말하는 사람이 자신의 이기심을 위장하고 상대방이 부담을 느끼도록 만드는 술책이며 조종을 위한 전략이다. 가까운 타인에게 바라는 당위적 기대가 충족되지 않을 때 인간에 대한 불신감을 갖게 된다.

### (3) 조건에 대한 당위적 사고

우리에게 주어진 환경적 혹은 외부적 조건에 대해 당위성을 갖는 것이다. '나의 가정은 항상 화목해야 한다.', '나의 방은 항상 정돈되어 있어야 한다.', '나는 다른 사람들이 선망하는 직장을 다녀야 한다.' 등 자신에게 주어진 조건에 대해 당위적 사고를 갖고 임하는 것이다. 우리가 바라고 원하는 것처럼 지속되는 당위적인 조건은 거의 없다. 그렇지만 많은 사람들은 흔히 이러한 당위적 조건을 기대하면서 그렇지 않은 경우에 화를 내거나 부적절한 행동을 한다.

## 04 상담 목표와 과정

### 1) 상담 목표

합리정서행동 치료의 궁극적 목표는 내담자의 핵심적인 자기 파멸적 생각을 최소화하고 삶에 있어 더욱 현실적이고 관대한 철학을 갖도록 하는 것이다. 이를 위해 내담자의 비합리적 신념을 합리적 신념으로 바꾸어 자신이 원하지 않는 결과가 나왔을 경우라도 자기 자신이나 다른 사람에 대한 비난을 줄이게 하는 것이다.

이러한 상담의 궁극적 목표를 달성하기 위한 구체적인 상담 목표는 다음과 같다(노안영, 2006; Ellis & Dryden, 1989).

- 자기 관심(self-interest) : 내담자가 자기 자신에게 관심이 있고 진실하며 타인을 위하여 자기 자신을 자학적으로 희생하지 않도록 돕는다.
- 사회적 관심(social interest) : 내담자로 하여금 먼저 자기 자신에게 관심을 가지면서도 사회에서 다른 사람을 배려하면서 잘 어울려 살도록 돕는다.
- 자기 지향(self-direction) : 내담자가 삶에 책임을 느끼며 자신의 문제를 독립적으로 해결할 수 있도록 돕는다.
- 관용성(tolerance) : 내담자로 하여금 상대방이 실수할 수 있는 권리가 있다는 것과 상대방이 내담자 자신의 마음에 들지 않는 행동을 할 수 있는 권리도 있음을 수용하도록 돕는다.
- 유연성(flexibility) : 내담자로 하여금 자기의 생각을 고집하지 않고, 자신과 타인에게 편협하고 엄격한 규칙을 적용하지 않으며, 융통성을 갖도록 돕는다.
- 불확실성의 수용(acceptance of uncertainty) : 내담자로 하여금 인간이 무한한 가능성과 기회를 가진 세계에 살고 있다는 것을 인정하나, 여전히 불확실한 세계에 살고 있음을 깨닫도록 하는 것이다.
- 심신 몰입(commitment) : 내담자로 하여금 자신을 둘러싸고 있는 일상적인 일뿐만 아니라, 최소한 한두 가지 정도의 창조적인 일에 관심을 갖고 몰두하도록 돕는다.

- 과학적 사고(scientific thinking) : 내담자로 하여금 자신의 정서와 생각의 관계와 같은 내적 관계를 포함한 대인관계, 사물과의 관계에서 논리적이고 과학적인 사고를 하도록 돕는다.
- 자기 수용(self-acceptance) : 내담자로 하여금 살아 있다는 것 자체를 기뻐하고 끊임없이 삶을 즐기고 행복과 기쁨을 창조할 수 있는 능력이 있음을 수용하도록 돕는다.
- 모험하기(risk taking) : 내담자로 하여금 인생에서 진정으로 원하는 것이 무언인가를 곰곰이 생각해 보고 모험을 시도하며 인생을 개척하도록 돕는다.
- 비이상주의(non utopianism) : 내담자가 하여금 이 세상에서 자신이 얻고자 하는 모든 것을 다 얻을 수 없으며, 모든 고난을 완전히 회피할 수 없다는 사실을 인식하도록 돕는다.

## 2) 상담 과정

합리정서행동 치료의 과정은 내담자가 가지고 있는 비합리적 생각과 그 생각에 근거한 자기 언어를 찾아서 비합리적임을 확인하고 논박하여 합리적 생각과 자기 언어로 바꾸어 이를 토대로 적절한 정서를 갖고 행동할 수 있도록 하는 것이다. 이러한 상담 과정은 ABCDEF 모델에 기초하고 있다(Corey, 1986).

### (1) 부적절한 정서 및 행동 확인

내담자가 지금 경험하고 있는 정서나 행동을 확인하는 일이다. 즉, 현재 내담자가 느끼고 있는 정서가 무엇이고, 그 때문에 어떤 행동을 하고 있는지를 확인한다. 예를 들면, 내담자가 "시험에 낙방하여 화가 나서 집에 들어가지 않았다."라고 하였다면, 화가 난 것은 정서이고, 집에 들어가지 않은 것은 행동이다. 이것은 대체로 내담자와의 대화를 통해서 내담자가 경험하고 있는 정서와 구체적인 행동을 탐색한다.

### (2) 선행 사건의 탐색

현재 내담자의 정서와 행동을 일으키게 한 선행 사건을 탐색하는 것이다. 선행 사건은 객관적이고 확실한 측면, 내담자가 주관적으로 지각한 측면, 내담자가 지각한 것을 주관적으로 평가한 측면으로 이루어지는데, 정서적 혼란 상태는 세 번째 측면이다. 예를 들어, "시험에 떨어졌고, 그래서 다른 사람이 나를 인정하지 않습니다. 그래서 미치겠어요."라고 내담자가 말했다면, 시험에 떨어진 것은 객관적으로 확인된 사실이고, 인정하지 않을 것이란 생각은 주관적으로 지각한 사실이며, 미치겠다고 생각하는 것은 주관적으로 평가한 결과로 발생한 정서이다.

### (3) 비합리적 신념의 확인

상담자는 내담자로 하여금 부적절한 정서를 일으키는 비합리적 신념에 근거하여 자신과 대화하는 자기 언어를 찾도록 한다.

### (4) 비합리적 신념의 논박

이 단계는 부적절한 정서와 관련된 신념이 비합리적이며 근거가 약하다는 것을 밝히는 과정으로, 주로 비합리적 신념에 대하여 질문을 통하여 논박을 하게 된다. 논박은 비논리성에 대한 논박, 비현실성에 대한 논박, 비실용성에 대한 논박으로 나눌 수 있다(강갑원, 2006).

**표 15 논박의 구성**

| 종류 | 예시 |
| --- | --- |
| 비논리성 논박 | •그 생각의 논리적 근거는 무엇입니까?<br>•그 생각이 왜 사실입니까?<br>•그 생각이 옳다고 어떻게 확신합니까?<br>•무엇 때문에 그렇게 해서는 안 됩니까?<br>•무엇 때문에 그렇게 해야만 합니까?<br>•그것을 어떻게 압니까? |
| 비현실성 논박 | •그것이 현실적으로 일어날 수 있습니까?<br>•증거가 있습니까?<br>•그것을 직접 보았습니까?<br>•직접 물어보았습니까? |
| 비실용성 논박 | •문제를 해결하는 데에 도움이 됩니까?<br>•그렇게 하면 무슨 이익이 됩니까?<br>•원하는 것을 얻는 데에 도움이 됩니까? |

### (5) 합리적 신념의 확인

상담자는 내담자가 논박을 통해 비합리적 신념을 버리고 합리적 신념을 갖게 되면 이것에 근거한 합리적 자기 언어를 짧은 문장으로 구성하여 진술해 보도록 돕는다. 그리고 합리적 신념과 자기 언어의 합리성을 자신의 논리로 상담자에게 설명해 보도록 한다.

### (6) 합리적 신념의 적용

합리적 신념과 자기 언어를 자기 논리로 진술할 수 있게 되면 부적절한 정서나 행동을 유발하는 상황에서 자기 언어로 적용할 수 있도록 한다. 즉, 하고 싶은 행동을 하기 전이나 도중에 합리적 신념과 자기 언어를 진술하면서 행동하도록 한다.

합리적 자기 언어를 자신의 문장으로 작성하여 큰 소리로 세 번, 속삭이는 소리로 세 번, 마음속으로 세 번 말하는 연습을 하면 새로운 합리적 사고로 바꿀 수 있다.

위에서 살펴본 인지정서행동 상담 과정을 간략히 다음과 같이 나타낼 수 있다.

취직시험에 응시했는데 떨어졌다(선행사건, Antecedent events: A) → 내가 취직시험에 떨어졌다는 것은 바로 나의 파멸이다(비합리적 신념, Belief system: B) → 합격할 가능성이 있는 취직시험도 포기한다(결과, Consequences: C) → 취직시험에 떨어졌다는 사실이 어떻게 나의 파멸을 가져오는가(논박, Disputing: D) → 취직시험을 위해 더 열심히 공부한다(효과, Effect: E).

## 05 상담 기법

합리정서행동 치료는 인지적, 정서적, 행동적 기법들을 혼합·적용한다. 뿐만 아니라 실존주의와 인본주의를 비롯해서 다양한 이론들을 적용함으로써 통합적 치료(integrative therapy)라고도 한다. 합리정서행동 치료에서 사용되는 기법은 크게 두 가지로 나눌 수 있다. 하나는 세련된 기법인 특수 기법이고, 나머지 하나는 세련되지 않은 일반 기법이다. 후자는 전자를 사용하지 못하는 경우에 사용하는 기법이고, 임시방편적으로 사용하기 때문에 엘리스는 전자를 강조한다. 전자의 기법을 엘리스는 크게 인지적 기법, 정서적 기법, 행동적 기법으로 구분하고 있다(김춘경 외, 2010; Ellis, 1979).

## 1) 인지적 기법

합리정서행동 치료의 상담 과정에서는 분명하고 강력한 인지적 기법을 사용한다. 상담자는 ABCDE 분석을 통하여 내담자에게 그의 당위적이고 요구적인 신념 체계를 깨닫게 하고 보다 합리적인 신념 체계로 바꿀 수 있도록 돕는다.

### (1) 논박하기

가장 일반적 방법으로 상담자가 내담자의 비합리적 신념을 적극적으로 반박하는 것이다. 내담자가 부적절한 정서를 경험하는 것은 사건 혹은 사실 때문이 아니라 그 사건을 지각하고 평가하는 신념과 이것을 반복해서 언어적으로 진술하기 때문이라는 것을 논리적, 현실적, 실용적으로 깨닫게 하는 방법이다.

〈상담심리 읽기 자료 5〉

**붓다와 욕 잘하는 사형제**

악코사라는 사람이 있었다. 그는 위로 바랏와자라는 이름의 형과 아래로 두 동생이 있었다. 이들 네 형제는 모두 욕을 잘하기로 유명하였는데, 맏형 바랏와자의 아내는 마침 붓다의 재가 신자였다. 바랏와자는 어느 날 자기 아내가 붓다를 지극히 존경하는 것에 화가 나 붓다를 찾아갔는데, 도리어 붓다의 거룩한 태도에 감명을 받고 출가하여 비구가 되었다.

그런데 악코사는 붓다에 대해 악감정을 가지고 있었기 때문에 붓다를 찾아가 불같이 화를 내었다. 그는 욕 잘하는 사형제 가운데서도 가장 욕을 잘하는 사람이었으며, 성격 또한 매우 난폭하였다. 그러나 붓다는 거기에 일체 대응하지 않았다. 그러다가 마침내 그가 잠잠해지자 붓다는 이렇게 물었다.

"그대여, 예를 들어 어느 날 그대에게 손님이 찾아왔다고 하자. 그래서 그대가 음식을 장만하여 그에게 내놓았으나 그는 음식에 전혀 손을 대지 않았다. 그러면 그 음식은 누구에게 돌아가겠는가?"

> "나에게 돌아올 것이오."
> 이에 붓다는 선언하였다.
> "그와 같이 그대여, 그대는 지금 나에게 많은 음식은 내놓았으나 나는 그것에 손대지 않았노라."
> 이에 악코사는 큰 충격과 함께 감동을 받아 출가하여 비구가 되었다. 그리고 나머지 두 아우들 또한 비슷한 과정을 밟아 모두 붓다의 출가 제자가 되었다.
>
> 출처 : 김정빈(1997). 마음을 다스리는 법. 서울 : 둥지.

### (2) 인지적 과제

내담자가 내면화한 당위적 사고를 극복하기 위해 내담자에게 과제를 부여하는 것이다. 일상생활에서 부딪히게 되는 문제에서 ABCDE 모델을 적용하거나 인지정서행동 치료와 관련된 책을 소개하고 읽어 오도록 하는 것도 포함된다.

### (3) 언어를 변화시키기

합리정서행동 치료자는 내담자의 부정확한 언어가 왜곡된 사고 과정의 원인 중 하나라고 주장한다. 상담자는 내담자의 사고가 언어를 조정하고 언어는 사고를 조정한다고 보기 때문에 내담자의 언어 패턴에 주의를 기울인다. 예를 들면, 발표 불안이 있는 내담자가 평소 "실패하면 끝장이다. 만약 목소리가 떨린다면 끔찍해."라고 했다면, 내담자의 언어를 변화시켜서 "난 실수 없이 발표하고 싶지만, 실수를 하더라도 괜찮아. 발표를 잘 못했다고 죽지는 않아. 난 생각을 잘 표현하는 사람이야."라는 말을 글로 써서 하루에 몇 번씩 반복해서 말한다.

### (4) 독서 요법

내담자의 비합리적 신념을 합리적 신념으로 바꾸기 위해 읽기 자료로 지도하거나 내담자가 스스로 문제를 해결하는 데 도움이 되는 관련 서적을 읽게 한다. 인지정서행동 치료는 그 원리가 명료하고 단순하기 때문에 독자들을 위한 자기 개발서(self-help books)들이 많이 출판되어 있다.

## 2) 정서적 기법

정서적 기법은 내담자가 자신을 정직하게 나타내고, 정서적 모험을 하게 하여 자기를 개방할 수 있도록 촉진하는 데에 중점을 둔다. 이러한 자기개방을 통해 내담자는 자기 비하가 얼마나 파괴적인 사고방식인지를 깨닫게 되면서 자신, 타인, 그리고 주위의 조건을 대하는 자세에 대하여 통찰하게 된다.

### (1) 합리 정서 심상법

합리 정서 심상법(rational-emotive imagery)은 먼저 내담자로 하여금 습관적으로 부적절한 느낌이 드는 장면을 생생하게 상상하도록 한다. 그리고 그 장면에서 느끼는 부적절한 느낌을 적절한 느낌으로 바꾸어 상상하면서 부적절한 행동을 적절한 행동으로 바꾸어 보도록 한다. 예를 들면, 발표 불안이 있는 경우, 그 장면을 생생하게 상상하면서 불안해하는 대신에 보다 잘하려는 의도로 느끼도록 한다. 감정을 적절한 방식으로 변화시킬 수 있게 되면, 행동 변화의 기회로 이어질 수 있다. 이 기법은 내담자에게 문제될 수 있는 대인관계 상황을 비롯해서 다른 상황들에 유리하게 적용될 수 있다.

### (2) 수치심 공격 연습

수치심 공격 연습(shame-attacking exercise)은 다른 사람이 어떻게 생각할지에 대한 두려움 때문에 하고 싶은 행동을 하지 못하는 행동에 대해 실제로 실행해 보도록 하는 기술이다. 막상 다른 사람의 시선 때문에 해 보고 싶었으나 하지 못했던 행동을 실행해 봄으로써 주위 사람들이 그렇게 나에게 관심을 가지고 있지 않음을 알게 된다.

### (3) 역할연기

역할연기(role-playing)는 내담자가 문제 행동과 관련된 장면에서의 느낌을 탐색하도록 하기 위해 그 장면에서의 행동을 연기해 보도록 한다. 예를 들면, 아버지의 지나친 꾸중에 반발하는 내담자의 경우, 상담자가 내담자 아버지의 역할을 수행하면서 내담자와 그 장면을 연기해 본다. 이를 통해 내담자는 아버지에게 얼마나 반항하는지를 알게 되고, 그러한 반항은 '아버지의 간섭을 받는 것은 내가 어리다는 증거다.'라는 비합리적 신념에서 비롯된 것임을 깨닫게 된다.

### (4) 시범

시범(modeling)은 상담자가 상담 과정에서 내담자가 생각하기에 충분히 화를 낼 수밖에 없는 상황인데도 화를 내지 않고 말하며, 비록 상담자 자신이 실수를 해도 죄책감이나 자기 비하 없이 그 실수를 완전히 수용하는 행동을 보이는 것이다. 이러한 행동은 내담자에게 하나의 시범이 될 수 있다.

### (5) 유머

유머(humor)는 내담자에게 혼란을 일으키는 어떤 생각을 줄이기 위해 사용한다. 예를 들면, 내담자가 "완벽하게 일을 해야지 그렇지 않으면 마음이 쓰여서 도저히 참을 수 없습니다."라고 말한다면, 상담자가 "철수 씨는 곧 신이 될 것 같은 느낌이 듭니다."라고 말함으로써 내담자는 자신의 생각이 비합리적임을 알게 할 수 있다.

### (6) 모험하기 혹은 자신을 드러내기

모험하기(risk-taking)나 자신을 드러내기(reveling oneself)는 어떤 행동을 과감하게 해봄으로써 자신이 피하던 정서에 직면할 수 있게 됨과 동시에 염려했던 결과들이 나타나지 않으므로 새로운 정서를 경험하게 되고 그 결과 자신의 생각이 비합리적임을 깨닫게 된다. 예를 들면, 누군가에게 안겨 보는 경험은 '나는 절대로 남과 포옹할 수 없다.'는 내담자의 비합리적 생각을 변화시킬 수 있다.

### (7) 즐거움 주기

즐거움 주기(pleasure giving)는 내담자로 하여금 자신에게 즐거움을 주는 행동을 하도록 하여 자신의 비합리적 생각을 변화시키는 계기를 마련할 수 있다.

## 3) 행동적 기법

인지정서행동 치료는 행동적 상담의 한 형태이기 때문에 행동적 상담에서 다루는 대부분의 행동적 기법을 그대로 활용할 수 있다(Ellis, 1979). 특히 조작적 조건

형성(operant conditioning), 자기 관리(self-management), 체계적 둔감법(systematic desensitization), 생체 송환(biofeedback), 이완(relaxation) 등의 기술이 많이 사용된다(Corey, 1986).

실제 장면에서 행동을 해보고 오도록 과제를 내는 방법도 있다. 이러한 과제는 어떤 형식에 따라 체계적으로 제시되고 기록되고 분석되어지도록 하는 것이 좋다.

## 06 합리정서행동 치료의 사례

합리정서행동 치료의 사례는 다음과 같다(오익수 교수 홈페이지, 2019년 발췌).

상담자: 해야만 할 것이 있으면 꼭 해야만 된다고 생각하니?
내담자: 해야만 되지요.
상담자: 꼭 해야만 된다는 것이 어디가 있어? 그러니까 공부같은 것 특히 꼭 해야 하는 분량과 과제가 있으면 이를 꼭 해야만 된다고 생각하는 거지?
내담자: 예
상담자: 이를 꼭 해야만 되는데 못하게 되면 재미가 없어지고, 하기 싫어지고 그런단 말이지. 부담스러워지고 불안해지고…….
내담자: 예
상담자: 결국 불안해지고 재미없어지고 하게 된 것은 꼭 해야만 한다, 이것 때문에 생기는 것 아니야? 그러니까 달성하지 못하면 큰일 났구나 이런 생각을 가지게 된다는 말이지, 이렇게 재미없고 불안하고…….
내담자: (웃음), 뭔가 조금…….
상담자: 어디가 잘못됐니?
내담자: 잘 모르겠는데요
상담자: 찾아봐. 선생님이 영수에게 이야기하고 싶은 것은 영수가 꼭 해야된다고 생각하기 때문에, 꼭 해야만 되는데 그렇지 못하게 되면 영수는 이제 불안해지고 재미없어지고, 결국 영수가 재미없어하고 불안해하고 조급해하고 하는 것은…….
내담자: 못하게 되면 그런 게 아니고요. 하고 있을 때도…….
상담자: 하고 있을 때도 그렇지. 참 좋은 지적을 해주었어. 어쨌든 하고 있을 때든 못하든지 간에 영수가 재미없어하고 불안해하고 조급해하고 한다면 그 원인은 어디에 있어? 꼭 해야만 한다는 이 생각 때문에 일어나는 것 아니야?
내담자: 예. 잠깐만이요. 그런 것 같아요.

## 07 합리정서행동 치료의 강점과 한계

### 1) 강점

합리정서행동 치료의 강점과 공헌점은 다음과 같다(강진령, 2009).

첫째, 누구든지 쉽게 배울 수 있고 상담의 효과성이 크다는 점이다. 이런 이유 때문에 학교상담은 물론 여러 상담 장면에서 널리 활용되고 있다. 특히 ABC 모형은 정서장애가 일어나는 방식과 변화될 수 있는 방법을 간략하고 분명하게 보여준다. 이는 곧 상담자의 직접적인 중재 전략 없이 내담자 스스로 치료법을 실행할 수 있는 방법을 내담자에게 가르치기 용이하다.

둘째, 상담 기간이 비교적 짧다는 점이다. 다른 이론들에 비해 10~20회기 정도의 비교적 짧은 회기로 상담을 종결할 수 있다는 것이다. 뿐만 아니라 상담의 진행 중이나 종결 이후에도 내담자 스스로 자조 치료를 계속 할 수 있다는 이점이 있다.

셋째, 절충적 접근을 강조한다는 점이다. 정서적 요소뿐만 아니라 인지적, 행동적 요소를 포괄하는 종합적이고 절충적 접근을 강조하였다. 따라서 다른 이론의 효과적 치료 기법을 차용하는 데 개방적이다.

### 2) 한계

합리정서행동 치료의 한계와 비판점은 다음과 같다(강진령, 2009).

첫째, 심각한 장애를 가진 사람에게는 적용하는 데 어려움이 있다. 인지정서행동 치료에 적절하지 않은 내담자로는 정신증이 있는 사람, 심각한 사고장애가 있는 사람, 심한 정도의 비논리적이고 비현실적인 사람, 자발성이 결여된 사람 등이 해당된다.

둘째, 상담자의 철학적 관점이나 가치가 내담자에게 강요될 수 있다는 점이다. 상담자가 가르치고, 설명하고, 설득하고, 적극적인 태도를 취하는 등 교수적(instructive) 특성으로 자칫 내담자가 상담을 통해 얻고자 하는 것과는 무관하게 상담이 진행될 수 있다.

셋째, 과거의 경험, 전이, 미해결 과제 등 인간 행동에 영향을 주는 중요한 측면을 경시한다는 점이다. 정서를 변화시키려면 사고를 보다 합리적인 관점으로 변화시키면 된다는 관점을 거의 절대적으로 강조한다. 그러나 다른 한편으로는 감정 변화에 집착하기보다 그 감정을 충분히 경험하도록 하는 것이 오히려 더 효과적일 수 있다는 비판을 받고 있다.

넷째, 상담자와 내담자 사이의 치료적 관계를 경시한다는 점이다. 인지정서행동 치료에서는 상담자의 인간적인 따스함이나 공감적 이해가 오히려 사랑받고 싶어 하는 의존심을 키우기 때문에 부적절한 것으로 간주된다. 그러나 수많은 상담자들은 여전히 상담에 있어서 상담자와 내담자 사이의 신뢰 형성이 중요성을 강조하면서 인지정서행동 치료의 주장에 비판적 입장을 취하고 있다.

## 실/전/도/전/문/제

학습한 내용을 바탕으로 실전에 도전해 봅시다.

**1. 다음 사례에서 합리정서행동상담(REBT)의 ABCDE 절차와 내용의 연결이 옳지 않은 것은?** (청소년상담사 3급, 2018)

> 늘 우수한 성적을 유지하던 지호는 최근 중간고사에서 평균 정도의 성적을 받은 후 심한 무력감을 호소하여 상담에 의뢰되었다.

① A-"중간고사에서 평균 점수를 받았어요."
② B-"평균이라니! 저는 정말 바보 멍청이에요."
③ C-"학교 다니기 싫어요. 전 망했어요."
④ D-"중간고사에서 원하는 성적을 받지 못했다니 정말 속상하겠구나."
⑤ E-"한 번 시험을 망쳤다고 내가 바보라는 뜻은 아니죠. 이번 시험을 못 본 이유를 잘 살펴보고 다시 노력해 보겠어요."

**2. 합리정서행동치료에 관한 설명으로 옳은 것은?** (청소년상담사 3급, 2015)

① 정서적 문제를 일으키는 비합리적 행동의 수정을 목표로 한다.
② 신념의 합리성 기준은 사회적 합의 여부이다.

③ 치료과정은 ABCDE 모형으로 설명할 수 있다.
④ 비합리적 신념의 원인을 탐색하여 제거한다.
⑤ 비합리적 신념의 논박이 핵심이기 때문에 상담관계는 중시하지 않는다.

**3. 합리정서행동치료에서 주목하는 비합리적 신념의 예가 아닌 것은?** (청소년상담사 3급, 2015)

① 현재의 나는 과거 행동으로 결정된 것이어서 변화시킬 수 없다.
② 내가 바라는 것을 이루지 못하면 절대 행복할 수 없다.
③ 나쁜 사람들한테는 합당한 처벌이 있어야만 한다.
④ 나를 아는 사람들에게 항상 사랑받아야 한다.
⑤ 내가 바라는 것을 이루기 위해서는 노력해야 한다.

**4. 다음 내담자에 대한 REBT 상담자의 논박으로 옳지 않은 것은?** (청소년상담사 2급, 2018)

> 내담자: 이번 시험을 망쳐서 이제 대학에 가는 것도 어렵게 됐어요. 대학에 못가면 저는 인생의 실패자, 낙오자로 남겠죠. 그런 생각을 하면 공부에 집중도 안 되고 정말 초조해져요.
> 상담자: ____________________

① 대학에 못가면 인생의 실패자라는 증거는 어디에 있나요?
② 대학에 못갈까봐 걱정하는 것이 당신에게 얼마나 도움이 되나요?
③ 당신이 잠든 사이에 기적이 일어나서 모든 문제가 사라졌다고 상상해 보세요. 잠에서 깨었을 때 무엇이 달라져 있을까요?
④ 만약 대학에 못가면 일어날 수 있는 가장 최악의 상황은 무엇인가요?
⑤ 누구나 반드시 대학에 가야 하나요?

**5. REBT상담에서 비합리적 사고의 요소로 옳은 것을 모두 고른 것은?** (청소년상담사 2급, 2016)

> ㄱ. 과장성　　ㄴ. 당위적 사고　　ㄷ. 인간 비하성
> ㄹ. 낮은 통찰 능력　　ㅁ. 낮은 인내심

① ㄱ, ㄹ　　② ㄴ, ㄷ　　③ ㄴ, ㄷ, ㄹ
④ ㄱ, ㄴ, ㄷ, ㅁ　　⑤ ㄱ, ㄴ, ㄷ, ㄹ, ㅁ

**정답**

1. ④　2. ③　3. ⑤　4. ③　5. ④

따뜻하고 유능한 상담자가 되기 위한 <상담심리 실습 15>

## 친구의 뒷모습

친구의 뒷모습을 보며 힘든 일을 떠올리지 못하는 아동의 경우 자신의 힘든 일은 무엇인지 먼저 생각해 보는 시간을 가지도록 한다. 그렇게 해 본 후 친구의 성격에 자신이 힘들어하는 일들을 대입해 보며 친구라면 어떤 일들을 힘들어할까 조망해 보도록 유도한다.

1. 두 사람이 짝이 되어 친구의 뒷모습을 그려 준다.
2. 짝의 뒷모습을 보면서 이 친구가 힘들어하는 일은 무엇일지 생각해본다.
3. 내가 생각할 때 친구가 힘들어할 것 같은 일을 포스트잇에 적어서 자신이 그린 친구의 뒷모습 그림 오른쪽 어깨 위에 붙인다.
4. 친구가 그려 준 나의 뒷모습을 보며 실제로 내가 힘들어하는 일들을 포스트잇에 적어서 친구가 그린 자신의 뒷모습 왼쪽 어깨 위에 붙인다.
5. 친구가 힘들어 하는 일들을 읽어 보고 등 뒤에 위로의 말을 적어 준다.
6. 실제로 친구의 어깨에 손을 올리고 친구가 힘들어하는 일에 대해 위로해준다. 이때 장난스러운 분위기가 되지 않도록 유의한다.
7. 활동 후 느낀 점에 대해서 이야기 나눈다.

친구의 뒷모습 활동 예시

# 12 chapter 현실 치료

우리의 몸은 마른 섶과 같고
성난 마음은 불과 같아서
남을 태우기 전에 먼저 내 몸을 태운다.
한순간의 성난 마음은
능히 착한 마음을 태운다.

—법구경에서—

## 01 이론의 개관

현실 치료는 미국의 정신과 의사 윌리엄 글래서(William Glasser, 1925~)가 1950년대에 확립한 상담 이론이다. 현실 치료라는 명칭은 과거보다 현실에 초점을 둔다는 의미를 지니고 있다. 현실 치료는 글래서가 수련의 과정의 마지막 해를 보낸 로스앤젤레스의 서부 재향군인 병원에서 근무할 때 시작되었다. 그런데 수련 과정 동안 글래서는 전통적인 정신분석 접근의 효과성에 점차 회의를 느꼈다.

이 무렵 신경정신과 병동의 책임을 맡고 있던 해링턴(G. H. Harrington)을 수련 감독자로 만나 몇 가지 현실 치료의 기본 개념을 개발하였다. 글래서와 해링턴은 환자의 과거사나 감정을 중요시하는 것보다 환자가 현재 무엇을 하고 있는지가 더 중요하다는 데 동의하고 7년간 연구 끝에 현실 치료를 개발하였다.

1956년 글래서는 비행청소년 교정기관인 벤추라 여학교(Ventura School for Girls)에 정신과 자문 의사로 근무하면서 현실 치료의 기본 개념을 비행 청소년 상담 및 심리치료에 적용하였다. 그는 수용된 여학생들에게 자신들의 행동에 책임을 지도록 강조하였으며, 진로와 미래를 계획하는 데 도움이 되는 프로그램을 적용하였다. 학교의 규칙을 어겼을 경우, 처벌을 금지하고 개인적 책임이 요구되었으며, 학생들이 행동을 변화시킬 결심을 하고 그것을 실천에 옮길 수 있도록 격려하였다. 그 결과 벤추라 여학교 재학생들의 비행 재범률이 효과적으로 감소되었다. 이곳에서의 경험을 통해 전통적 정신분석의 개념과 기법이 비효과적이라는 믿음과 함께 현실 치료의 효과성에 대한 확신을 갖게 되었다.

글래서는 1967년 캘리포니아 주 캐노가 파크(Canoga Park, CA)에 현실 치료 연구소(Institute of Reality Therapy)를 설립하였고, 1996년에는 사람들이 자신이 되고자 하는 방식대로 선택한다고 주장하면서 통제 이론(control theory)을 선택이론(choice theory)으로 대체하고 연구소 명칭도 윌리엄 글래서 연구소(William Glasser Institute)라고 바꾸었다. 이 연구소를 중심으로 상담학자, 심리학자, 사회사업가, 교사, 의사, 간호사, 목회자 등을 위해 현실 치료 집중 훈련 과정을 운영하며 이에 필요한 교재와 관련 자료들을 연구 · 개발하고 있다.

## 02 인간관

현실 치료는 객관적으로 관찰되는 자극-반응의 원리에 입각한 결정론적인 입장에서 인간의 행동을 설명하는 것을 반대한다. 즉, 인간이 자신의 행동과 정서에 대해 자기 스스로에게 책임이 있음을 강조하며 결정론을 반대한다.

모든 개인이 건강이나 성장의 힘을 가지고 있다고 믿는다. 그리고 현실 치료자들은 기본적으로 우리 각자는 자신의 정체감을 개발하려는 기본적인 욕구를 가졌다고 본다. 인간은 일생을 통하여 정체감, 즉 구체적으로 성공 정체감을 통해 만족스럽고 즐거워지기를 바라는 심리적 욕구를 가졌다고 본다.

현실 치료의 인간관은 여러 저서에서 나타난다. 이를 종합해 보면 다음과 같다(이형득 외, 1994; Glasser, 1965; Wubbolding, 1988).

첫째, 인간은 자신의 건강을 증진시키고 자신을 성장시키려는 힘(growth power)을 가지고 있다. 이러한 힘이 있기 때문에 인간의 행동 변화도 가능하다.

둘째, 인간은 자기결정(self-determining)이 가능한 존재이다. 이는 인간이 성장하려는 힘을 가졌다는 데 근거한 것으로 인간은 유전이나 환경 또는 과거에 의해서 결정되기보다는 자기 스스로에 의해 결정된다는 것이다.

셋째, 인간은 자신이나 환경을 통제할 수 있는 존재이다. 인간이 자기결정이 가능한 것은 자기 자신과 자신의 환경을 어느 정도 통제할 수 있기 때문이다.

넷째, 인간은 성공적인 정체감(identity)을 발전시킬 수 있는 존재이다. 성공적인 정체감을 통해 인간은 만족스럽고 즐거우며 의미 있는 인간관계를 가질 수 있다.

다섯째, 인간은 욕구와 바람을 달성하도록 동기화 되어 있다. 인간의 욕구는 모든 사람들에게 보편적이며 바람은 개개인에 따라 독특하다. 현실 치료는 인간이 기본적 욕구인 생리적 욕구(생존) 및 심리적 욕구(소속, 힘, 자유, 즐거움)를 가지고 있으며, 이러한 욕구를 개개인에 따라 독특한 방법으로 성취한다고 본다.

여섯째, 인간은 바람과 그가 환경으로부터 얻고 있다고 지각되는 것과의 차이나 불일치가 있기 때문에, 사람들은 각자에게 필요한 구체적 행동을 수행하게 된다.

## 03 주요 개념

### 1) 기본적 욕구

글래서는 인간의 기본적 욕구로 생리적 욕구인 생존 욕구와 심리적 욕구인 소속, 힘, 자유, 즐거움을 가정하고 있는데, 이를 살펴보면 다음과 같다(노안영, 2006).

#### (1) 소속 욕구

소속(belonging) 욕구는 인간이 사회적 동물로서 가정, 학교, 직장, 사회에 소속되어 다른 사람들과의 관계를 유지하면서 사랑을 주고받고자 하는 인간의 속성을 말한다. 글래서는 소속 욕구를 세 가지 형태, 즉 사회집단에 소속하고 싶은 욕구, 직장에서 동료들에게 소속하고 싶은 욕구, 가족에게 소속하고 싶은 욕구로 분류하였다. 예를 들면, 결혼하여 가족을 이루는 것, 친구를 사귀고 싶어 하는 것, 청소년이 또래 집단에 속하고 싶어 하는 것, 성인들이 단체 모임에 가입하기를 원하는 것 등이다.

#### (2) 힘 욕구

힘(power) 욕구는 우리 각자가 경쟁하고 성취하고 중요한 존재로 인정받고 싶어 하는 속성을 의미한다. 또한 그 일을 하고 있으면 의기소침하지 않고 보람을 느끼는 경우도 힘 욕구에 해당한다. 학생에게는 좋은 성적이 그에게 성취감을 느끼게 할 것이며, 직장인으로 다른 사람에게 도움이 되어 보람을 느낀다든지 승진을 통해 자신의 능력이나 기술에 대한 인정을 받는 것이다.

### (3) 자유 욕구

자유(free) 욕구는 각자가 원하는 곳에서 살고 대인관계와 종교 활동 등을 포함한 삶의 모든 영역에서 어떤 방법으로 삶을 영위해 나갈지 선택하고 자신의 의사를 마음대로 표현하고 싶어 하는 욕구를 뜻한다. 결국 자유 욕구는 우리의 자유의지에 의거하여 선택하거나 우리 인생을 다소라도 원하는 대로 잘 통제하고 있다고 느낄 때 충족하게 되는 욕구를 말한다.

적극적 부모 역할 훈련(Active Parenting Training: APT)의 창시자인 팝킨(Michael Popkin)이 제안한 '물러서기'는 자유에 대한 욕구의 하나라고 말한다. 즉, 인간이 상호작용을 통한 소속감을 원하는 것처럼, 가끔 물러나서 재충전하고 자기만의 시간을 갖는 것이 필요하다는 것이다.

### (4) 즐거움 욕구

즐거움(fun) 욕구는 인간이 많은 새로운 것을 배우고 놀이를 통해 즐기고자 하는 속성을 말한다. 글래서는 인간의 즐거움에 대한 욕구는 기본적이고 선천적인 것이라고 확신한다. 인간은 때로 즐거움의 욕구를 충족시키기 위해 생명의 위험을 감수하면서 자신의 생활 방식을 과감히 바꾸어 나가는 것을 볼 수 있다. 그런데 즐거움을 추구하는 욕구와 다른 욕구들 간에 갈등이 생길 수 있으며, 그 결과 하나의 욕구 충족을 선택하고 다른 하나를 포기해야 하는 경우도 있다. 예를 들면, 어떤 사람은 배움의 즐거움에 몰입한 나머지 소속 욕구를 포기하고 결혼을 미루기도 한다.

### (5) 생존 욕구

생존(survival) 욕구는 생물학적 존재로서 살고자 하고, 생식을 통한 자기 확장을 하고자 하는 속성이다. 이 욕구는 척추 바로 위에 있는 구뇌에서 생성되는데, 호흡, 소화, 땀, 혈압 등을 조절하고, 신체 구조를 움직여 건강을 유지하는 역할을

한다.

인간은 다섯 가지 기본 욕구 중에서 우선순위를 결정하는 데 있어서 끊임없이 갈등을 느끼며 이를 해소하려고 시도한다. 이를 위해 질적 세계(quality world)라고 불리는 심리적 영역 안에 정신적 사진첩(picture album)을 창조하며, 이러한 정신적 사진첩에 따라 행동이 생성된다.

사진첩에 있는 사진들은 우리의 기본적 욕구를 효과적으로 충족시켜 주고, 앞으로도 충족시켜 줄 수 있을 것으로 믿어지는 모든 사람, 장면, 사물에 대한 것이다. 우리의 경험이 확대됨에 따라 질적 세계의 사진첩에는 새롭고 다양한 사진들로 채워진다. 예를 들어, 친척 중에 큰 법률 회사의 변호사가 되어 소속, 힘, 자유, 재미, 생존의 욕구를 모두 충족시키는 것을 본 사람은 그 친척에 대한 그림을 사진첩에 담아 질적 세계에 간직할 것이다.

### 2) 선택이론

글래서는 통제 이론(control theory)을 바탕으로 선택이론(choice theory)을 발전시켰다. 글래서는 1998년 펴낸 저서 『선택이론: 자유를 위한 새로운 심리학(Choice Theory: A New Psychology of Personal Freedom)』에서 인간은 자신이 하는 모든 것을 선택할 수 있다고 말하였다. 구체적으로 개인이 느끼는 불행과 심지어 정신병으로 여겨질 수 있는 행동까지도 결국 그 개인이 선택한 결과라고 간주한다.

그는 내담자의 행동을 관찰하면서 '우울하게 된(being depressed)'이나 '화나게 된(being angry)' 대신에 '우울해 하고 있는(depressing)'이나 '화를 내고 있는(angrying)' 사람이라는 표현을 사용한다. 선택이론에서 우울은 상황에 의한 수동적인 희생자로서의 결과가 아니라 내담자 자신이 능동적으로 선택하는 것으로 본다. 그래서 글래서는 개인이 스스로 우울의 희생자이고 불행이 자신에게 일어난 것이라는 생각에 묶여 있는 한 더 나은 변화를 기대할 수 없다고 주장한다. 글래서가 소개한 선택이론의 여덟 가지 기본 원리를 살펴보면 다음과 같다(노안영, 2006 재인용; Glasser, 1999).

- 원리 1 : 우리의 행동을 통제할 수 있는 사람은 우리 자신이다. 누구도 우리에게 우리가 원하지 않는 것을 하도록 할 수 없다. 우리가 우리 자신의 행동을 통제할 수 있다는 것을 깨닫기 시작할 때, 우리는 훨씬 많은 자유를 가진다.
- 원리 2 : 우리가 타인으로부터 얻을 수 있는 모든 것은 정보다. 우리가 얻은 정보를 어떻게 처리하여 활용할 것인가는 우리의 선택이다.
- 원리 3 : 관계 문제는 항상 개인이 현재 영위하는 삶의 일부분이며, 지속되는 모든 심리적 문제는 관계 문제이다.
- 원리 4 : 과거에 일어난 고통스러운 일이 현재 우리 자신에게 많은 영향을 주고 있지만, 이러한 고통스러운 과거를 다시 탐색하는 것은 현재 우리가 할 필요가 있는 것에 거의 기여할 수 없다.
- 원리 5 : 우리의 행동은 기본 욕구인 생존, 소속, 힘, 자유, 즐거움에 의해 동기화 된다.
- 원리 6 : 우리는 각자의 질적 세계(quality world) 안에 있는 사진첩을 만족시킴으로써 기본 욕구를 충족시킬 수 있다.
- 원리7 : 우리의 전체 행동(total behavior)은 활동하기, 생각하기, 느끼기, 생물학적 반응으로 구성되며, 우리의 행동을 변화시키기 위해서 할 수 있는 것은 결국 활동하기와 생각하기뿐이다.
- 원리 8 : 모든 전체 행동(total behavior)은 수동태보다는 동사, 부정사, 동명사로 표현될 수 있다. 예를 들어, '나는 우울로 고통 받고 있다.'를 '나는 우울하기를 선택하고 있다.'로, 또한 '나는 우울해졌다.'를 '나는 우울하고 있다.'로 표현할 수 있다.

### 3) 행동 체계

현실 세계가 질적 세계 안에 들어 있는 사진첩을 충족시키지 못할 때, 부조화 상태에 놓이게 되는데, 이때 좌절 신호(frustration signal)를 행동 체계(behavior system)로 보낸다. 이러한 좌절 신호는 전행동을 유발한다. 살아오면서 학습했던 모든 행동은 이 행동 체계 안에 저장되어 있고, 부조화가 심할수록 강한 좌절 신호가 나오고 행동을 위한 충동도 강하다.

인간은 좌절 신호가 발생되면 조직화된 행동(organized behavior)을 한다. 조직화된 행동은 행동 체계 안에 저장되어 있는 것으로 현실적으로 이용 가능한 모든 행동, 생각, 느낌을 의미한다. 그런데 즉각적으로 이용할 수 있는 조직화된 행동이 없을 경우에는 기존의 행동을 재조직화하거나 새로운 행동을 창조하여 조직화하게 된다.

### 4) 전체 행동

전체 행동(total behavior)은 활동하기(acting), 생각하기(thinking), 느끼기(feeling), 그리고 생리적 반응(physical reaction)으로 구성되어 통합적으로 기능하는 행동 체계다. 현실 치료에서는 전체 행동의 구성 요소 중 활동하기를 중시하며 생각하기도 비교적 통제가 쉬운 편이다. 반면 느끼기는 통제가 어려우며 생리적 반응은 더욱 통제하기 어렵다. 따라서 활동하기와 생각하기를 변화시키면, 느끼기와 생리적 반응은 따라오게 되어 전체 행동의 변화가 일어난다.

전체 행동의 원리를 자동차에 비유하면, 자동차 운전자는 자신이 원하는 것을 얻기 위해 핸들(바람 : want)을 돌리면, 엔진(욕구 : needs)의 힘을 얻어 앞바퀴(활동하기와 생각하기)가 그 방향으로 자동차를 움직이게 되고, 뒷바퀴(느끼기와 생리적 반응)는 따라오게 된다. 즉, 긍정적인 사고로 개인의 생산적인 욕구를 충족시키는 활동에 적극 참여하면, 긍정적 정서와 건강한 신체 반응이 뒤따르게 된다는 것이다.

### 5) 3R

현실 치료에서는 책임(responsibility), 현실(reality), 그리고 옳고 그름(right & wrong)의 3R을 강조한다(이형득 외, 1994, Glasser, 1984). 글래서는 개인의 모든 문제가 자신의 행동에 대해 책임을 지지 않는 데에서 비롯된다고 본다.

책임은 다른 사람이 그들 자신의 욕구를 충족시키는 것을 방해하지 않는 범위 내에서 자신의 욕구를 충족시키는 능력이다. 현실 치료에서는 개인이 자신의 삶에 대한 책임을 자각하고 그에 따른 행동을 시작하기 전까지는 변화가 불가능하다고 보며 정신 건강과 책임을 같은 것으로 본다. 또한 과거의 조건이나 현재의 여러 여건 그리고 타인의 행동도 자신의 무책임한 행동에 대한 구실이 될 수 없다고 본다.

현실 치료는 현실을 강조한다. 책임은 곧 현실을 직면하는 것이라고 할 수 있다. 현실과의 직면이란 현실 세계의 모든 여건을 받아들여야 한다는 것과 현실 세계에 대한 통제를 통해 자신의 욕구를 충족시켜야 한다는 것이다. 예를 들면, 어떤 남자가 아파트 부녀회에서 활동하고 싶다고 하더라도 여성으로만 회원이 될 수 있는 규정을 깨고 부녀회에 들어가는 것은 현실적으로 불가능할 것이다. 이와 같이 기본적 욕구의 충족에 도움이 되는 원함(want)은 현실 세계가 허용하는 범위 내에서만 가능하다.

옳고 그름과 같은 가치판단은 현실적으로 주어진 책임을 지는 사람에게 중요하다. 현실 치료에서는 인간의 기본적 욕구 충족과 책임이 서로 밀접하게 관련되어 있다고 본다. 책임 있는 행동을 하기 위해서는 도덕, 법률, 규범 등과 같은 현실적 여건을 고려해야 한다. 따라서 욕구 충족을 위한 합리적인 방법을 찾기 위해서라도 가치판단은 중요하다. 뿐만 아니라 타인의 욕구 충족을 방해하지 않는 범위 내에서 자신의 욕구 충족을 추구하는 데 있어서도 가치판단은 필요한 부분이다.

## 04 상담 목표와 과정

### 1) 상담 목표

현실 치료의 궁극적인 목표는 내담자의 기본적인 심리적 욕구인 소속, 힘, 자유, 즐거움의 욕구를 충족시킬 수 있도록 보다 더 효율적인 선택을 하도록 돕는 데 있다. 이러한 궁극적 목표를 달성하기 위한 구체적인 목표를 살펴보면 다음과 같다(강진령, 2009; 이형득 외, 1994; Wubbolding, 1988).

첫째, 개인적 자율성(individual autonomy)을 갖도록 한다. 구체적인 문제해결을 위한 문제해결의 원리나 방법 및 자신이 추구하는 바를 실현할 수 있는 능력을 길러서 자기 스스로 자신의 문제를 해결할 수 있도록 한다.

둘째, 자기결정(self-determining)을 할 수 있도록 한다. 자율성을 갖기 위해서는 자신의 판단에 따라 결정하고 행동하며 그 선택에 책임을 지는 것을 의미한다. 여기에는 스스로 옳고 그름을 판단할 수 있는 능력도 포함된다.

셋째, 행동에 초점을 둔 현실적 목표를 수립하도록 한다. 정신 건강에 문제가 생기는 것은 자신이 수립한 계획의 실행 방법을 알지 못한 결과라 할 수 있다. 여기서 초점은 내담자가 자신의 선택에 대한 책임을 지도록 하는 것과 더불어 절대적인 한 가지 계획은 없다는 점을 깨닫도록 돕는 것이 중요하다.

넷째, 내담자의 행동과 현재에 초점을 둔다. 활동하기와 생각하기는 느끼기와 생리적 반응과 상호 연계되어 있다. 과거에 대해서는 통제가 불가능하므로 통제가 가능한 활동하기와 생각하기에 초점을 맞춘다.

### 2) 상담 과정

#### (1) 글래서의 상담 과정

현실 치료는 내담자의 기본적 욕구인 심리적 욕구를 파악하여 그러한 욕구를 바람직한 방식으로 달성할 수 있도록 하는 상담 접근 방식이다. 특히 현실 치료는 학교상담이나 교정상담에서 내담자를 상담하는 데 매우 효과적인 것으로 밝혀졌다. 글래서가 제안한 현실 치료 상담 과정에는 상담자의 기본적 임무가 잘 제시되어 있다. 글래서가 제시한 상담 과정은 다음과 같다(노안영, 2006; 이형득 외, 1994).

**① 상담 관계 형성**

글래서는 상담자와 내담자의 관계를 친구 되는 것(be or make friend)이라고 말한다. 즉, 상담자와 내담자와의 이러한 우정 관계가 상담의 시작에서 종결까지 계속 이어지지 않는다면 상담의 효과를 기대하기 어렵다고 보았다(Glasser, 1984).

② **내담자의 바람과 현재하고 있는 행동의 탐색**

내담자의 바람, 욕구, 지각, 그리고 그러한 바람을 달성하기 위해 현재 하고 있는 행동이 탐색된다. 즉, 선택이론의 용어로 '지금 하기로 선택하고 있는 것'에 초점을 맞추도록 한다. 여기서 상담자는 내담자에게 원하는 것을 얻기 위해 지금 무엇을 하고 있는가를 묻는다. 이때 상담자는 변화하기 쉬운 행동하기에 초점을 맞추고 우울과 같은 느끼기나 생리적 반응에 초점을 맞추지 않는다.

③ **행동을 평가하기**

내담자의 행동 평가는 현재의 내담자 행동이 그의 욕구 충족에 도움이 되는 긍정적 행동인지 아니면 방해가 되는 부정적 행동인지를 포함하여 내담자가 자신의 행동을 평가하도록 하는 것이다. 또한 이 단계에서 학생이나 비행 청소년에게 그들의 행동이 규칙에 어긋나지 않는가를 물을 수 있다. 이때 그들의 행동이 원하는 것을 얻는데 도움이 되는가를 물으면 흔히 자신이 원하는 것은 싸움뿐이라는 식의 반항적인 대답을 하는 경우가 있다. 이를 예방하기 위해서는 무슨 행동을 할 수 있는가를 물은 후에 그 행동이 규칙에 어긋나지 않는가를 물어야 한다.

④ **활동 계획 수립**

활동 계획 수립은 욕구 충족과 관련된 내담자의 현재 행동 중에서 비효과적이고 부정적인 것들을 찾아 이를 효과적이고 긍정적인 것으로 변화시키기 위해 계획을 세우는 것이다. 이때 상담자는 내담자가 더 효과적으로 작용할 수 있는 방법에 관한 지식을 갖게 하고 내담자 스스로 좋지 못한 선택을 하고 있음을 자각하고 보다 나은 선택을 하도록 돕는다.

⑤ **계획 실행에 대한 약속을 받아 내기**

계획한 활동을 실천하겠다는 의지를 상담자에게 내담자가 약속을 하면 그것을 실천할 가능성이 그만큼 커지게 된다. 이 약속은 상담자에 대한 것일 뿐만 아니라 자기 자신에 대한 것이기 때문에 강력한 것이며 확고한 약속은 포기하지 않고 끝까지 강력하게 수행하겠다는 의지이다.

### ⑥ 변명을 받아들이지 않기

내담자가 계획에 대한 이행을 하지 않고 변명할 경우 이를 수용하지 않는다. 왜냐하면 상담자가 내담자의 변명을 받아들인다는 것은 내담자가 바라는 변화가 그에게 적절하지 않고 불가능하다는 점을 상담자가 인정한다는 것을 의미한다(Glasser, 1980). 이때 상담자는 "나는 왜 당신이 그것을 할 수 없는지는 관심이 없어요. 나는 당신이 그것을 언제 할 수 있을지 그리고 그것을 어떻게 할 수 있을지에 관심이 있어요."라고 말해야 한다.

### ⑦ 처벌의 금지

현실 치료는 내담자의 행동을 변화시키기 위해 처벌을 사용하게 되면 내담자가 더욱 더 패배적인 정체감을 가지게 되고 상담자와 내담자의 관계가 악화된다고 본다. 이때 주의할 점은 신체적인 처벌뿐만 아니라 내담자가 계획을 이행하지 못한 것을 가지고 그를 낙심시키거나 비난하지 말아야 하는 것도 포함된다.

### ⑧ 결코 포기하지 않기

현실 치료 특징은 집요하다는 것이다. 상담자는 결코 내담자를 포기하지 않고 지속적인 관심을 갖고 내담자의 변화 가능성을 끝까지 믿는다. 상담자가 내담자를 포기하지 않을 것이라는 점을 내담자가 일단 믿기만 하면 소속 욕구가 충족되고 이것이 계획을 실행하고 상담을 더욱 촉진시킨다.

## (2) 우볼딩의 상담 과정

현실 치료 교육과 연구 및 보급에 기여한 대표적인 인물이 우볼딩(R.E.Wubboding)이다. 그는 현실 치료 과정을 간단하게 WDEP로 제시하고 있다. WDEP는 바람 탐색(Want), 현재 행동 탐색(Doing), 평가하기(Evaluating), 계획하고 실행하기(Planning & Practice)를 말한다.

### ① 바람 탐색

"진정으로 원하는 것이 무엇이지요?"라고 질문을 함으로써 내담자의 욕구를 충족시킬 수 있는 방법을 발견할 수 있도록 한다. 이러한 질문의 이점은 두 가지로 요약할 수 있다. 먼저 내담자가 상담자의 질문에 답하면서 지금까지 막연하게 알았던 자신의 내적인 바람에 대한 여러 측면을 직관적으로 보게 된다. 이때 내담자의 질적 세계의 사진들이 분명하면 할수록 내담자 자신이 원하는 것을 얻을 수 있는 가능성은 높아진다.

또 다른 이점은 내담자 자신이 원하는 것을 얻는 방법과 원하는 것을 방해하는 것이 있는지 상세히 탐색하도록 도울 수 있다. 이를 통해 내담자는 그들의 행동체계 내에서 효과적인 행동들을 실제로 재조직해 낼 수 있다.

**② 현재 행동 탐색**

"당신은 무엇을 하고 있습니까?"라고 질문을 함으로써 내담자가 어디로 가고 있는가를 탐색하도록 한다. 현실 치료 상담자는 내담자가 스스로 통제하고 선택할 수 있는 활동을 스스로 탐색하도록 돕는 것을 강조한다. 왜냐하면 전체 행동을 변화시키기 위해서는 활동하기를 바꿈으로써 내담자가 가지고 있던 우울, 분노, 외로움 등의 느끼기와 생리적 반응까지 변화시킬 수 있기 때문이다.

**③ 평가하기**

이 단계는 내담자가 자신의 현재 행동과 바람과의 관계를 스스로 평가해 보도록 하는 것으로, 행동 변화를 위해 가장 핵심이 되는 부분이다. 이때 상담자는 내담자의 현재 행동이 자신의 욕구 충족에 도움이 되는지 혹은 방해가 되는지를 평가하도록 돕는다. 이 단계에서 평가를 위해 사용할 수 있는 질문은 다음과 같다(노안영, 2006).

"당신의 지금의 행동이 당신에게 도움이 된다고 봅니까?"
"당신이 지금하고 있는 것은 당신이 진정으로 원하는 것을 얻는 데 도움이 됩니까?"
"당신이 행동하는 것이 규칙에 어긋납니까?"
"당신이 원하는 것은 현실적이거나 실현가능한 것입니까?"
"그런 식으로 보는 것이 당신에게 도움이 됩니까?"
"상담의 진행과 당신 인생의 변화에 대해 어떻게 약속을 하시겠습니까?"

"도움이 되는 계획입니까?"

**④ 계획하고 실행하기**

행동 변화를 위한 계획을 수립하는 단계이다. 계획은 가능한 단순하고 실현 가능한 것으로 세우도록 하고, 가능한 어떤 행동을 하지 않는 것보다 어떤 행위를 하는 쪽으로 세우도록 한다. 그리고 이 단계는 긍정적 행동 계획과 그것을 실천하겠다는 약속 등이 포함된다.

## 05 상담 기법

현실 치료의 원리, 과정, 기법을 엄격하게 구분하기는 어렵다. 현실 치료의 기법은 특정한 절차가 있는 기술이라기보다는 현실 치료의 원리를 내담자에게 가르치는 방법에 초점을 두고 있다. 즉, 상담 목표를 달성하기 위하여 상담자가 내담자를 가르치는 데에 도움이 되는 방법이라고 할 수 있다. 따라서 현실 치료의 기법은 상당히 지시적이다. 여기서는 상담 과정 중에 사용되는 기법을 다음과 같이 몇 가지로 살펴볼 수 있다(강갑원, 2004; Glasser & Zunin, 1984).

### 1) 래포 형성

현실 치료에서 사용되는 토의, 논쟁, 직면, 역설, 질문 등과 같은 기법은 내담자와 상담자 간에 관계 형성이 잘되었을 때 사용하여야 한다. 현실 치료의 상담자는 상담 과정에서 내담자와의 친밀한 관계 형성을 바탕으로 내담자의 변명을 수용하지 않고, 처벌이나 비판을 하지 않으며, 그리고 결코 포기하지 않는 조력자의 태도를 보여야 한다. 그런데 래포가 형성되지 않은 상태에서 이러한 기법을 사용하면 역효과가 나타날 수 있다.

### 2) 질문하기

현실 치료에서 질문은 내담자의 전체 행동 탐색, 바람 및 현재 행동 탐색, 구체적 계획 수립에서 유익한 기법이다. 질문은 내담자의 사진첩을 보기 위해 질적 세계에 들어가기, 정보 얻기, 정보 주기, 내담자 자신의 효과적 통제를 조력하기의 네 가지 방식으로 현실 치료의 상담자에게 중요한 기술이 된다(Wubbolding, 1987).

### 3) 직면하기

직면(confrontation)은 내담자가 현실적 책임과 관련된 모순점을 보이는 경우에 사용한다. 현실 치료에서 내담자의 책임감을 강조하고 변명을 허용하지 않기 때문에 직면하기는 상담 과정에서 필요 불가결하다. 예를 들면, 대학 전공 학과가 맞지 않아서 학교를 그만두고 싶은 내담자가 그 책임을 돌리며 변명을 하는 경우, 직면을 통해 내담자의 현재 전공 학과는 내담자 자신의 선택이라는 사실을 직면시킴으로써 변명을 수용하지 않고 선택에 대한 책임을 질 수 있도록 도울 수 있다.

### 4) 토의 및 논쟁

현실 치료는 내담자의 현재 행동 및 바람 탐색, 평가하기, 계획하기 등의 상담 과정에서 상담자와 내담자 간에 질문과 대답을 통해 상담이 이루어지는 것이 주 특징이다. 이 과정에서 내담자의 대답이 현실성이 없거나 비합리적일 때에는 상담자는 내담자와 토의 및 논쟁을 하게 된다.

### 5) 역설적 기법

역설은 내담자에게 계획을 계속해서 실행하지 말 것을 요구하거나 천천히 수행하게 하는 기법이다. 이 기법은 우볼딩이 현실 치료에 도입한 기법으로, 주로 실행되지 못한 계획에 대한 강한 저항을 논박하기 위해 내담자에게 모순된 지시를 내리는 것이다. 예를 들어, 일처리에 있어서 실수를 하지 않는 것에 강박적으로 매달리는 내담자에게 일부러 실수를 하게 하는 것이다. 상담자의 이러한 제안에 따라 내담자가 실수를 해보려는 시도를 하면, 내담자는 자신의 문제를 통제하고 있음이 입증되는 것으로 간주한다.

## 06 현실 치료의 사례

현실 치료의 사례는 다음과 같다(중등임용시험, 2015).

> 상담교사: 한수야, 너의 부모님은 네가 원하는 것을 어떻게 생각하시는 것 같니?
> 한 수: 한심하게 생각하세요. 항상 형과 비교하면서…….
> 상담교사: 그렇구나. 그렇게 생각하시는 부모님을 너는 어떻게 생각하니?
> 한 수: 부모님은 항상 자신들이 옳다고만 생각해서 내가 맞춰 주기만을 바라세요.
> 상담교사: 음…. 그럴 때 너는 어떤 생각이 드니?
> … (중략) …
> 상담교사: 아무도 너를 간섭하지 않는다면 넌 무엇을 하겠니?
> 한 수: 내가 원하는 것을 하죠.
> 상담교사: 네가 원하는 것을 하게 된다면 어떻게 될까?
> 한 수: 마음이 자유로워질 거예요.
> 상담교사: 너는 자유를 원하는구나. 원하는 자유를 얻게 되면 네 삶은 어떻게 변할까?

## 07 현실 치료의 강점과 한계

### 1) 강점

현실 치료가 상담 및 심리치료에 기여한 점을 살펴보면 다음과 같다(강진령, 2009; 천성문 외, 2006).

첫째, 현실 치료는 적용 영역이 광범위하다는 점이다. 학교, 교정시설, 정신건강센터, 병원, 재활센터, 청소년상담센터, 위기센터 등과 같이 거의 모든 장면에서 그 효과성이 검증되었다(Glasser, 2000). 현실 치료는 품행장애, 약물중독, 충동조절장애, 성격장애 등과 같이 다양한 정신장애 치료에 적용된다. 또한 아동, 청소년, 성인, 노인에 이르기까지 개인상담을 비롯하여 집단상담, 부부·가족 상담 등과 같은 영역에도 효과적으로 적용되어 왔다.

둘째, 현실 치료는 비교적 상담 기간이 짧다는 것이다. 내담자로 하여금 자신의 문제를 의식 수준에서 판단하고 직면하며, 그 결과에 대하여 책임을 지도록 하는 것이기 때문에 비교적 짧은 상담 기간에도 효과를 볼 수 있다.

셋째, 현실 치료는 내담자가 자신의 변화된 정도에 대해 스스로 평가할 수 있다는 점이다. 내담자가 자신의 욕구를 충족시키기 위한 계획의 실행 결과를 스스로 평가하고 책임지는 가운데 내담자 스스로 자신의 계획과 그 실행 정도를 현실적 맥락에서 평가할 수 있다.

넷째, 현실 치료는 의학적 모형을 적용하는 것을 거부한다는 점이다. 즉, 기존의 병리학 중심의 치료 모형, 즉 의학적 모형(medical model)의 적용을 거부한다. 그 대신에 내담자의 긍정성을 기반으로 합리적인 치료적 접근법을 적용한다.

### 2) 한계

현실 치료에 대한 비판과 한계는 다음과 같다(강진령, 2009; 천성문 외, 2006).

첫째, 현실 치료는 무의식적인 동기나 과거를 지나치게 무시한다는 점이다. 현재는 과거에 의해 영향을 받는 부분이 있는데, 현실 치료는 과거를 인정하면서도 현재 행동의 변화를 위해서는 불필요하다고 본다. 그러나 어떤 행동은 원인을 알면 행동을 보다 쉽게 변화시킬 수 있는 경우가 많기 때문에 현실에 맞지 않다.

둘째, 현실 치료는 정신병의 생물학적 측면을 간과한다는 점이다. 글래서는 정신병이 무책임의 결과라고 보았으나, 현실적으로 자신에 대해 책임질 수 없는 사람이 많고, 또한 완전히 책임질 수 있는 사람도 매우 드물다.

셋째, 현실 치료가 지나치게 도덕성을 강조하고 있다는 점이다. 이는 어떤 의미에서 현실 치료의 한계라기보다는 잠재적인 어려움에 속한다고 할 수 있다. 내담자의 모순이 있을 때 직면을 시키고 때로는 토의와 논쟁을 하다 보면 상담자에 따라서 자신의 가치관을 지나치게 내담자에게 강요할 수 있다는 것이다.

## 실/전/도/전/문/제

학습한 내용을 바탕으로 실전에 도전해 봅시다.

**1.** 현실치료에 관한 설명으로 옳지 않은 것은? (청소년상담사 3급, 2018)

① 내담자는 자신의 행동에 대해 선택권이 있다.
② 인간은 즐거움, 자유, 실현, 소속, 힘의 욕구를 가지고 태어난다.
③ 전행동은 행동하기, 생각하기, 느끼기, 생리적 반응으로 구성되어 있다.
④ 행동은 자신의 욕구를 충족시키기 위한 노력이다.
⑤ 계획은 간단하고, 실현가능하고, 즉각적이어야 한다.

**2.** 현실치료 기법에 관한 설명으로 옳지 않은 것은? (청소년상담사 3급, 2015)

① 내담자가 현재 잘 기능하지 못하는 부분에 초점을 맞추어 긍정적인 행동을 하도록 격려한다.
② 내담자가 자주 사용하는 언어적 표현을 사용하여 내담자와 소통하는 것이 중요하다.
③ 내담자의 말과 행동이 일치하지 않는 것을 인식시켜서 자신의 말과 행동을 책임지게 한다.
④ 내담자와 유머를 나누면서 수평적인 관계를 재확인하고 편안한 분위기에서 솔직한 대화를 나눌 수 있다.
⑤ 내담자가 대인관계에 어려움을 겪고 있거나 새로운 행동을 실천하고자 할 때 역할연기를 활용한다.

**3.** WDEP 모형에 따른 상담절차를 순서대로 올바르게 나열한 것은? (청소년상담사 3급, 2014)

ㄱ. 생산적 행동으로의 변화를 위한 계획수립을 돕는다.
ㄴ. 내담자가 현재 어떤 행동을 하며 살아가고 있는지를 명확하게 인식하도록 돕는다.
ㄷ. 내담자의 전행동과 욕구나 바람과의 관계를 점검하여 생산적 행동과 비생산적 행동을 구분한다.
ㄹ. 내담자가 자신의 좋은 세계(quality world)를 탐색하여 자신의 바람을 명료하게 밝히도록 돕는다.

① ㄱ-ㄴ-ㄷ-ㄹ ② ㄱ-ㄹ-ㄴ-ㄷ ③ ㄷ-ㄱ-ㄴ-ㄹ
④ ㄹ-ㄱ-ㄷ-ㄴ ⑤ ㄹ-ㄴ-ㄷ-ㄱ

**4.** 글래서(W. Glasser)의 선택이론이 제안하는 기본 욕구에 관한 설명으로 옳지 않은 것은? (청소년상담사 2급, 2017)

① 기본 욕구 간에는 위계가 존재한다.
② 인간은 다섯 가지 기본 욕구를 가지고 태어난다.
③ 새로운 것을 배우고자 하는 속성은 즐거움의 욕구에 속한다.
④ 생존 욕구를 제외한 다른 욕구들은 모두 심리적 욕구이다.
⑤ 개인 내 욕구 충족뿐만 아니라 개인 간 욕구 충족 사이에서도 갈등이 발생한다.

**5.** 다음의 상담 개입은 어떤 상담이론에서 주로 사용하는가? (청소년상담사 2급, 2016)

- '우울한', '불안한', '화가 난'과 같은 형용사의 표현 대신 '우울해 하고 있는', '불안해 하고 있는', '화를 내고 있는'이라는 동사로 표현하게 한다.
- '오늘 많이 불안해요'라는 표현을 '오늘 많이 불안하기로 선택했어요'라고 표현하도록 하고, '그 사람이 나를 싫어해요'라는 표현은 '그 사람이 나를 싫어한다고 생각하기로 선택했어요'라고 표현하게 한다.
- 행동, 사고 뿐만 아니라 감정까지도 스스로 선택한 것이라는 책임의식을 심어 주려고 한다.

① 현실치료 상담 ② 해결중심 상담 ③ 인지행동 상담
④ 내담자중심 상담 ⑤ 행동주의 상담

**6.** 다음은 우볼딩(R. Wubbolding)의 상담 절차에 따라 전문상담교사가 한수(중3, 남)와 상담한 내용의 일부이다. (가), (나)에서 탐색하고 있는 것을 순서대로 쓰시오.
[전문상담교사, 2015]

(가)
상담교사: 아무도 너를 간섭하지 않는다면 넌 무엇을 하겠니?
한　　수: 내가 원하는 것을 하죠.
상담교사: 네가 원하는 것을 하게 된다면 어떻게 될까?
한　　수: 마음이 자유로워질 거예요.
상담교사: 너는 자유를 원하는구나. 원하는 자유를 얻게 되면 네 삶은 어떻게 변할까?
(나)
상담교사: 한수야, 너의 부모님은 네가 원하는 것을 어떻게 생각하시는 것 같니?
한　　수: 한심하게 생각하세요. 항상 형과 비교하면서…….
상담교사: 그렇구나. 그렇게 생각하시는 부모님을 너는 어떻게 생각하니?
한　　수: 부모님은 항상 자신들이 옳다고만 생각해서 내가 맞춰 주기만을 바라세요.
상담교사: 음…. 그럴 때 너는 어떤 생각이 드니?

**정답**

1. ② 2. ① 3. ⑤ 4. ① 5. ① 6.(가) W(wants, 원함) (나) D(doing, 행동)

따뜻하고 유능한 상담자가 되기 위한 <상담심리 실습 16>

## 나의 사진첩을 만들기 위한 인생 설계

우리는 세상에 대해 각자 주관적으로 지각해서 세상이라는 그림을 그려 왔고, 그리고 있으며, 앞으로 그리게 될 것이다. 따라서 각 개인의 사집첩(picture album)에는 마음속에 새겨져 내면의 욕구를 만족시킬 수 있다고 믿는 자신만의 고유한 그림이 담겨져 있다. 각자 그려낸 이 그림들은 각 개인의 사집첩에 모아져 사진첩에 있는 그림처럼 살려고 할 것이며, 그 그림처럼 살 때 가장 행복을 느끼게 될 것이다.

나 자신의 사진첩을 만들기 위해 나의 인생에 대한 진지한 고민과 함께 인생에서 원하는 것들, 즉 내가 이루고 싶은 것들을 설계해 보자.

| 나의 기대 수명은? (　)세 | 내가 20대에 꼭 이루고 싶은 것 | ①<br>②<br>③ |
|---|---|---|
| | 내가 30대에 꼭 이루고 싶은 것 | ①<br>②<br>③ |
| | 내가 40대에 꼭 이루고 싶은 것 | ①<br>②<br>③ |
| | 내가 50대에 꼭 이루고 싶은 것 | ①<br>②<br>③ |
| | 내가 60대에 꼭 이루고 싶은 것 | ①<br>②<br>③ |
| | 내가 70대에 꼭 이루고 싶은 것 | ①<br>②<br>③ |
| | 내가 80대에 꼭 이루고 싶은 것 | ①<br>②<br>③ |
| | 내가 90대에 꼭 이루고 싶은 것 | ①<br>②<br>③ |

# 13 chapter 게슈탈트 상담

나는 나의 일을 하고 당신은 당신의 일을 합니다.
(I do my thing and you do your thing.)
내가 이 세상을 살아가는 것은 당신의 기대에 맞추기 위한 것이 아니고,
(I am not in this world to live up to your expectations.)
당신이 이 세상을 살아가는 것도 나의 기대에 맞추기 위한 것이 아닙니다.
(And you are not in this world to live up to mine.)
나는 나이며, 당신은 당신일 뿐입니다.
(You are you and I am I.)
어쩌다 우리가 서로를 알게 된다면 참 멋진 일이고,
만약에 그렇지 않다 해도, 어쩔 수 없는 일일 것입니다.
(And if by chance, we find each other, it's beautiful. if not, it can't be helped.)

–Perls의 게슈탈트 기도문 –

## 01 이론의 개관

게슈탈트(Gestalt) 상담은 프리츠 펄스(Fritz Salomon Perls, 1893~1970)에 의해 창안된 상담 및 심리치료의 접근으로 1960년대부터 미국에서 크게 각광을 받았다. 게슈탈트 상담은 프로이트(Freud)와 호나이(Horney)의 정신분석학, 레빈(Lewin)의 장 이론(field theory), 베르트하이머(Wertheimer)의 게슈탈트 심리학, 모레노(Moreno)의 사이코드라마 기법, 하이데거(Heidegger), 부버(Buber), 틸리히(Tillich) 및 후설(Husserl)의 현상학적 실존주의의 영향을 받았다.

게슈탈트(Gestalt)는 독일어로 전체 혹은 형태라는 의미를 가지고 있다. 그는 경험을 전경(figure)과 배경(ground)의 역동적 관계로서 끊임없이 형성하고 소멸하는 순환 과정으로 본다. 이러한 게슈탈트의 순환 과정이 방해를 받지 않고 잘 진행되느냐 아니냐의 여부에 따라 적응과 부적응을 설명하였다.

게슈탈트 상담에서는 현대인들이 삶에서 기쁨의 순간을 놓치고, 슬픔과 좌절, 분노 등의 감정을 억압하며, 기본적 생리적 욕구인 식사, 운동, 휴식마저 무시하고 살아가고 있는 것을 매우 심각하게 본다. 전체성, 즉 형태의 완성을 이루며 살아가는 것이 중요한데, 현대를 살아가는 우리는 자신의 욕구와 감정, 신체적 변화 등을 전체적으로 인식하지 못하고 스스로를 파편화하고 소외 속에서 살아가고 있기 때문이다. 따라서 게슈탈트 상담은 우리에게 전경과 배경이 잘 순환하는 것을 방해하는 미해결 과제가 무엇인지 자각하고, 자기와 세계의 분열된 부분을 재통합하여 형태를 완성하도록 돕는 데 초점을 둔다.

게슈탈트 상담은 창시자인 펄스가 세상을 떠난 후에도 인정을 받아 미국 전역뿐만 아니라 유럽과 우리나라를 포함한 각국에서 인기 있는 접근법으로 각광을 받고 있다. 기존의 여러 이론들의 영향을 받아 발달한 것처럼 게슈탈트 상담은 현재 교류분석, 현실 치료, 재결정 치료, 인간중심 상담, 자기심리학, 가족 치료 등 많은 상담 및 심리치료 접근들에 영향을 미치고 있다.

## 02 인간관

게슈탈트 상담은 실존주의 심리학과 현상학에 기초하고 있다. 그래서 펄스는 인간을 현상학적이며 실존적 존재로서 자신에게 가장 긴요한 게슈탈트를 끊임없이 완성해 가며 살아가는 유기체로 본다. 인간이 매 순간에 경험하는 유기체로서 자신만의 독특한 경험적 세계인 현상적 장에서 살아간다는 의미에서 현상학적이다. 또한 인간은 각기 독특한 유기체로서 필요한 욕구를 선택하여 게슈탈트를 형성하면서 자신의 삶에 대한 책임을 진다는 점에서 실존적이다.

게슈탈트 상담에서는 인간에 대한 다음과 같은 관점을 갖는다(강진령, 2009; 노안영, 2006).

첫째, 인간은 끊임없이 되어 가는 존재로서 자아실현 경향성을 가지고 있다. 인간은 자신의 삶에 있어서 전체성(wholeness)을 추구한다. 각 개인에게는 자기 인식과 환경과의 접촉을 통해 나타나는 자기실현 경향성이 있다.

둘째, 인간의 행동은 그것을 구성하는 구성 요소, 즉 부분의 합보다 큰 전체이다. 펄스가 제안한 "전체는 부분의 합보다 크다. 전체가 나누어지면 전체가 사라진다."라는 말처럼 전체를 강조하였다.

셋째, 인간은 자신의 현재 욕구에 따라 게슈탈트를 완성하려고 하는 존재이다. 이것은 우리가 현재의 긴급한 상황에서 필요한 욕구에 따라 게슈탈트를 형성하고 완성한다는 것이다.

넷째, 인간은 전경과 배경의 원리에 의해 세상을 경험하는 존재이다. 펄스는 우리가 갖는 관심의 초점이 무엇이냐에 따라 전경과 배경의 원리는 역동적으로 일어난다고 본다. 이런 이유에서 게슈탈트 상담은 우리 각자가 주관적으로 세상을 경험하면서 살아가는 실존적 존재라는 것이다. 즉, 우리는 전체로서 그리고 독특한 존재로서 세상을 살아가면서 우리가 갖는 관심의 초점에 따라 객관적으로 주어진 상황을 다르게 경험한다는 것이다.

펄스는 게슈탈트 상담이 취하는 철학적 입장을 취하는 데 새로운 단어를 만들어 쉽게 설명하였다. about, should, is에 ism을 붙여 제안했던 세 가지 철학적 접근은 당위주의(shouldism), 계산주의(aboutism), 상태주의(isism)이다(노인영, 2006).

- 계산주의 : 계산이 과학적인 것으로 생각할 수 있으나 과학은 인간 세상에 편리함을 추구할 뿐이다. 부부 관계, 가족 관계, 친구 관계, 동료 관계 등의 여러 인간관계 상황을 거래로 생각하고 계산하고 나서 행동을 한다. 산을 볼 때, 있는 그대로 보지 않고 경제적인 이득만을 보는 것이다. 이는 정신 건강에 해로울 뿐이다.
- 당위주의 : 강박적이고 당위적인 사고를 말하며 유연성이 결여되어 있다. 절대주의로서 자신의 경험에 의해 신념화된 것을 과일반화한 것이다. 예를 들면, '우리나라 산은 왜 이리 낮아.', 혹은 '산은 ~해야 한다.'는 당위적인 생각에 해당한다.
- 상태주의 : 존재론과 실존주의를 바탕으로 한다. 현상학에 기초한 개념으로 현재 있는 그대로를 받아들이고 인정한다. 성철스님의 법어 '산은 산이요, 물은 물이로다(山是山 水是水)'가 상태주의를 잘 보여 주는 예라고 할 수 있다. 이는 어떤 왜곡 없이 있는 것으로 사물과 사실을 자각하는 것이다.

## 03 주요 개념

### 1) 접촉

접촉(contact)이란 전경에 떠올린 게슈탈트 해소를 위한 타인 혹은 대상으로 구성된 환경과의 상호작용을 의미한다. 인간은 환경과의 접촉을 통해 가장 급박하게 필요한 전경을 해소하여 게슈탈트를 완성하지 못하면 이 전경이 배경으로 사라지지 않는다. 그러므로 접촉을 방해하고 에너지의 흐름을 방해하는 상태, 곧 게슈탈트의 미완성 상태는 삶에서 중요한 관심사에 잠재력을 충분히 발휘하지 못하게 하기 때문에 문제가 된다. 예를 들면, 직장에서 자신이 해야 할 일을 수행하는 데, 출근 전에 집에서 부부 싸움을 했던 일이 계속해서 당신을 괴롭힌다면 당신의 최대의 관심사인 직장의 업무에 집중하는 것을 방해하게 된다. 이는 곧 에너지의 흐름이 직장의 업무로 자연스럽게 이어지도록 할 수 없게 되어 게슈탈트를 완성하지 못하게 되는 것이다.

### 2) 신경증의 5개 층(성격 변화 단계)

접촉 경계 혼란으로 인하여 미해결 과제가 누적되면서 정신장애가 발생한다. 펄스는 게슈탈트 상담이 진행되면서 변화되는 성격의 변화 단계를 다섯 개의 층으로 설명하였다. 펄스가 관찰한 과정은 신경증의 층들을 연속적으로 제거하는 것이다. 이러한 과정을 양파 껍질을 벗기는 것에 비유하였기 때문에 흔히 '펄스의 양파 껍질 벗기기 과정'이라고 한다. 이 과정은 한 회기 내에서 일어날 수도 있고 여러 회기를 거치면서 연속적으로 발생할 수도 잇다.

인간은 심리적 성숙을 얻기 위해 신경증의 5개 층, 즉 허위층, 공포층, 난국층, 내적 파열층, 그리고 폭발층을 벗겨야 한다(Perls, 1970). 양파의 가장 바깥 껍질에 해당하는 허위층부터 차례로 살펴보면 다음과 같다(강진령, 2009; 노안영, 2006; Perls, 1970).

#### (1) 허위층

허위층(phony layer)은 접촉 수준의 가장 바깥에 위치하는 층으로 다른 사람과 진실한 마음 없이 형식적이고 피상적으로 접촉하는 수준을 말한다. 상담의 초기에 흔히 볼 수 있는 내담자의 접촉 수준으로, 표면적으로는 세련된 행동과 적응적인 행동을 보이지만 깊은 내면을 노출시키지 않으므로 진정한 변화는 일어나지 않는다.

#### (2) 공포층

공포층(phobic layer)은 거부에 대한 공포와 두려움으로 자기 고유의 모습으로 살아가기보다는 부모나 주위 환경의 기대 역할에 따라 행동하는 단계이다. 이 단계의 사람들은 부모나 교사 등 의미 있는 타인들이 바라는 역할을 연기하며 살아간다. 이들은 자기 고유의 모습을 드러내면 거부당할 것이라는 두려움 때문에 자신의 행동이 연기라는 것을 잊고 그것이 진정한 자신인 줄 착각하고 산다.

### (3) 난국층

난국층(impasse layer)은 역할연기의 무의미함을 깨닫고 역할연기를 그만두고 자립을 시도하지만 무기력과 두려움을 체험하는 단계로 '막다른 골목층'이라고도 불린다. 이 단계에 속하는 내담자는 방향감각을 잃고 오도 가도 못하는 실존적 딜레마(existential dilemma)에 빠지게 되어 공허감과 두려움을 체험한다. 이때 내담자는 "도대체 무엇이 무엇인지 모르겠다." 혹은 "모든 게 혼란스럽다." 등의 표현을 한다.

상담자는 난국층에 있는 내담자가 이러한 상태를 피하지 말고 직면하도록 격려해야 한다. 내담자가 이러한 혼돈 상태를 극복하게 되면 유기체적인 성장과 발달이라는 변화가 일어나면서 새로운 길이 열리게 된다.

### (4) 내적 파열층

내적 파열층(implosive layer)은 자신의 욕구를 인식하지만 겉으로 나타내지 못하고 여전히 환경을 의식하게 되면서 파괴력을 지닌 에너지를 자신의 내부로 발산하는 단계이다. 에너지는 오랫동안 차단되어 왔기 때문에 강력한 파괴력을 지니고 있다. 그래서 내담자는 이러한 파괴적 에너지를 외부로 발산하면 중요한 타인과의 관계가 악화될 것이라는 두려움에 이 에너지를 자신의 내부로 향한다. 그 결과 강력한 파괴력을 지닌 에너지는 폭발하여 내담자의 내면세계를 파괴하고 피폐하게 만든다.

### (5) 폭발층

폭발층(explosive layer)은 신경증의 가장 안쪽에 위치한 층으로, 감정이나 욕구를 더 이상 억압하지 않고 중요한 타인에게 표현하는 단계이다. 개인은 자신의 욕구와 감정을 분명하게 알아차려 강한 게슈탈트를 형성하여 환경과의 접촉을 통해 해결한다. 또한 이전에 억압하고 차단했던 미해결 과제들을 전경으로 떠올려 해결한다. 이 단계에 도달하면서 상담은 종결된다.

### 3) 여기-지금

여기-지금(here & now)은 게슈탈트 상담에서 현재의 완전한 경험과 인식의 중요성을 강조한다. 과거는 지나갔고, 미래는 아직 오지 않았으므로 의미가 있는 것은 오직 현재 뿐이다(Perls, 1970). 과거는 기억 속의 현재이며, 현재는 현재이며, 미래는 기대 속의 현재라고 말한다(노안영, 2006). 그러므로 과거와 미래의 사건은 현재를 통해 볼 수 있다.

게슈탈트 상담의 가장 중요한 공헌 중 하나는 현재의 순간을 경험하고 자각하는 것을 강조한다는 점이다. 게슈탈트 상담은 미해결된 과거 경험으로 인하여 과거가 현재 순간에 규칙적으로 나타날 것이라고 본다. 그래서 상담자는 내담자의 과거를 현재로 가져올 것을 격려한다. 예를 들면, 내담자가 과거의 어떤 사건에 대해서 이야기하면 상담자는 내담자에게 "지금 그 과거를 살고 있는 것처럼 과거를 현재에 재연하라."고 말한다.

### 4) 전경과 배경

게슈탈트 상담은 게슈탈트의 형성을 전경과 배경의 개념으로 설명한다. 게슈탈트를 형성한다는 것은 어느 순간에 가장 긴급한 욕구나 감정을 전경으로 떠올린다는 것이다. 예를 들어, 목이 마르다는 것은 그 순간에 목마름이 전경으로 떠오르고, 그때 하던 다른 일들은 배경으로 물러나게 된다. 이와 같이 여기 그리고 지금에서 관심의 초점이 되는 부분을 전경이라 하고, 관심 밖에 놓여 있는 부분을 배경이라고 한다.

게슈탈트 상담에서는 내담자가 대상을 인식할 때 관심을 갖는 부분은 지각의 중심인 전경으로 떠올리지만 나머지 부분은 배경이 된다고 가정한다. 예를 들어, [그림 10]에서 그림의 검은 부분에 관심을 갖고 전경으로 부각시키면 두 사람이 마주 보는 그림이 되겠지만, 그림의 흰 부분에 관심을 집중시키면 하얀 와인 잔

그림이 될 것이다. 예를 들어, 퇴근하여 집에 가서는 가족과 함께 쉬고 정을 나누고 직장에 가면 업무에 충실한 것이 전경과 배경의 흐름이 원활한 게슈탈트의 완성된 모습이다.

그림 10 **Rubin Vase의 전경과 배경**

출처 : WIKIPEDIA 2012. 10. 20

## 5) 접촉 경계 장애

접촉 경계 장애(contact boundary disturbances)는 자기와 타인들 사이의 경계가 모호하거나 붕괴되어 있어 혼란스런 상태다. 이는 게슈탈트 형성을 방해하는 장애 기제는 프로이트가 제안한 방어기제와 유사한 개념이다. 건강한 사람은 접촉 경계에서 환경과 교류하면서 자신에게 필요한 것은 경계를 열어 받아들임과 동시에 해로운 것은 경계를 닫아 자신을 보호한다.

여기서는 펄스가 제안한 접촉 경계 장애의 주요한 기제인 내사, 투사, 반전, 편향, 융합에 대하여 살펴보자(강진령, 2009; 김춘경 외, 2011; 노안영, 2006)

### (1) 내사

내사(introjection)는 타인의 신념과 기준을 무비판적으로 받아들이는 것을 말한다. 내사가 심한 사람은 자신의 진정한 욕구가 무엇인지 인식하지 못한 채 타인의 기대에 따라 행동하는 데에 익숙해져 있다. 예를 들어 어린 아이들은 흔히 부모나 교사의 도덕적 기준과 신념 및 의견을 무비판적으로 받아들인다. 그런데 자라면서 부모의 견해를 점차 덜 내사하게 된다.

### (2) 투사

투사(projection)는 욕구나 감정을 자신의 것으로 자각하고 접촉하는 것을 두려워하여 책임 소재를 타인에게 돌려서 심리적 부담을 줄이려는 것을 말한다. 즉, 남의 탓으로 돌리는 것이다. 예를 들면, 자신이 타인에게 적대감을 가지고 있으면서 타인이 자신에게 그런 감정을 가지고 있다고 말하는 경우가 투사의 전형적인 예이다.

### (3) 반전

반전(retrojecton)은 타인에게 하고 싶은 행동을 자기 자신에게 하는 것을 말한다. 예를 들면, 심하게 처벌하고 공격적인 부모에게 양육 받은 사람은 화가 난 경우, 타인에게 화를 내고 싶은데도 불구하고 습관적인 처벌에 대한 두려움으로 자신을 공격하고 고문한다.

### (4) 편향

편향(deflection)은 환경과의 접촉이 자신이 감당하기 힘든 심리적 결과를 초래할 것으로 예상될 때, 이러한 경험에 압도되지 않게 환경과의 접촉을 피하거나 감각을 둔화시켜 환경과의 접촉을 약화시키는 것을 말한다. 예를 들어 핵심이 없는 장황한 말, 초점을 흐리는 진술, 시선의 접촉 없이 말하면서 실없이 웃는 것, 자신의 감각을 차단시키는 것 등이 있다.

### (5) 융합

융합(confluence)은 자아와 타인과의 경계가 약하거나 없어서 마치 일심동체와 같은 상태를 말한다. 융합 관계에 있는 사람은 개성과 자유를 포기하고 그 대가로 안정을 얻고자 한다. 융합 관계를 깨뜨리는 행위를 암묵적 계약 위반으로 여겨 상대방의 분노를 사며 죄책감도 느끼게 된다. 이러한 사람들은 자신의 욕구와 감정을 해소하지 못하고 삶에서 미해결 과제를 축적시켜 나간다.

### 6) 미해결 과제

개인에게 어떤 욕구가 출현하여 해결하지 못해 게슈탈트를 완성하지 못하면 그는 미해결 과제(unfinished business)를 갖게 된다. 이러한 미해결 과제는 분노, 증오, 고통, 불안, 죄책감, 회한, 후회와 같은 표현되지 않은 감정으로 나타난다.

미해결 과제가 지금 상황에서 지각되어 다루어지지 않는다면 현재의 자각과 효과적인 수행을 방해한다. 예를 들면, 아침에 여자 친구 문제로 어머니와 심하게 다투고서 학교에 온 학생은, 그것이 미해결 과제로 남아 있어서 편안한 마음으로 공부에 열중할 수 없게 된다. 이때 공부 활동을 전경으로 떠올리지 못하고 오히려 배경으로 물러나게 되며, 어머니와의 다툼이라는 배경이 전경으로 떠오르게 된다.

### 7) 게슈탈트 경험 순환

게슈탈트 상담에 의하면, 우리는 배경으로부터 게슈탈트를 형성해 내어 전경으로 떠올리고, 이를 환경과의 상호작용을 통해 해결하여 배경으로 사라지게 한다. 그리고 또 다시 새로운 게슈탈트를 형성하여 전경으로 떠올리는 순환과정을 되풀이한다. 우리의 유기체적 삶은 바로 이러한 끊임없는 과정인 게슈탈트 경험 순환이라고 할 수 있다. 이러한 게슈탈트가 생성되고 해소되는 순환 과정은 여덟 단계로 일어난다(노인영, 2006 재인용).

첫째, 휴식 단계이다. 인간 유기체가 일을 한 후 휴식에 있어 배고픔은 배경 상태에 놓여 있다.

둘째, 욕구 출현 단계이다. 인간 유기체가 배고픔을 느껴 욕구 출현이 나타난다. 감각 혹은 각성 상태에 놓여 있어서 인간 유기체의 욕구나 감정이 신체감각의 형태로 나타난다.

셋째, 자각 단계이다. 인간 유기체는 배고픔으로 인해 무엇인가를 먹을 필요를 자각한다. 자각을 통해 게슈탈트를 형성하여 전경으로 떠올린다. 이때 인간 유기체는 환경을 조사하여 욕구를 충족시키기 위해 어떤 가능성이 있는가를 생각한다.

넷째, 선택 단계이다. 인간 유기체는 자신이 처한 환경 조건 내에서 그 욕구의 충족 가능성과 어떤 음식을 먹을지를 선택한다. 이러한 욕구를 충족하기 위해 에너지를 동원한다.

다섯째, 접촉 단계이다. 인간 유기체가 행동으로 옮겨 음식을 먹는 접촉이 일어난다. 이를 위해 인간 유기체는 욕구 충족을 위해 음식을 먹기 위한 행동, 즉 접촉을 해야 한다.

여섯째, 동화 혹은 거절 단계이다. 인간 유기체로서 욕구 충족을 위해 음식을 먹거나 혹은 음식이 욕구 충족에 부적절한 경우 거절한다.

일곱째, 만족 단계이다. 인간 유기체는 욕구 충족을 위해 적절한 음식을 먹고 만족을 경험한다. 이러한 만족은 욕구를 해소시키는 것으로 배고픔의 게슈탈트를 완성한 것을 의미한다.

여덟째, 철회 단계이다. 인간 유기체는 배고픔의 게슈탈트를 완성했으므로 새로운 게슈탈트를 형성하기 위한 철회의 상태에 있게 된다.

## 04 상담 목표와 과정

### 1) 상담 목표

게슈탈트 상담의 궁극적 목표는 먼저 내담자가 성숙하여 자신의 삶을 책임지고 접촉을 통해 게슈탈트를 완성하도록 하는 것이다. 그리고 내담자가 느끼는 불안을 자신의 삶의 일부분으로 수용하고 처리하도록 조력하는 것이다. 게슈탈트 상담은 인간 유기체가 자기 조절 기능을 수행할 수 있다는 유기체의 지혜를 신뢰한다. 그러므로 인생에서 맺는 다양한 인간관계에서 너무 계산적이거나 강박적으로 빠지지 않고 있는 그대로 자신을 수용하면서 살아갈 것을 제안한다.

게슈탈트 상담의 궁극적 목표를 달성하기 위한 몇 가지 구체적 목표가 있다. 이러한 목표는 서로 독립적이라기보다는 상호 관련되어 있고 상보적이다. 이를 살펴보면 다음과 같다(김정규, 2009).

첫째, 내담자 자신의 경계(I-boundary)를 확장하도록 한다. 내담자는 자신의 억압된 감정이나 욕구에 직면하는 것을 두려워하기 때문에 자아 방어를 하는 데에 많은 에너지를 소모하고, 그 결과 창의적이고 자유로운 삶을 살지 못한다. 그러므로 내담자의 방어를 해체하고 억압했던 자신의 부분을 다시 접촉하도록 하여 내담자의 체험 영역을 확장시켜 주는 것이 필요하다.

둘째, 분할되고 소외된 인격이 통합되도록 한다. 심리 장애란 전체의 일부분만을 자신의 것으로 인정함으로써 인격의 여러 부분을 자신으로부터 소외시켜 접촉하지 못하도록 한다. 그러므로 인격의 부분을 다시 접촉하여 체험하게 함으로써 인격을 통합된 전체로 작용하도록 하는 것이 중요하다.

셋째, 증상의 제거보다는 성장하도록 한다. 인간 유기체는 스스로 이상적 상태로 변화하고 성장해 나갈 수 있다. 따라서 내담자의 인격에서 병적인 부분을 제거하거나 교정하는 것이 아니라 내담자의 자생력을 북돋아 주어 스스로 혼란을 극복하여 새로운 변화와 성장을 향해 나가도록 도와주는 것이다.

넷째, 실존적 삶을 살도록 한다. 실존적 삶을 산다는 것은 진정한 자기 자신이 된다는 것을 의미한다. 내담자가 중요한 타인들의 기대에 따른 인간이 되려는 시도를 포기하고 진정한 자신이 될 때 비로소 변화와 성장이 일어날 수 있기 때문이다.

## 2) 상담 과정

게슈탈트 상담에서는 상담 과정에서 상담자가 중심적 역할을 한다. 상담자는 상담에서 어떤 활동을 할 것이고, 누구와 언제 그런 활동을 할 것인가를 정한다 (Hansen, Stevic & Warner, 1976). 상담 과정에서 초점은 자아와 자아를 구성하고 있는 모든 감정, 행동, 경험 및 미해결 상황에 대한 자아의 각성(awareness)에 둔다.

게슈탈트 상담 과정은 두 단계로 구분할 수 있다(Yontef, 1995). 첫째 단계에서는 상담자와 내담자가 진솔한 접촉에 근거한 관계 형성과 내담자로 하여금 현재 무엇이 어떻게 진행되는가를 자각하도록 촉진한다. 둘째 단계는 내담자가 게슈탈트를 완성하지 못하게 하는 심리적 문제를 실험과 기법을 통해 체험하도록 함으로써 게슈탈트를 완성하도록 한다.

한편 게슈탈트 상담의 발전에 공헌한 폴스터(M. Polster, 1987)는 내담자가 성장해 가는 세 단계 변화 과정을 다음과 같이 제안하였다.

첫째, 발견 단계이다. 이 단계에서는 내담자가 이전에 깨닫지 못했던 자신을 현실적으로 이해하게 되고 자신, 타인, 상황, 문제에 대한 새로운 관점을 발견하게 된다.

둘째, 조절 단계이다. 이 단계에서는 상담자의 치료적 지지 속에서 새로운 행동을 연습하고 어려운 상황에 대처하는 기술을 획득한다. 그리고 자신이 새로운 선택을 하는 것이 가능하고 새로운 방식으로 시도할 수 있다는 것을 알게 된다.

셋째, 동화 단계이다. 내담자는 새로운 행동을 선택하고 시도하는 것에서부터 자신의 환경을 변화하는 방법을 학습하는 것으로 발전한다. 이 단계에서는 환경을 수동적으로 받아들이는 것이 아니라 많은 것을 능동적으로 할 수 있게 된다.

## 05 상담 기법

게슈탈트 상담은 내담자의 자각이나 인식 혹은 알아차림을 촉진하기 위해 다양한 기법을 창의적으로 사용할 것을 강조한다. 여기서는 게슈탈트 상담에서 주로 사용하는 기법에 대하여 살펴보기로 한다(강갑원, 2004; 노안영, 2006; 이형득 외, 1994).

### 1) 각성 기법

게슈탈트 상담에서는 내담자의 여기-지금에서 체험하고 있는 모든 것을 자각하는 것이다. 즉, 게슈탈트 상담에서 사용하는 각성 기법에는 자신의 욕구와 감정, 신체, 환경, 언어 습관 등이 있다.

#### ① 감정 자각

이것은 내담자로 하여금 자신의 욕구와 감정이 무엇인지를 분명하게 깨닫게 하

는 방법이다. 이를 통해 내담자는 자신의 욕구와 감정을 깨닫게 되어 자기 자신 및 환경과 진정으로 접촉할 수 있게 되어 성장과 변화가 가능하게 된다. 내담자가 자신의 욕구와 감정을 보다 선명하게 자각하도록 하기 위하여 다음과 같은 질문을 할 수 있다.

- 지금 어떤 느낌이 듭니까?
- 방금 그 말씀을 왜 하게 되었는지 느껴 보세요.
- "나는 ~을 하고 싶다."라는 문장을 세 개 정도 말해 보세요.

**② 신체 자각**

'건강한 신체에 건강한 정신이 깃든다.'라는 말에서 보듯이 정신과 신체는 불가분의 관계에 있다고 볼 수 있다. 따라서 게슈탈트 상담자는 내담자가 느끼는 신체 감각을 자각해 보도록 한다. 이때 에너지가 통합되지 않은 감정과 관련되어 있어 근육 긴장으로 나타나거나 심하면 통증을 유발하기 때문에 에너지가 많이 집중되어 있는 신체 부분의 자각을 중시한다. 신체 자각을 위해 다음과 같은 질문을 할 수 있다.

- 신체가 무엇을 말하려고 하는지 들어보세요.
- 호흡을 자각해 보세요.
- 당신의 손은 당신에게 무엇을 말하려고 합니까?

**③ 환경 자각**

내담자는 미해결 과제로 인해 자신에게 몰입해 있기 때문에 주위 환경에서 일어나는 것을 잘 자각하지 못하여 현실과 단절되어 있기 쉽다. 이때 내담자로 하여금 주위 사물과 환경에 대하여 자각하도록 함으로써 현실 접촉을 증가시킬 수 있다. 상담자는 환경 인식을 위해 다음과 같은 질문을 할 수 있다.

- 상담실 안에 무엇이 보입니까?
- 눈을 감고 주위에서 들리는 소리를 들어 보세요.

• 눈을 감고 상대방의 얼굴을 떠올려 보세요. 이제 눈을 뜨고 그 사람의 얼굴을 보세요. 어떤 차이가 느껴집니까?

#### ④ 언어 자각

언어의 사용 방식에 따라 접촉이 증가할 수도 있고 단절될 수도 있다. 그래서 내담자의 언어 습관을 관찰하여 수정해 주는 것이 중요하다. 특히 내담자의 언어 습관 중에서 문제가 되는 것은 책임을 회피하는 언어 습관이다.

첫째, 책임 소재가 불명확한 경우이다. '나는'이라고 말해야 할 곳에 '우리', '당신', '그것' 등의 대명사를 사용하는 경우이다. 이때 주어를 '나는'이라고 바꾸어서 말하도록 한다. 예를 들어 "손이 어떻습니까?"라는 질문에 내담자가 "그것이 떨고 있습니다."라고 말하면 "나는 손을 떨고 있습니다."라고 바꾸어 말하도록 한다.

둘째, 객관적 어투로 말하는 경우이다. "나는 ~하여야 할 것이다."라고 말을 하는 경우이다. 이때 "나는 ~하고 싶다."로 말하도록 한다.

셋째, '그러나'를 사용하는 경우이다. 이때 '그러나'를 '그리고'로 바꾸도록 한다. 예를 들어 "늦지 않으려고 했습니다만……."을 "늦지 않으려고 했습니다. 그리고……."로 바꾸도록 한다.

### 2) 빈 의자 기법

빈 의자 기법(empty chair technique)은 게슈탈트 상담의 대표적인 기법으로 현재 상담 장면에 와 있지 않은 사람과 상호작용할 필요가 있을 때 사용하는 기법이다. 이 기법에서는 두 개의 의자가 사용되는데, 내담자는 의자를 번갈아 가면서 서로 대화를 나눈다. 이 과정에서 내담자의 투사가 표면화되어 내담자의 갈등을 실제로 경험할 수 있게 된다. 갈등은 내담자가 양쪽의 요구를 받아들여 통합할 때 해소된다.

표 16 빈 의자 기법의 구체적인 예

| |
|---|
| ① 마주치기 싫거나 상대하기가 불편한 사람과 의자에 마주앉아 있다는 설정으로 시작한다. 내담자가 내담자이고 상담자는 안내자이다. 상담자는 제3의 입장에서 안내하고 내담자는 그 안내에 따라서 질문에 대답하든지 위치를 이동한다.<br>② 의자를 2개 준비하고 서로 마주보고 40~50㎝ 정도 떨어지게 배치한다. |

③ 내담자는 일상생활 중에서, 또는 지금까지 살아오면서 상대하기 싫었던 사람이나 불편한 관계를 개선하고 싶었던 사람을 한 사람 선정한다.
④ 내담자는 자기의 의자(제1의 위치)와 지금 선정한 상대방의 의자(제2의 위치), 그리고 두 의자 사이에 제3의 위치를 설정한다.
⑤ 내담자는 먼저 자신의 의자에 앉습니다. 그리고 맞은편 의자에 앞에서 선정한 상대방이 앉아 있다고 상상한다.
⑥ 상담자는 내담자에게 보이지 않도록 내담자의 어깨 뒤에 약간 몸을 낮추어 앉는다. 그리고 상담자가 안내를 시작한다.

상담자 : 당신 앞에 앉아 있는 사람은 누구입니까?
내담자 : ______씨입니다.(상대방의 이름을 대답한다.)
상담자 : 그 사람과 있으면 어떤 기분입니까?(상담자는 내담자의 체험을 듣는다.)
내담자 : (거북한 느낌, 무거운 느낌) ______ 등등입니다.
상담자 : 당신 앞에 있는 ______씨에게 하고 싶은 말을 전하세요.
내담자 : ______씨, …….
상담자 : 모두 전하였습니까?
내담자 : 예.
상담자 : 당신의 모든 것은 지금 자리에 두고 천천히 제3의 위치로 나와 주세요.
(내담자는 자신을 제1의 위치에 그대로 두고 자기의 껍질 밖으로 벗어나는 느낌으로 나온다. 내담자와 상담자가 함께 제3의 위치에 선다.)
상담자 : 심호흡을 합시다.(두 사람이 함께 크게 심호흡을 한다.)
(상담자는 내담자가 완전히 자기로부터 벗어나 있는 것을 체크하기 위하여 지금까지의 대화와 전혀 관계없는 질문을 한다. 질문은 간단하게 의식을 바꿀 수 있는 것이라면 무엇이든 좋다.)
상담자 : 오늘 아침 식사는 뭐로 하셨나요?
내담자 : 토스트와 계란 프라이를 먹었습니다.
상담자 : 여기에 앉아 있는 사람은 누구입니까?(내담자가 앉아 있던 제1의 위치를 가리킨다.)
내담자 : ______씨입니다.(자신이 앉아 있던 자리를 제3자로서 바라보며 대답한다.)
상담자 : 이쪽에 앉아 있는 사람은 누구입니까?(다른 한쪽 의자를 가리킨다.)
내담자 : ______씨입니다.
상담자 : 천천히 ______씨 속으로 들어가 주세요. (내담자는 천천히 제2의 위치에 앉는다.)
상담자 : ______씨, 앞서의 이야기를 듣고 ______씨에게 하고 싶은 말을 전해 주세요.
내담자 : ______씨, …….
상담자 : 이야기가 끝났습니까?
내담자 : 예.
상담자 : ______씨, 당신의 기분과 몸을 거기에 그대로 두고, 천천히 제3의 위치로 나와 주세요. (두 사람이 함께 제3의 위치에 선다.)
상담자 : 심호흡을 합니다. (두 사람이 함께 심호흡을 한다.)
상담자 : 그런데 오늘 아침에 몇 시에 일어났습니까?
내담자 : 7시입니다.
상담자 : 여기에 앉아 있는 사람은 누구입니까? (______씨의 의자를 가리킨다.)
내담자 : ______씨입니다.
상담자 : 이쪽에 앉아 있는 사람은 누구입니까? (다른 쪽 의자를 가리킨다.)
내담자 : ______씨입니다. ('씨'라는 호칭을 쓴다면 내담자는 완전히 분리된 상태라고 볼 수 있다.)
상담자 : 천천히 ______씨 속으로 들어가 주세요. (내담자는 천천히 원래의 의자에 앉는다.)
상담자 : ______씨, 앞서의 이야기를 듣고 ______씨에게 하고 싶은 말을 전해 주세요.
내담자 : ______씨, …….
상담자 : 전부 이야기했습니까?
내담자 : 예.

> 상담자 : 처음에 ______씨와 마주했을 때와 비교해서 지금은 어떤 차이가 있습니까? (내담자는 지금의 기분을 이야기한다.)
> 상담자 : 그러면 다시 한 번 제3의 위치로 나와 주세요. (두 사람이 함께 나란히 선다.)
> 상담자 : 여기에서 서로 마주 보고 있는 두 사람의 관계는 어떻게 보입니까? 어떤 가능성이 있어 보입니까? (내담자는 어떻게 보이는지를 이야기한다.)
> 그리고 다시 제1의 위치로 돌아와 상대방에게 하고 싶은 이야기를 합니다. 마지막으로 제3의 위치로 나와 자기와 그 사람과의 관계를 봅니다.
> 이제 다시 일상으로 돌아가 ______씨와 다시 마주한다면 어떻게 달라질 것 같습니까?(실제 생활에서 적용해 보도록 하여 내담자가 갈등을 통합하도록 돕는다)

### 3) 내적 대화 연습

게슈탈트 상담 목표 중의 하나는 내담자가 기능을 통합하도록 하는 것이며 객체가 거부하고 부인했던 성격의 일부를 수용하게 하는 것이다. 객체의 내면은 환경의 통제를 시도하며 상전(top dog)과 하인(under dog)으로 나뉘어 싸우는데 에너지를 낭비한다. 이것을 펄스는 자기 고문 게임(self-torture game)이라고 하였다.

상전은 프로이트의 초자아에 해당하는 것으로 권위적이고 명령적이며 도덕적이다. 항상 당위적이고 권위적이어서 명령으로 개체를 조작하고 통제하려 한다. 반면 하인은 약하지만 다양한 전략을 구사하여 상전과 싸움을 한다. 내적 대화 연습(internal dialogue exercise)을 통해 상담자는 내담자에게 이러한 상전과 하인의 내면적 대화를 의식화시켜서 자신의 행동에 대한 이해와 통합을 돕는다.

### 4) 과장하기 연습

과장하기 연습(exaggeration exercise)은 내담자가 무의식적으로 혹은 습관적으로 보여 주는 행동이나 제스처를 반복해서 과장되게 표현하게 하는 방법이다. 이를 통해 내담자의 행동 기저에 있는 감정을 부각시켜 행동의 의미를 보다 분명히 알게 된다. 예를 들면, 감정 표출을 애써 자제하며, 작은 소리로 말하곤 하는 내담자에게 상담자는 내담자에게 훨씬 더 작은 소리로 말하게 하는 것이다.

### 5) 시연 연습

시연 연습(rehearsal exercise)은 각성을 높이기 위해 과거에 있었던 어떤 장면이나 미래에 있을 수 있는 어떤 장면을 현재에 벌어지는 장면으로 상상하여 실제 행동으로 시연해 보도록 하는 것이다. 예를 들어 상담자는 내담자에게 "당신이 원하는 대학에 떨어지면 아버지가 뭐라고 말씀하실 것 같은지 아버지라고 생각하고 말해 보세요."라고 말할 수 있다.

### 6) 역전 기법

역전 기법(reverse technique)은 내담자가 하고 있는 행동과 정반대가 되는 행동을 하게 함으로써 그 반대 행동이 새로운 행동을 하게 할 가능성이 있다는 것을 깨닫게 하는 기법이다. 흔히 내담자는 어느 한 행동 패턴이나 생각에 집착하여 자신의 현재 행동에 대한 다른 대안을 미처 생각하지 못하는 경우가 있다. 그런데 종종 문제의 해결책은 내담자가 하고자 하는 행동의 반대에 있을 수 있다. 예를 들면, 상담자는 내담자가 매우 방어적일 경우, 상대편의 비판에 변명하거나 합리화하지 말고 받아들이도록 해보라고 할 수 있다.

### 7) 창조적 투사하기

인간은 끊임없이 투사를 하면서 살아간다. 투사는 창조적 투사와 병적 투사로 나눌 수 있다. 이 기법은 무의식적인 투사인 병적 투사를 의식적 투사인 창조적 투사로 바꾸는 것이다. 게슈탈트 상담에서는 내담자로 하여금 자신의 욕구나 감정을 의도적으로 타인에게 투사하는 역할연기를 하게 함으로써 투사의 주체가 바로 내담자 자신임을 자각하게 한다. 예를 들면, 다른 사람이 자신을 의심하고 험담하려 한다고 말하는 내담자에게 직접 그 사람이 하는 행동을 해 보도록 하는 것이다. 이를 통해 그 행동은 다름 아닌 자신이 그 사람에게 하고 싶은 행동일 수 있다는 것을 깨닫도록 한다.

### 8) 책임지기

이 기법은 내담자에게 어떤 진술을 하게 한 다음 "나는 그것에 대해 책임이 있습니다."라고 말하게 함으로써 자신의 행동에 대하여 책임을 지는 태도를 강화하는 것이다. 예를 들면 "난 짜증이 나요. 그리고 나는 그것에 대해 책임이 있습니다."라고 말하게 하는 것이다.

### 9) 현실 검증을 위한 과제하기

이 기법은 내담자에게 상담 과정에서 학습한 것을 일상생활에서 실험해 보도록 여러 가지 숙제를 부과하는 것을 말한다. 예를 들면 다른 사람의 눈을 마주하는 것을 두려워하는 내담자에게 다른 사람과 이야기할 때 눈을 계속 쳐다보면서 하는 숙제를 내어 줄 수 있다. 이 기법은 상담 과정에서 학습한 기술을 일상생활에 적용해 보도록 하는 의미 외에도 현실 검증을 해보는 의미가 있다.

### 10) 꿈 작업

꿈 작업(dream work)은 꿈을 해석하거나 분석하지 않고 내담자의 꿈에 나타난 사물이나 인물을 내담자와 동일시함으로써 내담자가 회피해 왔던 자신의 욕구, 충동, 감정에 다시 접촉하고 통합하도록 하는 방법이다. 이 기법은 꿈에 나타난 인물이나 사물을 내담자의 욕구나 충동, 혹은 감정이 외부로 투사된 것으로 본다.

게슈탈트 상담에서는 꿈을 미해결 과제를 나타내기는 하나 모든 꿈에는 자신에 대한 실존적 메시지와 현재 경험하고 있는 갈등을 담고 있다고 본다. 따라서 게슈탈트 상담자는 내담자에게 꿈에 나타난 사람이나 사물의 행동이나 말 혹은 모습 등을 현재 일어나고 있는 것처럼 생생하게 연기해 보도록 한다. 가령 살인자에게 쫓기는 꿈을 꾼 내담자에게 스스로 살인자 역할을 연기해 보도록 하는 것이다. 그렇게 함으로써 내담자는 자신의 공격성을 자각하고 접촉할 수 있다. 또한 자신의 공격성을 조절할 수 있는 능력이 생기게 되고 더 이상 이를 억압할 필요가 없어 악몽도 사라지게 된다.

## 06 게슈탈트 상담의 사례

게슈탈트 상담의 사례는 다음과 같다(김정규, 2013).

상담자: 한 주일 동안 어떻게 지내셨죠?
내담자: 계속 불안하고, 지나가는 사람들 눈치가 보이고, 나를 공격할 것 같고, 집에 있으면 어머니 잔소리가 듣기 싫고, 짜증만 나고…. 아버지가 지나가면 한숨 쉬는 것을 들으면 미칠 것 같고… 삶에 의욕도 없고, 계속 잠만 자고, 음악 듣고… 뭐 그렇게 지냈죠(말을 하면서도 계속 좌우를 살핀다)
상담자: 지금 이 순간은 어떠신지요?
내담자: (치료실 밖에서 여자들이 떠들며 지나가는 소리가 난다) 불안해요. 그리고 좀 화가 나는 것 같아요
상담자: 무슨 화날만한 이유라도 있어요?
내담자: 밖에 지나가는 여자들이 나를 비웃는 것 같아요… 막 화가 나고 소리치고 싶어요…. 죽이고 싶어요.
상담자: 지나가는 여자들이 어떻게 비웃는 것 같습니까? 그 여자들 입장이 되어서 한번 빈 의자에 자기 자신이 앉아 있다고 상상하시면서, 한번 말을 해보시겠습니까?
내담자: (빈 의자를 향해 소리지른다) 야! 이 병신 같은 자식아! 너 같은 놈은 아예 죽어라. 쌀 아깝다. 쌀 아까워! 말도 안하고 가만히 앉아있는 자식이…. 네가 남자냐?
상담자: 그 말을 들은 자기 기분은 어때요?
내담자: 막 화가 나요! 그리고 제 자신이 한심해 보여요.
상담자: 그러면 이번에는 의자를 바꾸어 앉으셔서, 저쪽에 앉아있는 그 여자들에게 대답을 해보시겠어요?
내담자: 너희 같은 여자들한테 그런 소리 듣고 싶지 않아! 아휴! 정말… 너희 같은 년들은….!(주먹을 내젓는다)
지료자: 지금 기분은 어떠세요?
내담자: 아까보단 훨씬 나아요. (잠시 침묵) 세상 사람들이 다 아래로 보이는 기분예요. 다 내 종으로 보여요!
상담자: 그 말을 세상 사람들한테 해보실 수 있겠어요?
내담자: 너희들은 다 벌레 같은 존재야! 나하고는 상대가 안돼! 너희들은 무가치한 존재야! 너희들이 하는 짓은 다 하찮고 시시한 일들이야. 나는 신에게도 이기고 싶어…! (상기된 표정)
상담자: 그러면 이번에는 이쪽으로 앉으셔서, 세상 사람들 입장이 되어 대답해 보시겠어요?
내담자: 너 같은 인간은 정신병자야! 이 세상에서 살 가치가 없는 존재야! 우리 앞에서 사라져! 다시는 우리 앞에 나타나지마! 너 같은 인간은 이 세상에서 영원히 없어져야 돼!
상담자: 서로 팽팽한 싸움이군요. 다시 자리를 바꾸어 대화를 계속해 보시죠.

## 07 게슈탈트 상담의 강점과 한계

### 1) 강점

게슈탈트 상담의 강점은 다음과 같다(강갑원, 2004; 강진령, 2009; Corey, 1977).

첫째, 게슈탈트 상담은 성장과 발달적 관점을 중시하고 있다는 점이다. 게슈탈트 상담은 인간은 통합적 맥락에서 벗어나 이해될 수 없고, 현재 처한 환경에 따라 선택하기 때문에 내담자의 성장과 발달을 위해 삶의 여러 측면의 통합과 수용을 강조한다. 그러므로 게슈탈트 상담은 내담자가 미해결 과제를 해결하도록 하여 게슈탈트를 완성할 수 있도록 도울 수 있다.

둘째, 게슈탈트 상담은 상담자가 상담 기법을 창의적으로 적용하여 상담할 수 있다는 점이다. 게슈탈트 상담자는 상담과 심리치료에 필요한 기법들을 현재로 가져와 내담자의 과거를 생생하고 활기찬 방법으로 적용할 수 있다.

셋째, 게슈탈트 상담은 다양한 인구 집단에 적용할 수 있다는 점이다. 게슈탈트 상담은 기법의 적용에 있어 상당히 탄력적이다. 그래서 공허감과 무능력감을 느끼는 사람이나 양극단을 경험하는 이중 문화를 가진 사람에게 많은 도움이 된다.

넷째, 게슈탈트 상담은 직접적 신체적 접촉과 감정을 중시한다는 점이다. 게슈탈트 상담은 내담자 자신의 문제에 대하여 이성적 혹은 지적 관념을 중시하지 않는다. 대신에 내담자 자신을 끄는 느낌과 문제의 원인을 깨닫도록 해준다.

### 2) 한계

게슈탈트 상담의 비판과 한계는 다음과 같다(강갑원, 2004; 강진령, 2009; Corey, 1977).

첫째, 게슈탈트 상담은 상징이나 심상, 환상을 사용하는 능력이 결여된 내담자에게 도움이 되지 못한다는 점이다. 상징적 용어를 사용하여 표현하는 것이 어려운 내담자에게 그다지 효과가 없다.

둘째, 게슈탈트 상담은 개인이 자신의 운명에 책임이 있는 유일한 존재로 보았

다는 점이다. 모든 결과를 내담자 자신의 책임으로 돌림으로써 타인의 영향이나 보다 큰 사회의 기능을 무시하고 있다.

셋째, 게슈탈트 상담은 행동화 경향이 심한 내담자에게는 그 행동을 강화시킬 수 있다는 점이다. ADHD 경향을 가진 사람이나 공격적인 사람에게 그 행동을 다시 재연하게 하는 것은 자각보다는 그 행동을 강화시킬 수 있다.

넷째, 게슈탈트 상담은 상담 및 심리치료 절차가 분화되지 않았다는 점이다. 현상학적 입장을 고수함으로써 임상적 진단 체계인 심리검사를 지나치게 경시하는 경향이 있다. 그 결과 연구와 치료 활동이 체계적이지 못하다.

## 실/전/도/전/문/제

학습한 내용을 바탕으로 실전에 도전해 봅시다.

**1. 다음 사례에서 게슈탈트 이론의 접촉경계 혼란 현상은?** (청소년상담사 3급, 2018)

> 고등학생 A는 우울과 신체화 증상을 자주 호소한다. 이러한 증상은 학교에서 친구들과 갈등이 생길 때 더욱 심하게 경험하게 되는데, 특별히 자각하지 못한 채 자동적으로 일어난다고 하였다.

① 반전　② 투사　③ 편향
④ 융합　⑤ 내사

**2. 게슈탈트 상담기법과 그 목표를 짝지은 것으로 옳지 않은 것은?** (청소년상담사 3급, 2016)

① 실연(enactment): 명확하고 생생한 내담자 환경 자각
② 과장하기: 자기 감정이나 욕구에 대한 내담자 이해 촉진
③ 꿈 작업: 억압하거나 회피했던 충동과의 접촉 및 통합
④ 실험하기: 문제 명료화와 새로운 해결책 모색 촉진
⑤ 빈 의자 기법: 내면에 억압된 자기와의 접촉

**3.** 상담이 진행되는 동안 성격이 변화되는 단계를 설명한 게슈탈트 상담의 다섯 층에 관한 설명으로 옳지 않은 것은? (청소년상담사 3급, 2015)

① 피상층: 서로 피상적이고 형식적으로 교류하는 단계
② 공포층: 환경에 적응하기 위해 자신의 욕구를 억압하고 주위의 기대에 맞추어 행동하는 단계
③ 난국층: 지금까지 해 왔던 연기를 그만두고 자립을 시도하지만 아직은 힘이 약해서 실존적 딜레마에 빠져 꼼짝하지 못하는 단계
④ 내파층: 자신의 문제에 대한 통찰을 얻고 증상의 의미 등이 명료화되는 단계
⑤ 폭발층: 환경과 접촉하여 게슈탈트를 형성하고 이를 해소하는 단계

**4.** 다음 사례에 적용된 게슈탈트 상담의 기법은? (청소년상담사 2급, 2017)

내담자 A에게 유혹적인 자신을 억압하는 내면의 목소리가 있음을 파악했을 때, 상담자는 A로 하여금 왜 자기가 유혹적이어서는 안 되는지 따지도록 한다. 또 반대로 억압하는 내면의 목소리가 그 이유를 말하도록 한다. 내담자는 이러한 과정을 통해 차츰 자신의 유혹적인 부분에 접촉하게 되어 소외시켜 온 자신의 유혹적인 부분을 통합하게 된다.

① 현재화기법 ② 논박기법 ③ 분리-개별화
④ 창조적 투사 ⑤ 상전과 하인

**5.** 게슈탈트 상담자가 사용하는 알아차리기 기법에 관한 설명으로 옳지 않은 것은? (청소년상담사 2급, 2015)

① 지금-여기에서 경험하는 욕구와 감정을 알아차리게 돕는다.
② 신체 알아차리기와 책임 알아차리기는 언어수정을 통해 이루어진다.
③ 내담자의 자기조절 방해물을 제거하고 미해결 과제의 해결을 돕는다.
④ 내담자의 경험을 알아차리고 행동의 주체와 책임을 분명히 인식하도록 돕는다.
⑤ 내담자가 자기 생각을 감추기 위해 사용한 서술문을 의문문으로 고쳐 쓰도록 돕는다.

**정답**

1. ① 2. ① 3. ④ 4. ⑤ 5. ⑤

따뜻하고 유능한 상담자가 되기 위한 <상담심리 실습 17>

## 브래뉴(brand new) 빈 의자 기법

3~4명을 한 팀으로 구성하여 한 사람은 안내자(상담자)가 되고 한 사람은 내담자가 된다. 두 명은 관찰한 후 피드백을 주며, 교대로 역할을 바꾸어서 해본다. 팀별 활동이 모두 끝나면 소감 나누기를 한다.

① 마주치기 싫거나 상대하기가 불편한 사람과 의자에 마주앉아 있다는 설정으로 시작한다. A가 내담자이고 B는 안내자이다. B는 제3의 입장에서 안내하고 A는 그 안내에 따라서 질문에 대답하든지 위치를 이동한다.

② 의자를 두 개 준비하고 서로 마주보고 40~50㎝ 정도 떨어지게 배치한다.

③ A는 일상생활 중에서 또는 지금까지 살아오면서 상대하기 싫었던 사람이나 불편한 관계를 개선하고 싶었던 사람을 한 사람 선정한다.

④ A는 자기의 의자(제1의 위치)와 지금 선정한 상대방의 의자(제2의 위치), 그리고 두 의자 사이에 제3의 위치를 설정한다.

⑤ A는 먼저 자신의 의자에 앉습니다. 그리고 맞은편 의자에 앞에서 선정한 상대방이 앉아 있다고 상상한다.

⑥ B는 A에게 보이지 않도록 A의 어깨 뒤에 약간 몸을 낮추어 앉는다. 그리고 B가 안내를 시작한다.

B : 당신 앞에 앉아 있는 사람은 누구입니까?

A : ______씨입니다.(상대방의 이름을 대답한다.)

B : 그 사람과 있으면 어떤 기분입니까? (B는 A의 체험을 듣는다.)

A : (거북한 느낌, 무거운 느낌) ______ 등등입니다.

B : 당신 앞에 있는 ______씨에게 하고 싶은 말을 전하세요.

A : ______씨, …….

B : 모두 전하였습니까?

A : 예.

B : 당신의 모든 것은 지금 자리에 두고 천천히 제3의 위치로 나와 주세요. (A는 자신을 제1의 위치에 그대로 두고 자기의 껍질 밖으로 벗어나는 느낌으로 나옵니다. A와 B가 함께 제3의 위치에 선다.)

B : 심호흡을 합시다. (두 사람이 함께 크게 심호흡을 한다.)

(B는 A가 완전히 자기로부터 벗어나 있는 것을 체크하기 위하여 지금까지의 대화와 전혀 관계없는 질문을 한다. 질문은 간단하게 의식을 바꿀 수 있는 것이라면 무엇이든 좋다.)

B : 오늘 아침 식사는 무엇으로 하셨나요?

A : 토스트와 계란 프라이를 먹었습니다.

B : 여기에 앉아 있는 사람은 누구입니까? (A가 앉아 있던 제1의 위치를 가리킨다.)

A : A씨입니다. (자신이 앉아 있던 자리를 제3자로서 바라보며 대답한다.)

B : 이쪽에 앉아 있는 사람은 누구입니까? (다른 한쪽 의자를 가리킨다.)

A : ______씨입니다.

B : 천천히 _____씨 속으로 들어가 주세요. (A는 천천히 제2의 위치에 앉는다.)

B : ______씨, 앞서의 이야기를 듣고 A씨에게 하고 싶은 말을 전해 주세요.

A : A씨, …….

B : 이야기가 끝났습니까?

A : 예.

B : ______씨, 당신의 기분과 몸을 거기에 그대로 두고, 천천히 제3의 위치로 나와 주세요. (두 사람이 함께 제3의 위치에 선다.)

B : 심호흡을 합니다. (두 사람이 함께 심호흡을 한다.)

B : 그런데 오늘 아침에 몇 시에 일어났습니까?

A : 7시입니다.

B : 여기에 앉아 있는 사람은 누구입니까? (______씨의 의자를 가리킨다.)

A : ______씨입니다.

B : 이쪽에 앉아 있는 사람은 누구입니까? (다른 쪽 의자를 가리킨다.)

A : A씨입니다. ('씨'라는 호칭을 쓴다면 A는 완전히 분리된 상태라고 볼 수 있다.)

B : 천천히 A씨 속으로 들어가 주세요. (A는 천천히 원래의 의자에 앉는다.)

B : A씨, 앞서의 이야기를 듣고 ______씨에게 하고 싶은 말을 전해 주세요.

A : ______씨, …….

B : 전부 이야기했습니까?

A : 예.

B : 처음에 _____씨와 마주했을 때와 비교해서 지금은 어떤 차이가 있습니까?

(A는 지금의 기분을 이야기한다.)

B : 그러면 다시 한 번 제3의 위치로 나와 주세요. (두 사람이 함께 나란히 선다.)

B : 여기에서 서로 마주 보고 있는 두 사람의 관계는 어떻게 보입니까? 어떤 가능성이 있어 보입니까? (A는 어떻게 보이는지를 이야기한다.)

그리고 다시 제1의 위치로 돌아와 상대방에게 하고 싶은 이야기를 합니다. 마지막으로 제3의 위치로 나와 자기와 그 사람과의 관계를 봅니다.

이제 다시 일상으로 돌아가 ______씨와 다시 마주한다면 어떻게 달라질 것 같습니까?

출처 : 심교준 역(2001). 인생을 위한 NLP. 서울: 한언.

# 14 chapter 교류분석

정신분열증은 정상적인 상황에 대한 잘못된 반응인가, 아니면 잘못된 상황에 대한 정상적인 반응인가?

-정신의학자 레잉(Laing)의 〈정신분열증에 대한 분석 연구〉 중에서-

## 01 이론의 개관

교류분석(Transactional Analysis: TA)은 1958년 캐나다 출신 미국의 정신과 전문의인 에릭 번(Eric Berne, 1910~1970)이 창시한 상담 이론이자 심리치료 기법이다. 교류분석이란 인간관계에서 사람들 사이에 이루어지고 있는 언어적 상호작용, 즉 교류를 분석하는 것이다. 여기서 교류는 단순히 표면적인 대화에서부터 마음 속 깊이 전해지는 미묘한 의미 혹은 숨겨진 의도에 이르기까지 다양한 측면을 포함하는 의사소통을 말한다.

교류분석은 정신분석과 연결고리를 지닌 인지이론으로 분류되기도 한다. 1960년대 초, 교류분석은 번의 저서 『사람들이 하는 게임(Games People Play)』과 토마스 해리스(Thomas Harris, 1967)의 저서 『자기 인정, 타인 인정(I'm OK, You're OK)』이 출판과 함께 베스트셀러가 되면서 비로소 세상에 알려지게 되었다. 이 두 권의 저서는 번의 이론을 보다 매력적이고 일반 대중들에게 친근감을 갖게 하는 역할을 하였다.

교류분석에서는 인간이 세 가지의 자아상태, 즉 부모(parent), 성인(adult), 아동(child) 자아상태를 가지고 있다고 본다. 이러한 세 가지 자아상태는 프로이트의 정신분석에서 제안한 성격의 구성 요소인 초자아, 자아, 원초아와 비슷한 속성을 지닌 개념이다. 이런 이유로 교류분석은 임상심리학에 기초를 둔 인간 행동에 관한 분석 체계이며 이론 체계로서 정신분석의 안티테제(anti-these), 혹은 정신분석의 구어판(口語版)이라고도 불려진다. 그러나 번은 교류분석의 자아상태는 사회적이고 경험적이며 귀납적인 속성을 지니는 반면, 프로이트가 제안한 성격의 구성 요소는 추론적 개념이라고 말한다.

교류분석은 자신의 성격 성향이나 대인관계 양식을 도식화하여 간단하게 진단하고 평가할 수 있어서, 자신을 어떻게 변화시킬 것인가에 대한 동기를 촉진하고 실제 생활 속에서 실천하는 데 도움을 준다. 이처럼 교류분석은 개인의 성장과 변화를 위한 체계적 심리치료법으로서, 성격 이론, 의사소통 이론, 아동발달 이론, 병리학 이론을 포함하고 있다(우재현, 1999; Stewart & Joines, 1987).

## 02 인간관

교류분석은 인간에 대해 결정론을 반대하는 철학적 입장을 취하고 있다. 즉, 정신분석을 기반으로 하고 있음에도 불구하고 반결정론적(antideterministic) 철학을 기초로 인간을 조망한다. 교류분석의 인간관은 다음과 같이 몇 가지로 요약될 수 있다(강진령, 2009; 이형득 외, 1992; Corey, 1986).

첫째, 인간은 긍정적 존재다. 과거에 불행한 사건을 경험하였다고 하더라도 인간은 변화가 가능한 존재이며, 우리 모두가 인간으로서 존엄성이 있다. 그러므로 삶과 주변 세계의 경험에 대해 재결정함으로써 인간은 사고, 감정, 행동의 방식을 변화시킬 수 있다.

둘째, 인간은 결정할 수 있는 존재다. 인간은 세상에서 원하는 것을 얻고 생존하기 위해 결정을 내린다. 그러나 결과가 비생산적이거나 고통스러우면 재결정을 하게 된다. 이러한 결정과 재결정은 변화를 가능하게 한다.

셋째, 인간은 자율적 존재다. 인간은 현실 세계에 대한 인식(awareness), 게임을 하지 않고도 정서 표현이 가능한 자발성(spontaneity), 타인과 친근한 관계를 형성하고 유지할 수 있는 친밀감(intimacy)을 통해 인간은 궁극적으로 자율적일 수 있는 존재다.

넷째, 인간은 자유로운 존재다. 인간은 그 무엇에 의해 결정되지 않은 존재이다. 사회의 영향에서 완전히 벗어날 수 있다는 것은 아니지만 그렇다고 완전히 사회나 과거 경험에 의해 결정되는 것도 아니다. 완전한 자유는 아니더라도 인간은 많은 자유를 가진 존재이다.

다섯째, 인간은 선택할 수 있는 존재이다. 인간은 자유로우며 선택하고 결정할 수 있다. 하지만 인간은 어린 시절 부모와 같이 의미 있는 사람의 기대나 욕구에 영향을 받는다. 이것은 상당 기간 혹은 평생 동안 지워지지 않을 수도 있다. 그래서 인간은 태어날 때는 모두가 왕자요 공주지만 부모에 의해 개구리가 될 수도 있다. 그러나 인간은 어릴 때 선택하거나 결정한 그대로 계속 살아가는 것이 아니며, 만약 그것이 적절하지 않다고 여겨지면 다른 대안을 선택하여 새롭게 결정할 수 있는 존재이다.

여섯째, 인간은 책임질 수 있는 존재다. 인간이 스스로 결정할 수 있고 자율적이 될 수 있다는 것은 자신에 대해 책임질 수 있는 존재라는 것을 의미한다. 즉, 어릴 때 부모의 영향을 받더라도 궁극적으로는 자신의 삶에 대해 책임질 수 있는 존재이다.

## 03 주요 개념

### 1) 심리적 욕구

교류분석에서는 인간이 세 가지 심리적 욕구인 자극의 욕구(stimulus hunger), 자세의 욕구(position hunger), 구조의 욕구(structure hunger)에 의해 동기화된다고 본다. 이러한 욕구에 대해 살펴보면 다음과 같다(노안영, 2006; 이형득 외, 1992).

#### (1) 자극의 욕구

자극의 욕구는 다른 사람으로부터 자극, 특히 인정(recognition) 자극을 받으려는 욕구가 강하다. 인정 자극은 한 개인이 다른 사람에게 주는 신체적 접촉 혹은 심리적 인정이다. 자극의 욕구는 인간으로 하여금 자기 존중감을 느끼게 하고, 자신을 긍정적인 존재로 인식할 수 있게 하며, 애정과 보살핌에 기초한 인간관계를 맺게 할 수 있다.

긍정적인 인정 자극은 건강한 심리적 발달을 위해 필수적이며, 풍요로운 생활의 요소가 된다. 부정적인 인정 자극은 아이들의 성장을 방해하는 등 문제가 된다. 그러나 인정 자극이 전혀 없는 무관심 상태에 있는 것보다는 부정적인 자극이라도 받는 것이 더 낫다.

자극의 욕구에 관한 유명한 실험이 있다. 두 개의 양파를 준비하여 각각의 병에 꽂아서 조건이 같은 환경에 두고, 매일 물을 갈아주었다. 한 쪽 양파에게는 "사랑한다, 너는 잘 자랄 거야."라고 긍정적인 말을 끊임없이 들려주고 다른 쪽 양파에게는 "바보 멍청이, 너는 곧 죽을 거야."라고 부정적인 말을 되풀이해서 들려주었다. 그렇게 하면 좋은 말을 들은 양파는 파란 잎을 힘차게 뻗어 올리면서 잘 자라는 데 비해 나쁜 말을 듣고 자란 양파는 힘이 없고 성장 속도도 느린 것을 확인할 수 있다.

또 다른 실험에서는 양파를 한 개 더 추가해 세 번째 양파에게는 아무런 관심도 보이지 않도록 하였다. 물은 갈아주되 말을 하거나 눈길을 주지 않았다. 세 종류의 양파 중에서 성장 속도가 제일 느린 것은 어느 것이었을까? 언뜻 생각하면 부정적인 말을 듣고 자란 양파일 거라고 생각하기 쉬운데, 아무런 관심을 받지 못한 양파가 가장 늦게 싹을 틔웠다. 이처럼 사람이나 생명의 성장에는 사랑과 관심이 필수적이며 미워하는 것보다 더 치명적인 것이 무관심이라는 것을 알 수 있다.

### (2) 구조의 욕구

인간은 삶을 살아가는 동안 주어진 시간에 인정 자극의 욕구를 충족시키기 위해 사회적 상황을 만들어 거기서 시간을 구조화한다. 교류분석에서는 각 개인이 자신의 독특한 삶의 방식에 따라 우리 모두가 어떤 유형을 발달시킨다고 본다. 우리는 구조의 욕구를 통해 하루 24시간을 무엇을 하며 어떻게 보낼 것인가의 딜레마를 인식한다(Holland, 1973). 구조의 욕구는 삶에 필요한 인정 욕구인 어루만짐(stroke)을 최대로 받기 위해 시간을 사용하는 중요한 수단이 된다. 우리가 각자의 시간을 구조화하는 방법은 철회(withdrawal), 의식(rituals), 여흥(past times), 활동(activity), 게임(games), 친밀 관계(intimacy)의 여섯 가지이다(노안영, 2006; Berne, 1972)

① 철회 : 다른 사람으로부터 인정 자극을 포기하고 자기애의 껍질 속에 숨어서 다른 사람과의 관계를 단절하는 시간 구조화의 방식이다. 이들은 과거에 받은 인정 자극에 빠져서 살거나 다른 사람과의 만족스런 관계를 상상한다.

② 의식 : 일상적인 인사에서부터 종교적 예배나 의식에 이르기까지 전통이나 관습에 따름으로써 간신히 어루만짐을 유지하는 방식이다. 이것은 철회에 비해 사회적 상호작용에서 아주 안전한 형태이나 낮은 수준의 인정 자극을 받을 뿐이다.

③ 여흥 : 특별한 목적 없이 다른 사람과 함께 수용될 수 있는 주제에 관해 이야기하며 시간을 보내는 것을 말한다. 날씨, 운동경기, 정치적 가십, 자녀, 음식에 대한 이야기를 서로 나누고 있는 경우가 이에 해당한다. 큰 정서적 동요 없이 자신의 사회적 위치를 안전하고 확고하게 하는 데 도움을 주는 시간 구조화 방식이다.

④ 활동 : 구체적이고 확실한 목표가 있는 사람들에게 흔히 볼 수 있는 시간 구조화의 한 방식이다. 전공 학과 공부에서 친구와 함께 과제를 해결하는 것과 같은 것이 이에 해당한다. 이러한 활동을 통해 사람들은 서로 인정 자극을 주고받는다.

⑤ 게임 : 표면적으로 나타나는 행동과는 달리 숨겨진 의도를 가진 시간 구조화의 한 방법이다. 게임을 하는 사람은 어릴 때 부모와의 교류에서 순순히 인정 자극을 얻을 수 없었던 경험으로 인하여 부정적 인정 자극을 교환하고 있는 것이다. 게임은 분노, 우울, 죄책감, 공격성과 같은 부정적인 정서를 수반하는 경우가 많다.

⑥ 친밀 관계 : 두 사람이 서로 신뢰하며 상대방에 대하여 순수한 배려를 하는 진실한 교류라고 할 수 있다. 이 교류를 습관화하기 위해서는 '나도 당신도 이만하면 괜찮다.'라는 삶의 태도인 자기 긍정-타인 긍정(I'm OK, You're OK)이라고 하는 기본적인 자세를 몸에 익힐 필요가 있다. 친밀 관계는 교류분석에서 추구하는 이상적인 시간 구조화의 방법이다.

### (3) 자세의 욕구

심리적 욕구 중 자세의 욕구는 자신의 삶에 대해 계속적으로 유지되는 확고한 어떤 결정을 가지고 있으려는 것이다. 자세의 욕구는 6세 이전에 부모를 포함한 의미 있는 타인들에 의해 크게 영향을 받는다. 즉 자녀의 행동을 어떻게 금지시켰느냐의 금지명령(injunction), 얼마나 허용했느냐의 허용(permission)과 같은 부모의 양육태도에 따라 아이는 자신에 대한 어떤 결단, 즉 초기결정(early decision)을 내리게 된다.

부모의 금지명령과 허용에 따른 초기 결정은 아이가 어떤 생활 자세와 생활 각본을 가질 것인가에 큰 영향을 미친다. 즉, 허용은 아이들이 자신을 긍정적으로 결단할 가능성을 높여 주지만 금지명령은 부정적으로 결단할 가능성을 높인다. 문제가 되는 금지명령과 초기 결정은 다음과 같다(Goulding & Goulding, 1979).

**표 17 부모의 금지명령과 자녀의 초기 결정**

| 금지명령 | 금지명령의 메시지 | 자녀의 초기결정 |
|---|---|---|
| 하지 마라(don't) | 위험 상황에 직면해서 행동 못하게 함 | 미결정, 불확신, 독립과 성장 포기 |
| 되지 마라(don't be) | 태어나서 부모가 고생한다는 치명적 메시지 | 목숨 걸고 사랑받기, 존재 포기 |
| 가까이 하지 마라(don't close) | 부모의 신체 접촉 거부나 사망, 이혼 | 이별 불안, 친밀 관계 포기, 거리 두기 |
| 중요하게 되지 마라 (don't be important) | 무시당하며 자람 | 자기 부정, 자아실현 포기 |
| 아이가 되지 마라 (don't be a child) | 장남 장녀가 책임감으로 욕구 억제하고 부정 | 어른 강요, 어린이 억제, 돌봄 책임 |
| 성장하지 마라(don't grow) | 막내의 독립과 성장을 막는 메시지 | 피터 팬 콤플렉스 |
| 성공하지 마라(don't succeed) | 비판과 꾸지람 때문에 실패 두려움 | 실패 각본 |
| 네(아들, 딸)이어서는 안 된다(don't be you) | 반대 성 역할과 행동 부추김 | 반대 성 행동 |
| 건강하지 마라(don't be well) | 아프거나 비정상 행동을 인정받음 | 꾀병, 우울 행동으로 관심 끌기 |
| 소속되지 마라(don't belong) | 무소속 | 집에서만 편안함 |

## 2) 자아상태

인간은 세 가지 자아상태(ego state)로 그 성격을 구성한다. 이 세 가지는 각각 분리되어 특이한 행동의 원천이 된다. 성격과 관련 지워 보면, 이러한 자아상태는 번의 성격 이론이라고도 할 수 있다(Patterson, 1980). 자아상태는 부모 자아(parent ego: P), 성인 자아(adult ego: A), 아동 자아(child ego: C)로 구성되어 있다.

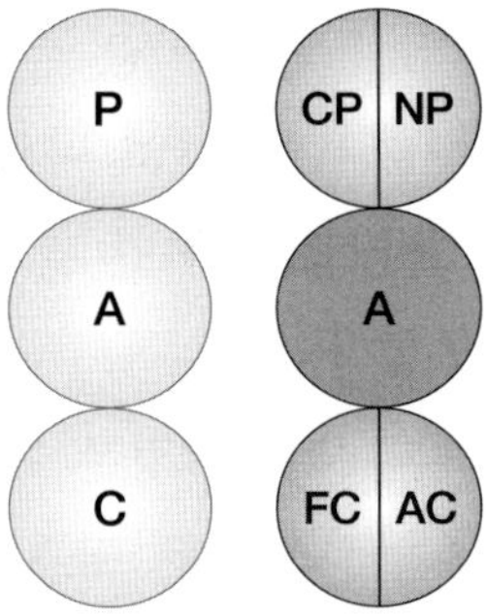


그림 11 자아상태

### (1) 부모 자아(P)

부모 자아는 5세 이전에 부모를 포함한 의미 있고 권위적 인물과 상호작용하면서 그들의 말이나 행동을 무비판적으로 받아들여서 내면화시킨 것이다. 즉, 부모 자아상태는 우리가 의미 있는 권위적 인물, 특히 부모로부터 가르침을 통해 가치를 통합하는 방법이다. 부모 자아상태는 기능상 통제적 부모 자아(controlling parent ego: CP)와 양육적 부모 자아(nurturing parent: NP)의 두 가지로 나누어진다(우재현, 1995; 이형득 외, 1992; Berne, 1972).

① 통제적 부모 자아 : 부모의 윤리, 도덕, 가치판단의 기준이 그대로 내면화된 통제적 부모 자아는 다른 사람의 권리를 고려하지 않고 편견적, 봉건적, 비난적, 징벌적, 비판적인 말을 단정적, 조소적, 강압적, 교훈적인 말투를 사용한다. 이 자아가 강한 사람은 자기 자신이 제1인자라는 식이며 명랑성이나 유머가 없고 자녀나 배우자 혹은 부하 직원을 불안하게 한다.

② 양육적 부모 자아 : 부모가 자녀를 사랑하고 돌보는 등 자녀를 양육하는 말이나 행동이 그대로 내면화된 양육적 부모 자아는 구원적, 보호적, 위안적, 배려적, 동정적이어서 말투가 온화하고 부드러우며 자세도 수용적이고 보호적이다.

### (2) 성인 자아(A)

성인 자아는 객관적, 합리적, 분석적, 지성적, 논리적이어서 현실을 검증하고 문제를 해결하며, 다른 두 자아상태를 중재한다. 그러므로 성인 자아는 성격의 균형을 위해 중심적 역할을 하며 성격의 전체적인 적응 과정에서 가장 기여하는 부분이라 할 수 있다.

### (3) 아동 자아(C)

이 자아상태는 생득적으로 자연히 일어나는 감정, 태도, 충동, 행동 유형으로 자발성, 창의성, 충동성, 매력, 기쁨 등이 아동 자아상태의 특성이다. 아동 자아상태는 부모와 실제적 성인에 대해 작용하는 흥미 있는 생각, 충동, 매력, 행동의 원천이 되기 때문에 내적 강도의 원천이다. 아동 자아상태는 순응적 아동 자아(adapted child ego: AC)와 자유분방한 아동 자아(free child ego: FC)로 구성되어 있다. 또한 자유분방한 아동 자아는 천진한 아동 자아(natural child ego)와 기지 있는 아동 자아(little professor)로 구분된다.

## 3) 자아상태의 오염과 배타

교류분석에서 자아 경계는 세 가지 자아상태를 독립적으로 구분하는 선을 의미한다. 자아 경계가 경직되거나 약해지면 자아 에너지의 흐름에 장애가 생겨 오염과 배타가 발생한다.

### (1) 자아상태의 오염

오염(contamination)은 부모 자아와 아동 자아가 성인 자아의 기능에 영향을 미치는 것을 의미한다. 자아 경계의 오염에 따른 유형별 특징은 다음 〈표 18〉과 같다.

표 18 자아 경계의 오염에 따른 유형별 특징

| 도식 | 유형 | 특징 |
|---|---|---|
| 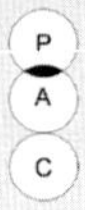 | A의 P에 의한 오염 | •심한 편견, 맹신을 보임<br>•부모나 사회의 가치관과 규범을 현실적 검토 없이 받아들임 |
|  | A의 C에 의한 오염 | •현실성 없는 망상, 환각, 환청이 나타남<br>•물활론적인 사고, 생각한 그대로 된다는 만능감을 보임 |
| 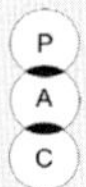 | A의 이중 오염 | •언행 불일치를 보임<br>•지나치게 감정을 억제하여 감정 폭발로 이어질 수 있음 |

### (2) 자아상태의 배타

배타(exclusion)는 부모 자아, 성인 자아, 아동 자아의 경계가 지나치게 경직되어 심적 에너지의 이동의 거의 불가능한 상태를 말한다. 즉, 하나 또는 두 개의 자아상태가 독자적으로 사용되는 반면, 나머지 자아상태는 폐쇄되어 전체 기능에서 배제되는 상태이다. 이 경우 특정 자아상태가 장기간 독자적으로 기능하게 되면서 개인은 세 가지 자아상태 사이의 심적 에너지 이동이 불가능하게 된다. 이는 전체적으로 균형 잡힌 삶을 영위하는 데 걸림돌이 되어 대인간 갈등을 초래하거나 정신적인 문제의 원인이 된다. 자아 경계의 배타에 따른 유형별 특징은 다음 〈표 19〉와 같다.

표 19 자아 경계의 배타에 따른 유형별 특징

| 도식 | 유형 | 특징 |
|---|---|---|
|  | P 배타형 | •"~해야 한다"와 "~해서는 안 된다"에 관심 집중<br>•양심 과잉, 강박적 특성, 우울, 위궤양, 편두통 증상을 보임 |
|  | A 배타형 | •타인에 대한 배려 부족, 지적 측면 편중되어 감성 기능 결여<br>•사회 적응은 좋으나 감정이 억압되어 친밀한 인간관계가 어려움 |
|  | C 배타형 | •유치하고 의존적이며 자기애적임<br>•남의 시선을 너무 의식하며 신체화(somatization) 증상이 나타남 |

### 4) 교류 유형

교류분석에서 교류란 두 사람의 관계에서 일어나는 사회적 의사소통의 한 단위이다(이형득 외, 1984). 교류는 두 사람 사이에서 이루어지는데 이 때 각자의 P, A, C 중 어느 상태에서 기능하느냐에 따라 교류의 형태가 달라진다. 교류는 상보적 교류(complementary transaction), 교차적 교류(crossed transaction), 암시적 교류(ulterior transaction)의 세 가지가 있다.

#### (1) 상보적 교류

상보적 교류는 한 사람의 어떤 자아상태가 상대방의 어떤 자아상태에 보낸 자극에 따라 원하는 반응을 하는 것이다. 즉, 한 사람의 세 가지 자아상태와 상대방의 세 가지 자아상태가 서로의 욕구를 충족시키며 평행선을 이루는 교류이다.

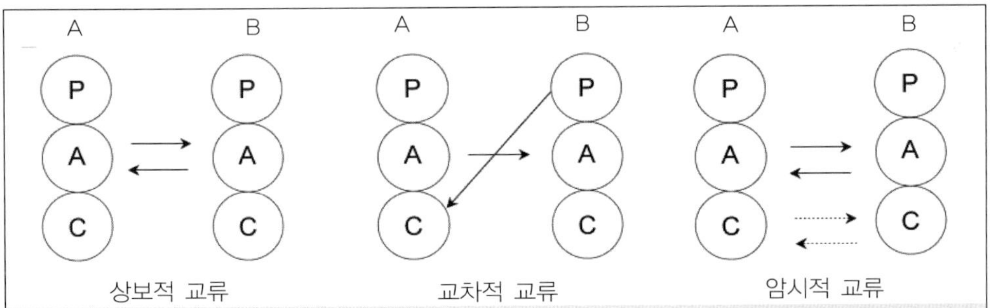


| 상보적 교류 | 교차적 교류 | 암시적 교류 |
|---|---|---|
| A : "버스가 몇 분마다 다닙니까?"<br>B : "7분 간격으로 다녀요." | A : "오늘 왜 또 준비물 안 가져갔니?"<br>B : "엄마가 책가방에 넣어 둔다고 했잖아요!" | A : "여보, 오늘 시장 안 가?" (집사람 시장 가면 외출해야지.)<br>B : "오늘은 시장 안가요." (어디 내가 없으면 나가려고, 어림도 없지.) |

그림 12 **교류 유형과 예시**

#### (2) 교차적 교류

교차적 교류는 세 개 또는 네 개의 자아상태가 관여하고 있는 것으로, 발신자가 기대하는 대로 반응해 오지 않고 예상 밖의 반응이 올 때 일어나는 교류이다. 상대방이 원하는 욕구가 무시되거나 잘못 이해되어 나타나는 교류의 유형이다. 대화는 상대방의 욕구가 무엇인지를 파악하여 이루어져야 한다. 그렇지 않으면 상대방으로부터 원하지 않는 반응을 얻게 되고 의사소통이 단절되어 무시당한 것 같은 기분이 들 수 있다.

#### (3) 암시적 교류

암시적 교류는 동시에 이중적인 메시지가 전달되는 교류를 말한다. 예를 들면 발신자와 수신자의 언어적 메시지인 말과 실제 속마음이 다른 경우이다. 사회적으로 수용되는 의사소통의 이면에 심리적인 의도가 깔려 있는 교류로 대화하는 사람이 이중적 메시지를 보내는 경우이다.

### 5) 생활 자세

인간은 유아기에 부모의 허용, 금지명령에 반응하는 가운데 그 나름의 결단을 내린다. 이러한 초기 결정은 네 가지 형태의 생활 자세(life position)를 형성한다. 즉, 자신이나 타인 혹은 세계에 대해 긍정적(OK: 사랑을 받을 만하다, 강하다, 좋다, 성공적이다, 우수하다, 안심이 된다 등) 또는 부정적(not OK: 사랑을 받을 만한 것이라고는 없다, 약하다, 나쁘다, 잘못된다, 실패하다, 열등하다, 믿음을 줄 수 없다 등)인 생활 자세를 가지게 한다.

#### (1) 자기 긍정-타인 긍정(I'm OK-You're OK)

이 태도는 자신과 타인을 긍정하므로 타인과의 사이에 따뜻한 교류가 이루어져서 편안하고 원만한 인간관계를 갖게 된다. 일반적으로 유아가 부모를 포함한 의미 있는 타인들과의 관계에서 정서적 및 생리적 욕구가 사랑과 수용하는 방식으로 충족될 때 이러한 태도를 유지하고 승리자 각본을 유지한다. "나도 당신도 이만하면 괜찮다."라는 자신과 타인에 대한 긍정적 삶의 태도를 갖는다.

#### (2) 자기 긍정-타인 부정(I'm OK-You're not OK)

이 태도는 '나는 잘났고, 너는 별 볼일 없다.'라는 투사적 입장으로, 2~3세경의 경험과 관련될 수 있다. 이때 부모의 벌이나 금지명령 또는 다친 상처 등을 잘 참고 견디게 되면 저항력이 생기면서 자득 자극(self-stroke)을 받게 된다. 이렇게 되면 외부의 자극 없이도 생존할 수 있는 자신감이 생기면서(I'm OK) 외부 자극을 거부하게 되고(You're not OK), 이 생활 자세가 지속되어 심화되면 지배감과 우월감에 젖게 되고 타인에 대한 불신, 비난, 증오와 관련된 행동 특성을 보인다.

#### (3) 자기부정-타인 긍정(I'm not OK-You're OK)

이 태도는 '나는 별 볼일 없고, 너는 잘났어'라는 내사적 입장으로, 다른 사람과 비교해서 무력감을 느끼는 사람들이 공통적으로 취한다. 이러한 태도가 계속 유지되거나 심해지면 인생에 대한 무가치감, 우울, 열등감, 무력감, 공허감과 같은 정서적 태도를 갖게 된다. 이러한 태도를 취하는 사람은 희생자의 역할을 하고, 자학적 행동을 하며, 간접적 공격성을 표출하는 경향이 높다.

#### (4) 자기부정-타인 부정(I'm not OK-You're not OK)

이것은 '나도 당신도 별 볼일 없다.'는 입장으로 비관론적인 태도이다. 이 태도는 유아기 때 부모의 애정 결핍이나 기본적 신뢰감이 형성되지 못할 때 일어날 수 있다. 이러한 태도를 가진 사람은 어떤 노력도 기울이지 않으며 만사를 부정적으로 여기게 된다. 그래서 삶의 의미를 상실하여 자포자기하고 극단적인 퇴행 현상이나 정신 분열의 상태에 빠지기도 하며 심한 경우 자살이나 타살의 충동을 느낄 수 있다.

### 6) 게임

게임(games)은 숨겨진 동기를 가진 암시적 교류로 교류에 관여하는 최소 한 사람 혹은 두 사람 모두에게 불쾌한 감정을 초래하는 교류의 한 형태이다.

#### (1) 게임의 특징

게임은 여러 학자들에 의해 그 특징이 제시되고 있지만 다음과 같이 요약될 수 있다(김현수, 1988).

- 게임은 깊숙한 곳에 참된 동기나 의도, 혹은 목적이 숨겨져 있다.
- 게임을 하고 있는 사람은 자신이 게임을 하고 있다는 것을 거의 인식하지 못한다. 만약 그것을 알고 게임을 한다면 그것은 계략이지 게임이라고 할 수 없다.
- 게임은 예측이 가능한 일정 과정을 거쳐서 결말에 이른다.
- 게임은 최소 한 사람 혹은 두 사람 모두에게 불쾌감을 가져온다.

### (2) 게임의 진행 과정

게임의 진행 과정은 여러 가지로 제시되고 있다. 여기서는 교류분석 상담에서 많이 활용되고 있는 번의 게임 공식과 카프만(Karpman)의 드라마 삼각형을 살펴보기로 한다(이형득 외, 1992; Berne, 1977; Karpman, 1969).

#### ① 번(Berne)의 게임 공식

번(1977)이 제시한 게임 공식은 다음 그림과 같다.

| C<br>(con) | + | G<br>(gimmick) | = | R<br>(response) | → | S<br>(switch) | → | X<br>(cross up) | → | P<br>(pay off) |
|---|---|---|---|---|---|---|---|---|---|---|
| 게임<br>걸기 | | 걸려든<br>사람의<br>약점 | | 응답 | | 전환 | | 혼란 | | 결말 |

그림 13 게임 공식(Dusay & Dusay, 1984)

게임을 하려는 사람은 숨겨진 동기나 의도인 도발인(C)을 가지고 상대방을 찾는다. 일단 약점을 가진 상대방(G)이 걸려들면 게임이 성립된다. 초기에는 표면적 교류(R)가 진행되다가 나중에는 교류에서 전환(S)이 생긴다. 이렇게 되면 엇갈리는 교차적 교류(X)가 일어나면서 양자 간에 혼란이 발생한다. 마침내 게임을 시도한 사람의 숨겨진 의도가 겉으로 드러나면서 최소 한 사람 혹은 두 사람은 불쾌한 감정을 맛보면서 결말(P)을 맺게 된다.

어머니와 자녀의 '흠 들추기' 게임을 번의 게임 공식에 맞추어서 살펴보자. 성적이 나쁜 자녀의 흠을 들추려는(C) 어머니는 자녀에게 "숙제할 것 가지고 이리 오너라, 엄마가 도와줄게. 마치고 나서 네가 좋아하는 피자 먹으러 가자."라고 자녀를 유도한다(G). 자녀가 숙제할 것을 가지고 책상 앞에 엄마와 함께 앉으면 게임이 성립된다(C+G). 자녀가 숙제하는 동안 어머니는 아이가 틀리는 몇 문제를 가르쳐 주면서 보고 있다(R). 얼마의 시간이 지나자 어머니는 "너는 어떻게 하나도 제대로 하는 게 없구나, 글씨는 그게 뭐니!"라고 하면서 자녀를 꾸중한다(S). 그에 대해 자녀도 어머니에게 말대꾸를 하게 되고 그에 따라서 어머니가 더 화를 내면서 혼란한 상태(X)가 오게 된다. 그러다가 어머니는 "피자는 무슨 피자야"라고 화를 내고 자녀는 울면서 자기 방에 가 버리는 결말(P)에 이른다.

### ② 드라마 삼각형

카프만(1969)은 무대에서 배우가 교체되는 것과 같이 게임에서도 연출자 간에 극적인 역할 교체가 일어난다고 하면서 드라마 삼각형(drama triangle)을 제시했다(Dusay & Dusay, 1984). 드라마 삼각형은 가해자(persecutor: P), 희생자(victim: V), 구제자(rescuer: R)의 세 가지 역할로 구성된다. 가해자(P)는 인간관계에서 주도권을 가진 사람으로 상대를 억압 또는 지시하며 주로 통제적 부모(CP)가 기능한다. 희생자(V)는 인간관계에서 희생되는 사람을 말하며 주로 순응적 아동 자아(AC)가 기능한다. 구제자(R)는 희생자를 구제하거나 가해자를 지지한다. 가해자와 희생자를 화해시키거나 관대한 태도를 취하며 주로 양육적 부모(NP)가 기능한다.

공부를 하지 않고 놀기만 하는 아이의 경우를 카프만의 드라마 삼각형의 공식

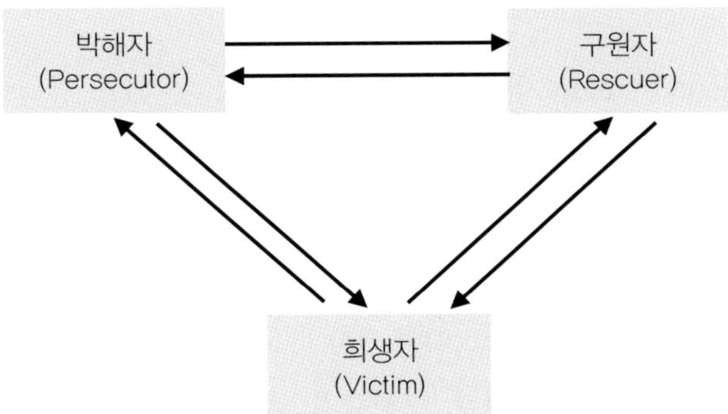


그림 14 드라마 삼각형(Dusay & Dusay, 1984)

에 맞추어서 살펴보자. 어머니는 가해자로서 공부하지 않는 아이를 꾸짖는 등 자녀(희생자)를 희생시킨다. 다른 가족은 구제자의 역할로 집안의 균형을 취한다. 그러다가 어머니가 무리하게 공부를 시켜서 아이가 아프게 되면 게임이 시작되면서 드라마의 주인공처럼 역할이 바뀐다. 먼저 가해자인 어머니가 그때부터 희생자가 된다. 그러면 지금까지 희생자였던 아이는 교묘한 형태로 가해자가 된다. 이때부터 모든 가족이 아이를 중심으로 움직인다. 그러다 아이의 병이 호전되면 아버지와 어머니가 서로 상대방에게 아이를 잘못 키운다고 가해하거나 상대방의 가해로 인해 피해를 받는 희생자 역할을 한다. 이때 아이는 구제자가 된다. 이러한 역할이 계속 바뀌면서 드라마가 전개된다.

### ③ 게임의 종류

게임의 종류에는 일상생활 게임(life games), 결혼생활 게임(marital games), 파티게임(party games), 섹스 게임(sexual games), 범죄자 게임(underworld games) 등 다양한 범주의 게임이 있다(Berne, 1977; Ernest, 1972). 이에 대한 몇 가지 예들을 보면 다음과 같다.

- 알코올 중독(alcoholic) : 알코올 중독자가 자신 혹은 타인을 벌할 목적으로 하는 게임으로, 배우자에 대한 공격적 감정의 해소와 주위 사람의 시선을 끌기 위해서 하는 게임.
- 채무자(debtor) : 빚을 지고서 그것을 갚는 데 쫓기는 스릴이나 떼먹는 것 등의 게임.
- 나를 차세요(kick me) : 규칙 위반, 처벌, 배척, 실패를 당하도록 스스로를 몰아가는 게임.
- 흠 들추기(Now I've got you, son a bitch) : 상대방 실수나 실패를 틈타서 그동안 참았던 분노를 폭발시키는 게임.
- 책임 전가(See what you made me do) : 상대방에게 책임을 전가시킴으로 자기를 변명하고 상대로 하여금 죄책감을 갖게 하는 게임.
- 법정(courtroom) : 제 3자를 끌어들여서 자신이 옳다는 것을 증명하는 게임.
- 냉감증(frigid woman) : 상대를 성적으로 흥분시켜 놓고 결정적인 순간에 퇴자

를 놓는 게임.

- 당신 때문이다(If it weren't for you) : 인간관계에 자신이 없는 아내가 집안일 때문에 밖에 나갈 여유가 없다고 남편에게 불평하는 게임.
- 나는 이렇게 열심히 하고 있는데(Look how hard I've tried) : 내심으로는 반대하면서도 표면적으로는 협력하는 척하다가 결국은 일을 꼬이게 하는 게임.
- 봐요! 자기(sweetheart) : "봐요, 내가 한 말이 맞지요?"라는 말과 같이 배우자의 결점을 간접적으로 지적하고 그것을 확인시키는 게임.
- 발뺌(schlemiel) : 상대가 화를 내면 용서를 빌고, 참으면 인내심을 시험해 보는 형식으로, 잘못을 거듭하고서는 그 때마다 상대편의 용서를 얻는 게임.
- 예, 그러나(Why don't you-yes but) : 상대편에게 해결책을 구하게 해 놓고 그것을 제시하면 일일이 반론을 제기하여 상대편에게 무력감을 맛보게 하려는 게임.

## 7) 라켓 감정

라켓 감정(rackets feeling)은 1972년 파니타 잉글리쉬(Fanita English)가 창안한 개념으로 게임을 통해 경험하게 되는 불쾌한 감정을 의미한다. 라켓은 아동기 초기결정을 강화할 목적으로 사용되고 생활각본의 기본적 구성요소가 되어 게임을 시작하는 동력이 된다. 예를 들면, 아이와의 사이에 '지나친 간섭 게임(당신을 어떻게 해주고 싶은 것 뿐이야)'을 잘 연출하는 부모 중에는 마음 속 깊숙이 강한 자책의 감정이나 죄의식을 안고 있는 경우가 많다. 즉, 자신이 어릴 때 부모님의 바쁜 직장 생활로 외롭게 성장하여 연민, 죄의식, 버려진 기분의 불쾌한 감정인 라켓 감정을 가지고 있다. 하지만 표면에서는 "이제는 너도 어른이 되었으니 자신의 일은 알아서 해라."고 자녀에게 말하면서 그 이면에서는 "너에게는 미안한 짓만 했구나, 어렸을 때 돌보지 못한 몫을 이제부터라도 돌려주어야 하겠지."라는 심정에서 귀찮을 정도로 돌보아 주려고 하게 된다.

게임의 관점에서 본다면 육아나 교육에 종사하는 사람 가운데 처리되지 않은 상태로 남아 있는 죄책감, 후회, 자기혐오, 열등감, 분노, 우울 감정, 무력감 등이 게임의 진정한 동인(drive)이 되는 경우가 많다. 라켓 감정(불쾌한 감정)에 지배되고 있으면 게임을 연출하기 쉬워지게 된다.

## 04 상담 목표와 과정

### 1) 상담 목표

교류분석의 주된 목적은 개인이 자신의 삶에 대해 책임지고 스스로를 지도할 수 있는 자율성(autonomy)을 갖도록 하는 것이다. 이러한 자율성을 갖기 위해서는 내담자로 하여금 각성(awareness), 자발성(spontaneity), 친밀성(intimacy)을 회복하도록 도울 것을 강조한다(Berne, 1972).

각성이란 어떤 가르쳐진 방식으로서가 아니고 자기 자신의 방식으로 보고 들을 수 있는 능력을 말한다. 따라서 각성의 능력을 가진 사람은 성인 자아가 오염에서 벗어나 독립적으로 보고, 듣고, 접촉하고, 맛보고, 평가할 수 있다. 그리고 자발성이란 선택의 자유, 즉 선택이 가능한 여러 유형들(부모 자아, 성인 자아, 아동 자아)로부터 자신의 감정을 선택하고 표현할 수 있는 자유를 말한다. 이는 게임으로부터 벗어나 어릴 때 배운 불쾌한 감정인 라켓 감정으로부터의 자유로워지는 것을 의미한다. 끝으로 친밀성은 순수한 직관적 지각을 지니고 여기 지금에 살고 있는 오염되지 않은 아동 자아의 자유를 의미한다. 즉, 숨김없이 다른 사람과 사랑을 나누고, 친숙한 관계를 맺을 수 있는 능력으로 자유분방한 아동 자아의 기능을 회복하는 것이다.

내담자가 각성, 자발성, 친밀성을 회복하여 자율성을 성취하도록 하기 위해 상담자는 내담자가 어린 시절의 부모의 금지명령에 대한 반응으로 형성한 초기 결정을 이해하고 그의 현재 행동과 삶의 방향에 대한 새로운 결정을 내리도록 돕는 것이다.

### 2) 상담 과정

교류분석 상담은 다음 그림과 같이 계약 체결로 시작해서 일련의 분석 절차를 거쳐 재결정 순으로 진행된다(강갑원, 2004; 강진령, 2009; 김현수, 1988).

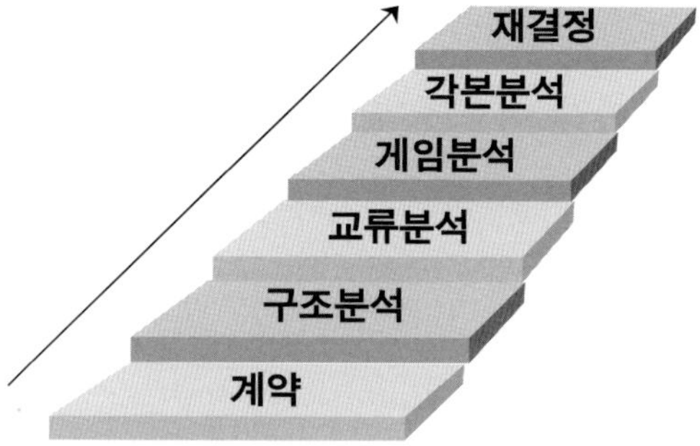


그림 15 **교류분석의 상담 과정**

### (1) 계약

교류분석에서는 자율적 인간을 성취하기 위해서 성인 자아 기능을 강화하는 방법으로 상담자와 내담자 간에 계약을 한다. 계약은 간결하고 명료하게 작성하되 실현가능한 계약을 한다. 계약의 문구는 "나는 ~를 변화시키려고 한다.", "나는 ~을 중지하고 그 대신 ~을 하려고 한다.", "내가 해결해야 할 문제는 ~이다."와 같은 형식을 취한다. 계약은 상담자와 내담자의 성인 자아상태 간의 교류를 기반으로 한다는 점에서 내담자의 성인 자아상태의 기능 수준을 평가할 수 있는 기회도 제공한다.

### (2) 구조분석

구조분석은 자아상태에 대한 이해와 과거의 경험 때문에 성인 자아가 기능하지 못하는 원인을 찾아 이를 해결하는 것이다. 구체적 절차는 다음과 같다(김현수, 1988; 이성태, 1991).

첫째, 내담자에게 구조분석의 의미 및 자아상태의 기능을 이해시킨다.

둘째, 내담자의 행동 특성을 P, A, C와 관련시켜 이야기하도록 한다. 이때 상담자는 내담자의 P를 탐색하기 위해 "지금도 들리는 부모님 말씀 중에서 자신의 생각과는 맞지 않아도 그대로 따르는 것을 찾아보세요.", A를 탐색하기 위해 "최근 감정이 격했는데도 잘 처리한 경우를 말해 보세요.", C를 탐색하기 위해 "어린 시절에도 그랬고 지금도 재미있는 것을 말해 보세요."와 같은 질문을 한다.

셋째, 내담자가 자기 자신과 어떤 내부 대화를 하고 있는지 알아본다. 그러기 위해 내담자가 겪고 있는 문제를 하나 선택하여 그것을 어떻게 느끼고 어떻게 해야 한다고 생각하는지, 지금까지 어떻게 해 왔으며, 그 결과를 어떻게 평가하고 있는지를 물어서 스스로 답하도록 한다. 그 가운데 P, A, C 중에서 두 가지 자아가 대립하는 것을 찾아 내부 대화를 기록한다.

넷째, 그림과 같은 자아 기능 그래프인 이고그램(egogram) 검사를 실시하여 이고그램을 완성하도록 한다.

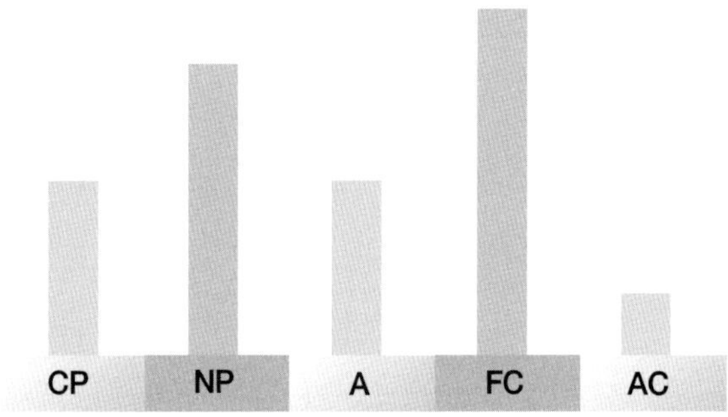


그림 16 **이고그램의 예시**

다섯째, 내담자의 행동 특성, 내부 대화, 이고그램 등을 근거로 자아상태에 오염이나 배타가 있는지 확인한다.

### (3) 교류분석

교류분석은 내담자가 다른 사람과 어떤 유형의 교류를 하고 있는지를 알아보려는 것이다. 이를 위한 구체적 절차는 다음과 같다.

첫째, 교류분석의 의미, 유형을 내담자에게 쉽게 설명한다.

둘째, 내담자와 의미 있는 관계에 있는 사람과의 대화를 분석한다.

셋째, 문제 행동과 관련이 있는 대화를 찾아 분석한다. 내담자의 자아 구조 중 오염이나 배타에 의한 대화와 교차적 및 암시적 교류에 초점을 두어 분석한다.

교류분석 상담자는 교류분석을 통해 세 가지 자아상태를 바탕으로 내담자의 다른 사람과의 교류가 어떻게 이루어지는가를 파악하여 부적절한 교차적 교류나 암시적 교류를 중단하도록 돕는다.

### (4) 게임 및 라켓분석

게임은 예측 가능하고 정형화된 행동으로 표면적으로는 상보적 교류를 하지만, 결국 파괴적인 결말로 인해 불쾌한 감정으로 이어지는 이면적으로 동기화된 암시적 교류이다. 라켓은 어린 시절 초기 결정에 의해 만들어진 불쾌한 감정으로 게임을 시작하게 하는 촉발 요인이 된다. 게임 및 라켓 분석은 다음과 같이 진행된다.

첫째, 게임을 걸지 않도록 자각하고 그것을 피하도록 한다. 게임을 하는 상황에서 말하는 것보다 경청하도록 한다. 게임이 결말까지 않도록 중간에 끝내도록 한다. 그리고 게임의 결말을 상상하고 게임을 피하도록 한다.

둘째, 내담자가 자주 경험하는 만성적인 불쾌한 감정인 라켓과 행동과의 관계를 성인 자아가 객관적이고 이성적으로 관찰하도록 한다.

셋째, 드라마 삼각형 연출에서 어떤 역할도 하지 않도록 한다.

넷째, 대인관계를 풍부하게 하고 자기 인정의 기회를 증가시킨다.

### (5) 각본분석

각본분석은 누구나 만 5세 정도까지 생활 각본이나 생활 계획을 수립한다는 기본 가정에 기초하여 이를 면밀히 탐색함으로써 개인을 이해하려는 기법이다. 각본분석은 내담자의 문제 행동과 관련된 각본을 찾아 이에 정확한 정보와 활력을 불어 넣어 재결정을 하도록 하여 자율적 삶을 살도록 하는 데 목적이 있다. 그러기 위해서는 부모로부터 받은 초기 금지명령 및 금지 메시지와 그에 따른 초기 결정, 생활 자세, 생활 각본을 분석한다.

생활 각본 분석의 목적은 내담자가 생활 자세와 생활 각본에 의하여 이루어지는 생활양식에 대한 깊은 인식을 통해 현재 생활에 대해 재결정할 수 있는 기회를 제공하는 것이다. 그러므로 각본분석을 통해 지금까지 숙명 또는 운명이라고 체념하고 있던 것이 실제로는 내담자 스스로가 무의식중에 강박적으로 연기하고 있던 드라마라는 것을 통찰할 수 있게 된다. 이를 통해 내담자는 자신의 성격 형성 과정을 알 수 있고, 인생 초기에 형성된 기본 생활 등에 대해서도 알 수 있게 된다. 이를 바탕으로 내담자 자신이 연출하고 있는 각본을 파악하여 비생산적이고 비합리적인 각본을 수정함으로써 건강하고 생산적인 삶을 살 수 있게 된다.

#### (6) 재결정

내담자에게 초기 결정과 관련된 장면으로 되돌아가 내담자의 아동 자아상태에서 새로운 결정을 내리도록 하기 위하여 그 장면을 생생하게 활용한다. 단지 지적으로 결단을 내리는 것만으로는 어릴 때 조건 형성된 것을 수정하기에는 부족하므로 정서적으로도 새로운 결정을 하도록 한다. 이를 위해 초기 결정을 내린 장면을 생생하게 떠올리면서 정서적으로 재경험시킨다.

## 05 상담 기법

교류분석의 상담 기법은 크게 두 가지로 분류할 수 있다. 하나는 상담 분위기 조성 및 상담자 자질과 관련한 기법으로 세 가지 P, 즉 허용(permission), 보호(protection), 잠재력(potency)이 있다. 다른 하나는 조작(operation)으로 전문적 상담 행동을 규정한다(Dusay & Dusay, 1984). 또한 교류분석의 상담 기법은 독자적으로 개발한 것도 있지만 다른 상담 이론, 특히 게슈탈트의 상담 기법을 많이 사용하고 있다. 그중 두 의자 기법에 대해 살펴보기로 한다.

### 1) 상담 분위기 조성 및 상담자 자질과 관련한 기법

#### (1) 허용

많은 내담자들은 부모의 금지명령에 따라 행동하고 있다. 따라서 상담 장면에서도 그러한 금지명령으로 인하여 내담자의 행동에 제약을 받을 수 있다. 그러므로 상담자는 내담자의 부모가 "하지 마라(not to be)."고 한 것을 상담 장면에서는 할 수 있도록 허용적인 분위기를 마련해 주어야 한다. 이를 통해 내담자가 게임을 하지 않고도 상담자와 대화가 가능하다는 확신을 갖도록 해 주어야 한다.

#### (2) 보호

보호는 상담자의 성인 자아로써 내담자의 아동 자아를 지지해 주는 것이다. 허용 분위기가 조성되더라도 내담자는 처음에 두려움과 위협을 느끼기 쉽다. 이때 상담자의 성인 자아가 내담자의 아동 자아를 보호하게 되면 내담자는 보다 안정된 마음으로 상담에 참여하게 된다.

#### (3) 잠재력

잠재력은 상담자가 적절한 시기에 적절한 기술을 사용할 수 있는 상담자의 능력을 말한다. 즉, 상담자는 자아상태, 교류, 게임, 각본 등을 분석하고 진단하는 능력을 갖추고 있어야 할 것이다.

### 2) 조작

상담의 구체적인 기술로는 조작의 기술이 많이 강조되고 있다. 조작에는 8가지 기술이 있는데, 이 8가지 기술은 순서성이 있다.

#### ① 질문

많은 내담자는 그들의 성인 자아를 사용하는 데 어려움이 있다. 질문(interrogation)은 내담자가 성인 자아상태에서 반응할 때까지 질문하는 것을 말한다.

#### ② 특별 세부 반응

특별 세부 반응(specification)은 내담자에 대한 어떤 정보를 특별한 분류 또는 유목에 넣으려고 하는 기술이다. 예를 들어 여러 상황에서 내담자가 늘 격해 있다는 사실에 대해 상담자가 내담자는 의견의 일치를 보일 수 있다. 이때 상담자는 "그래서 당신은 늘 스스로를 과격하다고 생각하고 있군요."라고 내담자에게 반응을 보인다.

③ **직면**

직면(confrontation)은 상담자가 내담자의 모순 또는 일관성이 없는 행동이나 말을 지적하는 것이다. 이러한 직면은 내담자의 게임, 생활 자세, 각본의 문제점을 지적하여 내담자가 이를 각성하는 데 도움을 줄 수 있다.

④ **설명**

설명(explanation)은 상담자의 편에서 내담자에게 행동을 가르치는 것이다. 내담자가 현재 그렇게 행동하고 있는 이유에 대하여 상담자와 내담자가 서로 이성적이고 합리적인 측면인 성인 자아로 소통하는 것이다.

⑤ **실증**

실증(illustration)은 상담 과정에서의 긍정적인 효과를 강화시킬 목적으로 성공적인 기술, 일화, 미소, 비교 등을 통해 실제적인 사례를 제시하는 기술이다. 이것은 성인 자아를 정상적으로 기능하도록 하기 위해 긴장을 완화시키면서도 가르치는 양면성이 있다.

⑥ **확립**

확립(confirmation)은 내담자의 어떤 행동은 상담에 의해 일시적으로 달라졌다가 곧 원래의 행동으로 돌아가 버리는 경우가 많으므로 이를 막을 수 있도록 돕는 기술이다. 여기서 상담자는 여전히 내담자가 그 행동을 포기하지 않고 있다는 점과 그 행동에서 벗어나기 위해 더 열심히 노력해야 한다는 것을 지적해 준다.

⑦ **해석**

해석(interpretation)은 상담자가 내담자의 행동 이면의 이유를 내담자가 볼 수 있도록 돕는 기술이다. 전통적인 정신분석의 과정과 비슷하다. 해석의 과정은 상담자와 내담자의 성인 자아 간의 교류가 되어야 한다.

#### ⑧ 구체적 종결

구체적 종결(crystallization)은 내담자가 인정 자극을 받기 위해 사용해 왔던 게임을 이제 할 필요가 없게 된 단계에 도달했다는 사실을 상담자가 내담자에게 설명해 주는 것이다. 예를 들면, 종결 단계에서 상담자는 내담자에게 "이제 당신은 당신이 원하는 인정 자극을 얻을 수 있는 더 좋은 방법을 가지게 되었습니다."라고 말해 준다.

### 3) 게슈탈트 상담의 두 의자 기술

게슈탈트 상담의 두 의자 기술(double chair technique)은 내담자가 부모에게서 받은 금지명령이나 장려 명령을 확인할 때나 인간관계에 있어 과거나 현재의 역할을 포함하여 자신의 자아상태, 교류, 게임, 생활 각본의 각성에 도움을 준다. 필요시 역할연기(role playing)나 심리극(psychodrama)과 결합하여 활용 가능하다.

## 06 교류분석의 사례

교류분석의 사례는 다음과 같다(중등임용시험, 2018).

진　　수: 어젯밤에 아빠한테 많이 혼났어요.
상담교사: 아빠와 무슨 일이 있었나 보구나. 좀 더 자세히 말해 줄래?
진　　수: 사실 어젯밤에 게임하고 있었는데, 아빠가 갑자기 방문을 열고 들어오시는 거에요.
상담교사: 아빠가 갑자기 들어오셔서 많이 놀랐겠구나.
진　　수: 네! 많이 놀라기도 했지만, 아빠가 노크도 없이 들어와서 기분이 나빴죠. 그래서 그냥 가만히 앉아 있었는데, 아빠가 화난 목소리로 "지금 몇 시야?" 하시더라고요. 그래서 "11시 47분 52초요." 라고 짧게 대답했어요. 그랬더니 아빠가 "너 당장 나가!"라고 하시면서 버럭 소리를 지르시는 거에요.
상담교사: 그래서 어떻게 했니?
진　　수: 저도 화가 나서 그냥 집을 나가려고 했지요. 그랬더니 아빠가 더 화를 내시는 거에요.

## 07 교류분석의 강점과 한계

### 1) 강점

교류분석은 상담에 많은 기여점과 그 나름의 장점을 가지고 있다. 이들을 정리해 보면 다음과 같다(강갑원, 2004; 강진령, 2009).

첫째, 교류분석은 행동 지향적인 상담 이론들과 쉽게 결합하여 적용할 수 있다는 점이다. 특히 교류분석과 게슈탈트 상담 기법들을 결합하여 적용한 방법은 매우 강력하고 효과적인 결과를 나타냈다(James & Jongeward, 1971).

둘째, 교류분석은 내담자에게 변화에 대한 책임을 강조한다는 점이다. 인간은 변화를 선택하거나 과거와 동일한 상태로 살아갈 것인가에 대한 선택을 할 수 있다. 이러한 선택은 내담자에게 속한 것이지 상담자에게 속한 것은 아니라는 입장이다.

셋째, 교류분석은 실현가능한 목표 지향적 접근을 한다는 점이다. 상담자와 내담자는 상담 초기에 구체적이고 성취 가능한 목표가 명시된 계약을 체결한다. 이는 상담자와 내담자가 상담 목표를 쉽게 공유할 수 있고 종결 시기를 명확하게 알 수 있다는 장점이 있다(James & Jongeward, 1971).

넷째, 교류분석은 부모 교육을 위한 다양한 자료를 제공했다는 점이다. 교류분석이 부모들에게 제공하는 자녀 교육 아이디어 중에는 자녀의 성인 자아를 상대로 대화하도록 노력하고, 자녀에게 인정 자극을 제공하며, 자녀를 혼란시키는 암시적 교류와 게임을 하지 않도록 하는 내용이 포함된다.

### 2) 한계

교류분석은 상담에 기여한 점도 많지만 제한점 또는 비판을 받는 점도 있다(강갑원, 2004; 강진령, 2009).

첫째, 교류분석이 단순하고, 피상적이며, 단지 증상만을 완화시키기 위한 접근이라는 점이다. 그리고 누구나 이용 가능하다는 장점은 오히려 전문가들의 이론에 대한 관심을 감소시키는 결과를 초래한다는 비판이 있다.

둘째, 교류분석이 다분히 인지 지향적 접근이라는 점이다. 내담자의 문제나 관심사를 인지적으로 이해하는 것은 단지 변화의 시작에 불과하다는 비판을 받아왔다. 그러므로 교류분석은 행동 지향적 상담과 함께 적용되지 않는다면, 상담의 실효성은 제한적일 수밖에 없다는 것이다.

셋째, 교류분석은 지적 능력이 낮은 내담자에 대한 한계가 있다는 점이다. 교류분석은 인지 지향적 접근으로, 의식 수준이 높거나 문제해결적인 접근을 선호하는 내담자들에게 효과적이다. 그러나 이러한 강점은 지적 능력이 부족한 내담자들에게는 오히려 비효과적이라는 지적을 받아왔다.

넷째, 교류분석의 주요 개념이 다른 이론들의 개념과 유사하다는 점이다. 교류분석의 핵심 개념이 기존 이론들의 것과 유사하여 새롭거나 독특한 면이 부족하다는 비판을 받아왔다. 예를 들어 성인, 부모, 아동 자아상태와 프로이트의 자아, 초자아, 원초아를 비롯해서 생활 각본과 아들러의 생활양식이 매우 유사하다.

## 실/전/도/전/문/제

학습한 내용을 바탕으로 실전에 도전해 봅시다.

**1. 교류분석상담에 관한 설명으로 옳은 것은?** (청소년상담사 3급, 2018)

① 세 자아 상태 중 두 자아만 자극과 반응을 주고받는 것이 건강한 상태이다.
② 교류분석을 통해 부적절한 교차적 교류나 이면적 교류를 중단하도록 촉진한다.
③ 게임은 긍정적 스트로크를 주고받게 한다.
④ 각본은 최근 개인이 경험한 사건에 따라 결정된다.
⑤ 내담자의 삶의 입장을 자기긍정-타인부정의 입장으로 변화시킨다.

2. 교류분석의 교차적 교류에 해당하는 것은? (청소년상담사 3급, 2017)

① 자녀: 아빠는 몇 시에 퇴근하세요?
엄마: 학원갈 시간 다 됐지...
② 친구1: 지금 몇 시야?
친구2: 3시.
③ 언니: 오늘 점심은 내가 살게.
동생: 고마워.
④ 남편: 요즘 애들은 너무 예의가 없어.
아내: 그러게요. 우리 때와는 너무 달라요.
⑤ 과장: (지각한 직원에게) 지금 몇 시죠?
직원: 아직 10시가 안 됐는데요.

3. 다음 사례에서 교류분석상담의 자아 상태와 교류 형태 연결이 모두 옳은 것은? (청소년상담사 3급, 2016)

상담자 : 지난 상담에서 일주일 동안 시도해 보기로 한 대화 실험은 어땠니?
내담자 : 어, 선생님 밖에 불꽃놀이 하나 봐요, 우리 나가서 구경하면 안돼요?

① 상담자－A, 내담자－AC, 상보교류
② 상담자－A, 내담자－FC, 교차교류
③ 상담자－A, 내담자－FC, 상보교류
④ 상담자－NP, 내담자－FC, 상보교류
⑤ 상담자－NP, 내담자－AC, 교차교류

4. 교류분석의 상담단계를 순서대로 올바르게 나열한 것은? (청소년상담사 3급, 2015)

ㄱ. 계약 ㄴ. 교류분석 ㄷ. 게임분석 ㄹ. 구조분석 ㅁ. 각본분석 ㅂ. 재결정

① ㄱ → ㄹ → ㄴ → ㄷ → ㅁ → ㅂ
② ㄱ → ㄹ → ㄴ → ㅁ → ㄷ → ㅂ
③ ㄱ → ㄹ → ㄷ → ㄴ → ㅁ → ㅂ
④ ㄱ → ㄹ → ㄷ → ㅁ → ㄴ → ㅂ
⑤ ㄱ → ㄹ → ㅁ → ㄴ → ㄷ → ㅂ

**5.** 번(Berne)의 교류분석 이론에서 제시한 게임 공식이다. 괄호 안에 들어갈 내용을 순서대로 나열한 것은? (청소년상담사 2급, 2014)

> 속임수 + 약점 = (  ) → (  ) → (  ) → 결말

① 혼란, 전환, 반응
② 혼란, 반응, 전환
③ 반응, 전환, 혼란
④ 반응, 혼란, 전환
⑤ 전환, 반응, 혼란

**정답**

1. ② 2. ① 3. ② 4. ① 5. ③

따뜻하고 유능한 상담자가 되기 위한 <상담심리 실습 18>

## OK 그램 검사

다음 항목의 질문에 대하여 보기에서의 점수를 빈칸에 적으시오.
매우 그렇다(5) 그렇다(4) 보통이다(3) 그렇지 않다(2) 전혀 그렇지 않다(1)

| | | | | |
|---|---|---|---|---|
| 1. 나는 나 자신을 좋아한다. | | | | |
| 2. 나는 타인으로부터 호감을 얻지 못하는 인간이다. | | | | |
| 3. 나는 태어나서부터 소중하게 길러졌다고 생각한다. | | | | |
| 4. 나의 탄생은 그다지 환영받지 못했다고 생각한다. | | | | |
| 5. 나는 다른 사람이 믿음이 가지 않아 일을 맡기지 않고 나 스스로 한다. | | | | |
| 6. 나는 지금 생활에서 필요로 하는 유익한 인간이라고 생각한다. | | | | |
| 7. 나는 나 자신을 쓸모없는 인간이라고 생각하는 경우가 있다. | | | | |
| 8. 다른 사람의 행동 방식이나 사고방식이 나와 달리하고 있을지라도 특히 싫지 않는 기분이다. | | | | |
| 9. 상대를 존중하는 것은 그 기분을 이해하는 것이라고 생각하기 때문에 힘써 실행하고 있다. | | | | |
| 10. 다른 사람으로부터 신뢰받는 사람이라고 생각하고 있다. | | | | |
| 11. 나는 적극적으로 행동을 취하는 편이다. | | | | |
| 12. 나는 소극적인 성격이므로 실패가 두려워서 매사에 손을 대지 않으려고 한다. | | | | |
| 13. 때때로 상대를 매도하거나 꼼짝 못하게 한다. | | | | |
| 14. 나는 내가 한 언행에 대해 곧잘 후회한다. | | | | |
| 15. 상대가 기대한 대로 해주지 않으면 매우 화가 난다. | | | | |
| 16. 다른 사람의 장점보다 단점을 지적하는 편이다. | | | | |
| 17. 나는 기본적으로 다른 사람을 믿는다. | | | | |
| 18. 아이들을 포함해서 누구에게도 나 자신의 견해를 가질 권리가 있다고 생각한다. | | | | |
| 19. 나 자신이 결단하여 행동하는 것을 잘하지 않는다. | | | | |
| 20. 나 자신의 용모에 자신이 없다. | | | | |

| 문항 | U- | U+ | I+ | I- |
|---|---|---|---|---|
| 21. 나 자신의 얼굴이나 모습에 매력이 있다고 생각한다. | | | ☐ | |
| 22. 매사에 자신이 없기 때문에 대체로 다른 사람들이 하는 대로 따라간다. | | | | ☐ |
| 23. 다른 사람을 돕는 일은 나쁜 버릇을 키우므로 하지 않는다. | ☐ | | | |
| 24. 자신의 능력 중 어느 면에 자신을 갖고 있다. | | | ☐ | |
| 25. 사람들이 자기주장을 하거나 경제적으로 풍요하게 되는 것은 좋은 것이라고 생각한다. | | ☐ | | |
| 26. 생각이나 행동 방식을 자신과 달리하고 있는 사람은 가능한 한 무리에서 배제해 버리고 싶다. | ☐ | | | |
| 27. 나는 대부분의 사람들과의 관계를 훌륭하게 해 가고 있다. | | ☐ | | |
| 28. 다른 사람의 일이 순조롭게 되고 있을 때 좋은 일이라고 기뻐해 준다. | | ☐ | | |
| 29. 다른 사람들 앞에서 이야기할 때 그다지 불안하거나 긴장되지 않고 자연스럽게 말한다. | | | ☐ | |
| 30. 친구나 동료와 함께 있는 것을 좋아하지 않으며 고독을 즐긴다. | | | | ☐ |
| 31. 싫어하는 사람일지라도 함께 일을 잘 해 낼 수 있다. | | ☐ | | |
| 32. 후배나 부하가 나를 따르는 것은 당연한 것이라고 생각한다. | ☐ | | | |
| 33. 사람들은 누구나 자신이 의사 결정을 할 권리가 있다고 생각한다. | | ☐ | | |
| 34. 동료가 실패해도 언제까지나 책망하지 않고 격려한다. | | ☐ | | |
| 35. 나 자신을 그다지 존경할 수가 없다. | | | | ☐ |
| 36. 동료에 비해 나의 타인에 대한 평가는 엄격하다. | ☐ | | | |
| 37. 나는 그다지 다른 사람을 칭찬하지 않는 편이다. | ☐ | | | |
| 38. 나는 대개 다른 사람이 하는 만큼은 할 수 있다. | | | ☐ | |
| 39. 나는 다른 사람을 이용하여 자신의 입장이나 일을 잘하려고 하는 경향이 있다. | ☐ | | | |
| 40. 나는 잘못을 하거나 실망을 하는 경우에도 긍정적으로 생각할 수 있다. | | | ☐ | |
| 합계 | ☐ | ☐ | ☐ | ☐ |

출처 : OK그램 체크리스트(한국교류분석협회)

따뜻하고 유능한 상담자가 되기 위한 <상담심리 실습 19>

## EGO 그램 검사

다음 항목의 질문에 대하여 보기에서의 점수를 빈칸에 적으시오.

매우 그렇다(5)　그렇다(4)　보통이다(3)　그렇지 않다(2)　전혀 그렇지 않다(1)

1. 다른 사람을 헐뜯기보다는 칭찬을 잘하는 편이다.
2. 대화에서 격언, 속담을 잘 인용한다.
3. "법이 없어도 살아갈 수 있는 사람"이라는 소리를 잘 듣는다.
4. 행동이나 말이 자유스럽고 자연스럽다.
5. 말이나 행동을 냉정하고 침착하게 하므로 안정된 분위기를 느낀다.
6. "내가 말하는 대로 된다"는 식으로 말한다.
7. 상냥하고 부드러우며 애정이 깃들어 있는 대화나 태도를 취한다.
8. TV, 영화 등을 보면서 마음이 약해 눈물을 잘 흘리는 편이다.
9. 6하 원칙에 따라 사리를 따지거나 설명하는 편이다.
10. 호기심이 강하고 기발한(창의적인) 생각을 잘한다.
11. 말을 할 때 상대방의 안색을 자주 살핀다.
12. 직장 내외에서 사회봉사 활동에 참가하기를 좋아한다.
13. 사회의 윤리, 도덕, 규칙 등을 중시하고 준수한다.
14. 다른 사람으로부터 부탁을 받으면 거절하지 못한다.
15. 자세가 바르며 여유가 있다.
16. 자신을 멋대로라고 생각한다.
17. 다른 사람의 마음에 들고 싶다고 생각한다.
18. 부모나 상사가 시키는 대로한다.
19. 타산적이며 이해득실을 생각하고 행동한다.
20. 일을 능률적으로 잘 처리해 간다.
21. 매사에 조심스럽고 소극적인 편이다.
22. 대화에서 감정적으로 되지 않고 이성적으로 풀어 간다.
23. 상대방의 이야기를 잘 경청하고 공감하는 편이다.
24. 책임감이 강하고 약속 시간을 엄수한다.
25. 후배나 아랫사람의 실수에 대해 관대하고 격려한다.

| 문항 | CP | NP | A | FC | AC |
|---|---|---|---|---|---|
| 26. 의리와 인정에 끌려서 아이나 부하, 동료 등 누군가를 마음에 걸려 한다. | | □ | | | |
| 27. 신이 나면 도가 지나쳐서 실수를 한다. | | | | □ | |
| 28. 아이나 부하를 엄격하게 다룬다. | □ | | | | |
| 29. 생각하고 있는 바를 입 밖으로 내지 못하는 성질이다. | | | | | □ |
| 30. 친구나 동료, 아이들이나 부하에게 신체적 접촉과 같은 스킨십을 잘하는 편이다. | | □ | | | |
| 31. 상대방의 말을 가로막고 자신의 생각을 말한다. | □ | | | | |
| 32. 밝고 유머가 있으며, 장난을 잘 치는 편이다. | | | | □ | |
| 33. 어떤 일이나 사실에 근거해서 판단한다. | | | □ | | |
| 34. 상대의 실수를 지적하고 정정한다. | □ | | | | |
| 35. 열등감이 강한 편이고 자신의 감정을 억눌러 버리는 편이다. | | | | | □ |
| 36. 오락, 술, 음식물 등을 만족할 때까지 즐기거나 먹는다. | | | | □ | |
| 37. 미래의 일을 냉정하고 예리하게 예측하고 행동한다. | | | □ | | |
| 38. 욕심나는 것을 가지지 않고는 못 배긴다. | | | | □ | |
| 39. 자신의 생각을 관철하기보다 타협하는 경우가 많다. | | | | | □ |
| 40. 동정심이나 배려심이 강하고 어린이나 타인을 돌봐 주기를 좋아한다. | | □ | | | |
| 41. 어떤 결정을 내릴 때 사실을 확인하거나 반대 의견을 듣는다. | | | □ | | |
| 42. 중얼중얼하는 목소리로 말하거나 우물쭈물 사양하는 편이다. | | | | | □ |
| 43. 상대를 바보 취급하거나 멸시한다. | □ | | | | |
| 44. 기쁨이나 화를 내는 등 희로애락을 직접적으로 표현한다. | | | | □ | |
| 45. 곤경에 처해 있는 사람을 위로하거나 북돋아 주기를 즐겨 한다. | | □ | | | |
| 46. 현상을 잘 관찰·분석하고 합리적으로 의사 결정한다. | | | □ | | |
| 47. (~해도 괜찮을까요?)(~할 생각입니다)(이젠 됐습니다)등의 말을 쓴다. | | | | | □ |
| 48. (와! 멋있다)(굉장하군!)(아하!)등 감탄사를 자주 쓰며 농담을 잘한다. | | | | □ | |
| 49. (당연히 ~해야 한다)(~하지 않으면 안 된다)는 식의 말투를 잘 쓴다. | □ | | | | |
| 50. 권리를 주장하기 전에 의무를 다한다. | □ | | | | |
| 합계 | □ | □ | □ | □ | □ |

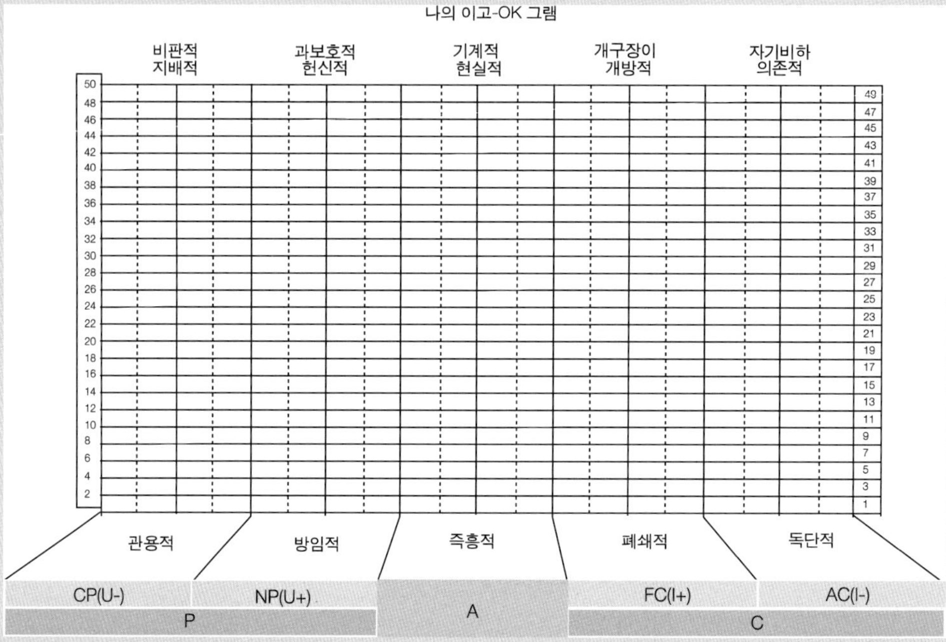


**여러 가지 이고그램 해석**

이고그램의 패턴은 그 사람의 삶의 방식에 대한 습관과 같은 것이다. 그래서 여기에서는 일곱 가지의 대표적인 이고그램 패턴을 누구나 갖고 있는 일곱 가지의 삶의 습관이라고 할 수 있다(한국교류분석협회, 2009).

① ㅅ형 : 원만 패턴(보통)

NP를 정점으로 하는 [ㅅ]형의 이고그램을 나타내고 일반적으로 대인관계에 있어서 문제가 적고 자타를 모두 긍정하는 사람이라고 할 수 있다. 이 패턴은 '인화'를 강조하는 사람에게 많이 나타나는 패턴이라고 할 수 있다. 자신의 성격을 바꿔 보고자 하는 사람은 이 형태를 목표로 하는 것이 좋다.

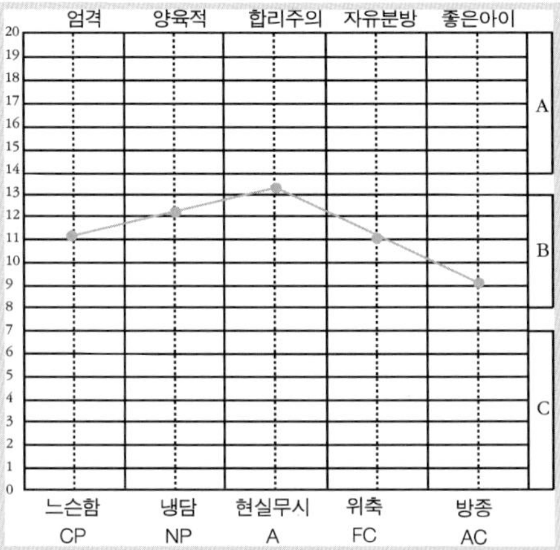


그림 17 ⌒형 : 원만 패턴

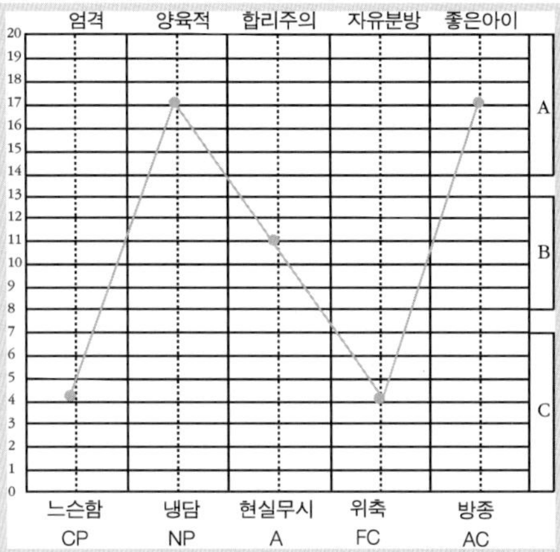


그림 18 N형 : 헌신 패턴

② N형 : 헌신 패턴(슈바이처형)

NP를 정점으로 하고 FC를 낮은 점으로 하는 [N]형은 자기 부정적이고 타인에게 의존적인 형이다. 이 형태의 사람은 NP가 높고 타인에 대한 배려나 온정이 있지만 AC가 높으므로 하고 싶은 말을 하지 못하고 마음속으로 삭이는 것이 특징이다. 기분 전환도 잘 할 줄 모르므로 싫은 감정을 쉽게 잊어버리지 못하고 자율신경 실조증 등의 스트레스 병이 되기 쉬운 사람이라고 할 수 있다.

- 노력 point

"재미있다.", "한 번 해보자."는 마음으로 적극적으로 뛰어드는 자세가 중요하다. 유머나 농담을 통해 유쾌한 기분에 젖어 보는 것이 필요하고, 보다 강인한 근성을 키우는 훈련을 하는 것을 권장한다.

③ 역N형 : 자기주장 패턴(돈키호테형)

CP, FC가 높고 NP, AC가 낮은 [역N]형은 자기중심적인 사람으로 자기주장형이다. 결국 책임의 소재는 타인에게 있고 자신은 항상 옳다고 하는 자기반성이 부족한 사람일 것이다. 그러나 이 패턴의 사람이 가진 야망이나 욕망이 예술이나 예능 방면으로 향했을 때는 능력을 발휘한다. 예술가 타입이라고 할 수 있겠다.

- 노력 point

주변 사람들의 좋은 점을 발견하도록 노력해서 칭찬하는 연습을 하는 것이 중요하다. 늘 상대방 입장에서 이해하고, 부드러운 말을 쓰며 따뜻한 느낌을 주도록 노력하는 것이 필요하다.

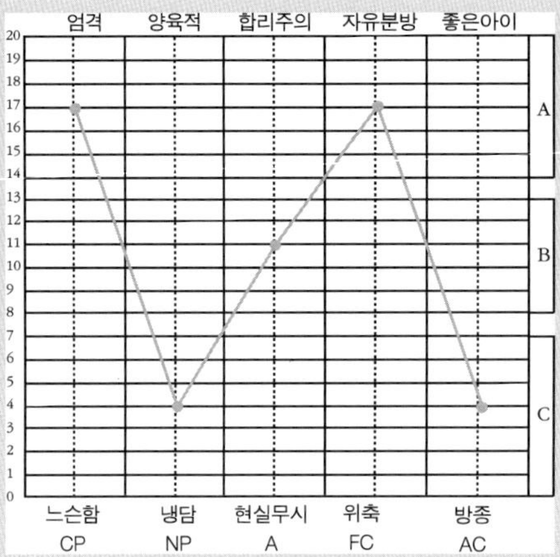


그림 19 **역N형 : 자기주장 패턴**

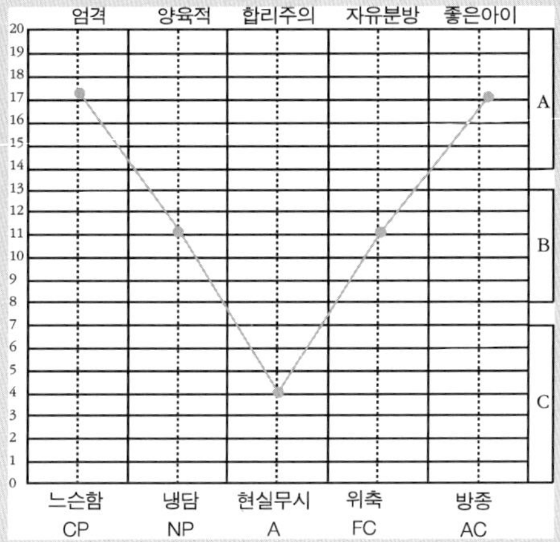


그림 20 **V형 : 갈등 패턴**

④ V형 : 갈등 패턴(햄릿형)

양끝의 CP, AC가 높고 전체가 V형으로 되는 이고그램형이다. CP가 높으므로 "이렇게 해야 돼!", "이렇게 해서는 안 돼!"라고 자신이나 타인에게 완전함을 요구하지만 마음속으로 갈등을 반복하고 후회를 많이 하는 사람이다. 결국 책임감이나 사명감에 사로잡혀 있는 엄격한 자신과 타인으로부터의 평가에 신경을 쓰는 자신이 끊임없이 갈등을 반복하고 있는 것이 특징이다.

• 노력 point

현실에 근거하여 상황에 대한 정확한 판단을 하는 것이 중요하다. 감정적으로 행동하지 않도록 스스로 통제하며, 침착하고 객관적이며 공정한 태도를 가지는 것이 필요하다.

⑤ W형 : 고뇌 패턴(베르테르형)

앞의 V형의 아류 형태로 양쪽의 CP, AC가 높은 데다 A도 높은 점이 특징이다. CP, AC의 갈등 상황은 V형과 같지만 A가 높아 현실을 음미하거나 분석하려고 하는 만큼 이 부분의 고민은 심각하다. 자포자기나 침울한 상태가 되기 쉽다고 할 수 있다.

• 노력 point

"재미있을 것 같다.", "한 번 해보자." 또는 "즐겁다."는 마음으로 호기심을 가지고 생활하는 것이 중요하다. 또한 감정과 느낌을 겉으로 드러내는 것을 연습하고, 마음대로 하고 싶은 일을 찾거나 많은 사람과 이야기 나누고 재미있는 일들을 만들어 보는 것이 필요하다.

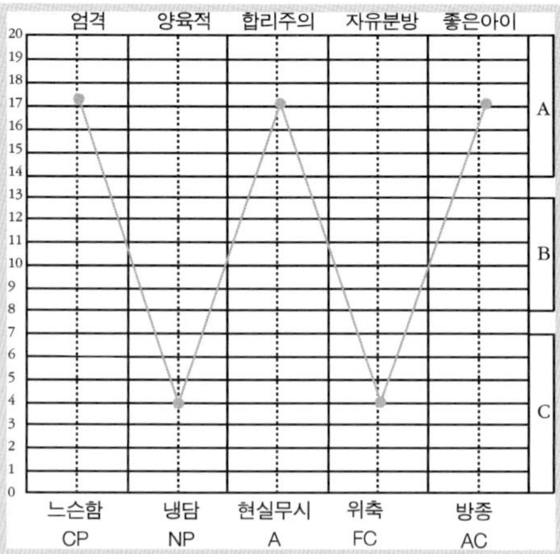


그림 21 **W형 : 고뇌 패턴**

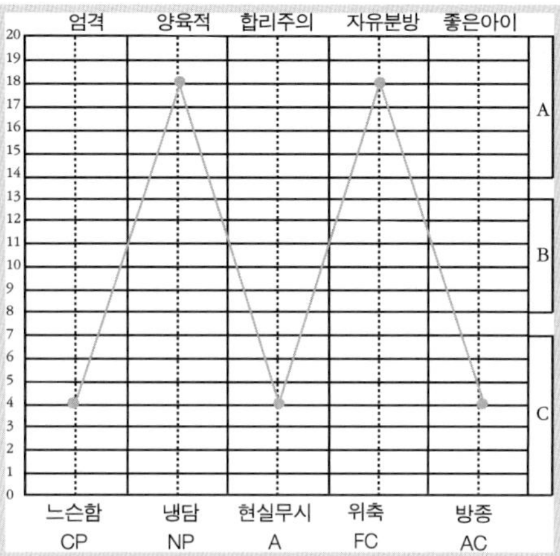


그림 22 **M형 : 명랑 패턴**

⑥ M형 : 명랑 패턴(우상형)

NP, FC 양쪽이 높고 다른 것은 그것보다는 낮은 것이 특징이다. 이 패턴은 밝고 명랑한 젊은 여성에게 잘 나타난다. 타인에 대한 배려가 있고 호기심이 왕성하며 즐거운 것을 아주 좋아하는 사람이라고 할 수 있습니다. 분위기를 주도하는 밝고 유쾌한 사람이다.

- 노력 point

현실에 근거하여 상황에 대한 정확한 판단을 하는 것이 중요하다. 감정적으로 행동하지 않도록 하고, 감정이 높아져 있을 때는 "조금만 생각할 여유를 주십시오." 하고 사이를 두는 것이 필요하다.

⑦ 우경사형 : 완고 패턴(보스형)

CP를 정점으로 우측으로 내려가는 [우경사형]의 특징은 한마디로 완고하다는 것이다.

AC가 가장 낮아 타인의 의견에는 귀를 기울이지 않습니다. 타인이 하는 일에 화끈대는 경우가 많아 두통이나 고혈압이 되기 쉬운 형이라고 할 수 있다.

- 노력 point

매사를 즐겁게 인식하고 적극적으로 생활하는 것이 중요하다. 그리고 자기의 주관만 고집하기보다는 다른 사람들의 의견에도 적극 귀를 기울이는 타인 존중의 태도가 필요하다.

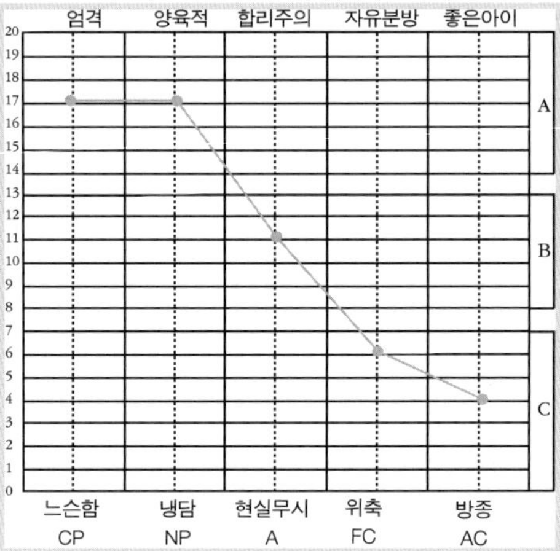


그림 23 **우경사형 : 완고 패턴**

# 15 chapter 해결중심 상담

- 지도는 영토가 아니며 메뉴는 음식이 아니다.
(The map is not the territory, The menu is not food.)
- 사람은 자신의 경험을 창조한다.
(People create their own experience.)
- 사람들은 그 당시에 할 수 있는 가장 최선의 선택을 한다.
(People make the best choices available to them.)
- 실패란 없다, 다만 피드백(배움)이 있을 뿐이다.
(There is no failure, only feedback.)
- 모든 문제에는 해결책이 있다.
(There is a solution to every problem.)
- 나는 내 마음의 주인이다.
(I am in charge of my mind.)
- 어떤 사람이 무언가를 할 수 있다면 다른 사람도 그것을 배워 행할 수 있다.
(If one person can do something, anyone can learn it and do it.)
- 선택할 수 있다는 것은 선택할 수 없다는 것보다 바람직하다.
(Choice is better than no choice.)
- 변화는 빨리 그리고 쉽게 될 수 있다.
(Change can be fast and easy.)
- 사람들은 변화와 성취를 위해 필요한 모든 자원을 이미 가지고 있다.
(People have all the resources they need to bring about change and success.)
- 이해하기를 원한다면 실행하라.
(If you want to understand–act.)

–NLP의 전제조건 중에서–

## 01 이론의 개관

해결중심 상담(solution-focused counseling)은 가족 치료에서 시작되었고, 드 셰이저(Steve de Shazer, 1940~2005)와 베르그(Insoo Kim Berg, 1934~2007)가 주축이 되어 발달시킨 상담 및 심리치료 모델이다. 해결중심 상담은 전통적인 치료적 관점과 접근에 의문을 제기했던 팔로알토의 정신건강연구소에서 개발된 단기문제해결모델, 정신과 의사이며 최면상담자인 밀턴 에릭슨(Milton Erickson)의 신경언어학적 프로그래밍(Neuro-Linguistic Programming: NLP), 헤일리(Haley)의 전략적 치료, 그리고 개인구성치료(personal construct therapy) 등의 영향을 받아 발전하였다.

해결중심 상담은 내담자가 자신이 문제를 해결하려는 의지와 능력을 가지고 있다고 믿기 때문에 내담자 스스로 해결책을 찾아 나가도록 돕는 데 주력한다. 전통적인 상담 이론이 내담자의 문제의 근원이나 원인에 초점을 두고 이를 탐색하는 데 중점을 두었다면, 해결중심 상담은 문제의 해결, 즉 내담자가 원하는 변화, 문제해결 방안과 새로운 행동 유형에 초점을 둔다. 그렇기에 해결중심 상담에서는 문제의 원인이 되는 과거가 아닌 문제가 해결된 미래를 더 강조한다. 내담자가 원하는 미래를 정확히 설명하게 되면 미래를 이루어 내기 위해 현재 무엇을 해야 할지를 분명히 알 수 있게 된다고 본다.

드 셰이저와 베르그는 부부이다. 드 셰이저는 미국 밀워키에서 출생하였으며 1971년 팔로알토로 옮겨 사회학과 심리치료에 전념하게 된다. 특히 헤일리의 심리치료에 관심을 가졌고, 그 당시에 밀턴 에릭슨의 접근법들을 기초로 단기 치료적 심리치료법을 발전시키기 시작하였다. 그는 팔로알토에서 장래의 배우자이자 작업 동료인 베르그(한국명 김인수)를 만나게 된다. 베르그는 1934년 한국에서 태어났고 이화여자대학교에서 약학을 전공하다가 미국으로 건너가 1969년 위스콘신대학교에서 사회사업학 석사학위를 받았다. 그 후 시카고 가족 연구소와 메닝거 재단, 그리고 정신건강연구소의 단기 치료 센터에서 훈련을 받았다(정문자 외, 2008).

1990년 이후부터 20여 년 동안 오핸런(Bill O'Hanlon), 크랄(Ron Kral), 립칙(Eve Lipchik), 밀러(Scott Miller), 와이너-데이비스(Weiner-Davis) 등의 임상가들이 단기 가족치료센터에서 드 셰이저, 베르그와 함께 훈련을 받았으며 해결중심 상담의 발전에 크게 기여하였다. 드 셰이저는 2005년에, 김인수는 2007년에 사망하였다.

해결중심 상담은 학교, 정신병원, 교정 기관, 상담 서비스, 가족 치료, 자원봉사 조직, 치료 집단, 사회사업 팀을 포함한 다양한 장면에서 광범위하게 활용되고 있다. 뿐만 아니라 알코올 및 마약중독자, 범죄자, 비행 청소년, 스트레스를 겪고 있는 직장인, 커플과 가족 등 다양한 내담자들에게 적용되고 있다(Franklin & Jordan, 1999).

우리나라에 해결중심 상담이 도입된 것은 1987년이다. 1991년 가족치료연구 모임이 결성되었으며 2002년에 한국단기가족치료연구소로 개명하였다(정문자 외, 2008).

## 02 인간관

해결중심 상담은 문제의 원인을 규명하기보다는 인간이 가진 강점, 성공 경험, 예외 상황 등의 여러 자원을 활용하면서 문제해결 방법에 중점을 두고 단기간 내에 상담 목적을 성취하는 상담 모델이다. 또한 문제보다는 내담자가 상담을 통해 얻기 원하는 바에 초점을 둔다. 즉, 문제가 무엇인가를 탐색하기보다는 상담을 통해 내담자가 바라는 또는 기대하는 변화가 무엇인가를 분명하게 하는 데 초점을 둔다. 이렇게 할 때 내담자는 문제에 깊이 빠져들지 않거나, 부정적인 상황에 오래 머물지 않고 첫 회부터 상담을 통한 구체적인 변화를 꿈꾸며, 변화를 위한 작은 행동을 시작할 수 있는 힘을 얻게 된다. 따라서 해결중심 상담의 인간관은 다음과 같이 요약될 수 있다.

첫째, 인간은 자신의 문제를 해결할 자원을 지니고 있다. 이것은 인간이 이미 가지고 있는 자원, 기술, 믿음, 동기, 행동, 증상, 사회 관계망, 환경, 개인적 특성 등의 강점, 자원, 건강한 특성들을 도출함으로써 제시된 문제를 해결할 수 있다는 것이다.

둘째, 문제에 대한 전문가는 바로 내담자 자신이라고 믿는다. 내담자 속에 잠재되어 있는 해결 방법을 발견시킨다. 이것은 문제를 긍정적인 개념으로 재개념화하거나 문제에 대한 예외 상황 및 성공 경험을 발견함으로써 가능하다.

셋째, 인간은 자신의 문제가 해결된 미래에 대해 생각할 수 있고 변화할 수 있다. 내담자는 스스로 문제가 해결된 상태의 그림을 그려볼 때 변화에 대한 희망을 갖게 되며, 스스로 구체적인 목표를 정하고, 변화를 위한 준비를 갖추게 된다. 문제가 해결된 미래를 그려봄으로써 현재의 어려움을 지속되는 곤경으로 보기보다는 지나가는 하나의 과정으로 여기게 되고, 단순히 고통스럽다는 식이 아니라 자신의 궁극적인 인생 목표를 달성하는 능력을 키우는 데 도움이 되는 것으로 인식하기 시작한다. 미래에 대한 관점은 내담자들에게 가능한 해결책을 생각하도록 도우며, 이미 일어난 변화를 볼 수 있는 여유와 자신이 바라는 목표를 향해 그동안 얼마나 많은 노력을 하고 있었는지 깨닫게 해준다.

넷째, 인간은 모든 문제에서 예외를 찾아낼 수 있으며, 예외를 해결책으로 사용할 수 있다. 모든 문제에는 예외 상황이 있으며, 그 예외 상황에서 사용된 방법이나 단서를 문제해결을 위한 자원으로 활용할 수 있다. 즉, 어렵고 힘들었다 하더라도 예외 상황이나 성공적인 것을 생각하고 말할 때는 대처할 수 있는 힘이 나오고 덜 좌절하게 된다는 것이다.

다섯째, 인간에게 있어서 변화는 항상 일어나고 있다고 본다. 해결중심 상담에서는 변화란 인간 삶의 일부분이기 때문에 변화를 막을 수 없다는 가정에 기초한다. 그러므로 상담이란 종종 자연스럽게 일어나는 변화를 단지 확인하고 그 변화를 해결책으로 활용하는 작업이라고 볼 수 있다.

여섯째, 인간은 자신이 할 수 있는 한도 내에서 작은 문제를 해결한 성공 경험을 통해 다른 문제의 해결을 시도할 수 있다. 즉, 아무리 복잡한 문제라도 작은 단위로 떼어놓고 한 번에 한 가지씩 풀어 나간다면 큰 변화를 이룰 수 있다. 인간에게 일어난 작은 변화를 잘 관찰하고, 그 변화를 인정할 때 큰 변화는 자연적으로 일어나게 마련이다.

## 03 주요 개념

### 1) 해결중심 상담의 기본 규칙과 가정

해결중심 상담에서는 우리의 삶은 끊임없이 문제가 발생하고 해결되는 과정의 연속선상에 놓여 있다고 본다. 드 셰이저는 해결중심 상담자가 상담을 이끌어 가는 데 지침이 되는 세 가지 기본 원칙을 제시하였다. 이 원칙들은 상담자와 내담자가 문제에 접근하는 방법과 상담자가 상담을 이끌어 가는 방법에 적용된다(O'Connell, 1998).

첫째, 문제가 없으면 고치지 말라. 해결중심 상담의 강조점은 사람이 문제가 아니며, 문제가 문제라는 것이다. 즉, 내담자를 아프고 상처 받은 존재로 보는 것을 피하게 하고, 대신 그들의 삶에서 건강하고 잘 기능하는 것들을 발견하도록 한다. 해결중심 상담에서는 상담자가 아닌 내담자가 상담 목표를 결정하며, 내담자가 문제가 아니기 때문에 내담자를 문제로 다루지 말 것을 강조한다.

둘째, 효과가 있으면 더 많이 계속하라. 효과가 있는 일을 반복해서 하면 내담자는 긍정적 행동이 증가되는 것을 경험하게 되어 자기 긍정의 태도를 가지게 된다. 이러한 긍정적 감정은 새롭게 시도한 효과적 행동을 강화하여 더 많은 성공을 이루게 된다.

셋째, 효과가 없으면 그만두고 다른 일을 시도하라. 해결중심 상담에서는 효과가 없는 행동은 더 이상 계속하지 말고, 실패의 고리를 끊을 수 있는 새로운 것을 시도할 것을 강조한다. 기존의 문제해결 방법은 문제해결을 위해 시도한 노력이 실패해도 성공할 때까지 계속 할 것을 강조한 반면, 해결중심 상담에서는 시도한 것이 효과가 없다면 같은 방법을 그만 두고 다른 방법을 활용할 것을 요청한다. 그리고 어떤 것이 일단 효과가 있다면 그것을 계속하도록 격려한다.

이러한 세 가지 기본 규칙과 관련된 몇 가지 기본 가정들은 다음과 같다(노안영, 2006; 정문자 외, 2008; Corey, 2005; James & Gilliland, 2003).

- 항상 건강하고 긍정적인 측면에 초점을 둔다. 문제가 되는 상황이나 증상에 초점을 맞추기보다 긍정적인 면에 초점을 맞추는 것이 훨씬 효과적이며 바람직한 방향으로 변화를 이끌 수 있다.
- 작은 변화는 더 큰 변화를 야기할 수 있는 다양한 효과를 발휘한다.
- 긍정적인 진술로 목표를 수립한다.
- 사람들은 더 나은 방향으로 변화하기를 원한다.
- 예외 상황은 해결점을 제시한다. 모든 문제에는 예외 상황이 있다. 이런 상황을 발견하여 더 자주 일어나도록 격려하는 것은 자신의 문제를 스스로 통제할 수 있는 자신감과 해결책을 갖게 한다.
- 문제 분석을 피한다.
- 사람들은 자신의 문제를 해결하기 위하여 필요한 자원을 이미 가지고 있다.
- 의미와 체험의 변화는 상호작용 속에서 일어난다.
- 내담자는 자기 문제에 대한 전문가이다.
- 상담자는 문제를 해결할 내담자의 의지를 신뢰한다.

## 2) 해결중심 상담의 원리

해결중심 상담의 특징은 내담자의 성공과 강점에 초점을 맞추고, 내담자의 자원을 충분히 활용하여 문제(problem)가 아닌 해결(solution)에 초점을 둔다는 것이다. 해결중심 상담을 실행하기 위해서는 앞에서 설명한 기본 규칙과 가정을 토대로 다음에 제시된 일곱 가지 원리들을 강조한다(정문자 외, 2008; Berg & Miller, 1992).

첫째, 병리적인 것 대신에 건강한 것에 초점을 둔다. 실패와 문제에 관심과 초점을 두는 대신에 성공한 것과 성공하게 된 구체적인 방법을 발견하는 데 관심을 둔다. 내담자의 긍정적인 측면에 초점을 맞출 때 내담자와 상담자의 관계 형성에 도움이 된다. 뿐만 아니라 내담자의 성공적인 경험들은 앞으로의 행동에 긍정적인 영향을 미친다.

둘째, 일차적으로 단순하고 간단한 방법을 사용한다. 해결중심 상담은 상담 목표를 달성하기 위해 상담 방법의 경제성과 효율성을 추구한다. 이를 위해 내담자가 달성할 수 있는 작은 것을 목표로 설정한 후, 단순한 것에서 복잡한 것으로 접근하는 상담 전략을 통해 경제성과 효율성을 성취한다. 결국 상담 개입은 가장 단순하고 쉬운 것부터 시작하여 상담의 파급효과를 가져오게 한다.

셋째, 내담자의 강점, 자원, 건강한 특성을 발견하여 상담에 활용한다. 내담자가 이미 가지고 있는 자원, 강점, 지식, 동기, 사회 관계망, 환경, 성공적인 경험 등을 이끌어 내고 지지함으로써 문제의 해결에 적극 활용한다.

넷째, 현재에 초점을 맞추며 미래지향적이다. 과거와 문제의 원인 규명에 관심을 두기보다는 현재 내담자가 희망하는 미래의 상황을 구축하는 데 초점을 둔다.

다섯째, 내담자와의 자율적인 협력 관계를 중요시한다. 해결중심 상담에서는 상담자와 내담자가 협력하여 합의된 상담 목표를 설정하여 해결 방안을 발견하고 실행하는 과정을 중요시한다.

여섯째, 탈이론적이고 비규범적인 내담자의 견해를 존중한다. 내담자의 행동을 가설적이고 이론적 틀에 맞추어 평가하는 대신에 내담자의 호소 및 의견과 관점을 있는 그대로 수용하여 개별성을 최대한 존중한다. 따라서 내담자의 특성에 기초하여 개별화된 해결책을 발견함으로써 진정한 내담자 중심의 상담 접근이 가능하게 된다.

일곱째, 변화는 항상 일어나며 불가피한 것이다. 누구에게나 변화는 삶의 일부이기 때문에 막을 수 없다. 문제가 발생하지 않는 예외 상황을 많이 찾아내어 긍정적인 변화를 증가시킬 필요가 있다.

### 3) 상담자와 내담자의 관계 유형

드 셰이저와 베르그는 내담자의 상담 동기, 상담에 임하는 자세와 태도, 변화의 의지 등에 따라 상담자와 내담자의 관계가 다르다는 것을 발견하였다. 그들은 상담자와 내담자의 관계 유형을 방문객형, 불평자형, 고객형의 세 가지로 분류하고, 유형별로 상담 전략을 다르게 할 것을 강조하였다(강갑원, 2004; 김춘경 외, 2011 재인용).

### (1) 방문객형 내담자

방문객형(visitor) 내담자는 상담을 받으러 오긴 했지만 자발적인 동기에 의해서 상담에 온 것이 아니다. 흔히 이들은 주위 가족이나 친척, 교사, 검사, 보호관찰관 등의 요구나 명령으로 상담에 의뢰된 경우가 많다. 그러므로 자신의 뜻과는 관계없이 상담에 참여하기 때문에 상담에 대한 저항이 강하고, 자기 문제에 관한 인식도 약하며, 문제해결에 대한 동기도 매우 희박하다.

방문객형 내담자에게 섣불리 상담을 시작하면 비협조적 상담 관계로 발전하기 쉽기 때문에 조심스럽게 접근하여야 한다. 먼저 상담실에 마지못해 왔다 하더라도 상담실에 오기까지 시간과 노력을 들인 점에 대하여 충분히 칭찬하고 호감을 표시한다. 그리고 상담에 의뢰된 것에 대해 어떤 느낌을 가지고 있는지 탐색한다.

만약 내담자가 처벌의 일종으로 상담실로 왔다고 생각한다면 내담자에게 그것에 대한 생각이나 느낌을 표현하도록 한다. 그리고 내담자에게 어렵게 상담실을 방문한 것을 높이 평가해 주고 이왕 귀중한 시간을 내었으니 만남의 시간을 유용하게 보내 보도록 권유한다. 그러나 자신의 문제에 대하여 상담할 뜻을 정하지 못한 상태라면 내담자 문제 이외의 주제에 대하여 얼마 동안 만나서 얘기해 보자고 하거나 게임, 놀이, 모래 놀이, 미술 치료 같은 다른 자유로운 활동을 통하여 몇 번 만나 보자고 요청할 수 있다. 그리고 이러한 활동을 하면서 내담자가 자신의 문제에 대하여 논의하고 싶은 마음이 생기면 그때 상담을 시작하도록 한다.

### (2) 불평형 내담자

불평형(complaint) 내담자는 자신이 타인의 문제로 희생당하고 있다고 생각하고 자신의 문제를 남 탓으로 돌린다. 그들은 문제의 심각성을 알고 문제해결을 간절히 원하지만 자신이 아닌 문제를 지닌 다른 사람이 변화되어야 한다고 생각한다. 이 경우에 상담자는 내담자가 어떻게 하면 좋을지를 먼저 꺼내어 상담으로 연결하는 것이 좋다. 내담자 자신의 역할에 따라 주변 사람이 변할 수 있다는 것을 알게 될 때, 보다 능동적으로 상담에 임할 수 있게 된다.

우선 상담자는 내담자의 문제중심 진술을 해결중심의 대화로 전환하도록 한다. 예를 들면 자녀에게 이런 저런 문제가 많다고 불평하는 어머니가 내담자라면, "그 문제가 해결되면 지금 상태가 어떻게 달라질까요?"라고 질문함으로써 내담자가 진정으로 바라는 것이 무엇인지 탐색한다.

#### (3) 고객형의 내담자

고객형(customer) 내담자는 자신의 문제를 인식하고 그 문제를 상담을 통해 변화시키려는 동기가 강한 사람이다. 자신의 문제해결을 위해 자발적으로 도움을 요청한 사람으로, 문제해결을 위해서는 무엇인가 행동을 변화시킬 준비가 된 유형이다. 상담자는 고객형 내담자에게는 내담자가 지니고 있는 해결 능력을 찾고, 실제 장면에서 문제가 아닌 예외 상황을 찾고 확인하도록 돕고, 그 예외가 계속해서 일어날 수 있도록 지지하고 강화하는 작업을 해야 한다.

### 4) 문제중심 접근과 해결중심 접근

상담실을 방문한 내담자들이 하는 이야기는 대부분이 자신이 지닌 문제에 관한 이야기이다. 이러한 이야기에는 생각이나 신념 혹은 가정이 담겨 있다. 내담자들이 하는 문제와 관련된 이야기를 크게 네 가지로 분류할 수 있다(O'Hanlon & O'Hanlon, 2002).

첫째, 불가능한 이야기(impossibility)이다. "나는 ADHD를 가지고 있기 때문에 나의 행동을 통제할 수 없다." 혹은 "그는 절대로 변하지 않을 것이다." 등과 같이 자신 또는 타인이 변화가 불가능하다는 신념을 가지고 있는 이야기다.

둘째, 비난 이야기(blaming stories)이다. "이것은 모두 그의 잘못이다." 혹은 "그는 인간이 덜 되었다." 등과 같이 자신이나 타인이 잘못된 의도와 특성을 가지고 있는 것으로 바라보는 이야기이다.

셋째, 무효화 이야기(invalidating stories)이다. "그는 지나치게 다혈질이다." 혹은 "그는 너무 우유부단하다." 등과 같이 개인적 경험이나 인식을 하나의 범주 안에 넣음으로써 다른 경험이나 인식을 손상시키는 내담자의 이야기이다.

넷째, 결정론적 혹은 비선택적 이야기(deterministic or non choice stories)이다. "만약 그가 나를 방해하지 않는다면 나도 그에게 상처를 주지 않을 것이다."와 같이 타인이 나의 행동을 결정하거나 나의 삶에 일어난 것을 변화시킬 능력이 없다는 것을 나타내는 이야기다.

대부분의 내담자들이 자신이 지닌 문제를 해결하기 위해 문제와 관련된 이야기를 가지고 상담실을 찾는다. 그러면 대부분의 상담자들은 내담자가 가지고 있는 문제를 해결해 주기 위해 내담자 문제에 대해 더 많이 그리고 더 깊이 알아야 한다고 생각한다. 하지만 해결중심 상담에서는 문제해결을 위해 문제에 대해 더 많이 알아야 하는 것이 아니라 문제가 없는 때나 문제가 안 되는 예외 상황에 대해 더 많이 알아야 한다고 생각한다.

문제중심 상담 접근과 해결중심 상담 접근의 차이를 비교한 것은 다음 〈표 20〉과 같다(O'Connell, 2000).

**표 20 문제중심 상담과 해결중심 상담의 비교**

| 문제중심 상담 | 해결중심 상담 |
|---|---|
| •문제와 해결책 사이에 필수적인 관계가 있다 | •내담자의 문제와 그 해결책은 별개이다. |
| •문제의 진단에 관심을 갖는다. | •문제보다는 내담자가 원하는 바에 초점을 맞춘다. |
| •전문가는 내담자 문제에 대한 정확한 진단과 배경이 중요하므로 진단 기준이나 평가를 필요로 한다. | •내담자 문제의 배경보다는 내담자의 장점이나 예외에 대한 탐색이 내담자의 문제해결 능력을 향상시킨다고 본다. |
| •문제에 관한 정보가 많을수록 유익하다는 관점 때문에 문제와 관련된 개인이나 사회력 조사에 많은 시간을 할애한다.<br>- 문제가 언제 더 심한가?<br>- 문제가 왜 발생하였는가? | •문제와 관련된 개인이나 사회력 조사를 최소화하고 문제가 해결된 예외 상황이나 문제가 없었던 때에 관하여 질문한다.<br>- 언제 문제가 발생하지 않는가?<br>- 문제가 발생하지 않을 때 무엇을 하는가?<br>- 문제가 발생하는 상황과 발생하지 않는 상황의 차이점은 무엇인가? |
| •상담자는 내담자의 문제를 해결하는 전문가이다. | •내담자가 자신의 문제에 관한 전문가이다. |
| •전문가의 준거 틀을 중시한다. | •내담자의 준거 틀을 중시한다. |
| •내담자의 저항을 중시한다. | •내담의 저항은 존재하지 않는다고 믿는다. |

## 04 상담 목표와 과정

### 1) 상담 목표

해결중심 상담에서는 내담자와 함께 내담자가 원하는 목표를 세우는 것을 중요하게 생각하는데, 내담자가 가지고 오는 목표가 윤리적이고 합리적이면 그것이 바로 상담 목표가 된다. 해결중심 상담에서는 내담자가 이미 문제해결을 위한 자원과 강점을 가지고 있다고 믿기 때문에 이를 활용하여 상담 목표를 달성하도록 돕는다. 상담 목표를 수립할 때는 다음과 같은 원칙을 고려할 필요가 있다(Walter & Peller, 1992).

첫째, 상담 목표는 내담자에게 중요하며 유익한 것이어야만 한다. 또한 상담 목표는 직접 관찰이 가능한 것이어야 한다. 내담자는 상담 목표가 내담자에게 중요할 때 목표를 성취하기 위하여 보다 더 노력하게 된다. 내담자와 상담자가 협의를 통해 내담자에게 중요한 것을 상담 목표로 설정하는 것은 상담 과정 중에 서로 협력하는 기반이 된다.

둘째, 내담자가 설정하는 상담 목표는 작은 것이어서 내담자가 성취할 수 있는 것이어야 한다. 상담 목표가 작을 때 내담자는 쉽게 성공한다. 상담 목표를 성취하는 것은 내담자에게 성공하고 있다는 감정을 주고 희망을 가지게 해주며, 변화하고자 하는 동기를 증가시킨다.

셋째, 구체적이고 명확하고 행동적인 것을 목표로 한다. '정상적인 생활을 하는 것' 혹은 '행복하게 되는 것'과 같은 목표는 잘 설정되었다고 말할 수 없다. 왜냐하면 이것은 너무 애매모호하기 때문이다. 이와 같이 애매모호하게 설정한 목표의 문제는 상담자와 내담자가 상담 과정이 이루어졌는지 파악하기 어렵다. 상담 목표를 정확하게 설명할 때의 이점은 상담자와 내담자가 진행하고 있는 것을 쉽게 평가할 수 있고, 나머지 목표도 알 수 있다.

넷째, 문제를 없애는 것보다는 긍정적인 행동에 관심을 둔다. 화내지 말기보다는 침착하게 말하기 등과 같이 문제를 제거하는 것보다는 해야 하는 것에 관심을 두고 긍정적인 진술로 상담 목표를 수립한다.

다섯째, 상담 목표를 종식보다는 시작으로 간주한다. 내담자들은 처음에 상담받으러 올 때 완전한 것, 절제, 행복한 것 등과 같은 목표를 설명한다. 이러한 목표는 성취하기를 희망하는 최종의 결과에 관한 것을 말하는 것이다. 초기 단계에서부터 필요한 것을 명확하고 구체적으로 잡아 상담 목표를 설정해 나가는 것이 중요하다.

여섯째, 내담자의 생활에서 현실적이고 성취 가능한 것을 목표로 한다. 성적이 하위권인 고3 수험생이 서울대를 목표로 하는 것은 비현실적이고 성취하기 어려운 목표다. 대신 지금 성적보다 평균 20점 이상 향상을 목표로 노력하는 것이 보다 현실적이고 성취 가능한 목표가 될 것이다.

일곱째, 목표 수행을 힘든 일이라고 인식한다. 변화는 그렇게 쉽게 일어나지 않는다는 것을 인식시키는 것이다. 이러한 인식은 내담자가 목표를 성취할 수 없는 상황에서 내담자 자신을 보호해 주는 역할을 하며 실패에 대해 쓸데없이 자책하고 우울해 하지 않도록 만들어 준다. 그 결과가 어떠하든 내담자는 자신의 노력을 성공으로 볼 수 있게 된다.

### 2) 상담 과정

해결중심 상담은 성공적 상담을 위해 내담자와 상담자의 협동적 상담 관계의 중요성을 강조한다. 그리고 상담자는 내담자가 그의 문제와 삶에 대한 전문가이기 때문에 스스로 문제를 해결할 수 있다는 믿음을 가지고 있다.

한편 상담자는 효과적인 질문, 격려, 피드백을 통해 내담자를 조력한다. 해결중심 상담은 단기상담이기 때문에 다른 상담과는 다른 상담 과정이 전개된다. 해결중심 상담의 기본 과정은 다음과 같다(De Jong & Berg, 2001).

#### ① 1단계 : 문제 진술

상담자는 "내가 당신을 위해 어떻게 기여할 수 있는가?"라는 질문을 통해 내담자에게 자신의 문제를 진술할 기회를 준다. 이때 하는 문제에 관한 질문은 문제를 탐색하려는 것이 아니라, 문제와 관련된 도움을 주기 위한 것이다. 내담자가 제시한 문제를 보다 구체적이고 상세하게 질문하여 문제를 구체화시키고 진술한 내용을 주의 깊게 경청한다.

**② 2단계 : 상담 목표 설정**

해결중심 상담에서는 앞서 언급한 바와 같이 내담자와 협력하여 상담 목표를 구체적이면서 명확히 할 것을 강조한다. 해결중심 상담자는 상담 목표 설정을 매우 중요하게 생각하여 목표 설정에 많은 시간과 노력을 기울인다. 상담 목표의 설정은 상담 결과에 대한 만족도를 높이는 것과 함께 내담자의 변화 정도를 평가하는 데에도 활용되기 때문에 중요하다.

**③ 3단계 : 예외 탐색**

이 단계에서는 내담자에게 문제가 일어나지 않았을 때 혹은 문제가 덜 심각했던 때, 즉 예외 상황을 탐색한다. 이를 통해 문제해결의 가능성을 찾고 해결을 위한 개입 계획을 세우게 된다.

**④ 4단계 : 회기 종결 피드백**

상담자는 어떤 제안이나 격려를 포함한 메시지를 내담자를 위해 작성한다. 회기 종결에서 상담자는 내담자에게 이번 회기의 상담 내용을 요약하여 피드백을 주고, 격려하며, 문제해결을 위해 다음 회기 이전에 내담자가 할 수 있는 것을 제안한다. 이때 상담자는 '지금부터 다음 상담 때까지 당신이 삶에서 지속적으로 찾고자 하는 것들에 주목하고 다음 시간에 그에 대해 이야기해 달라'고 요청한다.

**⑤ 5단계 : 내담자 향상도 평가**

상담자와 내담자는 함께 평정척도를 사용해서 내담자가 만족스러운 해결을 달성한 정도를 평가한다. 그리고 내담자가 자신의 문제가 해결된 것으로 간주하기 위해 어떤 것을 할 필요가 있는가를 질문한다.

## 05 상담 기법

해결중심 상담은 내담자와의 대화를 해결중심으로 유도할 수 있는 방법을 구체화시키는 방법으로 내담자가 지닌 문제해결의 자원과 능력을 찾아내어 확장시키고 강화시킬 수 있는 다양한 질문들을 개발하였다. 대표적인 질문 기법으로는 드세이저와 베르그가 만든 초기 질문, 예외 질문, 기적 질문, 척도 질문, 대처 질문, 관계성 질문, 칭찬 질문, 추가 질문 등 다양한 질문이 만들어져 활용되고 있다(김춘경 외, 2011; Berg & Miller, 1992; O'Connell, 2000).

### 1) 초기 질문

해결중심 상담의 기본 가정은 변화란 불가피한 것으로 계속적으로 일어나고 있다고 본다. 따라서 내담자가 지난번 면담을 약속한 후 지금까지 일어났던 변화에 대한 질문인 초기 질문(pre-session question)은 때로 아주 중요한 단서를 제공한다. 면담 전의 변화가 있는 경우는 내담자가 이미 지니고 있는 해결 능력을 인정하고 칭찬하며 강화하고 확대할 수 있도록 격려한다.

"상담에 오시기로 약속하고 난 다음에 오늘 만날 때까지 가족생활에서 뭔가 좀 달라진 점이 있으세요?"

### 2) 예외 질문

예외란 내담자가 문제로 생각하고 있는 행동이 일어나지 않는 상황이나 행동을 의미한다. 어떠한 문제에도 예외는 있기 마련이라는 것이 해결중심 상담의 기본 전제이다. 예외 질문(exception question)은 한두 번의 중요한 예외를 찾아내서 계속 그것을 강조하면서 내담자의 성공을 확대하고 강화시켜 준다. 내담자가 행한 우연적인 성공을 찾아내어 의도적으로 계속 실시하도록 격려한다. 이것은 예외적인 상황을 찾아내어 그것을 밝히고, 내담자가 가지고 있는 자원을 활용하여 내담자의 자존감을 강화하는 것이다. 예외 질문은 첫 면접에서 대체로 목표 설정 후에 사용되고 2회 면담부터는 '무엇이 더 좋아졌는가?'라는 식으로 물을 수 있다.

"언제 문제가 발생하지 않았습니까? 문제가 발생하지 않았다는 것을 어떻게 알 수 있었습니까? 문제가 발생하는 상황과 발생하지 않는 상황의 차이점은 무엇입니까? 문제가 발생하지 않을 때는 무엇을 하였습니까?"

### 3) 기적 질문

기적 질문(miracle question) 은 문제 자체를 제거시키거나 감소시키지 않고 문제와 떨어져서 해결책을 상상하게 하는 것이다. 이 질문을 통해 치료자는 내담자가 바꾸고 싶어 하는 것을 스스로 설명하게 하여 문제에 대한 집착으로부터 벗어나 해결중심 영역으로 들어가게 한다.

"이제 좀 다른 질문을 하고자 합니다. 이번에는 상상력을 발휘해야 할 것 같군요. 오늘 치료 후에 집에 가서 잠을 잔다고 상상해 보십시오. 잠자는 동안 기적이 일어나 당신을 여기 오게 한 그 문제가 극적으로 해결됩니다. 당신은 잠을 자고 있어서 이런 기적이 일어났는지를 모르겠지요. 그런데 아침에 일어나서 지난밤 기적이 일어나 모든 문제가 해결되었다는 것을 어떻게 알 수 있을까요? 당신이 처음 무엇을 보면 기적이 일어났다는 것을 알 수 있을까요?"

### 4) 척도 질문

척도 질문(scaling question)은 숫자의 마력을 이용하여 내담자에게 자신의 문제, 문제의 우선순위, 성공에 대한 태도, 정서적 친밀도, 자존감, 치료에 대한 확신, 변화를 위해 투자할 수 있는 노력, 진행에 관한 평가 등의 수준을 수치로 표현하도록 하는 방법이다. 이러한 척도 질문을 통해서 치료자는 내담자의 문제해결에 대한 태도를 보다 정확하게 알아 볼 수 있으며 내담자의 변화 과정을 격려하고 강화해 주는 구체적인 정보를 얻을 수도 있다. 첫 면담에서는 면담 전 변화 상태나 동기에 대한 파악을 한다.

- 문제해결에 관한 전망에 관련된 척도 질문

"1점부터 10점까지의 척도에서 10점은 문제가 다 해결되었다고 확신하는 것을 말하고, 1점은 문제가 가장 심각할 때를 말합니다. 오늘은 몇 점에 해당합니까?"

- 동기에 관련된 척도 질문

"남편은 당신이 몇 점정도 노력할 것이라고 말할까요? 남편은 당신이 1점 높이기 위해 무엇이 필요하다고 말할까요?"

- 진전 상태를 평가하는 척도 질문

"1점을 상담 받으러 왔을 때의 상태라고 하고, 10점을 상담 목표가 달성된 상태라고 한다면, 오늘의 상태는 몇 점이라고 생각합니까?"

### 5) 대처 질문

대처 질문(conquer question)은 자신의 미래를 매우 절망적으로 보아 아무런 희망이 없다고 하는 내담자에게 주로 사용한다. 이런 절망적인 상황에 빠져 있는 내담자에게 희망을 심어 주기란 결코 쉬운 일이 아니다. 대처 방안에 관한 질문을 통해서 상담자는 내담자의 신념 체계와 무력감에 대항해 보는 동시에 내담자에게 약간의 성공을 느끼도록 유도할 수 있다. 이러한 질문을 통해서 치료자가 내담자에게 심어 주고자 하는 것은 내담자 자신이 바로 대처 방안의 기술을 가졌음을 깨닫게 하는 것이다.

"그 어려운 상황 속에서 어떻게 견딜 수 있었나요? 어떻게 해서 상황이 더 이상 나빠지지 않았나요? 그러한 악조건에서도 어떻게 참고 견뎌 낼 수 있었습니까?"

### 6) 관계성 질문

관계성 질문(relationship question)은 내담자가 문제해결의 상황을 자기중심적 생각에서 벗어나 중요한 타인의 시각에서 보면서 문제해결에 관한 새로운 가능성을 찾아내는 데 도움을 준다. 사람이 자신의 능력, 힘, 희망, 가능성, 한계 등을 지각하는 방식은 자신에게 중요한 타인이 자신을 어떻게 보고 있는지에 대한 생각과 밀접한 관계가 있다. 따라서 내담자가 자신을 자기 입장에서가 아닌 중요한 타인의 눈으로 보게 되면 이전에는 생각하지 못했던 새로운 해결의 가능성을 만들어 낼 수도 있다.

"당신의 남편이 여기에 있다고 생각해 보세요. 그리고 당신이 그렇게 웃으면 남편은 어떻게 반응할까요? 당신과 남편 사이에 관계가 좋아지면 애들이 어떻게 반응할까요?"

### 7) 칭찬 질문

칭찬 질문(praise question)은 질문의 형식을 취하지만 내담자의 긍정적인 삶의 대처 방식에 대한 칭찬이다. 이러한 질문은 내담자의 강점이나 자원을 발견하여 인정함으로써 내담자가 자신의 자원과 강점을 더욱 활성화하고, 문제해결 방법을 발견하게 하며, 실행 중인 긍정적 해결 지향 행동을 더욱 지지하고 강화시켜 준다.

"아내가 소리를 지를 때 잠시 참으면 상황이 더 나빠지지 않는다는 것을 어떻게 아셨나요? 그런 상황에서 침착하게 감정을 조절하기가 쉽지 않은데 어떻게 그렇게 침착하게 화를 참으셨나요?"

### 8) 추가 질문

추가 질문(additional question)은 다양한 질문을 통해 발견한 내담자의 자원과 강점, 해결 능력, 성공 경험 등을 더욱 촉진시키고 강화하기 위한 목적으로 사용한다. 내담자가 이미 하고 있는 긍정적인 변화를 유지할 뿐만 아니라 성장하고 발전하기 위해서 계속해서 성공적인 해결책을 탐색하도록 촉진시킨다.

"그 외에 또 무엇이 있습니까? 뭐가 더 있을까요? 더 좋은 생각이 없을까요? 또 다른 좋은 방법이 없을까요?"

## 06 해결중심 상담의 사례

해결중심 상담의 사례는 다음과 같다(중등임용시험, 2018).

슬　　기: 저는 반에서 왕따에요. 반 친구들이 전부 저를 싫어해요.
상담교사: 친구들이 널 싫어한다는 느낌을 받고 있구나. 많이 힘들고 외롭겠다. 친구들이 너를 어떻게 대하는지 구체적으로 말해줄 수 있겠니?
슬　　기: 제 말을 일방적으로 무시하고요, 조별 과제도 저랑같이 하지 않으려고 해요. 급식도 혼자 먹을 때가 많아요.
상담교사: 친구들이 너를 무시하고 함께해 주지 않아 많이 섭섭하고 화도 나겠구나. 혹시 초등학교 때 친구들과 친하게 지냈던 적이 있었니?
슬　　기: 전혀 없었어요. 초등학교 때부터 저는 늘 왕따였어요.
상담교사: 친구들과 친해지기 위해 뭔가를 해봤을 것 같은데, 그동안 어떤 노력들을 해보았니?
슬　　기: 제가 노력해봤자 아무 소용없어요. 이건 제 문제가 아니고요, 배려심 없는 친구들이 문제에요.

… (중략) …

상담교사: 이번 상담의 목표를 정했으면 하는데, 오늘 상담을 통해 네가 어떻게 달라졌으면 좋겠니?
슬　　기: 제가 달라질 수 있을까요? 초딩 때부터 왕따였는데요. 늘 혼자 다니는 게 힘들지만 이젠 익숙해져서 괜찮아요. 이 상태에서 벗어나기 어려울 거에요.
상담교사: 왕따 당하는 시간이 오래 지속되다 보니 친구들과 관계가 좋아질 수 있을 거라는 기대를 하지 못하는구나. 슬기야, 내가 조금 색다른 질문을 해 볼게. 슬기가 오늘 여기에서 상담을 끝낸 후, 보통 때처럼 시간을 보내고 잠자리에 들었지. 슬기가 잠든 사이에 신기한 일이 일어나서 네가 고민하던 문제가 해결 되었어. 슬기가 잠든 사이에 그 일이 일어났기 때문에 그 일이 일어난 줄도 몰랐어. 아침에 눈을 떴을 때 무엇을 보면 원하는 일이 일어났다는 것을 알아차릴 수 있을까?
슬　　기: 음……. 친구들과 함께 놀이공원에 가서 재미있게 노는 거요. 함께 수다도 떨고, 맛있는 아이스크림도 사 먹고요.

## 07 해결중심 상담의 강점과 한계

### 1) 강점

해결중심 상담의 강점과 상담에 기여한 점은 다음과 같다(김혜숙, 2008).

첫째, 해결중심 상담은 단기에 끝나고 경제적이라는 점이다. 상담 목표를 달성하기 위해 상담 및 심리치료 방법의 경제성을 추구한다. 경제성은 단순한 것에서부터 복잡한 것으로 접근한다.

둘째, 해결중심 상담이 미래에 초점을 둠으로써 희망을 부여한다는 점이다. 즉, 과거와 문제에 관하여는 관심이 적고, 미래와 해결 방안 구축에 관심을 집중한다.

셋째, 해결중심 상담은 내담자 중심으로 칭찬과 과제 부여로 상담의 효과를 높였다는 점이다. 내담자가 자기 문제를 가장 잘 아는 자기 문제의 전문가라고 보며, 문제해결을 위해 필요한 능력, 자원, 성공 경험 등을 내담자가 이미 가지고 있다고 본다는 점이다.

넷째, 해결중심 상담은 다양한 질문 기법을 활용함으로써 목표 달성에 효과적이라는 것이다. 다양한 질문들을 개발하여 내담자와의 대화를 해결중심으로 유도할 수 있는 방법을 구체화시키는 방법을 제시하였다. 또한 내담자가 지닌 문제해결의 자원과 능력을 찾아내어 확장시키고 강화시킬 수 있도록 하였다.

다섯째, 해결중심 상담은 상담의 효과가 전달되며 과정과 절차, 기법이 간단하고 구체적이어서 상담자들의 습득이 용이하다는 점이다.

여섯째, 해결중심 상담은 국내의 경우 청소년 비행, 아동의 문제 행동, 약물 남용, 가정 폭력, 부부 갈등 및 이혼, 불안, 우울 등 정서 문제, 알코올 의존, 정신분열증, 만성질환자 가족 및 집단상담에 유용하다는 점이다.

### 2) 한계

해결중심 상담의 한계와 비판점은 다음과 같다(김혜숙, 2008).

첫째, 해결중심 상담은 상담자의 전문성을 경시하였다는 점이다. 내담자의 자

원과 강점, 문제해결의 능력 등을 인정함에도 불구하고 적재적소에 질문을 하고 내담자의 자원과 강점을 발견하도록 촉진하는 것은 결국 상담자의 전문성에서 비롯된다.

둘째, 해결중심 상담은 다양한 질문 기법을 활용하기 때문에 인지능력이 떨어지는 내담자에게는 적용하는 데 한계가 있다.

셋째, 해결중심 상담은 이론이 단순하고 단지 증상만 완화시키기 위한 접근이라는 점이다. 단순하고 이해하기 쉽다는 것은 그만큼 일반인들이 접근이 용이하나 오히려 전문가들의 해결중심 상담에 대한 관심을 감소시키는 결과를 초래한다는 지적을 받고 있다.

## 실/전/도/전/문/제

학습한 내용을 바탕으로 실전에 도전해 봅시다.

**1.** 해결중심 상담의 기법 중에서 숫자의 마력을 이용하여 자신에게 자신의 문제, 문제의 우선순위, 변화를 위해 투자할 수 있는 노력, 진행에 관한 평가 등의 수준을 수치로 표현하도록 하는 질문 방법은 무엇인가? (저자 출제)

① 초기 질문 ② 추가 질문 ③ 척도 질문
④ 기적 질문 ⑤ 평가 질문

**2.** 해결중심 상담의 질문기법과 그 적용 예가 옳은 것을 모두 고른 것은? (청소년상담사 3급, 2017)

ㄱ. 행동평가 질문: 당신의 행동은 자신에게 도움이 됩니까?
ㄴ. 예외질문: 어떻게 하면 덜 고통스러웠던 상황이 다시 일어날 수 있을까요?
ㄷ. 상담 전 변화 질문: 예약 후 오늘 오기까지 혹시 어떤 변화가 있었나요?
ㄹ. 대처 질문: 그러한 상황 속에서 어떤 경험을 했나요?
ㅁ. 논박 질문: 최악이라고 상상한 것이 현실이 된다면 정말 파멸일까요?

① ㄱ, ㄴ ② ㄱ, ㅁ ③ ㄴ, ㄷ ④ ㄷ, ㄹ ⑤ ㄹ, ㅁ

**3.** 해결중심 상담의 기본 원리나 규칙이 아닌 것은? (청소년상담사 2급, 2016)

① 병리적인 것 대신에 건강한 것에 초점을 둔다.
② 문제가 없으면 손대지 않는다.
③ 내담자 문제 배경 분석이 잘 이루어져야 한다.
④ 작은 변화에 초점을 둔다.
⑤ 내담자의 자원을 발견하여 활용한다.

**4.** 해결중심 상담의 인간관에 대한 설명으로 바르지 않은 것은? (저자 출제)

① 문제에 대한 전문가는 바로 자기자신이다.
② 인간에게 있어서 변화는 가끔 일어나고 있다.
③ 인간은 모든 문제에서 예외를 찾아낼 수 있다.
④ 인간은 자신의 문제를 해결할 자원을 지니고 있다.
⑤ 인간은 작은 문제를 해결한 성공 경험을 통해 다른 문제의 해결을 시도할 수 있다.

**5.** 해결중심 상담의 기법 중에서 한두 번의 중요한 예외를 찾아내서 계속 그것을 강조하면서 자신의 성공을 확대하고 강화시켜 주는 질문은 무엇인가? (저자 출제)

① 강화 질문　② 기적 질문　③ 대처 질문
④ 예외 질문　⑤ 척도 질문

**6.** 다음은 전문상담교사가 슬기(중1, 여)를 상담하고 나서 작성한 축어록의 일부이다. 해결중심상담이론에 근거하여 밑줄 친 부분에서 사용한 기법의 명칭을 쓰고, 이 기법의 사용 목적 3가지를 사례와 연결지어 서술하시오. [전문상담교사, 2018]

슬　　기: 저는 반에서 왕따에요. 반 친구들이 전부 저를 싫어해요.
상담교사: 친구들이 널 싫어한다는 느낌을 받고 있구나. 많이 힘들고 외롭겠다. 친구들이 너를 어떻게 대하는지 구체적으로 말해줄 수 있겠니?
슬　　기: 제 말을 일방적으로 무시하고요, 조별 과제도 저랑같이 하지 않으려고 해요. 급식도 혼자 먹을 때가 많아요.
상담교사: 친구들이 너를 무시하고 함께해 주지 않아 많이 섭섭하고 화도 나겠구나. 혹시 초등학교 때 친구들과 친하게 지냈던 적이 있었니?
슬　　기: 전혀 없었어요. 초등학교 때부터 저는 늘 왕따였어요.
상담교사: 친구들과 친해지기 위해 뭔가를 해봤을 것 같은데, 그동안 어떤 노력들을 해보았니?
슬　　기: 제가 노력해봤자 아무 소용없어요. 이건 제 문제가 아니고요, 배려심 없는 친구들이 문제에요.

… (중략) …

상담교사: 이번 상담의 목표를 정했으면 하는데, 오늘 상담을 통해 네가 어떻게 달라졌으면 좋겠니?
슬　　기: 제가 달라질 수 있을까요? 초딩 때부터 왕따였는데요. 늘 혼자 다니는 게 힘들지만 이젠 익숙해져서 괜찮아요. 이 상태에서 벗어나기 어려울 거에요.
상담교사: 왕따 당하는 시간이 오래 지속되다 보니 친구들과 관계가 좋아질 수 있을 거라는 기대를 하지 못하는구나. 슬기야, <u>내가 조금 색다른 질문을 해 볼게. 슬기가 오늘 여기에서</u>

상담을 끝낸 후, 보통 때처럼 시간을 보내고 잠자리에 들었지. 슬기가 잠든 사이에 신기한 일이 일어나서 네가 고민하던 문제가 해결 되었어. 슬기가 잠든 사이에 그 일이 일어났기 때문에 그 일이 일어난 줄도 몰랐어. 아침에 눈을 떴을 때 무엇을 보면 원하는 일이 일어났다는 것을 알아차릴 수 있을까?

슬　기: 음……. 친구들과 함께 놀이공원에 가서 재미있게 노는 거요. 함께 수다도 떨고, 맛있는 아이스크림도 사 먹고요.

**정답**

1. ③ 2. ③ 3. ③ 4. ② 5. ③ 6. 사용된 기법은 기적질문이며, 사용목적은 첫째, 자신의 문제가 절대 해결되지 않는다고 믿는 내담자에게 과거와 현재의 문제에서 벗어나 자유롭게 해결 방안을 생각하도록 한다. 사례에서 슬기는 초등학생 때부터 왕따였으며 자신이 노력을 해봤자 소용없을 것이라고 말하고 있다. 둘째, 과거와 현재 문제에서 벗어나 미래에 대한 관심을 돌리게 함으로써 해결방안을 탐색하도록 돕는다. 사례에서 상담교사가 기적질문을 한 후, 슬기는 놀이공원에서 친구들과 놀고 수다도 떨며 아이스크림도 먹는 장면을 상상한다. 셋째, 긍정적인 장면을 상상하도록 하여 행동목표를 설정하고 구체적인 행동 방향을 설정하도록 돕는다. 사례에서 슬기는 친구들과 놀이공원에서 놀고 수다 떨고 아이스크림을 먹겠다는 상상을 하는데, 이를 통해 슬기의 새로운 행동목표를 발견할 수 있다.

따뜻하고 유능한 상담자가 되기 위한 <상담심리 실습 20>

## 기적 질문을 활용한 도사 친견 기법

이 기법은 상담자가 내담자로 하여금 지금과는 다른 방식으로 자신에 대해 이야기해 보도록 하기 위하여 사용된다. 도사 친견은 환상 기법의 일종으로 어느 유명한 도사를 방문하고 그로부터 문제해결에 필요한 충고를 듣는 과정을 포함한다. 상담자는 천천히 부드러운 목소리로 이야기하도록 주의해야 한다. 그리고 내담자가 무엇이든지 상상할 수 있도록 충분한 시간을 주어야 한다. 3~4명을 한 팀으로 하여 한 사람은 상담자, 최근 자신의 문제로 고민하고 있는 사람을 내담자로, 나머지는 관찰자가 된다. 끝나면 역할을 바꾸어 하여 본다.

상담자 : 우리는 여러 가지의 많은 선택과 변화에 대해 논의해 왔습니다. 당신은 여러 사람들로부터 충고를 얻고자 했지만 불행히도 그들의 충고는 서로 일치하지 않았습니다. 여기서 다른 어떤 것을 시도해 봅시다.

(천천히 말하며) 우선, 두 눈을 감고 몸을 편안히 이완해 보십시오. 그리고 상상해 보십시오. 어느 토요일입니다. 당신이 일찍 일어나서 어느 깊은 산 속에 살고 있는 유명한 도사 한분을 만나기 위해 떠날 준비를 하고 있습니다. 당신은 그 분이 당신의 질문에 대해 훌륭한 답변을 줄 수 있을 것이라는 이야기를 들었습니다. 당신은 떠날 준비를 하는 동안에 그렇게 먼 곳까지 가서 그를 만나고자 하는데 과연 그를 만날 수는 있을지, 그리고 그가 과연 자기의 문제에 대한 현명한 해결책을 제시해 줄 것인지에 대한 걱정과 의문이 들기 시작했습니다. 그래서 차라리 가지 말까라는 생각이 들기도 했습니다. 그러나 모처럼 마음먹은 일이기 때문에 가보겠다고 다시 생각을 정리합니다. 당신은 그 곳에 혼자 가도 되지만 워낙 먼 길이어서 다른 사람과 함께 가도 좋다는 말을 들었습니다. 그리고 이왕이면 당신을 진실로 잘 이해할 수 있는 사람과 가면 더 좋겠다는 이야기를 들었습니다.

(천천히 말하며) 이제 당신은 도사를 만나기 위해 길을 떠났습니다. 상당한 시간이 지난 후에 도사를 만날 수 있는 장소 가까이로 갔을 때, 당신은 그에게 하고 싶은 질문이 무엇인가를 명확히 하고자 하였습니다. 당신은 그에게 단지 세 가지 질문만이 허용된다는 것을 알고 있습니다.

(천천히 말하며) 지금 당신은 도사의 거처로 들어왔고 그를 친견합니다. 어떤

느낌이 듭니까? (1분 정도 기다린 후) 그는 당신의 인사를 받고 자리에 앉으라고 합니다. 그리고 당신에게 질문을 요청합니다. 당신은 질문을 하나씩 합니다. (1분 정도 기다린 후) 당신은 도사와 이야기를 하면서 그로부터 당신 문제의 해답에 해당하는 좋은 답을 듣기를 바랄 것입니다. 도사가 주는 조언과 해답을 들어보세요.

(2분을 기다린 후) 이제 당신은 하산할 때가 되었습니다. 당신은 산을 내려갈 때 생각이 깊어집니다. (1분을 기다린 후) 많은 생각을 하면서 산을 내려옵니다. 산을 다 내려올 때쯤 당신은 잠시 앉아서 생각을 해 봅니다. 당신은 오늘의 경험이 가치 있는 경험이라는 것을 알게 됩니다. (1분을 기다린 후) 이제 눈을 뜨고, 당신의 경험했던 것을 이야기해 주십시오.

내담자 : 참 좋습니다. 집중을 하여 상담자가 말씀하시는 대로 상상을 하니 정말로 실감이 나는데요. 그리고 평소와는 다른 저의 내면을 볼 수 있었고 제가 겪고 있는 문제에 대한 해답의 실마리를 찾을 수 있었어요. 참 좋은 시간이었습니다.

출처 : 설기문, 이경임(1999). 창조적 상담 기법. 서울: 양서원.

16 chapter

# 이야기 치료

나는 상담하는 것을 자문이라고 부릅니다.
나는 내담자와 함께 공사 중인 건축물의 임시 지지대를 만드는 일(scaffolding)을 합니다.
난 건축자재를 제공하지 않습니다. 왜냐하면 그것은 내담자가 가져오는 것이기 때문이지요. 도면(blue print)도 제공하지 않습니다. 그것도 내담자가 가져오는 것이니까요.
내가 하는 일은 임시 지지대를 구성하기 위해 질문을 던지는 것입니다.

−White(2001)의『가족치료(family therapy)』중에서−

## 01 이론의 개관

이야기 치료(narrative therapy)는 호주의 엡스턴(D. Epston, 1944~)과 뉴질랜드의 화이트(M. White, 1948~)에 의해 개발되었다. 해결중심 치료와 함께 1990년대 이후 널리 주목받기 시작한 치료적 접근 가운데 하나로 철학, 언어학, 인류학, 문화 비평, 페미니즘, 사회심리학 등 광범위한 분야의 이론을 임상적으로 해석하고 적용하는 접근 방법이다(이선혜, 2004 재인용).

엡스턴과 화이트는 프랑스의 사회 철학자 푸코(M. Foucault)가 주장한 어떤 사회에서 영향력 있는 사람들에 의해 형성된 지배적인 이야기가 그 사회의 특정 집단을 배제할 수 있다는 점에 관심을 가졌다. 즉, 사람들은 철학자, 교수, 의사, 심리학자, 교육학자 등에 의해 확립된 기준으로 만들어진 사회의 지배적인 이야기를 자신에게 내면화시키고 진실로 받아들여 모든 사물을 판단한다는 것이다. 이러한 관점을 추구하는 상담에서는 내담자가 현재 보이는 문제 자체보다는 그 문제에 어떤 의미를 부여하는가 하는 것이 보다 중요하다.

이야기 치료에서는 이야기가 한 사람의 삶에 미치는 힘과 실제적인 효과가 매우 크다는 점에 주목하면서 그 치료 방법을 발전시켰다. 이야기는 어느 한 개인이 어떤 사건에 줄 수 있는 의미를 결정하는 데 관여할 뿐만 아니라, 그 사람의 삶 자체를 구성하는 데 실질적인 힘을 미친다고 본다(고미영, 2004).

경험을 어떤 이야기로 구성하느냐에 따라 한 개인이 그의 삶에서 중요하게 다루는 주제가 달라질 수 있음을 믿는 것이다. 즉, 어떤 사람이 상처받은 경험을 지속적으로 선택하는 경우에, 그는 자신을 피해자로 규정하고 그것과 관련된 경험들에 관심을 집중하게 된다. 그렇게 되면 그는 피해자로서의 이야기로 자신의 삶을 살아가게 될 것이다. 반면 상처를 받았던 사람이라도 그 상처를 극복한 경험에 더 집중하게 될 때는 다른 이야기로 살게 된다.

이야기 치료는 엡스턴과 화이트의 초기 접근을 기초로 최근 화이트를 비롯한 몽크(G. Monk), 프리드먼(J. Freedman), 콤(G. Comb), 디커슨(V. Dickerson), 짐머만(J. Zimmerman) 등 여러 치료자가 호주 덜리치센터(Dulwich Center)를 중심으로 활발하게 보급에 힘쓰고 있다. 이 센터에서는 개인, 가족, 집단을 대상으로 하는 이야기 치료 활동은 물론 폭력 피해자 다시 서기, 정신질환자 다시 서기 등 지역사회를 중심으로 내담자의 문제 이야기에 기여하는 사회문화적 인식, 관습, 편견, 제도에 도전하는 사회 운동적 성격의 활동을 활발하게 전개하고 있다.

우리나라에 이야기 치료가 도입된 지는 얼마 되지 않으나 그에 대한 관심은 상대적으로 높다(고미영, 2004). 2001년 화이트가 국내를 방문하여 이야기 치료 워크숍을 실시한 것을 계기로 그동안 호주 덜리치센터의 여러 치료자가 내한 워크숍을 실시하면서, 국내에서 이야기 치료에 대한 관심과 실천이 확산되고 있다(정문자, 정혜정, 이선혜, 전영주, 2007).

## 02 기본 가정

이야기 치료는 내담자의 문제와 그 해결 방안에 대해 다음과 같은 기본 가정을 제시하고 있다(Russell & Mann, 2004). 이러한 기본 가정은 이야기 치료에서 바라보는 인간관이자 이야기 치료의 여러 가지 기법을 활용하기 위한 기본 원칙이라고 할 수 있다(정문자, 정혜정, 이선혜, 전영주, 2007).

첫째, 인간은 능동적 행위자이다. 인간은 자신의 경험을 만들어 내는 존재이자 해석하는 존재이다. 인간은 자신에게 일어나는 삶의 사건을 해석하고 그에 대해 의미를 부여하는 데 적극적으로 참여하는 존재이다. 그러기에 때로는 혼자, 때로는 다른 사람과의 관계 속에서 자신의 경험을 해석하는 행위를 한다.

둘째, 이야기는 삶을 반영하는 도구이다. 이야기는 개인의 삶을 반영하는 도구일 뿐만 아니라 개인의 삶 자체를 만들어 내고 나아가 개인의 정체성을 만들어 내는 도구이다. 인간은 자신이 경험한 여러 가지 사건 가운데 자신의 철학적, 논리적 가정에 근거하여 긍정적이든 부정적이든 특정한 것을 선택하고 그것에 의미를 부여한다.

우리는 특정한 사건을 이야기할 때 시간적 순서에 따라 특정한 주제를 염두에 두고 줄거리를 만든다. 이렇게 이야기를 말하는 과정을 통해 삶의 경험을 해석하거나 나름의 의미를 부여한다. 이러한 과정을 거치면서 우리는 이야기를 통해 우리 자신의 삶을 그려 내게 되며, 또 그렇게 그려진 삶은 우리 자신이 된다.

셋째, 문제가 문제이지 사람이 문제가 아니다. 문제가 되는 것은 문제를 갖고 있는 사람이 아니라 문제 그 자체다. 문제를 갖고 있는 사람을 문제시하는 것은 문제의 소재를 개인의 내면 또는 정체성에서 찾는 삶의 방식에서 비롯된 것이다. 문제는 사회, 문화, 그리고 역사의 산물이기 때문에 문제를 가지고 있는 사람과 분리하여 생각해야 한다.

넷째, 경험은 사회문화적 산물이다. 개인이 자신의 경험에 부여하는 의미는 성별이나 인종 등 특정한 역사적·문화적 위치에 따라 그 의미가 달리 해석되므로, 각자의 경험은 독특한 것이 된다. 흔히 개인이 갖고 있는 문제는 개인 내면의 역기능에서 비롯된 것으로 인식하는 경향이 있으나, 이야기 치료는 문제 외재화 작업을 통해 문제를 형성하는 데 기여하는 사회문화적 영향을 해체하는 데 주력한다. 해체는 그 이야기의 형성의 원천으로 눈을 돌리는 것이며, 그 이야기를 지탱해 온 사건들이나 관계들을 찾아내는 것이다.

다섯째, 정체성은 사회적 산물이다. 인간의 정체성은 사회적으로 구성된다. 한 개인의 정체성은 타인과의 상호작용을 통해 형성을 반복한다. '나는 누구인가?'라는 질문에 결론을 내리는 과정은 '다른 사람이 나를 어떻게 보는가?', '우리는 다른 사람과의 관계에서 우리 자신을 어떤 식으로 경험하는가?' 등에 관한 개인의 생각에 의해 지속적인 영향을 받는다.

여섯째, 삶은 복합적인 이야기이다. 인생은 여러 겹으로 구성되어 있고 여러 가지 이야기로 이루어져 있으며, 복합적인 목적을 갖고 있다. 상담실을 찾는 대부분의 내담자들은 '우울하다.', '절망적이다.' 등과 같이 부정적인 삶의 이야기를 가지고 있다. 따라서 이야기 치료는 그동안 잊히고 간과되어 온 삶의 지식과 기술을 탐색한다. 나아가 내담자가 선호하는 이야기가 무엇이며 또 그 이야기 속에 깃들어 있는 삶의 목적이 무엇인지 질문하는 과정을 통해 긍정적 이야기를 발전시키게 된다.

일곱째, 삶의 목적이 인간 삶의 방향을 결정한다. 우리가 삶에서 지향하는 바는 우리의 목적, 의도, 가치, 꿈, 헌신의 대상을 탐색함으로써 이해할 수 있다. 우리는 이러한 의도 상태(intentional states) 혹은 목적의식에 따라 행동하게 되며 그 행동은 다시 목적의식을 강화하는 과정을 거치면서 각자의 정체성을 만들어 간다. 따라서 이야기 치료 의도 상태 혹은 목적의식이 삶의 이야기의 주제와 방향에 해당하기 때문에, 내담자가 갖고 있는 목적의식과 희망을 드러내고 그것을 반영하는 사건이나 행동을 밝혀냄으로써 개인과 가족의 정체성이 재구성되도록 하는 데 중점을 둔다.

## 03 주요 개념

### 1) 빈약한 서술과 심층적 서술

빈약한 서술(thin description)은 어떤 사람의 행동에 대해 그 사람 자신이나 그가 속한 공동체가 가진 이해, 해석을 배제한 서술이다. 즉, 사람들에 대해 연구하는 외부인 혹은 전문가의 관찰로 해석된 행동의 서술을 말한다. 반면 심층적 서술(thick description)은 이 행동에 관여한 사람의 해석을 받아들여 만들어진다. 특히 말하는 내담자가 속해 있는 공동체 속에서 얻은 의미를 담고 있는 서술이라면, 그 의미를 함께 나누고 협상한 특정한 사람들의 이해의 체계를 담고 있는 것으로 소중하게 다루어진다(White, 1995).

### 2) 지배적 이야기

우리는 필연적으로 어떤 특별한 경험을 다른 경험보다 더 비중 있게 다룬다. 또한 우리는 성장 과정에서 어떤 특정한 경험을 중심으로 자신에 대한 정체성과 연결하여 이야기로 만든다. 사람들이 속한 문화는 어떤 형태의 경험이 자신들을 정의하는데 비중 있게 사용되어야 할지를 결정하는 데 주요한 요인이 된다. 각 개인의 정체성을 대표하는 이야기를 지배적 이야기(dominant story)라고 말한다.

만일 어떤 사람의 지배적 이야기가 그 사람의 문제를 중심으로 구성되어 있다면 자신에 관해 매우 부정적인 이야기를 구성할 것이다. 지배적 이야기에 따라 자신을 부정적으로 평가하고 문제를 중심으로 자신에 대한 정체성을 확립하기 때문에 이러한 것은 빈약한 서술이 된다. 빈약한 서술은 사람들에게 자신이 부족하고 결함이 있는 것으로 느끼게 만들어 그 자신이 가진 여러 지식, 기술, 자질, 자원들을 사용하지 않게 된다.

문제를 중심으로 형성된 지배적 이야기들은 그 아래에 문제가 없는 경험들을 감추어 버린다. 즉, 문제 외에 다른 경험들은 이야기로 만들어지지 못하고 묻혀 버린다. 그러면 문제가 그 사람의 삶과 경험을 독점해서 더 이상 다른 형태의 경험에 의미를 부여하지 않게 된다. 그 결과 자신이 바라는 혹은 자신에게 참으로 중요한 삶의 경험을 이야기로 만들지 못하고 그런 경험과는 배치되고 모순되는 문제 이야기만을 자신의 정체성으로 만들게 된다(White & Epston, 1990).

### 3) 문제 이야기와 대안적 이야기

문제 이야기 혹은 문제에 젖은 이야기(problem saturated story)는 문제의 경험을 중심으로 만들어진 이야기를 뜻한다. 많은 지배적 이야기들이 문제 이야기로 표현되며 문제 이야기는 내담자나 그의 가족이 원하지 않는 삶으로 그들을 이끌어 간다.

문제 이야기는 내담자들의 성공이나 자신감에 대한 이야기들을 내담자의 삶으로부터 몰아내어 자신의 존재를 제대로 인식하지 못하게 하며, 새로운 이야기를 구성하지 못하게 한다. 이러한 문제 이야기에 대항하여 새롭게 만들어지는 이야기를 대안적 이야기(alternative story)라고 말한다.

### 4) 해체적 경청

해체적 경청이란 내담자들이 가져오는 문제를 중심으로 만들어진 이야기를 풀어 헤치려는 의도를 가지고 듣는 것을 말한다. 이야기를 해체시키는 것은 특정 이야기가 형성된 원천에 주목하고 그 이야기를 지탱해 온 사건들이나 관계들을 찾아내는 것이다.

해체적 경청은 문제 이야기가 현재 그 사람의 삶과 관계성에서 지배하는 영역들을 드러내고, 그 안에서 행하는 영향력의 정도를 알려준다. 화이트는 해체를 "우리가 당연시하는 현실과 그 관습을 전복시키는 것"이라고 하면서, 흔히 우리가 진실로 여겨 온 사회 관습과 친밀한 삶의 방식으로부터 떨어져 나오는 것이라고 보았다.

### 5) 외현화 대화와 독특한 결과

외현화 대화(externalizing conversation)는 문제를 내담자로부터 분리하여 서로 대립적 관계로 재정의하는 것으로 이야기 치료의 출발점이 된다(White, 1995). 이것은 내담자가 문제인 것처럼 다루는 기존의 사고를 해체시키고 문제를 내담자와의 관계의 영역으로 끌어들여 이야기 속에서 다루고자 하는 의도를 보여주는 것이다. 방법은 문제를 독자적인 실체로 의인화시켜 그 스스로의 생각과 책략, 행동 전략을 가진 한 개체로 독립시키는 것이다. 또한 외현화 대화와 반대되는 개념으로 내재화된 대화(internalized conversation)가 있다. 이것은 문제가 그 내담자의 내면에 존재하는 것으로 표현하는 방식이다.

독특한 결과(unique outcome)는 일종의 질문 양식으로 평소에 잘 인식할 수 없었지만 자세히 들여다보면 찾을 수 있는 예외적인 경험들을 가리킨다. 독특한 결과는 우리가 만드는 이야기가 불완전하다는 점에 착안한다. 즉, 삶의 경험이란 그 경험으로부터 만들어 낸 이야기보다 훨씬 풍부하다는 것이다. 그럼에도 불구하고 그 많은 경험 중에서 이야기로 만들어지는 것은 극히 일부분에 지나지 않는다는 것이다.

독특한 결과는 흔히 지배적인 이야기에 가려져서 쉽게 찾아내기 어렵다. 그러나 외현화 대화는 독특한 결과를 찾아내는 데 도움을 준다. 내담자들이 먼저 몸에 배어 있고 익숙한 문제에 빠진 이야기에서 자신을 분리시킬 수 있을 때에만 독특한 결과의 발견으로 주의를 돌릴 수 있다. 이를 위해 외현화 대화는 지

배적 이야기로부터 내담자를 떼어내어 독특한 결과를 찾을 수 있는 공간을 마련해 준다.

## 04 상담 목표 및 과정

### 1) 상담 목표

이야기 치료는 사람을 문제로 보는 것이 아니라 문제를 문제로 본다. 즉, 문제에 대한 사람들의 믿음을 문제라고 보는 것이다(Wright et al., 1996). 그래서 이야기 치료는 사람들을 문제의 출처, 문제 이야기와 그 영향력에 대한 관찰자로 세우려고 한다. 이를 위해 내담자들이 자신의 삶을 위한 이야기의 저자(author)로서, 자신의 삶에 대한 전문가로서 자리 잡을 수 있도록 돕는다.

이야기 치료의 궁극적인 목표는 우리 삶의 저변에 깔려 있는 대안적 이야기들이 더 뚜렷이 삶의 전면에 드러남으로써 그 이야기에 의해 삶을 다시 보고, 그 이야기를 따라 삶을 살아가게 하는 것이다. 이것은 우리가 하는 이야기에 따라 우리의 삶을 살아간다고 믿기 때문이다.

이야기 치료자가 주로 사용하는 도구는 내담자의 삶에 대한 진지한 관심에서 나온 질문들이다. 이야기 치료의 질문은 여러 층의 이야기에 도달할 수 있도록 고안된 사다리로 비유된다. 화이트는 이것을 건물을 새로 짓기 위해 건물 주위에 마련해 놓은 스캐폴드(scaffold)와 같다고 보았다.

각 층을 자유롭게 드나들 수 있도록 하는 사다리의 비유는 우리의 삶이 여러 층의 이야기로 이루어져 있음을 말하고자 한 것이다. 여러 층으로 이루어진 건축물이 우리 삶이라면 앞으로 내담자와 치료자는 함께 다른 층들을 방문하거나 새로운 층을 그 위에 새로 지어 나아갈 수 있음을 의미한다. 각각의 층마다 새롭고 흥미로운 이야기의 세계가 펼쳐질 수 있다. 이곳을 방문하여 그 안을 탐색하는 것은 이야기 치료자와 내담자가 마치 질문의 사다리로 과거와 현재의 이야기들이 드러나고, 드러난 이야기들의 새로운 연결이 탐구되며, 사회, 문화, 역사의 이야기들과의 접속이 시도될 수 있다.

## 2) 상담 과정

이야기 치료에서는 내담자의 이야기를 해체하고 재구성하는 데 필요한 질문을 몇 가지 유형으로 나누고 각각을 지도(map)에 비유한다. 각 지도는 단계별 필요 작업과 관련 질문의 모음으로, 이야기 치료자가 내담자의 삶의 기술과 지식을 탐색하고 그 기술과 지식을 문제해결을 향해 활용하도록 돕는 과정에 지침이 된다.

이야기 치료의 회기 구성은 매우 탄력적이다. 경우에 따라 1~2회에 종결되기도 하고 여러 차례의 회기로 이어지기도 한다. 내담자에게 새로운 일을 생각하고 시도해 볼 수 있도록 하기 위해 회기는 대개 일주일 이상의 간격을 두는 것이 일반적이며, 상담 시간이나 회기 간격 등은 내담자와 협의하여 조정할 수 있다. 이야기 치료자가 단독으로 진행하는 회기는 대개 50~60분 정도 걸리지만, 부모, 형제, 친구 등 외부 증인 집단(outsider witnessing group)을 활용하는 경우에는 2시간을 초과하기도 한다. 이런 경우에는 이야기 치료자 단독으로 진행한 회기보다 몇 배 더 큰 성과가 있으며 상담 기간을 단축시키는 효과가 있다.

이야기 치료의 주요한 과정은 문제의 해체, 독특한 결과의 해체, 대안적 이야기 구축, 대안적 정체성 구축이다. 이러한 내용을 간략히 살펴보면 다음과 같다(정문자 외, 2007).

### (1) 문제의 해체

이야기 치료의 시작은 사람과 문제를 분리하는 데서 출발한다. 문제의 해체는 크게 두 가지로 나눌 수 있다. 하나는 문제의 외현화이고 다른 하나는 문제의 영향력을 알아보는 것이다. 먼저 치료자는 문제를 내담자와 분리하고 객관화시키기 위해 내담자와 함께 문제에 이름을 붙이는 의인화 작업을 하게 된다. 이를 가리켜 외현화(externalization)라 하는데, 이는 내담자의 문제가 정신 병리나 성격에 기인하는 것이라는 생각을 버리고 상황이나 대인관계의 산물로 이해하도록 하기 위한 것이다.

문제에 이름을 붙일 때는 내담자의 경험과 일치해야 하며, 문제의 이름을 붙이는 과정에는 내담자가 능동적으로 참여해야 한다(고미영, 2004). 가령 치료자는 "만약 이 문제에 이름이나 제목을 붙인다면 뭐라고 할 수 있을까요?"라고 하며 문제에 이름을 붙이는 질문을 할 수 있다. 이때 진단명과 같은 명칭보다는 내담자 자신의 일상적 경험에 기초한 표현을 사용하는 것이 바람직하다. 예를 들면, 내담자는 문제의 이름을 악마, 괴물, 도깨비, 사자, 심술꾸러기, 원한의 골(분노), 장벽(장애물), 안개 속(애매한 상황), 벼랑 끝(절박한 심정)과 같이 붙일 수 있다.

외현화의 대상은 죄책감, 두려움, 질투 등의 감정, 말다툼, 비난, 질투 등의 대인관계의 문제, '맞아야 정신을 차린다.', 혹은 '잘못한 놈은 혼나야 한다.'와 같은 신념, 자녀 문제에 대해 부모 탓하기, 성차별 등의 관습이 있다.

**표 21 문제의 내재화와 외현화 예시**

| 문제의 내재화 | → | 문제의 외현화 |
|---|---|---|
| •저는 우울증이 있습니다. | → | •우울한 마음 때문에 생활에서 즐거움을 잃었네요. |
| •지수는 공격적 성향을 가지고 있네요. | → | •'때려도 된다.'는 생각이 지수를 누르고 있었네요. |

두 번째는 문제의 영향력을 탐색하는 것으로 여기서는 부부 관계, 부모 자녀 관계, 직장 동료 관계, 학교생활, 친구 관계 등의 문제가 내담자의 삶에 어떤 영향을 끼쳐 왔으며, 현재는 어떠한지를 질문한다. 또한 문제를 키우는 보다 광범위한 문화적 신념, 생각, 관습에는 어떤 것이 있는지 질문한다.

가령 치료자는 문제의 영향력을 탐색하기 위해 '아들이 갖고 있는 말썽꾸러기(문제의 이름)를 보면서 어머니 혹은 아버지로서 자신에 대해 어떤 생각이 드나요?', '우리 눈에 보이지 않지만 폭력이 존재하도록 하는 문화적·관습적 숨은 힘은 어디서 오는 것일까요?'라고 질문할 수 있다. 또한 내담자가 문제의 흥망성쇠에 어떤 영향을 끼쳐 왔는지 탐색하기 위해 '괴물(문제의 이름)이 평소보다 나쁘지 않았던 때가 있었나요?', '장벽(문제의 이름)과 직면하면서 당신이 더 강하다고 느꼈던 때는 언제입니까?'라고 물을 수 있다.

### (2) 독특한 결과의 해체

독특한 결과의 해체는 크게 두 가지로 나눌 수 있다. 하나는 독특한 결과를 외현화하는 것이고 다른 하나는 독특한 결과의 영향력을 탐색하는 것이다. 우리는 문제의 영향력을 벗어나 문제와는 다르게 경험된 사건들은 삶의 모든 영역에서 발견될 수 있다. 외현화 대화는 우리의 삶과 삶에서 경험되는 사건의 인과관계에 대해 '사실'로 믿어 왔던 것들과 사람들을 분리시켜 문제의 진실이 무엇인지를 적나라하게 보여준다.

먼저 독특한 결과의 외현화 과정을 보면, 문제의 관점에서 볼 때, 문제가 목적을 성취하지 못한 때가 바로 독특한 결과가 될 수 있다. 예를 들면, 두려움으로 학교를 가지 않는 학생의 경우, 그 학생이 두려움 때문에 학교에 가지 못하지만, 집에서 공부를 계속했다고 하면 문제의 계획이 100% 성공한 것은 아니라고 볼 수 있다. 왜냐하면 문제의 계획에는 그 학생이 공부를 그만 두게 하려는 것도 포함되기 때문이다. 두려움은 그 학생이 학교에 가지 못하도록 방해하는 데에는 성공했지만, 그 학생이 공부하는 것은 방해하지 못했다.

다음으로 문제가 없었던 예외 상황이나 그 문제에서 내담자가 잘해 내었던 독특한 결과가 내담자의 삶 전반에 어떤 영향을 미쳤는지 탐색한다. 가령, '거리감(문제의 이름)이 두 분이 함께 장보러 가는 것(독특한 결과)을 보았다면 어떤 생각을 했을까요?', '두 분 사이를 가로막고 있는 거리감(문제의 이름)이 좋아하지 않는 것(독특한 결과)은 무엇일까요?'와 같은 질문은 내담자가 가진 자원이나 자질에 주목하게 한다.

### (3) 대안적 이야기의 구축 : 스캐폴딩 지도

이야기의 줄거리를 형성하고 새로운 이야기를 만들어 가는 것을 재저작(re-authoring) 작업이라고 한다. 치료자는 독특한 결과와 관련이 있는 과거 사건을 찾아내고, 그 사건들이 순서에 따라 시간의 흐름 속에서 특정한 주제와 구성을 갖는 이야기로 발전하도록 돕는데, 이 작업이 마치 건축물의 임시 지지대를 세우는 작업과 유사하다 하여 스캐폴딩(scaffolding)이라 부르기도 한다.

대안적 이야기가 처음 만들어질 때는 거미줄 한 올 같이 가늘고 빈약하며, 중간

중간 공백도 많아 허접한 이야기가 된다. 그러나 재저작 작업이 진행되면서 공백들이 채워지고 대안적 이야기의 구성(plot)은 알차게 발전하여 점차 분명한 주제를 가진 풍부한 이야기가 된다.

화이트와 엡스톤(White & Epston, 1991)은 브루너(Bruner, 1986)를 원용하여, 사람의 자기 이야기는 행동과 의식의 두 가지 차원으로 이루어져 있다고 하면서 각각을 '행동의 전경(landscapes of action)'과 '정체성의 전경(landscapes of identity)'이라 부른다. 행동의 전경은 여러 개의 사건이 일정한 주제 하에 시간 순으로 배열된 영역이며, 정체성의 전경은 개인적 자질이나 특성에서 다양한 형태의 삶의 목적이 존재하는 영역이다. 행동의 전경을 형성하기 위해 행동 영역의 질문을 하고 정체성의 전경을 형성하기 위해 정체성 영역의 질문을 하게 된다.

표 22 **재저작을 위한 행동 영역과 정체성 영역의 질문 예시**

| 행동 영역의 질문 예시 | 정체성 영역 질문 예시 |
|---|---|
| 치료자 : 그 시절 있었던 어떤 일들이 기억에 떠오르나요?<br>내담자 : 아버지와 함께 숲 속을 산책하곤 했지요.<br>치료자 : 얼마나 자주 그런 산책을 했나요?<br>내담자 : 자주는 아니었던 것 같아요. 아버지는 늘 바쁘셨거든요.<br>치료자 : 그 산책에서 특별히 기억나는 것들이 무엇이죠?<br>내담자 : 따스한 햇볕, 고요한 숲과 나즈막한 아버지의 음성…<br>치료자 : 최근에 이와 비슷하게 느꼈던 적이 있었습니까? | 치료자 : 당신이 즐기던 산책을 잠시 떠올려 봅시다. 그 산책의 어떤 점이 특별했나요? 당신이 아직 그 산책을 기억하는 것은 당신의 어떤 점을 말하나요?<br>내담자 : 산책은 내가 좋아했던 것들, 조용한 시골 풍경이나 자연, 고요함 같은 걸 생각나게 합니다. 그동안 나는 이런 것들을 하지 못했던 것 같습니다.<br>치료자 : 당신이 자연을 즐긴다는 것은 당신의 성격에 대해 무엇을 말하고 있나요?<br>내담자 : 나는 여유로움을 좋아하고 분주한 것을 싫어합니다. 그동안 너무 분주하게 살아온 것 같아요.<br>치료자 : 이러한 발견은 당신에게 어울리는 삶이 무엇이라고 말합니까? |

### (4) 대안적 정체성 구축 : 회원 재구성 지도

회원 재구성(re-membering)은 문화 인류학자인 마이어호프(Myerhoff, 1986)의 연구에서 유래한 용어이다. 화이트는 이 용어를 자신의 접근에 접목시키는 과정에서, 인생을 회원으로 구성된 클럽이라고 보았다. 개인의 정체성은 타인과의 관계를 통해 형체를 갖추게 된다고 보았다.

회원 재구성 대화(re-membering conversation)는 새로운 이야기와 행동 양식을 만들기 위해 특별한 기억을 사용하는 이야기 치료의 한 방식이다(White, 1997). 회원 재구성 대화는 내담자의 삶에서 한 때 중요한 역할을 해 준 사람을 의도적으로 기억 속에서 다시 찾아내어 그 사람의 눈으로 본 내담자의 정체성을 밝히고, 그것을 새로운 이야기 안에 넣어 두는 것이다. 이렇게 발견된 회원들은 내담자들과 재결합되어 현재 생성되는 이야기 안에서 중요한 역할을 할 수 있다.

회원 재구성 대화는 다음과 같은 두 단계의 질문에서 출발한다. 하나는 의미 있는 대상의 기여 탐색하기이고 다른 하나는 내담자의 기여 탐색하기이다. 먼저 의미 있는 대상의 기여 탐색하기는 의미 있는 대상이 내담자의 삶에 어떻게 기여했는지 질문한다. 이 질문은 '나는 누구인가?'와 '인생이란 무엇인가?'와 같은 내담자의 정체성 의식이 형성되는 데 있어 이 관계가 어떻게 영향을 미쳤는지를 풍부하게 설명하도록 돕는다. 다음으로 내담자의 기여 탐색하기는 내담자가 의미 있는 대상의 삶에 어떻게 기여했는지 질문한다. 이 질문은 내담자가 그 대상의 입장이 되어 의미 있는 대상에게 정체성 의식이 형성되는 데 있어 이 관계가 어떠한 역할을 했는지에 관해 풍부하게 설명하도록 돕는다. 회원 재구성 대화에서 사용하는 질문의 예는 다음과 같다.

- (의도적으로 기억 속에서 다시 찾아낸 의미 있는 타인에게) 만일 현재 내담자의 삶에 되돌아올 수 있다면, 어떤 충고를 해줄 수 있습니까?
- (의도적으로 기억 속에서 다시 찾아낸 의미 있는 타인에게) 내담자에 대해서 우리가 잘 모르는 것 중에 당신이 특별히 알고 있는 것은 무엇입니까?
- (의도적으로 기억 속에서 다시 찾아낸 의미 있는 타인에게) 죽은 부인의 눈으로 당신을 본다면, 무엇을 당신의 진면목으로 보겠습니까?
- (의도적으로 기억 속에서 다시 찾아낸 의미 있는 타인에게) 그 친구는 당신의 어떤 점을 좋아했습니까?

## 05 상담 기법

이야기 치료는 내담자로 하여금 자신들을 지배해 온 문제에서 분리하여 잊고 있는 자신과 문제 및 관계에 대한 이야기(narrative), 즉 스토리를 다시 쓰도록 돕는다. 이야기 치료 기법의 특징은 질문 형식에 있지만, 그것은 정형화된 범주가 있는 것은 아니다. 오히려 상담자는 면담 과정에서 어떤 것을 주장하거나 해석하지 않고 질문과 대답을 반복한다.

여기서는 이야기 치료의 대표적인 상담 기법인 문제의 정상화, 문제의 외현화, 문제의 지도, 예외적 질문, 스토리의 재진술, 새로운 스토리의 강화, 스토리의 풍부화, 입장지도, 인증을 위한 의식(예식)이 있다(김유숙, 2000 재인용).

### 1) 문제의 정상화

이야기 치료는 내담자와의 협동적 신뢰 관계를 바탕으로 내담자의 스토리를 경청·공감하려는 자세가 중요하며, 이것이 이야기 치료의 성공 여부를 결정하는 중요한 요소이며 출발점이다. 상담자는 내담자의 문제를 지금까지 바라봤던 시각과는 다른 관점에서 보도록 다양한 질문을 한다. 이러한 질문을 통해 내담자는 자신의 스토리에 상담자가 경청·공감·인정하면 상담자와 내담자의 관계가 안전하고 의미 있다고 느끼게 된다.

이를 통해 내담자 스스로가 자신들의 스토리를 객관적으로 바라볼 수 있는 여유와 에너지를 가지게 된다. 예를 들면, 인터넷 게임 중독 문제로 고통 받는 학생은 무력감과 문제 행동으로 일관된 자신의 역사를 자세히 서술한다. 이때 상담자는 슬픔, 우울, 외로움, 낙담이 혼재되어 나타난 것이라고 그의 삶을 정상화한다. 문제의 정상화를 통해 안전감을 가진 내담자가 자신의 스토리를 보다 정교하게 펼치는 동안 인터넷 게임 중독은 가족과의 소원한 관계에서 고통 받는 것과 연관이 있다는 것을 알게 된다.

### 2) 문제의 외현화

이야기 치료는 상담 초기에 문제를 외현화(externalization)시킨다. 상담자는 내담자와 어느 정도의 신뢰가 형성되면 문제를 표출하기 위한 질문을 시작한다. 이야기 치료에서는 문제를 내담자와 분리시켜 문제의 원인보다는 문제의 영향으로 인한 결과에 대한 질문을 한다. 그리고 문제가 누군가에 의해 소유된 것이 아니라 문제가 그들을 소유하려고 한다고 암시한다. 예를 들면, 치료자는 '남편의 거짓말이 당신을 괴롭히고 있군요.'보다는 '거짓말이 남편에게 두 사람 사이에 갈등을 일으키게 했군요.'라고 말한다.

문제의 외현화는 내면화된 증상을 인격화하는 작업이다. 가령 자신의 아들이 ADHD라고 호소하는 어머니에게 "아드님을 괴롭히는 ADHD는 어떤 종류인가요? 종류를 알아야 치료를 할 수 있을 텐데요."라고 말해 아동과 문제를 분리하는 작업을 시도한다. 아동이나 어머니가 ADHD를 묘사할 수 있으면, "그러한 ADHD가 어떻게 아드님을 산만하게 하려고 했나요?"라는 질문을 통해 증상이 내담자의 삶을 지배하려는 환영받지 못하는 침입자라는 사실을 일깨워 준다.

이와 같은 외현화 질문을 계속하는 동안 내담자는 문제가 자신들 밖의 것이라는 생각을 하게 된다. 문제를 외현화하는 작업은 내담자나 가족을 문제에서 분리한 건강한 개체로 볼 수 있게 한다는 점에서 의미 있다. 가령 우울증 환자는 자신은 우울한 사람이 아니라, 자신과 가족이 싫어하는 우울에 의해 정복된 사람일 뿐이라는 것을 알아차리게 된다. 상담자는 어떻게 우울을 물리칠 수 있으며, 예상되는 결과는 어떤지에 관한 질문을 계속해 갈 때, 내담자는 자신의 정체성을 되찾아 다른 시각에서 자신이 원하는 것을 바라보며 새로운 스토리로 서술할 수 있는 여지를 갖게 된다.

### 3) 문제의 지도

이야기 치료에서는 문제를 지지해 온 상호작용의 패턴에서 벗어나도록 하기 위해 사건에 영향력을 찾아내는 지도(mapping) 작업이 중요하다. 이를 위해 내담자나 가족 구성원의 삶과 관계에서 이러한 문제와 영향을 자세히 탐색하는 것이 필요하다.

지도 작업의 목적은 내담자에게 부정적인 사건의 연속성을 이해시키는 것이 아니라 독특한 결과를 찾아내는 데 있다. 단 한 번 일어난 사건에 지나지 않는 독특한 결과가 내담자에게 중요한 의미를 축적하는 사건이라는 것을 인식시킨다.

상담자는 내담자에게 최근에 있었던 일들 가운데 이와 같은 독특한 일이 일어나도록 한 사건은 무엇인지에 관한 질문을 한다. 예를 들면, 내담자가 그의 삶에 일어난 여러 우울한 사건을 언급했다. 그 중 하나는 아버지의 자살이었다. 이때 치료자는 "그런데도 당신은 아버지와 달리 자살을 시도하지 않고 여기까지 왔군요. 어디에서 그런 견뎌 낼 수 있는 힘이 나왔나요?"라고 하여 내담자가 자신의 경험 중에서 독특한 결과를 알려주는 경험들에 초점을 맞추게 된다. 이를 통해 내담자는 독특한 결과가 단 한 번 일어난 사건이 아니라, 자신의 삶에서 연속된 과정이었음을 깨닫게 된다.

### 4) 예외적 질문

내담자가 예외적인 사건을 자신들에게 중요한 것임을 받아들이면, 독특한 결과에 의한 새로운 스토리 작업을 시작한다. 예외적인 사건이 스토리 속으로 들어오도록 하기 위해서, 상담자는 내담자의 이야기를 경청하면서 문제의 영향에서 벗어날 수 있었던 독특한 결과를 강조하며, 어떻게 해낼 수 있었는지에 대한 노력에 관해 질문한다.

예외적 질문의 과정은 내담자가 지금까지 소외시킨 사건 밖의 이야기가 자신의 삶에 채워 넣을 수 있는 사건으로 인식하도록 하는 방법이다. 아무리 작은 것이라도 성공적인 사건을 강조하면 내담자의 역사와 연결시킬 수 있는 새로운 이야기가 나올 수 있다. 예를 들면, "분노의 감정이 당신을 지배하려고 할 때, 그렇게 하지 못하게 했던 때를 기억할 수 있나요? 어떻게 그렇게 할 수 있었나요?"와 같이 간단한 것이다.

## 5) 스토리의 재진술

내담자의 자아 정체감은 문제와 연결되어 있다. 상담자는 문제와 연결된 상태의 정체성이 아니라 내담자 삶 전체에 연결된 정체성에 관심을 갖는다. 내담자의 삶을 통해 모은 경험과 연관된 내담자의 능력은 새로운 스토리의 재료로 사용할 수 있다. 이러한 연결을 위해 상담자는 내담자의 과거와 현재의 성공 경험을 바탕으로 문제를 극복한 자신에 대해 서술할 수 있는 질문을 한다. 가령 "그런 상황에서 우울을 물리칠 수 있었던 당신에 대해 이야기해 줄 수 있나요?", "당신이 어떻게 분노를 잘 통제할 수 있었는지에 대해 이야기해 줄 수 있나요?"와 같은 질문을 할 수 있다.

## 6) 새로운 스토리의 강화

새롭게 구성된 스토리는 그것을 지지하는 환경에 깊숙이 뿌리내릴 때 유지될 수 있다. 이를 위해 상담 과정에서 성취한 작은 변화에 대해 계속 질문을 하게 된다. 예를 들면, "지난주에 인터넷 게임이 너를 얼마나 통제했으며, 너는 인터넷 중독을 얼마나 많이 통제할 수 있었니?", 혹은 "지난주에 ADHD가 너를 얼마나 지배했으며, 너는 ADHD를 얼마나 많이 통제할 수 있었니?"라고 질문한다.

## 7) 스토리의 풍부화

이야기 치료에서는 친구, 가족, 연인 등 중요한 사람을 청중으로 초대하여 내담자의 새로운 이야기를 듣게 하며, 그가 들은 것을 다시 표현함으로써 내담자가 만든 새로운 스토리를 강화해 간다. 진술과 재진술(telling & retelling), 재진술에 대한 재진술(retelling of retelling)을 통해 스토리는 더욱 풍성해지며, 살아 있는 진실한 것이 되어 긍정적인 자아 정체감에 대한 결론을 내리도록 돕는다.

집단 따돌림을 경험한 여학생을 대상으로 스토리를 풍부화 하는 과정을 예로 들어 보자. 먼저 집단 따돌림을 당해 자존감이 현저히 낮아진 여중생과 어머니의 상담 과정에서 유사한 경험을 가진 다른 여중생 두 명을 초대하여 상담 과정을 지켜보게 한다. 상담 중반에 지금까지 지켜보던 두 명의 여중생에게 "두 사람은 지금까지 상담 과정을 지켜보았는데, 특히 인상적이고 기억에 남는 것은 무엇인가요? 무엇 때문에 그렇다고 생각했나요?"라고 질문하여 내담자의 긍정적인 정체감을 강화시킨다.

그런 다음 다시 여중생과 어머니의 상담으로 되돌아간다. "조금 전 두 친구 이야기를 들으면서 자신이 미처 몰랐던 사실을 발견한 것이 있었나요?"라는 질문을 통해 내담자 스스로 긍정적인 삶의 결론을 이끌어 내도록 돕는다.

### 8) 입장 지도

치료자가 상담 치료 중에 택할 수 있는 질문의 방향을 제시하기 위해 화이트는 입장 지도(position map)라고 이름 붙인 일종의 질문 지침을 제안했다(White, 2000). 여기에서 입장(position)이라 함은 내담자가 문제, 독특한 결과, 문제해결을 위해 생각해 낸 바에 대해 취할 수 있는 입장을 말한다. 입장 지도는 외현화 대화, 독특한 결과, 재저작 대화 등 어느 과정에서도 사용할 수 있다. 입장 지도는 치료자가 내담자에게 던질 수 있는 네 가지 단계별 질문을 요약한 것이다. 입장 지도의 네 단계는 다음과 같다(고미영, 2004).

#### (1) 1단계 : 이름 붙이기

첫 단계는 문제, 독특한 결과, 해결 방식에 대한 이름을 붙이는 것이다. 치료자는 내담자와 문제를 분리시키기 위해 명명 질문을 시도하며, 내담자들이 그렇게 이름을 붙인 이유에 대해 설명할 수 있도록 한다. 가령, "당신을 매우 힘들게 하는 우울증에 대해 무엇이라고 이름을 붙이고 싶으세요?"라는 질문하는 형태이다.

#### (2) 2단계 : 영향력 찾아보기

문제와 독특한 결과 및 해결 방식의 영향력을 탐색하는 단계이다. 가령, "선생님의 우울증으로 갖게 된 믿음에는 어떤 것이 있습니까?", "선생님은 우울증을 괴물이라고 이름을 붙이셨는데 괴물이 선생님의 친구, 가족, 다른 인간관계에 어떤 영향을 미칩니까?"라고 질문하는 형태이다.

### (3) 3단계 : 영향력 평가하기

이 단계에서 치료자는 내담자로 하여금 문제의 효과나 영향력에 대한 평가를 하게 한다. 내담자는 이 영향력이 그의 삶에 긍정적인지, 아니면 부정적인지를 묻는다. 가령, 치료자는 "선생님께서는 우울증인 괴물이 선생님 자신에게 무엇을 어떻게 가져다주었다고 생각되나요?"라고 질문할 수 있다.

### (4) 4단계 : 입장 취하기

마지막 단계는 평가에 대한 정당화라고도 불리는데, 만일 영향력이 긍정적이라면 왜 긍정적으로 보는지, 부정적이라면 왜 부정적으로 보는지를 질문한다. 이러한 질문은 내담자의 의도, 희망, 가치들에 대해 이야기할 수 있도록 돕는다. 가령, 치료자는 "괴물이 선생님의 미래 계획과 가족 관계 또는 인간관계 안에서 미치는 영향에 대해 견디지 못할 정도로 힘들고 마음에 들지 않았다고 이야기 하셨는데, 그런 평가를 내린 이유에 대해 이야기해 주시겠어요?"라고 질문할 수 있다.

## 9) 인증을 위한 의식

이야기 치료에서는 내담자의 변화를 인정하는 다양한 시도를 한다. 집단 따돌림의 피해 경험이 있는 앞의 두 여중생의 예처럼 자신은 생존자가 되어 다른 사람을 지지하는 인증자로서 타인의 상담에 초대되기도 한다.

문제에 굴복하지 않고 성취한 부분과 새로운 스토리에 대한 칭찬을 하기 위해 상담기관에서 작성한 인증서를 주거나 실제 축하 파티를 열어 주는 경우도 있다. 어려운 문제에 도전해 성공적으로 문제를 패배시켰다는 개인에 대한 감사 의식(ritual)은 내담자의 새로운 스토리를 창조하는 데 공헌한다. 예를 들면, 화이트는 [그림 24]와 같은 내용이 담긴 인증서를 내담자에게 수여하기도 한다(김유숙, 2000 재인용; White & Epston, 1990).

분노 조련사와 우울 체포자 인증서

이 증서는 ○○○가 분노 조련사와 우울 체포자를 위한 프로그램을 성실히 수행함으로써 분노 조련사와 우울 체포자로서 완벽한 능력을 가지고 있음을 증명합니다.

20○○년 ○월 ○일

한국상담센터장

그림 24 인증서의 예

## 06 이야기치료의 사례

이야기치료의 사례는 다음과 같다(중등임용시험, 2015).

〈학부모 상담〉
어 머 니: 우리 연희는 숙제를 자꾸 미루기만 하는 게으른 아이라 걱정이에요. 연희 때문에 너무 속상해요.
상담교사: 그럼, 연희와 어머니 사이를 괴롭히는 그 문제에 이름을 한번 붙여 본다면 뭐라고 할 수 있을까요?
어 머 니: 글쎄요. 아무래도 미루는 행동이 제일 큰 문제죠.
상담교사: 네, 그러니까 '미루는 행동'이 연희와 어머니 사이에 갈등을 일으키게 만들었나 보네요. 어머니와 연희를 힘들게 하는 '미루는 행동'이 어머니의 삶에 어떤 영향을 주고 있나요?

〈학생 상담〉
연 희: 엄마는 제가 항상 숙제를 미루니까 저보고 게으른 아이래요.
상담교사: 연희야, 네가 숙제를 미루지 않을 때는 어떤 경우니? 네가 숙제를 미루지 않고 했던

> 　　　　적이 있는지 생각해 보고 그 일에 대해 자세히 얘기해 볼래?
> 연　　희: 매번 똑같은데요 뭐. 음…. 그러니까 어쩌다가 엄마가 집에 계실 때는 좀 나은 것 같기도 하고요…….
> 상담교사: 그렇구나. 그럼, 그 얘기를 좀 더 해 보면 좋겠구나.

## 07 이야기 치료의 강점과 한계

### 1) 강점

이야기 치료의 강점은 다음과 같다(고미영, 2004).

첫째, 이야기 치료는 내담자와 문제를 분리시켜 내담자에게 여유와 에너지를 주었다는 점이다. 내담자를 괴롭혀 온 지배적 문제 이야기를 해체시키고, 내담자가 문제와 자신을 분리시켜 바라보게 하였다. 이를 통해 내담자 스스로가 자신들의 스토리를 객관적으로 바라볼 수 있는 여유와 에너지를 가지게 된다.

둘째, 이야기 치료는 인간을 능동적 행위자로 보았다는 점이다. 즉, 인간은 자신의 경험을 만들어 내는 존재이자 해석하는 존재라는 것이다. 상담자는 마치 건축물의 임시 지지대를 세우는 스캐폴딩(scaffolding) 작업을 하고 내담자가 자신의 이야기를 새롭게 구성하도록 돕는다.

셋째, 이야기 치료에 문제가 되는 것은 문제를 갖고 있는 사람이 아니라 문제 그 자체로 보았다는 점이다. 즉, 문제를 갖고 있는 사람을 문제시하는 것은 문제의 소재를 개인의 내면 또는 정체성에서 찾는 삶의 방식에서 비롯된 것이라고 보고, 문제는 사회, 문화, 그리고 역사의 산물이기 때문에 문제와 사람을 분리하여 생각해야 한다고 보았다.

### 2) 한계

이야기 치료의 한계는 다음과 같다(고미영, 2004).

첫째, 경험적 연구가 부족하다는 점이다. 이론에서 제시한 기본 개념들의 타당성과 상담의 효과를 과학적으로 검증한 경험적 연구들이 그리 많지 않다. 이는 복잡한 인간의 문제를 지나치게 단순화하고 일반 상식에 머무르고 만다는 비판을 받을 수 있다.

둘째, 다문화적 관점에서 다른 민족과 문화에 적용하기에는 한계가 있다. 민주적 가족 구도, 상담자와 내담자의 평등 관계 등은 동양적 문화, 라틴계 문화, 아프리카 문화, 인디오 문화의 종적 사회관계를 강조하는 문화적 맥락을 가진 내담자에게 잘 맞지 않을 수 있다.

셋째, 지적 수준이 낮은 내담자에게 적용하기에 한계가 있다. 이야기 치료는 주로 질문 기법을 활용하기 때문에 인지능력이 떨어지는 내담자에게는 적용하는 데 한계가 있다.

## 실/전/도/전/문/제

학습한 내용을 바탕으로 실전에 도전해 봅시다.

**1. 다음 질문기법을 사용하는 상담이론의 특성으로 옳지 않은 것은?** (청소년상담사 2급, 2018)

> "지금 당신이 고민하고 있는 문제가 없었던 예외적인 순간이 있었나요? 혹은 그 문제가 덜했던 순간에 대해 말해 주시겠어요?"

① 단기상담을 지향한다.
② 과거보다 현재와 미래에 초점을 맞춘다.
③ 문제의 심층적 원인이나 근원에 주의를 기울인다.
④ 내담자는 상담 전에 이미 변화할 준비가 되어 있다고 가정한다.
⑤ 내담자를 전문가로 여기고 호기심 어린 자세와 가설적인 태도로 대한다.

**2.** 문제를 개인과 분리하여 문제 이해와 대처를 위한 관점을 새롭게 구성할 수 있도록 돕는 이야기 상담 기법은? (청소년상담사 2급, 2016)

① 외재화하기 ② 내재화하기
③ 문제 이야기의 행간 읽기 ④ 전체 이야기 다시 쓰기
⑤ 새로운 이야기 강화하기

**3.** 이야기 치료의 과정에서 첫 단계는 문제, 독특한 결과, 해결 방식에 대한 이름을 붙이는 것이다. 이를 무엇이라고 하는가? (저자 출제)

① 이름 붙이기 ② 입장취하기 ③ 영향력 평가하기
④ 영향력 찾아보기 질문 ⑤ 독특한 결과 명명하기

**4.** 문제를 자신으로부터 분리하여 서로 대립적 관계로 재정의하는 것으로 이야기 치료의 출발점이 되는 이야기 치료의 기법은 무엇인가? (저자 출제)

① 입장지도 ② 내재화 대화 ③ 외현화 대화
④ 이름 붙이기 ⑤ 재정의 대화

**5.** 이야기 치료의 주요 개념에 대한 설명이 옳지 않은 것은? (저자 출제)

① 지배적 이야기는 각 개인의 정체성을 대표하는 이야기이다.
② 문제 이야기는 문제를 중심으로 만들어진 이야기이다.
③ 대안적 이야기는 문제 이야기에 대항하여 새롭게 만들어지는 이야기이다.
④ 해체적 경청은 내담자가 가져오는 문제를 중심으로 만들어진 이야기를 풀어 헤치려는 의도를 가지고 듣는 것을 말한다.
⑤ 독특한 결과는 문제를 중심으로 형성된 지배적 이야기에 가려져 쉽게 찾아내기 어렵지만 내재화 대화를 통해 독특한 결과를 찾아낼 수 있다.

**6.** 다음은 전문상담교사가 연희(고1, 여)와 연희 어머니를 화이트와 엡스턴(M. White & D. Epston)의 이야기치료 관점에서 상담한 내용의 일부이다. 밑줄 친 ㉠, ㉡에 해당하는 기법의 명칭을 순서대로 쓰시오. [전문상담교사, 2015]

〈학부모 상담〉
어 머 니: 우리 연희는 숙제를 자꾸 미루기만 하는 게으른 아이라 걱정이에요. 연희 때문에 너무 속상해요.
상담교사: 그럼, 연희와 어머니 사이를 괴롭히는 그 문제에 이름을 한번 붙여 본다면 뭐라고 할 수 있을까요?
어 머 니: 글쎄요. 아무래도 미루는 행동이 제일 큰 문제죠.
상담교사: ㉠ <u>네, 그러니까 '미루는 행동'이 연희와 어머니 사이에 갈등을 일으키게 만들었나 보네요. 어머니와 연희를 힘들게 하는 '미루는 행동'이 어머니의 삶에 어떤 영향을 주고 있나요?</u>

〈학생 상담〉

연　　희: 엄마는 제가 항상 숙제를 미루니까 저보고 게으른 아이래요.

상담교사: ㉡ <u>연희야, 네가 숙제를 미루지 않을 때는 어떤 경우니? 네가 숙제를 미루지 않고 했던 적이 있는지 생각해 보고 그 일에 대해 자세히 얘기해 볼래?</u>

연　　희: 매번 똑같은데요 뭐. 음…. 그러니까 어쩌다가 엄마가 집에 계실 때는 좀 나은 것 같기도 하고요…….

상담교사: 그렇구나. 그럼, 그 얘기를 좀 더 해 보면 좋겠구나.

**정답**

1. ③ 2. ① 3. ① 4. ③ 5. ⑤ 6. ㉠ 문제의 외현화(외재화) ㉡ 독특한 결과 찾기

따뜻하고 유능한 상담자가 되기 위한 <상담심리 실습 21>

## 이야기 치료 간편 실습

※ 한 조를 3인으로 구성하고 네 단계의 이야기 치료 질문으로 다음 역할을 수행해 보자.

1. 역할 분담
- 역할 1 : 문제-의인화된 문제의 역할을 수행한다.
- 역할 2 : 문제를 갖고 있는 사람-문제를 갖고 있는 사람의 역할을 수행한다.
- 역할 3 : 리포터-문제(역할 1)를 대상으로 문제의 성공담과 실패담을 인터뷰한다. 문제를 갖고 있는 사람(역할2)을 대상으로, 다음 네 단계의 이야기 치료 질문에 의거하여 다양한 질문으로 인터뷰한다.

2. 네 단계의 이야기 치료
- 1단계 : 이름 붙이기
- 예시문 : "당신을 매우 힘들게 하는 우울증에 대해 무엇이라고 이름을 붙이고 싶으세요?"

- 2단계 : 영향력 찾아보기
- 예시문 : "당신은 우울증을 괴물이라고 이름을 붙이셨는데 괴물이 당신의 친구, 가족, 다른 인간관계에 어떤 영향을 미칩니까?"

- 3단계 : 영향력 평가하기
- 예시문 : "당신은 우울증인 괴물이 당신 자신에게 무엇을 어떻게 가져다주었다고 생각되나요?"

- 4단계 : 입장 취하기
- 예시문 : "괴물이 당신의 미래 계획과 가족 관계 또는 인간관계 안에서 미치는 영향에 대해 견디지 못할 정도로 힘들고 마음에 들지 않았다고 이야기 하셨는데, 그런 평가를 내린 이유에 대해 이야기해 주시겠어요?"

# 참고문헌

강갑원(2004). 알기 쉬운 상담 이론과 실제. 서울: 교육과학사.

강진령(2009). 상담과 심리치료. 서울: 양서원.

강진령 · 이종연 · 유형근 · 손현동(2009). 상담자 윤리. 서울: 학지사.

고미영(2004). 이야기 치료와 이야기의 세계. 서울: 청목출판사.

권석만(2012). 현대 심리치료와 상담 이론. 서울: 학지사.

김계현 · 황매향(2012). 상담과 심리검사. 서울: 학지사.

김교헌 역(2012). 성격심리학. 서울: 학지사.

김미리혜 역(2009). 히스테리 연구. 서울: 열린책들.

김선현(2006). 미술 치료의 실제 만다라. 서울: 미진사.

김유숙(2000). 가족 상담. 서울: 학지사.

김영환 · 문수백 · 홍상황(2005). 심리검사의 이해. 서울: 학지사.

김재환 · 오상우 · 홍창희 · 김지혜 · 황순택 · 문혜신 · 정승아 · 이장한 · 정은경(2006). 임상 심리검사의 이해. 서울: 학지사.

김정규(2009). 게슈탈트 심리치료. 서울: 학지사.

김정규(2013). 창조적 삶과 성장, 게슈탈트 심리치료. 서울: 학지사.

김춘경 · 이수연 · 이윤주 · 정종진 · 최웅용(2010). 상담의 이론과 실제. 서울: 학지사.

김충기(1999). 생활지도 · 상담 · 진로지도. 서울: 교육과학사.

김충기 · 강봉균(2001). 현대 상담 이론과 실제. 서울: 교육과학사.

김헌수 · 김태호(2006). 상담의 이론과 실제. 서울: 태영출판사.

김현수 역(1988). 교류분석. 서울: 민지사.

김홍규(2003). 상담심리학. 서울: 형설출판사.

노안영(2005). 상담심리학의 이론과 실제. 서울: 학지사.

노안영 · 강영신(2003). 성격심리학. 서울: 학지사.

박성희(2006). 초등학교 생활지도와 상담의 기초 개념. 한국초등상담교육학회 편(2006). 초등학교 생활지도와 상담. 서울: 학지사.

설기문 · 이경임(1999). 창조적 상담 기법. 서울: 양서원.

손민규 역(2011). 금강경. 서울: 태일출판사.
신경진(2010). 상담 과정과 대화 기법. 서울: 학지사.
심교준 역(2001). 인생을 위한 NLP. 서울: 한언.
연문희 · 강진령(2009). 학교 상담. 서울: 양서원.
우재현 편저(1999). 임상 교류분석(TA) 프로그램. 대구: 정암서원.
우재현(2000). 교류분석에 의한 청소년 인성 개발 프로그램. 서울: 암서원.
이부영(1998). C. G. 융의 인간 심성론. 서울: 일조각.
이부영(2006). 분석심리학. 서울: 일조각.
이성태(1991). 이해 중심 TA와 재경험 중심 TA 프로그램의 자율성, 생활 자세 및 내재화에 미치는 효과. 박사 학위 논문, 계명대학교 대학원.
이장호(2005). 상담심리학 입문. 서울: 박영사.
이형득 외(1995). 현대 상담 이론의 실제. 서울: 교육과학사.
이형득 편(1992). 상담 이론. 서울: 교육과학사.
전철(2010). 칼 구스타프 융의 동시성 개념 연구. 한국기독교신학논총, 68, 167-189.
정문자 · 정혜정 · 이선혜 · 전영주(2007). 가족 치료의 이해. 서울: 학지사.
정여주(2001). 만다라와 미술 치료. 서울: 학지사.
정원식 · 박성수(1978). 카운슬링의 원리. 서울: 교학도서주식회사.
정원식 · 박성수 · 김창대(1999). 카운슬링의 원리. 서울: 교육과학사.
천성문 · 박명숙 · 박순득 · 박원모 · 이영순 · 전은주 · 정봉희(2006). 상담심리학의 이론과 실제. 서울: 학지사.
최해림 · 이수용 · 금명자 · 유영권 · 안현의(2010). 전문적 상담 현장의 윤리. 서울: 학지사.
홍경자(1988). 실존주의적 상담 사례 보고. 전남대학교 학생 생활 연구.

Adler, A. (1964). *A Superiority and social interest*(Ed.). In H. L. Ansbacher & R. R. Ansbacher. Evanston, Ⅲ. Northwestern University Press.
Anastasi, A. (1988). *Psychological testing*(5th ed.). New York: Macmillian.
Ansbacher, H. (1979). Individual psychology : An overview. In B. D. Wolman(Ed.), *Encyclopedia of psychiatry, psychology, psychoanalysis & neurology*, 6, 30-33.
Arlow, A. (2000). Psychoanalysis. In R. J. Corsini & D. Wedding(Eds.), *Current psychotherapies*(6th ed.) (pp. 16-53). Itasca, IL: Peacock.
Arlow, J. A. (1989). Psychoanalysis. In R. J. Corsini(Ed.), *Current psychotherapies* (pp.19-64). Itasca, IL: Peacock.
Arlow, J. A. (2005). Psychoanalysis. In R. J. Corsini & D. Wedding(Eds.). *Current*

*psychotherapies*(7th ed.). Belmont, CA: Brooks/Cole.

Baker, E. L. (1985). Psychoanalysis and psychoanalytic psychotherapy. In J. L. Lynn & J. R. Garske(Eds.), *Contemporary psychotherapies*(pp. 19-67). Columbus, OH: Merrill/ Prentice Hall.

Bandura, A. (1977). *Social learning theory*. Englewood Cliffs, NJ: Prentice-Hall.

Bandura, A. (1986). *Social foundations of thought and action : A social cognitive theory*. Englewood Cliffs, NJ: Prentice-Hall.

Belkin, G. S. (1977). *Practical counseling in the schools*. Dubuque, Iowa: Wm. C. Brown.

Berg, I. K., & Miller, S. D. (1992). *Working with the problem drinker: A solution-focused approach*. New York: W. W. Norton.

Berne, E. (1972). *What do you say after you say hello?* New York: Grove Press.

Berne, E. (1977). *Transactional analysis after Eric Berne: Teaching and practices of three TA schools.* New York: Harper & Row.

Brown, D. (1997). Implications of cultural values for cross-cultural consultation with families. *Journal of Counseling and Development, 76*, 29-35.

Bruner, J. (1986). *Actual minds, possible words*. Cambridge, MA: Harvard University.

Corey, G. (1977). *Theory and practice of counseling and psychotherapy*. Monterey, CA: Brooks/Cole.

Corey, G. (1986). *Theory and practice of counseling and psychotherapy*. Monterey, Calif: Brooks/Cole.

Corey, G. (2005). *Theory and practice of counseling and psychotherapy*(7th ed.). Belmont, CA: Brooks/Cole.

De Jong, P., & Berg, I. K. (2001). *Interviewing for solutions*. 노혜련, 허남순 역(2004). 해결을 위한 면접. 서울: 시그마프레스.

Dinger, T. J. (1997). The relationship between two ethical decision making models and counselor trainees' responses to an ethical discrimination task and their perceptions of ethical therapeutic behavior. *Dissertation Abstracts International, 58*(03), 750B.

Dinkmeyer, D. C., & Sperry, L. (2000). *Counseling and psychotherapy: An integrated, individual psychology approach* (3rd ed.). Upper Saddle River, NJ: Merrill/ Prentice Hall.

Downing, L. N. (1975). *Counseling theories and technique*. Chicago: Nelson-Hall.

Dreyfus, E. A. (1971). An existential approach to counseling. In C. Beck(ed.). *Philosophical Guidelines for Counseling*. Dubuque, Iowa: Wm. C. Brown.

Dusay, J. M., & Dusay, K. M. (1984). Transactional analysis. In R. J. Corsini(Ed.), *Current psychotherapies*(3rd ed.). Itasca, IL: Peacock.

Egan(1994). *The skilled helper : A problem-management approach to helping*(5th ed.). Pacific Grove, CA: Brooks/Cole.

Ellenberger, H. F. (1970). *The discovery of the unconscious.* New York: Basic Books.

Ellis, A. (1979). Rational-emotive approach to counseling. In H. M. Jr. Burks, & B. Stefflre(Ed.), *Theories of counseling*. New York: Mcgraw-Hill.

Ellis, A. (1979). Rational-emotive therapy. In R. J. Corsini(Eds.), *Current psychotherapies* (2nd ed.). Itasca, IL: Peacock.

Ellis, A. (1984). The essence of RET. *Journal of rational-emotive therapy, 2*, 1-15.

Ellis, A., & Dryden, W. (1989). *The practice of rational-emotive therapy*(RET). New York: Springer.

Epp, L. R. (1998). The courage to be an existential counselor: An interview with Clemmont E. Vontress. *Journal of Mental Health Counseling, 20*, 1-12.

Ernest, K. (1972). *Games student play*. CA: Celestial Arts Publishing.

Fabry, J. B. (1968). *The pursuit of meaning : Logotherapy applied to life.* Boston: Baecon Press.

Fleck-Henderson, A. (1995). The role of supervision in psychiatric training. *Bulletin of the Menninger Clinic, 17*, 157-159.

Flower, J. T. (1992). A comparative study of how psychologist gender relate to moral sensitivity. *Dissertation Abstracts International, 53*(05), 2527B.

Frankl, V. E. (1988). *The will to meaning: Foundations and applications of logotherapy*. New York: Merdian Printing.

Franklin, C., & Jordan, C. (1999). Solution-focused brief family therapy. *In Family Practice : Brief systems methods for social work*(pp. 105-141). Pacific Grove, CA: Brooks/Cole.

Freud, A. (1966). *The ego and the mechanism of defense*(Rev. ed.). New York: International University Press.

Freud, S. (1949). *An outline of psychoanalysis*. New York: Norton.

Freud, S. (1967). A general introduction to psychoanalysis. New York: Washington Square Press.

Gladding, S. T. (2005). *Counseling theories: Essential concepts and applications*. Upper Saddle River, NJ: Pearson Education, Inc.

Glasser, A., & Zunin, L. M. (1984). Reality therapy. In R. J. Corsini(Ed.), *Current psychotherapies*(3rd ed.). Itasca, IL: Peacock.

Glasser, W. (1965). *Reality therapy: A new approach to psychiatry*. New York: Harper & Row.

Glasser, W. (1980). Reality therapy: An explanation of the steps of reality therapy. In N. Glasser(Ed.), *What are you doing? How people are helped through reality threapy*. New York: Harper & Row.

Glasser, W. (1999). *Choice theory: A new psychology of personal freedom*. New York: Harper Perennial.

Glasser, W. (2000). *Counseling with choice theory*. New York: Harper Collins.

Goulding, M., Goulding, R. (1979). *Changing lives through redecision therapy*. New York: Brunner/Mazel.

Guilford, J. P. (1954). *Psychometric methods*(2th ed.). New York: Mcgraw-Hill.

Hall, C. S., & Nordby, V. J. (1973). *Primer of Jungian psychology*. 최현 역(1985). 융 심리학 입문. 서울: 범우사.

Handelsman, M. M., Gottlieb, M. C., & Knapp, S. (2005). Training ethical psychologists: An acculturation model. *Professional Psychology: Research and Practice, 36*(1), 59-65.

Hansen, J. C., Stevic, R. R., & Smith, E. M. (1976). *Group counseling: Theory & process*. Chicago: Rand McNally Collage Publishing Company.

Herlihy, B., & Corey, G. (Eds.). (2006). *ACA Ethical standards casebook*(6th ed.). Alexandria, VA: American Counseling Association.

Hosford, R. E. (1969). Behavioral counseling: A contemporary overview. *Counseling Psychologist, 1*, 1-33.

James, M., & Jongwward, D. (1971). *Born to win: Transactional analysis with gestalt experiments*. New York: New American Library.

James, R. K., & Gilliland, B. E. (2003). *Theories and strategies in counseling and psychotherapy*(5th ed.). Boston: Allyn & Bacon.

James, R. K., & Gilliland, B. E. (2003). *Theories and strategies in counseling and psychotherapy*(5th ed.). New York: Pearson Education.

Jones, J. V. Jr. (1995). Constructivism and individual psychology: Common ground for dialogue. *Individual Search and Practice, 51*(3), 231-243.

Karpman, S. B. (1968). Fairsy tales and script drama analysis. *Transactional Analysis Bulletin, 7*, 39-43.

Kendall, P. C., & Braswell, L. (1985). *Cognitive-behavioral therapy for impulsive children*. NY: Guilford Press.

Kitchener, K. S. (1984). Intuition, critical evaluation and ethical principles: The foundation for ethical decisions in counseling psychology. *Counseling Psychologist, 12*, 43-55.

Krumboltz, J. D. (1966). Behavioral goals for counseling. *Journal of Counseling Psychology, 13*, 153-159.

LaFleur, N. K. (1979). Behavioral views of counseling. In H. M. Jr. Burks & Stefflre(Ed.), *Theories of counseling*. New York: McGraw-Hill.

Lindsey, R. T. (1985). *Moral sensitivity: The relationship between training and experience*. Paper presented at the annual meeting of the American Psychological Association, Los Angeles.

Manduro, R. J., & Wheelwright, J. B. (1977). In R. J. Corsini(Ed.), *Current personality theories*(pp.83-123). Itasca, IL: F. E. Peacock.

May, R. (1961). *Existential psychology*. NY: Random House.

May, R., & Yalom, I. D. (1989). Existential psychotherapy. In R. J. Corsini & Wedding(Eds.), *Current psychotherapies*(4th ed., pp. 363-402). Itasca, IL: Peacock.

Meichenbaum, D. (1979). *Cognitive behavior modification : An integrative approach*(2nd ed.). New York: Plenum Press.

Mosak, H. H. (2000). Adlerian psychotherapy. In R. J. Corsini & D. Wedding(Eds.), *Current psychotherapies*(6th ed., pp.54-98). Itasca, IL: Peacock.

Mosak, H. H., & Dreikurs, R. (1967). The life task Ⅲ, the fifth life task. *Individual Psychologist, 5*, 16-22.

Myerhoff, B. (1986). Life not delath in Venice. In V. W. Turner & F. M. Bruner(Eds.), *The anthropology of experience*. Chicago: University of Illinois Press.

Nye, R. D. (2000). *Three psychologies*(6th ed.). Pacific Grove, CA: Brooks/Cole.

O'Connell, B. (1998). *Solution focused therapy*. London: Sage.

O'Connell, B. (2000). Solution Focused therapy. In S. Palmer(Ed.), *Introduction to counseling and psychotherapy*. 김춘경, 이수연, 최웅용, 홍종관 역(2004). 상담 및

심리치료의 이해. 서울: 학지사.

O'Hanlon, S., & O'Hanlon, B. (2002). Solution-oriented therapy with families. In J. Carlson & D. Kjos, Theories and strategies of family therapy. Boston: Allyn & Bacon.

Patterson, C. H. (1974). *Relationship counseling and psychotherapy*. Upper Saddle River, NJ: Prentice-Hall.

Patterson, C. H. (1977). *Foundations for a theory of instruction and educational psychology*. New York: Harper & Row.

Patterson, C. H. (1980). *Theories of counseling and psychotherapy*(3rd ed.). New York: Harper & Row.

Patterson, C. H., & Watkins, C. E. (1996). *Theories of psychotherapy*(5th ed.). New York: Haper Collins Publishers.

Perls, F. S. (1970). Four lectures. In J. Fagan & I. I. Shepherd(Eds.), *Gestalt therapy now : theory/techniques/applications*. NY: Harper Colophon Books.

Peterson, J, V., & Nienholz, B. (1999). *Orientation to counseling*(4th ed.). Boston: Allyn.

Pietrofesa, J. J., Bernstein, B., Minor, J., & Stanford, S. (1980). *Guidance: An introduction*. Chicago: Rand McNally.

Pietrofesa, J. J., Hoffman, A., & Splete, H. H. (1984). *Counseling: An introduction*. Boston: Houghton Mifflin.

Poster, M. (1987). Gestalt therapy : Evolution and application. In J. K. Zeig(Ed.), *The Evolution of psychotherapy*(pp.312-325). New York: Brunner/Mazel.

Rest, J. R. (1984). Research on moral development : Implications for training counseling psychologists. *The Counseling Psychologist, 12*, 19-29.

Rogers, C. R. (1942). *Counseling and psychotherapy*. Boston: Houghton Mifflin.

Rogers, C. R. (1961). *On becoming a person*. Boston: Houghton Mifflin.

Rogers, C. R. (1974). In retrospect : Forty-six years. *American Psychologist,* 29, 115-123.

Rogers, C. R. (1980). *A way of being*. Boston: Houghton Mifflin.

Rogers, C. R. (1986). *Carl Rogers on personal power*. New York: Delacorte Press.

Russell, S., & Carey, M. (2004). *Narrative therapy: Responding to your questions*. Adelaide: Dulwich Centre Publications.

Ryckman, R. M. (2000). *Theories of personality*. Belmont, CA: Wadsworth.

Schultz, D. (1977). *Growth psychology : Models of the Healthy Personality*. NY: Holt, Rinehart and Winston.

Seligman, L. (2001). *Systems, strategies, and skills of counseling and psychotherapy*. Upper Saddle River, NJ: Merrill Prentice-Hall.

Sharf, R. S. (2000). *Theories of psychotherapy and counseling*(2th ed.). Belmont, CA: Brooks/Cole.

Sharf, R. S. (2000). *Theories of psychotherapy and counseling: Concepts and cases*(2nd ed.). Pacific Grove: Brooks/Cole Publishing Company.

Shertzer, B., & Stone, S. C. (1980). *Fundamentals of Guidance.* Boston: Houghton Mifflin.

Stewart, I., & Johnes, V. (1987). *TA today : A new introduction to transactional analysis.* Nottingham: Lifespace.

Stockton, R., Morran, D. K., & Nitza, A. (2000). Processing group events : A conceptual map for leaders. *The Journal for Specialists in Group Work, 25*, 343-355.

Sweeny, T. J. (1989). *Adlerian counseling : A practical approach for a new decade* (3rd ed.). Muncie, Ind: Accelerated Development.

Volker, J. M. (1983). *Counseling experience, moral judgment, awareness of consequences and moral sensitivity in counseling practice*. Paper presented at the annual meeting of the American Psychological Association, Toronto, CAN.

Wallace, W. A. (1986). *Theories of counseling and psychotherapy*. Boston: Allyn & Bacon.

Walter, J. L., & Peller, J. E. (1992). *Becoming solution-focused in brief therapy*. 가족치료연구모임 역(2000). 단기 가족 치료 : 해결 중심으로 되어 가기. 서울: 하나의학사.

Watson, J. B., & Raynor, R. (1920). Conditioned emotional reactions. *Journal of Experimental Psychology, 3*, 1-14.

Welfel, E. R. (2006). *Ethics in counseling and psychotherapy: Standards, research, and emerging issues*(3rd ed.). Belmont, CA: Thomson Brooks/Cole.

White, M. (2001). The narrative metaphore in family therapy: An interview with Michael White(Chapter 17). In D. Denborough(Ed.), *Family therapy : Exploring the field's past, present & possible futures.* Adelaide: Dulwich Centre Publications.

White, M. (2000). *Reflections on narrative practice : Essays interviews*. Adelaide: Dulwich Centre Publications.

White, M. (1995). *Narratives of therapists' lives*. Adelaide : Dulwich Centre Publications.

White, M., & Epston, D. (1990). *Narrative means to therapeutic ends*. New York: Norton.

Wright, L. M., Watson, W. L., & Bell, J. M. (1996). *Beliefs : The heart of healing in families and illness*. New York: Basic Books.

Wubbolding, R. E. (1987). *Reality therapy training*(5th ed.). Cincinnati, Ohio: Center for Reality therapy.

Wubbolding, R. E. (1988). *Using reality therapy*. New York: Harper & Row.

Yalom, I. D. (1980). *Existential psychotherapy*. New York: Basic Books.

Yontef, G. (1984). Gestalt therapy. In R. J. Corsini(Ed.), *Current psychotherapies*(3rd ed.). Itasca, IL: Peacock.

저자소개

**김종운**(Email: jongun22@dau.ac.kr)

동아대학교 대학원에서 교육상담 전공으로 박사학위를 받았다. 미국 Indiana University 상담 및 교육심리학과 객원교수, 부산광역시영도구청소년상담복지센터 소장, 부산경남울산상담학회장, 한국상담학회 윤리위원장, 한국교정상담학회 부회장 겸 학술위원장, 2010~2013년 중등임용시험 출제위원, 동아대학교 교육학과 교수를 역임하였다. 현재는 한국최면상담학회 회장, 법원행정처 전문심리위원을 맡고 있으며 온맘심리상담센터 원장으로 재직 중이다. 한국최면상담학회 수련감독전문상담사, 한국상담학회 학교 및 교정상담전문가, 여성가족부 1급 청소년상담사 등 다수의 자격증과 문화관광부 우수학술도서로 선정된 『학교따돌림의 지도와 상담』(공역, 동문사, 2006), 『인간관계 심리학』(공저, 학지사, 2011), 『학습상담』(공저, 학지사, 2013), 『다문화상담의 새로운 접근』(공역, 시그마프레스, 2012), 『상담심리학의 이론과 실제』(저, 동문사, 2013) 등의 저 · 역서가 있으며, '속마음톡톡보드게임'이라는 심리치료 도구를 개발하였다. 국내외 전문학술지에 180여 편의 논문을 게재하였고, 공로를 인정받아 2018, 2019년에 세계인명사전인 마르퀴즈 후즈 후에 등재되었다.

상담과 복지 서비스를 위한

**개정판 상담심리학의 이론과 실제**

**초　판 1쇄 발행** / 2013년 2월 5일
**초　판 5쇄 발행** / 2017년 7월 25일
**개정판 1쇄 발행** / 2019년 2월 25일
**개정판 5쇄 발행** / 2024년 8월 30일

●

**저　자** / 김　종　운
**발행인** / 이　중　수
**발행처** / **동　문　사**

●

서울특별시 서대문구 홍제원 1길 12
(홍제동 137-8)
Tel : 02)736-3718(대), 736-3710, 3720
Fax : 02)736-3719
**등록번호** : 1974.04.27 제9-17호
**가격** : 20,000원

●

ISBN : 979-11-6328-082-8(93330)
E-mail : dong736@naver.com
www.dongmunsa.com